高等学校新商科大数据与会计系列教材

U0663011

高级财务会计

高晓林◎主　编

徐维兰　裴　霞◎副主编

电子工业出版社

Publishing House of Electronics Industry

北京 · BEIJING

内 容 简 介

本教材综合了国内会计学界和业界的观点，总结了"高级财务会计"与"中级财务会计"的关联和区别，突出了高级财务会计研究领域的特殊性，主要内容包括绪论、租赁会计、所得税会计、企业年金基金会计、外币交易会计、企业合并会计、合并财务报表编制、衍生金融工具会计、物价变动会计、企业清算与重组会计、独资与合伙企业会计等。

本教材着力做到全部内容能够反映相关会计准则的发展动态，保持"高级财务会计"教材的先进性，在内容编排上注重相关课程之间的传承性和关联性。

本教材每一章章首设立了思政课堂和引导案例栏目，将思政教育融入日常教学活动中，通过真实的引导案例激发学生学习的积极性。本教材还通过小贴士栏目，拓展了知识点。

本教材提供多种配套的教学辅助资源，主要包括教学大纲、电子教案、试题、微课等。

图书在版编目（CIP）数据

高级财务会计 / 高晓林主编 . —北京：电子工业出版社，2022.10

ISBN 978-7-121-44302-2

Ⅰ. ①高… Ⅱ. ①高… Ⅲ. ①财务会计—中等专业学校—教材 Ⅳ. ①F234.4

中国版本图书馆 CIP 数据核字（2022）第 170365 号

责任编辑：刘淑敏　　　　特约编辑：田学清
印　　刷：三河市良远印务有限公司
装　　订：三河市良远印务有限公司
出版发行：电子工业出版社
　　　　　北京市海淀区万寿路 173 信箱　　　邮编：100036
开　　本：787×1092　　1/16　　印张：21　　字数：537 千字
版　　次：2022 年 10 月第 1 版
印　　次：2022 年 10 月第 1 次印刷
定　　价：68.00 元

凡所购买电子工业出版社图书有缺损问题，请向购买书店调换。若书店售缺，请与本社发行部联系，联系及邮购电话：(010) 88254888，88258888。

质量投诉请发邮件至 zlts@phei.com.cn，盗版侵权举报请发邮件至 dbqq@phei.com.cn。

本书咨询联系方式：(010) 88254199，sjb@phei.com.cn。

前　言

肇始于 20 世纪 30 年代的高级财务会计，经资本市场快速发展、通货膨胀招致物价波动、跨国收购事项增加等的影响，在国外已相对成熟。中国作为具有后发优势的世界第二大经济体，在企业合并、外币交易、租赁、破产清算等业务方面积攒了一些经验，既与国外的经验有相似之处，又具有中国特色。怎样既借鉴国际经验，又探索中国做法，争取高级财务会计领域的国际话语权，为世界贡献中国智慧，是一大难题。

为使近百年发展的高级财务会计历久弥新，我们结合西安财经大学"高级财务会计"金课建设项目，将教材建设与课程建设相结合，对教材体系进行了大幅更新和完善，在此基础上形成了本教材的主体架构和具体内容。

本教材的特点主要体现在以下三个方面。

第一，明确界定研究范围。本教材综合了国内会计学界和职业界的观点，选择已基本达成共识的内容，突出财务会计研究领域中的特殊性，将主要内容界定为租赁会计、所得税会计、企业年金基金会计、外币交易会计、企业合并会计、合并财务报表编制、衍生金融工具会计、物价变动会计、企业清算与重组会计、独资与合伙企业会计等。

第二，跟进准则更新内容。"高级财务会计"主要研究企业生产经营过程中遇到的特殊交易、特殊事项，抑或是社会经济发展所产生的特殊业务活动企业的特殊事项。经济变迁驱使会计准则不断修订，会计准则修订促使会计教材更新，本教材在编撰过程中，力图做到全部教材内容能够反映相关会计准则的发展动态，以保持"高级财务会计"课程和教材的先进性与实用性。例如，租赁会计部分根据 2018 年 12 月颁布、2019 年 7 月实施的《企业会计准则 21 号——租赁》编写。

第三，关注课程间的联系。"高级财务会计"是以"中级财务会计"为基础的，为注重"高级财务会计"与"中级财务会计"教材之间的衔接和区别、保证教材理论与实务的文化传承和实践关联，提升学生对相关业务的理解和掌握能力，我们在相关章节内容安排方面尽量完整地描述业务发生的过程及会计处理的程序。

本教材由高晓林教授担任主编，徐维兰副教授、裴霞博士担任副主编。高晓林教授负责全书内容规划、章节设计、书稿总纂及第一、二章的撰写，贡晓军副教授负责第三章的撰写，裴霞博士负责第四、九、十章的撰写，盛碧荷教授负责第五章的撰写，徐维兰副教授负责第六、七章的撰写，徐润芳负责第八章的撰写，高洁博士负责第十一章的撰写。隋东旭老师对书稿进行了细致的审读。西安财经大学会计专业硕士研究生孙翠云、刘宇轩、宋正敏同学为资料的收集及书稿格式调整做了很多的工作。

本教材提供了丰富的课程配套资源，主要包括电子课件、每章课后答案、课程标准、期末试卷及答案等。读者可以登录华信教育资源网（http://www.hxedn.com.cn）获取。

本教材引用了诸多同行专家的研究成果，得到了大家的肯定与支持，另外，出版社与编辑老师的无私付出也提升了教材质量，均深表谢忱。当然，在追逐效率的起点，我们计算价值；在探究内容的终点，我们衡量取舍。本教材的内容安排与业务处理是否能诠释理论、指导实践，尚需在时代的拐点上求导，在实践的验证中积分。各位同人的不吝指正，将是我们前进的永动机。

编　者

目　　录

Contents

第一章

绪　论

学习目标

通过本章的学习，要求学生了解高级财务会计产生的社会背景及发展历程，掌握高级财务会计的概念，熟悉高级财务会计的研究范围。

思政课堂

党的十九大报告指出，要尊重世界文明多样性，以文明交流超越文明隔阂、文明互鉴超越文明冲突、文明共存超越文明优越。

学习高级财务会计既要坚持民族自信、文化自信，充分认识与总结中国高级财务会计理论研究与实践创新的优秀成果，为世界各国提供中国智慧，也要汲取世界各国高级财务会计研究取得的成果。同学们只有从正确理解高级财务会计的基础概念入手，认清其理论基础，把控好研究范围，才能探赜索隐。

引导案例

1929 年资本主义经济危机在美国爆发，继而蔓延到整个资本主义世界。1929 年 10 月 24 日，纽约证券交易所的股票价格雪崩似的跌落，并触发了美国经济危机。10 月 29 日，交易所股价再度狂跌，50 种主要股票的平均价格下跌了近 40%，演变成为华尔街股灾，在之后两周时间内，华尔街股票市场蒸发了近 300 亿美元的财富，这相当于美国第一次世界大战期间的全部支出。经济危机由此迅速席卷了全世界。资本主义市场贸易总额减少了 2/3，各国工业产量倒退到 19 世纪末的水平，全球各大主要城市全部遭到重创。美国著名会计学家迈克尔·查特菲尔德在其名著《会计思想史》中写道："会计的发展是反应性的，也就是说，会计主要是应一定时期的商业需要而发展的，并与经济的发展密切相关。"每次危机之后人们都会反思从危机中获得的教训。从会计的角度看，资本主义经济危机推动了会计的变迁与发展。美国会计学家 H.W.Sweeney 在其代表作《Stabilized Accounting》(《稳定币值会计》)中首次提出了在会计确认、计量与报告中要考虑到币值变动的影响。由此为标志，产生了高级财务会计的萌芽。

资料来源：根据《财会通讯》2010 年第 10 期整理。

案例思考题：

作为中级财务会计核算基础的币值稳定假设是否适用于各种不同的经济环境下的会计处理？

第一节 高级财务会计概述

随着社会经济的发展，企业面临着越来越复杂的经济环境，已经产生或将要产生诸多新的或特殊的经济业务，这些经济业务引起的价值变动必将反映在会计理论与实务方面。已有的财务会计理论体系和实务处理方法都不能满足这些随着客观经济环境变化而产生的新的或特殊业务的需要，因此一个新的会计门类应运而生，即高级财务会计。

一、高级财务会计产生的社会背景

高级财务会计的萌芽时期是 20 世纪 30 年代，当时世界经济遭遇重大挫折，以 1929 年 10 月在美国爆发的股票市场崩盘为导火线，进而波及整个资本主义社会，导致生产停滞，经济衰退，失业上升，物价波动，会计学者在反思经济危机带来的后果时，对币值不变的假设产生了怀疑，美国会计学家 H.W.Sweeney 在其代表作《Stabilized Accounting》（《稳值币值会计》）中首次提出了在会计确认、计量与报告中要考虑到币值变动的影响，以此为标志，诞生了一门新的专业的会计，现代学者将其定义为高级财务会计。20 世纪 40 年代，特别是第二次世界大战结束后，整个世界趋于和平发展，形成了一个暂时平稳安宁的环境，各国政府都将其主要精力和财力投入到国家经济的恢复和发展上来，使世界经济得到极大的发展。

（一）资本市场快速发展

20 世纪 30 至 50 年代，各国经济实力不断发展壮大，国家与企业所面临的竞争越来越激烈，公司间相互进行股权渗透，逐步发展成为庞大的企业集团，资本市场得到迅猛发展，通过资本市场的自主调节，社会经济资源的配置进一步优化。同时，整个社会对会计信息的要求越来越高，且依赖性越来越强，直接关系到资本市场的健康、有序发展，因此会计在企业管理中的地位也就越来越突出，越来越重要。

（二）物价波动现象明显

20 世纪六七十年代，由于经济发展失衡，资本主义国家普遍出现了通货膨胀现象，而且越来越严重，先是处于整个生产环节底层的初级产品的价格上涨，影响了各国人民的生活水平，导致职工薪酬大幅提高，后来生产资料的价格猛涨，使价格和职工薪酬并不明确按照同样的比率变动，即相对价格发生了变化。通货膨胀成为全世界共同面临的一个重要问题，在会计领域，它使财务会计理论中以货币作为主要计量单位的假想受到了严重的冲击，几乎颠覆了会计信息的可靠性，使投资者根本无法根据企业提供的会计信息进行经济决策。

（三）跨国收购事项增加

随着资本主义国家经济的发展，对外扩张的能力增强，构成了全球经济一体化的背景，并且跨国并购的规模越来越大，进程越来越快，跨国经营已经成为企业的日常经济行为。发达国家不仅大力推行产品的国际化，还大规模地推行资本的国际化，促使跨国公司大量出现，进而推动了国际贸易的发展，促使国际投资多元化。例如，企业之间的并购行为日益常态化，使企业规模不断扩大，由母、子公司组成的企业集团出现，还形成了由处于不同国家的企业组成的跨国集团。企业集团内部母公司与子公司及子公司与子公司之间，以内部交易价格而不是公平价格频繁发生的业务往来，会直接影响企业对外披露的会计信息的真实、可靠性，常常会出现母公司利用对子公司的控制能力，粉饰自身的会计报告，误导投资者，甚至欺骗投资者的情况，严重干扰了资本市场的秩序。所以，需要站在企业集团的角度编制反映集团整体财务状况、经营成果、现金流量、所有者权益变动的财务报告。

我国自改革开放以来，社会经济迅猛发展，在很短的时间内大幅度拉进了与世界经济的距离，目前已经成为世界第二大经济体。企业之间的合并、外币交易、租赁、破产清算等业务也如雨后春笋般蓬勃发展起来。经济发展，很多不同于传统财务会计的会计事项也就出现了，使传统财务会计面临着新的挑战，要对这些新社会经济环境下出现的问题采用新的、更先进的会计理论与方法进行核算，高级财务会计很自然地被引进我国，并且很快得到发展。

二、高级财务会计产生的理论背景

高级财务会计学是财务会计的一个分支，它的目标与财务会计的目标是一致的。会计目标和会计信息质量特征的地位越来越被人们所重视，而传统经济背景下形成的会计假设和原则在新的经济环境中受到了极大的冲击，有些会计假设已经被突破，有些会计假设的根基被动摇，使原来的会计理论框架经历了从内部构成的协调变为不协调，又从不协调变为再次协调这样一个否定之否定的过程，这样必然会产生新的理论体系，以适应社会经济发展的需要。

高级财务会计以会计目标为核心和理论研究的逻辑起点，一切理论和方法都是为会计目标服务的，只要能够对实现会计目标有益，都应该研究和容纳。所以，高级财务会计的理论研究是开放式的，其研究宗旨是实现会计目标。财务报告的目标是向财务报告使用者提供与企业财务状况、经营成果和现金流量等有关的会计信息，反映企业管理层受托责任的履行情况，有助于财务报告使用者做出经济决策。近年来，我国企业改革持续深入，资本市场快速发展，对会计信息的要求日益提高，当企业形成集团规模时，投资者要求母公司编制合并财务报告，但应先将母公司与子公司组成的企业集团作为一个新的财务报告主体，这就突破了传统财务会计中会计主体的假设，由于这种突破有利于会计目标的实现，因此从会计理论上进行创新，将由母公司、子公司组成的企业集团作为一个财务报告主体，扩大财务报告主体的范围，不再局限于单个企业。高级财务会计在进行理论研究时就从这样的逻辑关系出发，在此基础上，建立以财务报告要素、会计信息质量要求、会计确认、会计计量、资本保全为核心的会计理论框架。这种理论研究的逻辑具备的优势：研究领域是开放的，随着经济环境的变化而变化，不会被禁锢在一个特定的范围里，处于一种可以包括更广阔范围的境地，因此它能够在变化的会计环境中发挥作用。

（一）客观经济环境的变化对原财务会计基本假设产生冲击

企业面临的社会经济环境是不断发展变化的，且社会经济环境发展也有其内在的客观规律。在遵循客观规律的基础上，会计对企业所处的经济环境做了基本假设，以保证能够在一个相对稳定的会计环境中对企业所发生的经济业务进行会计核算，并按照会计信息的质量要求对外提供真实、可靠的会计信息。

会计假设被会计界认为是"自我证明的会计环境命题"，一直以来都被认为是正确的推论。在西方会计理论中，假设通常被认为是原则赖以存在的基本假定。人们所探求的会计理论正是要确定假设与原则间的联系，以及假设、原则与会计方法之间的关系。会计原则和方法之所以在很长时间内能够获得较稳定的发展，是在会计假设与会计面临的经济环境基本一致、没有出现有悖于会计假设的"特殊事项"的条件下，人们不断探索的结果。但是，客观经济环境的变化使会计环境发生了重大的变化，进而使会计假设受到了严重的冲击。对会计假设产生的冲击体现在两个方面：一是原有的客观经济环境发生了较大程度的变化，已经难以用原来的方式对外在环境加以限制及对会计假设的内涵进行理解；二是原有的客观经济环境完全改变，原有的会计假设被彻底地否定。

1. 会计主体假设松动

会计主体是指独立于其他经济单位的、独立核算的企业，会计以此为服务对象进行会计事项的处理，并对外提供能够反映该主体财务状况和经营成果的财务报告。但是，随着市场经济的发展，企业必须不断地扩大自身的生产规模以增强竞争能力及对市场的适应能力和把握能力，这就出现了由母公司和子公司组成的企业集团，在会计信息披露时就出现了不同于个别财务报告主体的复合财务报告主体的问题。在这种情况下，财务报告主体就不仅是母公司自身，还包括其所属的、在特定资产负债表日应纳入合并范围的子公司在内的企业集团。例如，由企业管理的年金基金，虽然包括在企业内部，但是无论是组织机构还是业务特点，与企业自身的业务都存在很大的不同，具有明显的特殊性，必须将其确认为一个会计主体，对每项基金进行会计确认、计量和报告。又如，在互联网时代，企业可能变为一种新型的网络经济组织，即虚拟企业，它基于信息技术，依赖于互联网和电子计算机。与传统实体企业不同，虚拟企业冲破了空间和地域的限定，因此必须延伸会计主体的界限，才可以核算其经济活动、披露其会计信息。

2. 持续经营假设松动

持续经营假设是指在可以预见的未来，企业将会按照当前的规模和状态继续经营下去，履行既定的条约与承诺，不会停业，也不会大规模削减业务，不会面临破产清算，为财务会计限定了前提条件。但是，市场经济充满风险和机遇，并且随着经济全球一体化进程的加快，市场竞争不断加剧。因此，部分企业出现合并、分立、重组甚至破产是不可避免的。这时，企业整体无法持续经营，进入企业解体、清算的特殊时期。另外，在新的经济环境下出现的虚拟企业本身具有经营期限短暂且多变的特点，这些现象都是对持续经营假设的否定。所以，就需要研究当企业无法持续经营下去的时候，如何确认和计量会计要素，如何确认破产清算期间的损益，如何对外报出相关会计信息等问题。

3. 会计分期假设松动

会计分期是指在持续经营假设成立的情况下，将企业存续期间人为地划分为一个个连续的、长短相同的期间，目的在于通过会计期间的划分，将持续经营的生产经营活动也划分为连续的、相等的期间，据以结算盈亏，按期编制财务报告，从而及时向财务报告使用者提供有关企业财务状况、经营成果和现金流量的信息。会计分期是必要的，它确定了企业核算经营成果、反映财务状况的前提条件，同时是权责发生制的基础。但是，由于网络技术使一些交易在瞬间完成，资金划拨也在瞬间完成，要求决策者在极短的时间内做出反应，会计信息的及时性凸显出来，原定期的财务报告提供的会计信息已不能满足财务报告使用者的需求，由此产生了特殊报告期。另外，期货业务、金融衍生工具的出现与发展，也要求依据各类专门事项而确定专门的损益确认期限，这些都突破了原有会计分期的假设。

4. 货币计量假设松动

货币计量假设有两层含义，一是作为计量单位的货币币种的选择、确定，即会计记账本位币的选择、确定；二是该货币价值稳定，能充分反映企业的生产经营情况。目前，企业所处的经济环境中，全球经济一体化的格局已经形成，国家间的经济活动日益频繁，资本跨国流动的范围和国际贸易的范围不断扩大，企业完全可以根据业务核算的需要自行确定其记账本位币的币种，有时可选择企业所处的地域通行的货币作为记账本位币，有时可选择企业所处的经济环境中通行的货币作为记账本位币。这就形成了外币交易会计和外币报表折算。另外，当币值变动幅度较小、不影响它作为一般等价物对企业价值运动计量时，可以假设它是不变的，但是，当币值受到各种内外部因素的影响而产生较大幅度的变化时，就直接影响了会计要素的计量属性，同时也会影响财务报告中会计信息的可靠性、相关性，必须寻求新的、更客观的计量模式来修正传统财务报告中的会计信息，所以物价变动会计应运而生。在知识经济时代，人力资源是企业安身立命的重要资源甚至是根本资源，但是如何采用货币计量方式衡量人力资源价值呢？有必要优化原来的货币计量假设，扩充非货币计量方式。另外，进入数字时代后，移动支付蓬勃发展，诞生了电子货币，这些都是对此前货币计量假设的冲击。

（二）客观经济环境的变化使会计信息质量要求被强化和延伸

会计信息质量要求的强化是指原有的、建立在会计假设基础上的会计信息质量要求面临新的经济业务时更进一步地发挥它的原有作用，将其指导思想式的信条贯穿于新的业务之中。

会计信息质量要求的延伸是指面对新的经济环境，原有的、建立在会计假设基础上的会计信息质量要求将适用的基础扩大，从而在会计处理方面生产了新的效应。

具体体现在以下几个方面。

1. 可靠性

在目前网络经济大规模发展，对经济影响不可估量的背景下，资产和负债形式发生了重大变化，如客户关系、企业文化、管理技术之类的资源应当纳入资产要素进行核算，环境污染、员工身心健康成本等应当纳入负债要素进行核算，以保证企业在经济活动中所发生的价值活动进入会计核算体系，并且选用适当的计量模式进行计量，保证会计信息的可靠性。当币值发生较大幅度的变化时，中级财务会计体系下提供的会计信息虽然在金额上真实，但名义货币已经脱离了其实际购买力，已经无法保证会计信息的可靠性。为了能够可靠地反映企业的会计信息，必须利用物价变动会计的专门方法对原财务报告进行修正。企业集团的个别财务报告无法可靠地反映内部交易或事项对会计信息的影响，必须利用专门的方法编制合并财务报告。对于一般的具有实物形态的资产，中级财务会计核算时大部分选用历史成本进行计量，但是由于历史成本计量模式固有的局限性，也影响了会计信息的可靠性，应当采用更加接近资产实际价值的计量模式，保证财务信息的可靠性，所以租赁会计核算中比较普遍地使用了现值计量模式。

2. 可比性

可比性要求企业提供的会计信息可比，包括两层含义：一是纵向可比，即同一企业不同时期的会计信息可比；二是不同企业相同会计期间的会计信息可比。当企业处于物价变动期间时，同一企业不同会计期间的会计信息就会因为物价变动变得不可比。所以，应当按照物价变动会计的专门方法对企业财务报告进行修正，以满足会计信息质量的可比性要求。

3. 实质重于形式

实质重于形式要求会计在反映经济事项时应以其实质和经济现实为基础，如果实质性的内容超过了外在形式的限制，则应以实质性的内容为依据进行记录和报告。在租赁业务中，承租人虽然不拥有租赁资产的所有权，但是可以根据租赁合同的约定，在租赁期内控制租赁资产，可以获得和支配租赁资产带来的经济利益，同时必须承担由此形成的租赁负债，那么承租人就应当在资产负债表中披露相关的资产和负债，为财务报告使用者提供真实可靠的会计信息。

4. 重要性

重要性要求在应用过程中需要依靠会计人员的职业判断能力认定，可从会计事项的金额大小或性质两方面予以判断。例如，企业集团的综合会计信息、租赁业务会计信息、股利支付会计信息、所得税会计信息、金融工具会计信息、物价变动会计信息、期货交易会计信息等都是会计信息使用者在进行决策时不可或缺的重要信息，要求企业在其对外披露的会计报表中予以充分地体现。

5. 谨慎性

谨慎性要求企业对交易或事项进行会计确认、计量和报告时应保持应有的谨慎，不应高估资产或收益、低估负债或费用。在新的经济环境下，谨慎性要求面临着新的挑战，企业不仅要合理核算可能形成的费用或损失，也要合理估计可能形成的利得和收益，如物价变动会计中应当确认、计量货币性项目由于购买力变动形成的损益和非货币性资产的持产利得。

三、高级财务会计的发展历程

（一）西方国家高级财务会计的发展历程

从西方国家高级财务会计的发展历程来看，大致可分为三个阶段。

第一阶段，高级财务会计的萌芽阶段（20 世纪初至 20 世纪 40 年代）。

第一次世界大战以后，资本主义国家出现了轻度的、持续的通货膨胀问题。通货膨胀问题影响到了会计信息的可靠性和准确性，引起了会计学界的高度重视。美国会计学家 H.W.Sweeney 在 1936 年出版了《Stabilized Accounting》（《稳定币值会计》）一书，提出了应对通货膨胀现象的会计理论及方法，标志着高级财务会计的产生。

经历了 20 世纪 30 年代的经济危机后，美国通过罗斯福新政改革，即复兴（Recover）、救济（Relief）、改革（Reform），克服了经济危机，巩固了资本主义制度。西方资本主义国家基本上完成了产业革命，现代企业逐步形成，企业规模不断扩大，生产力水平也得到了空前的提高，推动了金融业的发展，反过来金融业的发展也助力企业不断扩张，规模进一步扩大，出现了历史上企业合并的第一次高潮，由此在会计上首次提出了合并会计报告的问题。

第二阶段，高级财务会计发展阶段（20世纪40年代至70年代）。

第二次世界大战结束以后，各个资本主义国家都积极发展自身的工业。一方面，企业规模不断扩大，对资金的需求越来越多，传统的信贷方式已经无法满足其需求了。在这样的背景下，企业与银行联合起来，产生了以融资租赁为主的现代租赁业务，促进了租赁会计的形成。另一方面，美国工业化生产过剩，生产厂商为了推销自己生产的设备，开始为用户提供金融服务，即以分期付款、寄售、赊销等方式销售自己的设备。1952年，美国成立了世界第一家融资租赁公司——美国租赁公司（现更名为美国国际租赁公司），开创了现代租赁的先河。1953年，美国会计程序委员会发表了《会计研究公报第43号》，规范了租赁会计的处理方法。此后，1959年，美国会计程序委员会又发表了《会计研究公告第51号》，规范了合并会计报表的编制。1963年，针对通货膨胀问题，美国注册会计师协会发表第6号会计研究公告："呈报物价水准变动的财务影响。"美国会计原则委员会于1960年发表第3号公告："重编一般物价水准变动的财务报表"，以指导会计处理物价变动对财务信息质量的影响。此时，无论是会计实践还是会计制度层面都已经出现了高级财务会计的内容，因此20世纪五六十年代，高级财务会计的基本内容已经形成了。

第三阶段，高级财务会计相对成熟阶段（20世纪70年代至今）。

进入20世纪70年代以后，以美国为代表的西方资本主义国家进入了高速发展时期，国家间的经济交往日益密切，同时推动金融体制、税收体制不断创新，各种前所未有的经济业务大量涌现，新的、特殊的会计问题应运而生，会计界也不断地通过发布、修订会计制度的方式指定、规范经济发展过程中出现的新的、特殊的会计问题，形成了不同于中级财务会计的理论基础和方法体系，得到了会计职业界的广泛认同和接受，它是对中级财务会计中没有、也不能包括的内容进行的补充，构成了完整的财务会计体系。

小贴士

国际机构相关规范

美国财务会计准则委员会的相关规范：1975年10月，发布《财务会计准则公告第8号——外币交易和外币报表的折算》；1979年9月，发布《财务会计准则公告第33号——财务报告与物价变动》；1981年12月，发布《财务会计准则公告第52号-外币折算》；1987年12月，发布《财务会计准则公告第96号——所得税的会计处理》；1992年12月，发布《财务会计准则公告第109号——所得税的会计处理》等。

国际财务会计准则委员会的相关规范：1977年，发布《国际会计准则第6号——对物价变动的会计反映》；1981年，发布《国际会计准则第15号——反映物价变动影响的信息》；1989年，发布《国际会计准则第29号——恶性通货膨胀经济中的财务报告》等。

（二）中国高级财务会计的发展历程

从中国高级财务会计的发展历程来看，大致可分为三个阶段。

第一阶段，高级财务会计的萌芽阶段（20世纪八九十年代）。

我国实行改革开放后，经济体制从计划经济逐渐转向市场经济，政府开始注重国家的经济建设,这极大地激发了企业活力,使企业对资金的需求大量增加,新的融资方式——租赁业务开始在中国悄然发展起来。1981年,中国第一家中日合资的租赁公司——东方租赁公司成立(该公司已经于2011年被清算撤销),标志着中国高级财务会计实务的诞生。1980年9月,中华人民共和国财政部(以下简称"财政部")发布国营工业企业会计制度中关于租赁的会计处理原则,类似于当时国际会计惯例对经营租赁的处理要求。上海市财政局于1981年11月率先制定了关于现代租赁会计处理的试行规定。1982年12月,财政部发布了《关于租赁费用的财务处理的暂行规定》。1985年,财政部参照国际会计惯例,制定并发布《中外合资经营工业企业会计科目和会计报表》,首次采用国际通行的租赁会计规范。

第二阶段,高级财务会计发展阶段(20世纪90年代至21世纪初)。

自20世纪90年代开始,随着我国经济体制改革的不断深入,经济环境不断改善,企业发展的速度不断提高,企业规模不断扩大,新的业务不断涌现。1995年2月9日,财政部发布《合并财务报表编制暂行规定》,要求国家国有资产管理局授权试点的企业集团、股票上市企业及需要编报合并会计报表的外贸企业执行,标志着合并会计的诞生。

第三阶段,高级财务会计相对成熟阶段(21世纪初至今)。

进入21世纪后,我国经济社会进入了高速发展的快车道,各种新的、特殊的会计问题层出不穷,政府也发布一系列企业会计准则对经济领域中的新问题、新方法进行规范。例如,《企业会计准则——基本准则》《企业会计准则第18号——所得税》《企业会计准则第19号——外币折算》《企业会计准则第20号——企业合并》《企业会计准则第21号——租赁》《企业会计准则第22号——金融工具确认和计量》《企业会计准则第23号——金融资产转移》《企业会计准则第33号——合并财务报表》等,这些准则的颁布标志着高级财务会计在我国已初具规模,形成了相应的会计理论和实务处理方法。至此,我国高级财务会计已经进入相对成熟时期。

四、高级财务会计的概念及概念解析

(一)高级财务会计的概念

高级财务会计是指在中级财务会计理论与实践的基础上,根据社会经济的发展需要研究、创建新的会计理论和方法,并应用这些理论和方法对因社会经济发展而产生的、中级财务会计无法涵盖的会计事项进行核算与监督的会计。

(二)高级财务会计的概念解析

从以下五个方面分析,高级财务会计是财务会计领域的一个分支。

1. 就会计目标而言

高级财务会计解决的问题仍然是企业会计事项的对外报告问题。例如,租赁会计研究的是租赁活动中会计要素的变动情况,并对外披露相关会计信息;所得税会计研究的是企业如何遵循全面收益观原则确定从利润中扣减的所得税费用,进而确认净利润,并在财务会计报告中予以揭示;物价变动会计研究的是在物价变动达到一定程度的情况下如何对外提供有用的会计信息问题;合并财务报表则是以企业集团作为一个新的报告主体,研究如何在母公司、子公司个别会计报表的基础上编制和披露能反映企业集团整体财务状况、经营成果、现金流量情况的财务报表。所以,高级财务会计与中级财务会计的目标是一致的。

2. 就会计信息质量特征而言

与中级财务会计一样，高级财务会计也要求企业提供的会计信息应与企业外部信息使用者的决策有关，符合《企业会计准则——基本准则》中对会计信息质量的要求，即可靠性、相关性、可理解性、可比性、实质重于形式、重要性、谨慎性、及时性。例如，母公司和子公司形成的企业集团必须以合并财务报表的形式对外披露会计信息，就是杜绝母公司和子公司通过关联关系粉饰个别财务报表，提供不可靠的会计信息，误导信息使用者。又如，物价变动会计要求在通货膨胀期间，应当运用专门的会计方法，修正物价变动给财务指标带来的影响，向信息使用者提供可靠的会计信息。

3. 就研究内容而言

高级财务会计核算的对象仍然是会计的基本要素，与中级财务会计核算的对象一致，所以高级财务会计应属于财务会计的范畴。但是，高级财务会计主要处理企业的特殊事项或交易，如外币业务、租赁、金融衍生工具、物价变动、合并财务报表等一般企业中的特殊业务或特殊企业的业务。而中级财务会计主要处理的只是企业的一般业务，如投资、收入、存货、固定资产等。所以，高级财务会计的研究领域比中级财务会计的更广泛、更复杂。

4. 就会计理论和方法的传承而言

高级财务会计所依据的理论和采用的方法是对原有财务会计理论与方法的创新和修订，是更高层面的理论与方法，并没有完全脱离中级财务会计的理论与方法。例如，当原会计主体由于各种原因无法持续经营时，破产清算会计理论与方法应运而生；当物价变动冲击货币计价假设中包括的币值不变假设时，人们必然寻求新的会计模式替代"历史成本/名义货币"会计模式；当个别主体的财务报告不能够可靠地反映企业集团的财务会计信息时，合并财务报告的理论和方法就产生了；当经济活动跨出国门，无法用本国货币作为记账本位币的时候，外币会计及外币报表折算方法应运而生；当企业以年金基金的方式为员工提供养老保险时，企业年金基金会计应运而生。

5. 就会计技术方法而言

同中级财务会计一样，高级财务会计也是以合法的会计凭证为依据进行日常核算的，也是通过填制会计凭证、登记账簿来完成会计信息的生成过程并以会计报告的形式对外披露会计信息的，这些都符合财务会计最基本的方法要求。

第二节　高级财务会计的研究范围

高级财务会计是随着社会经济的不断发展而产生和发展的财务会计分支，其研究范围也随之发展变化。

一、高级财务会计的静态研究范围

高级财务会计的静态研究范围是目前国内学术界、实务界基本认同的研究内容，具体包括以下几点。

（一）一般企业的特殊业务

一般企业的特殊业务主要包括所得税业务、股利支付业务、养老金业务、金融工具业务等。

一般企业的生产经营活动中可能会出现一些特殊业务，如股利支付、年金基金等业务，与企业一般生产经营活动中的业务有着很大的区别，在会计处理上也将选用不同的会计理论与方法，所以将其纳入高级财务会计的研究范围。

（二）特殊企业的业务

特殊企业的业务主要包括租赁业务、期货交易业务、石油天然气业务。随着社会经济的发展，产生了一些从事特殊业务的企业，专业的租赁公司便是其中之一，专业的租赁公司主要开展融资租赁业务，融资租赁是工业资本与金融资本相结合的一个新型行业，它拥有租赁资产的所有权，却不发挥其使用价值，而是将租赁资产的使用权有偿地转让给他人，以谋求经济利益。因此，在会计处理上也与一般企业不同，需要依据新的会计理论与方法，它也应当包括在高级财务会计的研究范围内。

（三）企业处在特殊时期的业务

企业处在特殊时期的业务主要包括物价变动会计和企业破产清算会计。以货币为主要的计量单位是会计核算的根本特征，但是一旦货币计量假设中隐含的币值稳定假设受到大幅冲击，将导致会计报表对企业财务状况和经营成果的反映失去客观性。因此，必须在传统的财务会计模式之外寻求新的会计模式，即利用物价变动会计修正传统财务会计理论框架下的会计报表，给投资者提供真实、可靠的会计信息。

（四）特殊主体的业务

特殊主体的业务主要包括企业合并、合并财务报告。经济发展中，企业作为会计核算的主体也在发生变化，传统财务会计中会计主体假设一般是指一个企业或组织，但在新的经济背景下，会计主体假设也在不断地向外延展，形成了多层次、多方位、跨越企业法人界限的会计主体，如由母公司和子公司组成的企业集团，形成了一个新的财务报告主体，要求企业集团中的母公司代表企业集团编制和对外披露企业集团整体的财务信息，编制财务报告采用的理论、具体包括的范围、选用的方法都与一般财务报告不同，同样也形成了特殊的会计问题，应作为高级财务会计研究的内容。

（五）特殊所有制形式的业务

特殊所有制形式的业务主要是指独资与合伙企业会计。

二、高级财务会计的动态研究范围

高级财务会计的静态研究范围是目前会计理论界认识基本统一的部分，但绝对不是高级财务会计全部的研究范围。根据高级财务会计的产生与发展可以得出这样的结论，即高级财务会计是随着社会经济的发展而产生和发展的一门专门会计，同样，它在将来仍然会随着社会经济的发展而发展。因此，高级财务会计的研究范围应当是开放的、动态的，而不是封闭的、一成不变的。例如，早些时期，我国社会经济发展的速度远没有现在这样迅速，金融工具及衍生金融工具还不被企业所认识，更无法在其生产经营过程中应用，所以财务会计的研究内容中也不包括金融工具。又如，经济发展初级阶段，企业没有涉及股权激励及年金基金等问题，所以在财务会计核算内容中也没有此类业务。但是，随着经济的发展，企业实力不断增强，规模不断扩大，治理不断完善，制度不断更新，股利支付、企业年金基金也成为企业业务的一部分，必然纳入高级财务会计的研究范围。另外，现在包括在高级财务会计研究范围的、被认定为特殊的业务，也许会随着社会经济的发展变成企业日常业务，一些目前我们还不能认识和预知的新的业务又会产生，那么高级财务会计的研究范围也会随之而变化，一部分内容可能下滑到中级财务会计的范围，更新的业务会补充进来。随着网络经济的高速发展，智慧资本已经崛起并且快速发展，其所涉及的人力资本、结构资本、关系资本势必纳入高级财务会计的研究范围。近年来，数字化技术、人工智能技术发展对财务会计具有革命性的影响，为了适应时代的发展，跟上时代的脚步，财务会计领域已经提出了改变会计再造财务的目标，这些都将纳入高级财务会计的研究范围。因此，高级财务会计的研究范围是常变常新的。

本章小结

```
                        ┌─ 高级财务会计产生的社会背景

                        ├─ 高级财务会计产生的理论背景
        ┌─ 高级财务会计概述 ┤
        │               ├─ 高级财务会计的发展历程

绪论 ┤                   └─ 高级财务会计的概念及概念解析

        │               ┌─ 高级财务会计的静态研究范围
        └─ 高级财务会计的研究范围 ┤
                        └─ 高级财务会计的动态研究范围
```

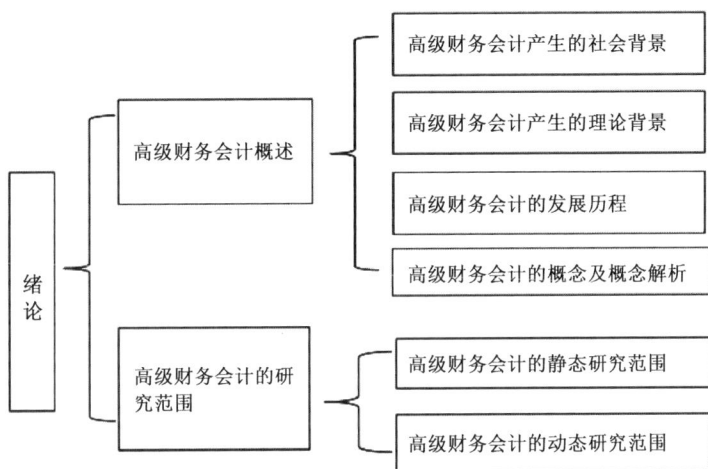

本章关键术语

高级财务会计；理论背景；静态研究范围；动态研究范围

本章思考题

1. 请分析高级财务会计产生的社会背景。
2. 请阐述高级财务会计产生和发展的历史沿革。
3. 从动态、静态角度理解高级财务会计的研究范围。

第二章

租赁会计

通过本章的学习，要求学生准确掌握与租赁会计相关的概念，能够熟练完成承租人、出租人一般租赁、融资租赁的会计处理及特殊租赁业务的会计处理。

📖 思政课堂

实事求是是马克思主义的根本观点，是中国共产党人认识世界、改造世界的根本要求，是我们党的基本思想方法、工作方法、领导方法。

租赁业务不仅涉及承租人、出租人等各利益关联方，而且业务延续时间比较长，所以要求企业以实事求是的态度、诚实守信的品质，根据相关会计准则的规定，适当确定租赁类型、正确进行相应的会计处理及信息披露。因此，要求学生树立诚信价值观、拥有真心为民的情怀。自古驱民在信诚，一言为重百金轻。

📖 引导案例

根据东方航空公司 2020 年年度报告第三部分经营情况讨论与分析披露，近年来，东方航空公司持续践行绿色发展理念，优化机队结构。2020 年，公司围绕主力机型共引进飞机合计 13 架，退出飞机 11 架。随着 A350-900、B787-9、A320neo 等新机型的引进，公司机队机龄结构始终保持年轻化。截至 2020 年 12 月 31 日，公司共运营 734 架飞机，其中客机 725 架，托管公务机 9 架。389 架飞机是通过不同租赁方式获得其使用权的，占总机数的 53%，具体情况如表 2-1 所示。

表 2-1 截至 2020 年 12 月 31 日机队情况　　　　　　　　单位：架

序号	机型	自有	融资租赁	经营租赁	小计	平均机龄/年
1	B777-300ER	10	10	0	20	4.9
2	B787-9	3	7	0	10	1.9
3	A350-900	1	7	0	8	1.5

续表

序号	机型	自有	融资租赁	经营租赁	小计	平均机龄/年
4	A330 系列	30	21	5	56	7.1
宽体客机合计		44	45	5	94	5.6
5	A320 系列	137	127	72	336	8.0
6	B737 系列	102	73	117	292	6.6
窄体客机合计		239	200	189	628	7.4
7	ARJ21	2	1	0	3	0.2
支线客机合计		2	1	0	3	0.2
客机合计		285	246	194	725	7.1
托管公务机总数					9	
飞机总数					734	

资料来源：根据中国东方航空公司 2020 年年度报告整理。

案例思考题：

对于承租人而言，《企业会计准则第 21 号——租赁》规范的租赁分类对会计信息质量哪些影响？

第一节　租赁会计相关概念

租赁最早是一种原始的实物信用，它产生于相互交换实物的需要。公元前 20 世纪，以楔形文字撰写的《苏美尔法典》中就有关于租赁的内容。早期租赁没有固定的租赁契约的形式和报酬条件。随着社会经济环境的发展和变化，租赁的形式不断更新，功能不断扩展。从租赁产生至今，租赁的发展大致分为两个阶段，即传统租赁和现代租赁。传统租赁中，出租人承担了投资的全部风险，租金通常比较高。现代租赁主要是指融资租赁，产生于 20 世纪 50 年代，叙恩费尔德在美国首创专业租赁公司。融资租赁是以融物的形式进行的融资活动，它的产生源于现代化生产方式的需要，租赁对象主要是各种生产性设备。融资租赁不是为了短期临时使用设备，而是为了获得长期融资来源。

为了规范承租人和出租人租赁业务的会计处理及相关会计信息披露，2001 年 1 月 18 日，财政部首次颁布《企业会计准则——租赁》，2006 年 2 月 15 日对《企业会计准则——租赁》做了修订，重新颁布了《企业会计准则 21 号——租赁》。该准则对有关租赁的概念、适用范围、会计处理、信息披露等问题进行了规范。但是，随着市场经济的日益发展和租赁业务的日益复杂，承租人的会计处理及信息披露问题日益凸显，承租人在资产负债表中不确认经营租赁中取得的使用权资产和租金支付义务，导致承租人财务报表未能全面反映因租赁交易取得的权利和承担的义务，大大降低了财务报表的可比性和完整性。2018 年 12 月 7 日，财政部再次正式修订《企业会计准则第 21 号——租赁》，要求 2019 年 1 月 1 日起分步实施。

一、租赁概念及要素分析

（一）租赁概念

《企业会计准则第 21 号——租赁》第二条规定：租赁，是指在一定期间内，出租人将资产的使用权让与承租人以获取对价的合同。

小贴士

国际会计机构对租赁概念的界定

《国际财务报告准则第 16 号——租赁》术语定义中规定：租赁是让渡在一段时间内使用资产（标的资产）的权利以换取对价的合并或合同的一部分。

租赁的本质是当事各方以合同形式规范的，在一定期限内生效的，出租人将使用权资产的使用权有偿转让给承租人以此获取对价的交易。在整个租赁期间，使用权资产的所有权与实质的使用权分离。同时，租赁协议与一般的资产购置及使用权未发生转移的服务性合同，如劳务合同、运输合同、保管合同、仓储合同，以及无偿提供使用权的借用合同完全不同。租赁协议可以规定，在租赁过程中，使用权资产的所有权属于出租人，但也可以规定，承租人对使用权资产有优先购买选择权，一旦承租人决定留购使用权资产，租赁期满后，使用权资产的所有权是可以发生转移的。在资产购置行为中，资产的所有权和使用权一次性地从卖方转移至买方，劳务提供等合同并未形成相关资产的使用权转移，只是接受对方提供的劳务。

（二）租赁要素分析

根据《企业会计准则第 21 号——租赁》的规定，一项合同被分类为租赁，必须满足三个要素：一是存在一定期间；二是存在已识别资产；三是资产供应方向客户转移对已识别资产使用权的控制。

1. 一定期间

在合同中，一定期间可以用时间长度表示，也可以用已识别资产使用量表示，如某项设备在其使用寿命期间的总产出量。例如，某型号的精密机床预计使用年限为 10 年，日产量 200 件，总产量 720 000 件等。企业应当就合同进行评估，判断其是否为租赁合同或包含租赁。同时符合下列条件的，使用已识别资产的权利构成一项单独租赁：承租人可从单独使用该资产或将其与其他易于获得的其他资源一起使用中获利；该资产与合同中的其他资产不存在高度依赖或高度关联关系，即资产可以单独使用。关键在于，在合同规定的一定期间内，企业是否能够控制已识别资产。

2. 已识别资产

一项租赁业务中必须存在已识别资产，如何判断租赁中所涉及的资产是否属于已识别资产，可以从以下几个方面考虑。

（1）对资产的指定。

租赁合同有可能对租赁所涉及的资产做了明确或隐含的指定。《企业会计准则第 21 号——租赁》第六条规定：已识别资产通常由合同明确指定，也可以在资产可供客户使用时隐性指定。

例如，甲公司（承租人）与乙公司（出租人）签订一项合同，约定甲公司从乙公司租赁一台某种规格的滚装货船，租赁期限为 10 年。

分析：合同中明确了该项滚装货船为租赁标的物，所以应当属于合同中明确指定的已识别资产。

又如，甲公司（承租人）与乙公司（出租人）签订了一项合同，约定使用乙公司一节火车车厢，租赁期限为 2020 年 1 月 1 日至 2024 年 12 月 31 日，共 5 年。该车厢由特殊材料制造，具备特定用途，除甲公司外其他承租人无法使用。

分析：虽然合同中没有明确指定供甲公司在租赁期内使用的火车车厢的具体型号和位置，但是该车厢实际上是为甲公司专门准备用来履行租赁合同的，乙公司不可以、也无法自由替换。所以，该车厢属于合同隐性指定的已识别资产。

（2）物理上可区分。

如果资产的部分产能在物理上可以区分，则该部分产能属于已识别资产。如果资产的某部分产能或其他部分在物理上不可区分，则该部分不属于已识别资产，除非其实质上代表该资产的全部产能，从而使客户获得因使用该资产所产生的几乎全部经济利益。

例如，情形 1：甲公司（客户）与乙公司（供应商）签订了一份营业场所租用合同，约定获得该栋大楼全部的营业面积。

情形 2：甲公司（客户）与乙公司（供应商）签订了一份营业场所租用合同，约定获得该大楼 3 000 平方米的营业场所，乙公司可以自行安排其余的营业场所。

分析：情形 1 下，合同明确指定了租用的营业场所，并且该营业场所在物理上可以区分，所以该营业场所属于已识别资产；情形 2 下，甲公司只是要求乙公司提供约定面积的营业场所，并没有明确具体的位置，乙公司可以根据甲公司的要求，在全部营业场所中给甲公司提供相应单位的营业场所，并且有权自主安排其余的营业场所，所以不存在已识别资产。

（3）实质性替换权。

《企业会计准则第 21 号——租赁》第六条规定：即使合同已对资产进行指定，如果资产的供应方在整个使用期间拥有对该资产的实质性替换权，则该资产不属于已识别资产。

同时符合下列条件时，表明供应方拥有资产的实质性替换权：

（一）资产供应方拥有在整个使用期间替换资产的实际能力；

（二）资产供应方通过行使替换资产的权利将获得经济利益。

企业难以确定供应方是否拥有对该资产的实质性替换权的，应当视为供应方没有对该资产的实质性替换权。

实质性替换权的主要意义在于，通过实质性替换权判断租赁期间，已识别资产是否存在及客户是否实质上控制使用权资产并且获得该资产产生的经济利益，在一项租赁中必须存在已识别资产，所以实质性替换权也是判断一项合同是否是租赁合同或包含租赁的重要标志。

例如，某咖啡饮品销售企业（客户）与某商场（供应商）签订了使用商场某处空间销售商品的三年期合同，合同规定了空间的大小及空间可位于商场的任一区域。

分析：该合同只是约定商场向客户提供营业场所，但是并没有约定具体位置，商场完全有权利根据管理需要，自行调整客户的营业位置。所以，商场具有甲公司营业场地的实质性替换权，该项合同中不具备已识别资产。

又如，客户与飞机所有者（供应商）签订了使用被明确指定的一架飞机的两年期合同，合同详细规定了飞机的内部与外部规格。在两年期内允许供应商随时替换飞机，且在飞机出现故障时必须替换，替换的飞机须符合合同规定中的内部与外部规格。

分析：合同中虽然规定，供应商有权随时替换客户规定规格的飞机，但是因为配备符合合同要求规格的飞机涉及高昂的成本，可合理估计供应商不会因替换飞机获得经济利益。所以，供应商不具备实质性替换权，该合同存在已识别资产。

3. 客户是否控制了已识别资产使用权

《企业会计准则第 21 号——租赁》第五条规定：为确定合同是否让渡了在一定期间内控制已识别资产使用的权利，企业应当评估合同中的客户是否有权获得在使用期间内因使用已识别资产所产生的几乎全部经济利益，并有权在该使用期间主导已识别资产的使用。所以，在判断合同是否包含租赁时，不仅需要判断合同中是否存在已识别资产，还需要判断客户是否可以获得在使用期间内因使用已识别资产所产生的几乎全部经济利益，应当从以下几个方面理解。

（1）客户是否有权获得因使用资产所生产的几乎全部经济利益。

企业应当在约定的客户权利范围内考虑其所产生的几乎全部经济利益是否被客户获得，有可能是直接获得，也有可能是需要付出一定的对价才能获得其几乎全部经济利益。

例如，甲公司因工程项目混凝土浇筑问题，与乙公司签订了一项合同，约定租赁乙公司 5 辆水泥搅拌车，为期 30 天。乙公司在合同中明确规定，每辆水泥搅拌车每天工作时间不得超过 20 小时，5 辆水泥搅拌车在租赁期间内总工作时间不得超过 3 000 小时。

分析：甲公司能够获得在预定时间内该批水泥搅拌车产生的几乎全部经济利益，至于租赁期间之外、规定工作时间之外该批水泥搅拌车产生的经济利益与甲公司无关，甲公司无须考虑。

又如，甲公司与乙公司签订一项合同，约定甲公司租用乙公司 2 000 平方米营业场地，作为教育培训基地，租期 2 年，每年年末支付 1 600 000 元固定租金，另外需要根据每年销售额的 2%支付可变租金。

分析：虽然甲公司除向乙公司支付每年 1 600 000 元的固定租金外，还需要根据每年销售额的 2%支付可变租金，但是并不影响甲公司使用该营业场地从事教育培训活动获得其几乎全部经济利益，可以认定甲公司可以获得因使用该资产所产生的几乎全部经济利益。

（2）客户是否有权主导资产的使用。

《企业会计准则第 21 号——租赁》第八条规定：存在下列情况之一的，可视为客户有权主导对已识别资产在整个使用期间内的使用：

（一）客户有权在整个使用期间主导已识别资产的使用目的和使用方式。

（二）已识别资产的使用目的和使用方式在使用期开始前已预先确定，并且客户有权在整个使用期间自行或主导他人按照其确定的方式运营该资产，或者客户设计了已识别资产并在设计时已预先确定了该资产在整个使用期间的使用目的和使用方式。

企业应当考虑在该使用期间与改变资产的使用目的和使用方式相关的决策权。相关的决策权是指对使用资产所产生的经济利益产生影响的决策权。相关的决策权可能因资产性质、合同条款和条件的不同而不同。具体包括，变更资产产出类型的权利，如企业租用的集装箱是用于运输商品还是存储商品；变更资产产出时间的权利，如水力发电站的发电时间；变更资产产出地点的权利，如租入的设备是安排母公司使用还是其子公司使用；变更资产是否产出及产出数量的权利，如发电厂是否发电及发电量的多少。

如果客户设计了已识别资产的使用目的和使用方式，企业可以通过合同对资产的使用做出限制来预先确定相关决策。

例如，甲公司与乙公司签订一项合同，约定甲公司从乙公司租入一辆指定型号的大众轿车，用于自驾旅游，期限为 7 天。

分析：该合同中，乙公司负责按照甲公司的要求提供符合条件的轿车，至于在租期内，旅游线路、行驶速度、停车休息地点等事宜皆由甲公司自行确定，所以该合同中存在已识别资产，并且客户有权主导该资产的使用方式。

二、租赁的分拆与合并

（一）租赁的分拆

《企业会计准则第 21 号——租赁》中明确，合同中同时包括多项单独租赁的，可以将其分拆为若干个租赁合同。合同中同时包含租赁和非租赁部分，承租人和出租人应当将租赁与非租赁部分进行拆分，如果不拆分则应当按照租赁处理。但是，对于按照《企业会计准则第 22 号——金融工具确认和计量》应分拆的嵌入衍生工具，承租人不应将其与租赁部分合并进行会计处理。

《企业会计准则第 21 号——租赁》第十条规定：同时符合下列条件的，使用已识别资产的权利构成合同中的一项单独租赁：

（一）承租人可从单独使用该资产或将其与易于获得的其他资源一起使用中获利；

（二）该资产与合同中的其他资产不存在高度依赖或高度关联关系。

合同拆分的时候，承租人应当按照各租赁部分的单独价格及非租赁部分的单独价格之和的相对比例分摊合同对价。租赁和非租赁部分的相对单独价格，应当根据出租人或资产供应方就该部分或类似部分向企业单独收取的价格确定。如果可观察的单独价格不易于获得，承租人应当最大限度地利用可观察的信息确定单独价格。

例如：甲公司从乙公司租赁一台推土机、一辆卡车和一台长臂挖掘机用于采矿，租赁期为 4 年。乙公司同意在整个租赁期内维护各项设备。合同固定对价为 3 000 000 元，按年分期支付，每年支付 750 000 元。合同对价包含了各项设备的维护费用。

分析：该合同中包含了租赁和与租赁相关的服务，承租人应当先将租赁与非租赁的维修服务拆分，分别进行会计处理。承租人租入的推土机、卡车、长臂挖掘机应当属于三项单独租赁，与其相关的维修服务属于三项非租赁部分。假设其他供应方的支付条款与甲、乙公司签订的合同条款相似，甲公司能够确定推土机、卡车和长臂挖掘机维护服务的可观察单独价格为 80 000 元、20 000 元和 100 000 元。甲公司观察到乙公司在市场上单独出租租赁期为 4 年的推土机、卡车和长臂挖掘机的价格分别为 900 000 元、800 000 元和 1 300 000 元。甲公司将合同中约定的固定对价 3 000 000 元分摊至租赁和非租赁部分的情况如表 2-2 所示。

表 2-2　租赁分拆价值分摊表　　　　　　　　　　　　　　　　单位：元

	推土机	卡车	长臂挖掘机	合计
租赁	900 000	800 000	1 300 000	3 000 000
非租赁	80 000	20 000	100 000	200 000
合计				3 200 000
				合同分摊率 93.75%
租赁	843 750	750 000	1 218 750	2 812 500
非租赁				187 500

根据计算，甲公司将要支付的 3 000 000 元固定对价中能够作为租赁行为确认的价格是 2 812 500 元，作为非租赁行为确认的价格是 187 500 元，其中推土机应承担的租赁付款额（折现前）为 843 750 元，卡车应承担的租赁付款额（折现前）为 750 000 元，长臂挖掘机应承担的租赁付款额（折现前）为 1 218 750 元。

（二）租赁的合并

《企业会计准则第 21 号——租赁》第十三条规定：企业与同一交易方或其关联方在同一时间或相近时间订立的两份或多份包含租赁的合同，在符合下列条件之一时，应当合并为一份合同进行会计处理：

（一）该两份或多份合同基于总体商业目的而订立并构成一揽子交易，若不作为整体考虑则无法理解其总体商业目的；

（二）该两份或多份合同中的某份合同的对价金额取决于其他合同的定价或履行情况；

（三）该两份或多份合同让渡的资产使用权合起来构成一项单独租赁。

例如，甲公司为满足一项筑路工程项目的需要，于 2020 年 12 月 1 日与乙公司签订一份租赁合同，自乙公司租入 10 台压路机，租赁期为 2021 年 1 月 1 日至 2025 年 12 月 31 日，每月租金为 10 000 元，于月末支付。由于业务扩展原因，2021 年 1 月 10 日再次与乙公司签订一份租赁合同，自乙公司租入压路机 5 台，租赁期为 2021 年 3 月 1 日至 2025 年 12 月 31 日，每月租金 12 000 元，于月末支付。该合同约定由乙公司承担租赁设备的维护维修费用。根据资料，相同功能及数量压路机的市场价格为 7 000 000 元，5 年间的维护维修费用为 3 000 000 元。

根据上述资料分析，甲公司与乙公司在相近时间内签订的两份租赁合同是基于同一商业目的而订立的一揽子合同，因此可以认定两份租赁合同应当合并为一份租赁合同进行会计处理。

三、租赁期

《企业会计准则第 21 号——租赁》第十五条规定：租赁期，是指承租人有权使用租赁资产且不可撤销的期间。租赁期是租赁合同中的重要条款，它的功用就是界定承租人与出租人保持租赁关系的时间区间。同时，租赁合同一般应明确指出，租赁期是单方面、随意不可撤销的时间区间，进而保证承租人与出租人在租赁期间内履行各自的权利与义务。承租人有续租选择权，即有权选择续租该资产，且合理确定将行使该选择权的，租赁期还应当包含续租选择权涵盖的期间。承租人有终止租赁选择权，即有权选择终止租赁该资产，但合理确定将不会行使该选择权的，租赁期应当包含终止租赁选择权涵盖的期间。

小贴士

国际会计机构对租赁期的界定

《国际财务报告准则第 16 号——租赁》术语定义中规定：租赁期是承租人有权使用标的资产的不可撤销的期间，包括：（1）续租选择权所涵盖的期间，前提是承租人合理确定将行使该选择权；（2）终止租赁选择权所涵盖的期间，前提是承租人合理确定不会行使该选择权。

四、租赁开始日

《企业会计准则第 21 号——租赁》第三十五条规定：租赁开始日，是指租赁合同签署日与租赁各方就主要租赁条款作出承诺日中的较早者。

租赁开始日，承租人和出租人应当能够确认租赁的性质，并能够确认与租赁相关的金额。例如，承租人使用权资产的入账价值、租赁负债；出租人的租赁收款额、未实现融资收益等。

> **小贴士**
>
> **国际会计机构对租赁开始日的界定**
>
> 《国际财务报告准则第 16 号——租赁》术语定义中规定：租赁开始日是租赁协议日与租赁各方就主要租赁条款和条件做出承诺日中的较早者。

例如，甲公司因工程项目混凝土浇筑问题，于 2020 年 10 月 20 日与乙公司签订一项合同，约定租赁乙公司 5 辆的水泥搅拌车，为期 30 天。乙公司应当在 2021 年 1 月 1 日将符合甲公司施工要求的车辆运到甲公司指定地点，合同约定，甲公司应当承担水泥搅拌车在使用过程中发生的非质量性的所有附加费用，租赁期满后于 2021 年 1 月 31 日将水泥搅拌车归还乙公司，并且于 2021 年 1 月 1 日一次性向乙公司支付车辆的全部租金 200 000 元。

分析：2020 年 10 月 20 日，甲公司与乙公司签订租赁合同，约定了相关的租赁事项，虽然租赁业务尚未实际发生，但是双方就租赁业务的所有事项做出了明确的约定，并且承诺承担相应的责任，所以 2020 年 10 月 20 日为租赁开始日。

五、租赁期开始日

《企业会计准则第 21 号——租赁》第十四条规定：租赁期开始日，是指出租人提供租赁资产使其可供承租人使用的起始日期。在租赁期开始日，承租人应当在会计账面上对使用权资产、租赁负债进行确认和记录，出租人应当在会计账面上对租赁收款额、未担保余值和未实现融资收益进行确认和记录。

> **小贴士**
>
> **国际会计机构对租赁期开始日的界定**
>
> 《国际财务报告准则第 16 号——租赁》术语定义中规定：租赁期开始日是出租人提供标的资产使其可供承租人使用的日期。

根据上例资料，2021 年 1 月 1 日，甲公司收到符合要求的水泥搅拌车并支付相应租金时，应当在会计系统中确认租赁业务，进行相应的会计处理，这个时点应当为租赁期开始日。

六、租赁付款额

《企业会计准则第 21 号——租赁》第十八条规定：租赁付款额，是指承租人向出租人支付的与在租赁期内使用租赁资产的权利相关的款项，具体包括：

（一）固定付款额及实质固定付款额，存在租赁激励的，扣除租赁激励相关金额；

（二）取决于指数或比率的可变租赁付款额，该款项在初始计量时根据租赁期开始日的指数或比率确定；

（三）购买选择权的行权价格，前提是承租人合理确定将行使该选择权；

（四）行使终止租赁选择权需支付的款项，前提是租赁期反映出承租人将行使终止租赁选择权；

（五）根据承租人提供的担保余值预计应支付的款项。

第一款中的固定付款额是指租赁合同中约定的固定租金额，如果存在租赁激励，则需要根据扣除租赁激励后的金额确定。

例如，甲公司与乙公司签订一项合同，约定自乙公司租入 10 艘机动捕鱼船，租赁期为 3 年，每艘机动捕鱼船每年租金为 600 000 元，因承租人租期比较长，出租人主动将每艘机动捕鱼船的年租金降为 580 000 元。该项租赁中，根据租赁合并约定的租金标准计算，租金总额应当为 18 000 000 元，出租人给予的租赁激励为 600 000 元，则甲公司扣除租赁激励后的租金总额为 17 400 000 元。

实质固定付款额是指在形式上可能包含变量但实质上无法避免的付款额。例如，甲公司与乙公司签订一项合同，约定自乙公司开发的商业综合体一层租入 1 000 平方米营业场地，用于开办中式快餐。甲公司是一家全国连锁经营集团，在本地已有 10 家连锁店铺，声誉良好，经营有序。合同约定，如果该连锁店在约定时间内未能正常开业，则甲公司每月支付 50 000 元租金，如果甲公司在租赁期间正常营业，每年支付 5 000 000 元租金。

分析：该合同中约定了可变租金的情形，但是根据常识判断，甲公司如果不正常经营，需要承担大量的成本及声誉损失，所以甲公司一定会在租赁期间内正常经营，并且按照合同约定每年支付 5 000 000 元的租金，那么合同中的租金则为实质固定租金。

第二款中的可变租赁付款额是指承租人为取得在租赁期内使用租赁资产的权利，向出租人支付的因租赁期开始日后的事实或情况发生变化（而非时间推移）而变动的款项。实质上就是承租人为了在租赁期间获得资产的使用权支付给出租人的一部分租金，该租金不根据时间长短而依据租赁期开始日后事项和环境的改变而变化。具体包括，由于市场利率或指数数值变动导致的价格变动；承租人源自使用权资产的绩效，如出租人要求按照自使用权资产所获得的经济利益的一定比例或金额分享经营收入等。

取决于利率和指数的可变租赁付款额由宏观经济环境决定，不受承租人在租赁期间活动的影响，符合租赁负债的定义，可以作为租赁负债确认，其他部分以承租人在租赁期间的活动影响为依据，作为可变租金计入当期损益。例如，甲公司与乙公司签订一项合同，约定自乙公司租入一栋六层公寓，简单装修后作为快捷酒店经营，租赁期为 15 年，合同约定按照租赁开始日国家统计总局公布的过去 24 个月的居民消费指数（125），确定每年租金为 3 000 000 元。因该项租赁中，租金已经按照选定的居民消费指数进行了调整，所以租赁期间租金的金额不再变化。

第三款中的行权价格是指合同中规定，租赁期满承租人购买使用权资产需要支付的行权价格，当然，承租人一定要行使优先购买选择权。

第四款中的终止租赁选择权一般情况下是指提前终止租赁的选择权。

例如，合同中约定的租赁期为 10 年，每年年末支付租金 1 200 000 元，如果承租人选择在第 6 年提前终止租赁，那么需要支付 10 个月的租金作为处罚。

分析：在租赁开始日，承租人对是否行使终止租赁选择权做了评估，认为该租赁对价公允，提前终止租赁需支付的罚金金额重大，可以合理确定甲公司不会行使终止租赁选择权，所以提前终止租赁需支付的罚金不包括在租赁负债中，租赁期限应当为 10 年。

第五款中的担保余值是指由承租人或承租人聘请的与出租人无关的第三方向出租人提供的、使用权资产在租赁期满时应保留的价值。如果合同中承租人或与承租人相关的第三方向出租人提供了担保，则担保余值应当作为租赁负债的一部分，它的实质是承租人应支付的金额，但不是承租人担保余值的最大敞口。

小贴士

国际会计机构对租赁付款额的界定

《国际财务报告准则第 16 号——租赁》术语定义中规定：租赁付款额是承租人向出租人支付的与在租赁期内使用标的资产的权利相关的款项，包括下列项目：

（1）固定付款额（包括实质固定付款额），扣除租赁激励；

（2）取决于指数或比率的可变租赁付款额；

（3）购买选择权的行权价，前提是承租人合理确定将行使该选择权；

（4）终止租赁的罚款，前提是租赁期反映出承租人将行使终止租赁选择权。

对于承租人，租赁付款额还包括承租人根据担保余值预计应付的金额。租赁付款额不包括分摊至合同非租赁组成部分的金额，除非承租人选择将非租赁组成部分与租赁组成部分合并，作为一项单独的租赁组成部分进行会计处理。

对于出租人，租赁付款额还包括由承租人、与承租人有关联的一方或与出租人无关但在经济上有能力履行担保义务的第三方向出租人提供的余值担保。租赁付款额不包括分摊至非租赁组成部分的金额。

七、担保余值

《企业会计准则第 21 号——租赁》第十九条规定：担保余值，是指与出租人无关的一方向出租人提供担保，保证在租赁结束时租赁资产的价值至少为某指定的金额。

其中，资产余值是指在租赁开始日估计的租赁期满时使用权资产的公允价值。为了促使承租人谨慎地使用使用权资产，尽量降低和减少出租人自身的风险和损失，租赁协议有时要求承租人或与其有关的第三方对使用权资产的余值进行担保，此时的担保余值是针对承租人而言的。除此以外，担保人还可能是与承租人和出租人均无关，但在财务上有能力担保的第三方，如担保公司，此时的担保余值是针对出租人而言的。

> **小贴士**
>
> **国际会计机构对担保余值的界定**
>
> 《国际财务报告准则第 16 号——租赁》术语定义中规定：担保余值是由与出租人无关的一方向出租人提供的在租赁结束时标的资产的价值（或价值的一部分）至少为某指定金额的担保。

八、未担保余值

《企业会计准则第 21 号——租赁》第十九条规定：未担保余值，是指租赁资产余值中，出租人无法保证能够实现或仅由与出租人有关的一方予以担保的部分。

这里应当明确的是，未担保余值是从出租人的角度出发计算确定的指标。这项指标是从资产余值中扣除就出租人而言的担保余值后剩下的部分。对于这部分资产余值，承担人、与承租人有关的第三方及独立于承租人和出租人的第三方均未为之提供担保。对出租人而言，如果使用权资产余值中包含未担保余值，表明与这部分资产余值相关的主要风险和报酬并没有转移，应当由出租人承担。未担保余值在出租人进行相关会计处理时应当予以记录，该指标还是确认未实现融资收益时需要考虑的重要因素之一。

> **小贴士**
>
> **国际会计机构对未担保余值的界定**
>
> 《国际财务报告准则第 16 号——租赁》术语定义中规定：未担保余值是标的资产余值中，出租人无法保证能够实现或仅由与出租人有关的一方予以担保的部分。

九、租赁收款额

《企业会计准则第 21 号——租赁》第三十八条规定：租赁收款额，是指出租人因让渡在租赁期内使用租赁资产的权利而应向承租人收取的款项，包括：

（一）承租人需支付的固定付款额及实质固定付款额，存在租赁激励的，扣除租赁激励相关金额；

（二）取决于指数或比率的可变租赁付款额，该款项在初始计量时根据租赁期开始日的指数或比率确定；

（三）购买选择权的行权价格，前提是合理确定承租人将行使该选择权；

（四）承租人行使终止租赁选择权需支付的款项，前提是租赁期反映出承租人将行使终止租赁选择权；

（五）由承租人、与承租人有关的一方以及有经济能力履行担保义务的独立第三方向出租人提供的担保余值。

第二节　承租人会计处理

一、承租人的租赁分类

按照租赁的经济实质，租赁可分为短期租赁、低价值资产租赁和一般租赁三类。

（一）短期租赁

《企业会计准则第 21 号——租赁》第三十条规定：短期租赁，是指在租赁期开始日，租赁期不超过 12 个月的租赁。包含购买选择权的租赁不属于短期租赁。

例如，甲公司与乙公司签订一项合同，约定甲公司自乙公司租入一辆集装箱货车，期限为 3 个月。

（二）低价值资产租赁

《企业会计准则第 21 号——租赁》第三十一条规定：低价值资产租赁，是指单项租赁资产为全新资产时价值较低的租赁。低价值资产租赁的判定仅与资产的绝对价值有关，不受承租人规模、性质或其他情况影响。

例如，甲公司与乙公司签订一项合同，约定自乙公司处租入 10 台小型激光打印机，每台小型激光打印机的价值为 980 元。

（三）一般租赁

除短期租赁和低价值资产租赁之外的租赁即一般租赁。

例如，甲公司是从事航空运输的公司，自飞机制造商处租入 5 架货运飞机，租期为 15 年，每年租金为 100 000 000 元。

二、承租人一般租赁的会计处理

承租人应当自租赁期开始日在会计账簿中确认租赁，具体包括租赁负债的确认和初始计量、使用权资产的确认和初始计量、租赁负债的后续计量、使用权资产的后续计量等会计问题。

（一）租赁负债的确认和初始计量

1. 租赁负债的确认

就承租人而言，在租赁期开始日应当根据租赁合同条款，将租赁业务中将承担的债务作为租赁负债进行初始确认。

2. 租赁负债初始计量

《企业会计准则第 21 号——租赁》第十七条规定：租赁负债应当按照租赁期开始日尚未支付的租赁付款额的现值进行初始计量。

3. 租赁负债初始计量的步骤

第一，根据租赁合同的具体内容确定租赁付款额。

第二，确定计算租赁付款额现值时需要的折现率。

《企业会计准则第 21 号——租赁》第十七条规定：在计算租赁付款额的现值时，承租人应当采用租赁内含利率作为折现率；无法确定租赁内含利率的，应当采用承租人增量借款利率作为折现率。

租赁内含利率，是指使出租人的租赁收款额的现值与未担保余值的现值之和等于租赁资产公允价值与出租人的初始直接费用之和的利率。初始直接费用是指为达成租赁所发生的增量成本，如必须支付的佣金、印花税等，但是为了评估是否签订租赁合同而发生的法律、财务等费用应当计入当期损益。

承租人增量借款利率，是指承租人在类似经济环境下为获得与使用权资产价值接近的资产，在类似期间以类似抵押条件借入资金须支付的利率。

在会计实务中，当承租人确定租赁负债初始计量选用折现率时，通常首选出租人的租赁内含利率，如果无法获得出租人租赁内含利率可以选用承租人增量借款利率。承租人可以根据所处的经济环境，以可以观察到的利率为确定增量借款利率的参考基础，然后根据自身的情况、标的资产情况、租赁期和租赁负债金额等租赁业务具体情况对参考基础进行调整，确定适当的、可行的增量借款利率。

第三，计算租赁付款额的现值。

根据租赁开始日确认的租赁付款额的具体内容及租赁付款的时间、选择的折现率计算租赁付款额的现值。

第四，确定租赁中形成的未确认融资费用。

根据租赁付款额及租赁付款额的现值之间的差额确认应当在租赁期间内共同承担的融资费用。

4. 租赁负债核算应设置的会计账户

租赁负债核算设置"租赁负债"总账账户，该账户属于负债类账户，用来核算承租人在租赁过程中承担的负债。该账户下设"租赁付款额"和"未确认融资费用"两个明细账户，分别反映承租人在租赁期间应支付的租赁付款额及支付情况和应承担的融资费用及分摊情况。从账户的用途和结构上分析，"租赁负债——未确认融资费用"账户是"租赁负债——租赁付款额"账户的备抵调整账户，其结构和余额方向相反，"租赁负债"总账余额反映其现值。

5. 租赁负债的会计处理

承租人应当在租赁期开始日根据租赁的类型进行相应的会计处理。

【例 2-1】甲公司于 2018 年 1 月 1 日以一般租赁方式租入一台设备，租期为 3 年，即自 2018 年 1 月 1 日至 2020 年 12 月 31 日，租金总额为 1 500 000 元，于租赁期内每年年末支付 500 000 元。假设增量借款利率为 10%。已知：$(P/A，10\%，3)=2.487$，P/A 为年金现值系数。

分析：租赁付款额=1 500 000 元

租赁负债的现值=500 000×$(P/A，10\%，3)$=1 243 500（元）

使用权资产的入账价值=1 243 500 元

未确认融资费用=1 500 000-1 243 450=256 500（元）

借：使用权资产　　　　　　　　　　　　　　　　　　1 243 500

　　租赁负债——未确认融资费用　　　　　　　　　　　256 500

　　　贷：租赁负债——租赁付款额　　　　　　　　　　　　　1 500 000

（二）使用权资产的确认和初始计量

1. 使用权资产的确认

根据一般租赁的业务特点，承租人将租入的资产作为使用权资产进行确认。

2. 使用权资产的初始计量原则

《企业会计准则第 21 号——租赁》第十六条规定，使用权资产应当按照成本进行初始计量。该成本包括：

（一）租赁负债的初始计量金额；

（二）在租赁期开始日或之前支付的租赁付款额，存在租赁激励的，扣除已享受的租赁激励相关金额；

（三）承租人发生的初始直接费用；

（四）承租人为拆卸及移除租赁资产、复原租赁资产所在场地或将租赁资产恢复至租赁条款约定状态预计将发生的成本。

租赁激励，是指出租人为达成租赁向承租人提供的优惠，包括出租人向承租人支付的与租赁有关的款项、出租人为承租人偿付或承担的成本等。

初始直接费用，是指为达成租赁所发生的增量成本。增量成本是指若企业不取得该租赁，则不会发生的成本。

3. 使用权资产核算应设置的账户

使用权资产核算应设置"使用权资产"账户，该账户属于资产类账户，用来核算承租人租入的使用权资产的增减变化及结余情况。借方反映使用权资产增加的金额，贷方反映使用权资产减少的金额，期末余额在借方，反映使用权资产的结余情况。该账户可根据使用权资产的类型、品种等设置明细账户。

4. 使用权资产初始计量的会计处理

租赁期开始日，承租人应根据《企业会计准则第 21 号——租赁》的规定，对使用权资产进行会计处理。

【例 2-2】根据【例 2-1】资料，使用权资产的入账价值为 1 243 500 元。

借：使用权资产   1 243 500

    租赁负债——未确认融资费用   256 500

      贷：租赁负债——租赁付款额   1 500 000

（三）租赁负债的后续计量

1. 租赁负债后续计量基础

《企业会计准则第 21 号——租赁》第二十三条规定：承租人应当按照固定的周期性利率计算租赁负债在租赁期内各期间的利息费用，并计入当期损益。第二十四条规定：未纳入租赁负债计量的可变租赁付款额应当在实际发生时计入当期损益。

承租人同时应当根据合同安排支付各期固定租金或者可变租金。

在会计实务中，租赁期开始后，承租人应当做到以下几点。

（1）确认租赁负债的利息，调整租赁负债的账面金额，即应当按照固定的周期性利率计算租赁期内各个会计期间应承担的融资费用，也就是需要将租赁期开始日确认、应当在整个租赁期内共同承担的未确认融资费用分摊到租赁期涵盖的各个会计期间，确认为各个会计期间的财务费用（或相关资产成本）。

（2）支付租赁付款额（固定租金或实质上的固定租金），减少租赁负债的账面价值，将支付的可变租金计入当期损益。

（3）因重估或租赁变更等原因导致租赁付款额发生变动时，需要重新计量租赁负债的账面价值。

2. 租赁负债后续计量的会计处理

（1）支付固定租金的会计处理。

【例 2-3】根据【例 2-1】资料，承租人在租赁过程中根据合同条款，于每年年末支付固定租金 500 000 元，会计处理如下。

2018 年 12 月 31 日支付租金会计处理：

借：租赁负债——租赁付款额　　　　　　　　　　　　　　500 000

　　贷：银行存款　　　　　　　　　　　　　　　　　　　　　　500 000

2019 年 12 月 31 日支付租金会计处理：

借：租赁负债——租赁付款额　　　　　　　　　　　　　　500 000

　　贷：银行存款　　　　　　　　　　　　　　　　　　　　　　500 000

2020 年 12 月 31 日支付租金会计处理：

借：租赁负债——租赁付款额　　　　　　　　　　　　　　500 000

　　贷：银行存款　　　　　　　　　　　　　　　　　　　　　　500 000

（2）未确认融资费用分摊。

《企业会计准则第 21 号——租赁》第二十三条规定：承租人应当按照固定的周期性利率计算租赁负债在租赁期内各期间的利息费用，并计入当期损益。周期性利率是指租赁负债初始计量时所使用的折现率，或者因租赁付款额发生变动而需按照修订后的折现率对租赁负债重新计量时，承租人所采用的修订后的折现率。

【例 2-4】根据【例 2-1】资料，租赁期内未确认融资费用分摊表如表 2-3 所示。

表 2-3　未确认融资费用分摊表　　　　　　　　　　　　　　单位：元

日期①	租金②	确认的融资费用③=期初⑤×10%	应付本金减少额④=②-③	应付本金余额⑤=上期余额-④
2018.01.01				1 243 500
2018.12.31	500 000	124 350	375 650	867 850
2019.12.31	500 000	86 785	413 215	454 635
2020.12.31	500 000	45 365	454 635	0
合计	1 500 000	256 500	1 243 500	0

2018 年 12 月 31 日确认融资费用的会计处理：

借：财务费用　　　　　　　　　　　　　　　　　　　　124 350

　　贷：租赁负债——未确认融资费用　　　　　　　　　　　　124 350

2019 年 12 月 31 日确认融资费用的会计处理：

借：财务费用　　　　　　　　　　　　　　　　　　　　86 785

　　贷：租赁负债——未确认融资费用　　　　　　　　　　　　86 785

2020 年 12 月 31 日确认融资费用的会计处理：

借：财务费用 45 365

　　贷：租赁负债——未确认融资费用 45 365

3. 租赁负债的重新计量

《企业会计准则第 21 号——租赁》第二十五条规定：在租赁期开始日后，发生下列情形的，承租人应当重新确定租赁付款额，并按变动后租赁付款额和修订后的折现率计算的现值重新计量租赁负债：

（一）因依据本准则第十五条第四款规定，续租选择权或终止租赁选择权的评估结果发生变化，或者前述选择权的实际行使情况与原评估结果不一致等导致租赁期变化的，应当根据新的租赁期重新确定租赁付款额；

（二）因依据本准则第十五条第四款规定，购买选择权的评估结果发生变化的，应当根据新的评估结果重新确定租赁付款额。

在计算变动后租赁付款额的现值时，承租人应当采用剩余租赁期间的租赁内含利率作为修订后的折现率；无法确定剩余租赁期间的租赁内含利率的，应当采用重估日的承租人增量借款利率作为修订后的折现率。

第二十六条规定：在租赁期开始日后，根据担保余值预计的应付金额发生变动，或者因用于确定租赁付款额的指数或比率变动而导致未来租赁付款额发生变动的，承租人应当按照变动后租赁付款额的现值重新计量租赁负债。在这些情形下，承租人采用的折现率不变；但是，租赁付款额的变动源自浮动利率变动的，使用修订后的折现率。

【例 2-5】甲公司与乙公司签订一项合同，约定租入 10 台某类设备，租赁期限为 10 年，合同相关条款规定，每年于年末支付租金 100 000 元，承租人租赁期开始日增量借款利率为 6%。同时，承租人对该类设备的余值进行担保，如果租赁期满时该类设备公允价值不足 600 000 元，承租人需要支付该类设备实际价值与担保余值之间的差额。假定，第 2 年年末，承租人对该类设备的担保余值进行评估，预计租赁期满时该类设备的实际价值为 400 000 元。已知（P/A, 6%, 10）=7.36，（P/F, 6%, 8）=0.627，P/F 为复利现金系数。

分析：甲公司应将该担保余值预计应付的金额 200 000 元纳入租赁付款额，采用租赁负债初始计量时的折现率重新计量租赁负债，并相应调整使用权资产入账价值。

租赁期开始日相关计算及会计处理：

租赁负债——租赁付款额=100 000×10=1 000 000（元）

租赁负债的现值=100 000×（P/A, 6%, 10）=736 000（元）

使用权资产入账价值=736 000 元

租赁负债——未确认融资费用=1 000 000-736 000=264 000（元）

借：使用权资产 736 000

　　租赁负债——未确认融资费用 264 000

　　贷：租赁负债——租赁付款额 1 000 000

第 2 年年末，因担保余值减少应调增租赁负债的相关计算及会计处理：

增加租赁负债的现值=200 000×（P/F, 6%, 8）=125 400（元）

增加使用权资产入账价值=125 400 元

增加租赁负债——未确认融资费用=200 000-125 400=74 600（元）

借：使用权资产   125 400

　　租赁负债——未确认融资费用   74 600

　　贷：租赁负债——租赁付款额   200 000

第二十七条规定：承租人在根据本准则第二十五条、第二十六条或因实质固定付款额变动重新计量租赁负债时，应当相应调整使用权资产的账面价值。使用权资产的账面价值已调减至0，但租赁负债仍需进一步调减的，承租人应当将剩余金额计入当期损益。

根据会计准则的规定，在租赁期开始日之后，承租人有可能需要对租赁期开始日确认的租赁负债重新计量，根据修订后的折现率重新计量租赁负债的现值，同时还需要调整使用权资产的入账价值。

【例 2-6】甲公司与乙公司于 2019 年 1 月 1 日签订了一项为期 4 年的不动产（供管理部门使用）租赁合同，即租赁期为 2019 年 1 月 1 日至 2023 年 12 月 31 日。每年的租赁付款额为 1 000 000 元，于每年年末支付。合同规定，租赁付款额应当根据租赁期开始日后每两年基于过去 24 个月消费者价格指数的上涨幅度上调。租赁期开始日的消费者价格指数为 110。假设 2021 年年初的消费者价格指数为 120。甲公司在租赁期开始日的增量借款利率为 5%。已知（P/A，5%，4）=3.546，（P/A，5%，2）=1.86，使用权资产按直线法在 5 年内计提折旧。

相关计算及会计处理：

租赁付款额=1 000 000×4=4 000 000（元）

租赁付款额现值=1 000 000×（P/A，5%，4）=3 546 000（元）

未确认融资费用=4 000 000-3 546 000=45 400（元）

使用权资产入账价值=3 546 000 元

未确认融资费用分摊表如表 2-4 所示。

表 2-4　未确认融资费用分摊表　　　　　　　　　　　　　　单位：元

日期①	租金②	确认的融资费用 ③=期初⑤×5%	应付本金减少额 ④=②-③	应付本金余额 ⑤=上期余额-④
2019.01.01				3 546 000
2019.12.31	1 000 000	177 300	822 700	2 723 300
2020.12.31	1 000 000	136 165	863 835	1 859 465
2021.12.31	1 000 000	92 973.25	907 026.75	952 438.25
2022.12.31	1 000 000	47 561.75	952 438.25	
合计	4 000 000	454 000	3 546 000	0

2019 年 1 月 1 日—2020 年 12 月 31 日，相关会计处理略。

2021 年消费者价格指数上涨至 120，根据租赁合同相关条款，应当调整租赁付款额。

2021 年及 2022 年每年的租赁付款额为 1 000 000×120÷110=1 090 000[①]（元）。

调整后租赁负债的现值=1 090 000×（P/A，5%，2）=2 027 400 元

调整前租赁负债余额为 1 859 465 元，需要调增 167 935 元。

---

① 此处主要说明消费者价格指数变动对租赁负债的影响，为方便计算，故取值只取到万位。

同时调整使用权资产账面价值。

借：使用权资产　　　　　　　　　　　　　　　　　　　167 935

　　贷：租赁负债——未确认融资费用　　　　　　　　　　　12 065

　　　　租赁负债——租赁付款额　　　　　　　　　　　　 180 000

（四）使用权资产的后续计量

1. 使用权资产后续计量基础

租赁期开始后，使用权资产应当按照成本模式进行后续计量，如果出现租赁负债重新计量的情况，应当相应调整使用权资产的账面价值。

2. 使用权资产的折旧或摊销

承租人将租入资产作为使用权资产进行确认和计量，在使用权资产日常使用过程中，自然存在其价值的分次转移和分次补偿的问题，即使用权资产应根据其特点，分别比照固定资产或无形资产选择适当的会计政策和会计方法计提折旧或摊销额。

小贴士

使用权资产价值转移与补偿应考虑的会计问题

使用权资产折旧或摊销政策的选择。

使用权资产应计提折旧额或摊销额的计算。

使用权资产折旧或摊销期间的确定。

---

3. 使用权资产的减值

在使用权资产正常使用期间，承租人应当按照《企业会计准则第 8 号——资产减值》的规定，对使用权资产的价值进行评估，对确定的使用权资产减值损失进行相应的会计处理。使用权资产一旦计提减值准备，不得转回，并且需要根据计提的减值准备调减使用权资产的账面价值。

4. 使用权资产维护维修费用的处理

使用权资产投入正常使用期间，因技术等原因，需要陆续支付相应的维护维修费用，此类费用比照自有固定资产维护维修费用的处理办法进行处理。根据维护维修支出的性质、规模、经济后果，分别确认为收益性支出或资本性支出，属于收益性支出的部分计入当期损益，属于资本性支出的部分则应调整使用权资产的账面价值，并且根据调整后的账面价值计提后续使用年度的折旧费用。

5. 租赁期满使用权资产的处理

租赁期满后，承租人对使用权资产的处理方式主要有退租、续租和留购三种。

如果承租人退租使用权资产，则需要冲减相应的会计账面记录。

借：使用权资产累计折旧　　　　　　　　　　　　　　　××××

　　贷：使用权资产　　　　　　　　　　　　　　　　　　　××××

如果在租赁期间计提了使用权资产减值准备，则会计处理如下。

借：使用权资产累计折旧　　　　　　　　　　　　　　　××××

　　使用权资产减值准备　　　　　　　　　　　　　　　××××

　　贷：使用权资产　　　　　　　　　　　　　　　　　　　××××

如果承租人留购使用权资产，则需要将使用权资产转为自有固定资产等。

借：固定资产 ××××

　　贷：使用权资产 ××××

借：使用权资产累计折旧 ××××

　　贷：固定资产累计折旧 ××××

借：使用权资产减值准备 ××××

　　贷：固定资产减值准备 ××××

三、承租人租赁变更的会计处理

（一）租赁变更的概念

《企业会计准则第 21 号——租赁》第二十八条规定：租赁变更，是指原合同条款之外的租赁范围、租赁对价、租赁期限的变更，包括增加或终止一项或多项租赁资产的使用权，延长或缩短合同规定的租赁期等。

（二）租赁变更会计处理的类型

租赁变更会计处理主要有两种类型：一是将租赁变更作为一项单独租赁处理，二是租赁变更未作为一项单独租赁处理。

（三）租赁变更的会计处理

1. 作为一项单独租赁进行会计处理的条件

《企业会计准则第 21 号——租赁》第二十八条规定：符合下列条件的，承租人应当将该租赁变更作为一项单独租赁进行会计处理：

（一）该租赁变更通过增加一项或多项租赁资产的使用权而扩大了租赁范围；

（二）增加的对价与租赁范围扩大部分的单独价格按该合同情况调整后的金额相当。

例如，甲公司租入乙公司临街一栋高层建筑的 5～10 层房屋，准备改造作为快捷酒店的经营场所，租赁期限为 10 年。在第 6 年年初，双方同意对原合同进行变更，扩租同一建筑物内的 11～15 层房屋，以便扩大快捷酒店的经营面积，双方约定扩租部分第 6 年 6 月末可供甲公司使用。根据合同规定，增加的对价与当期同类建筑物租赁市价相当，所以该租赁变更应当作为一项单独租赁进行相应的会计处理。

2. 未作为一项单独租赁进行会计处理的原则和要求

（1）未作为一项单独租赁进行会计处理的原则。

《企业会计准则第 21 号——租赁》第二十九条规定：租赁变更未作为一项单独租赁进行会计处理的，在租赁变更生效日，承租人应当按照本准则第九条至第十二条的规定分摊变更后合同的对价，按照本准则第十五条的规定重新确定租赁期，并按照变更后租赁付款额和修订后的折现率计算的现值重新计量租赁负债。

在计算变更后租赁付款额的现值时，承租人应当采用剩余租赁期间的租赁内含利率作为修订后的折现率；无法确定剩余租赁期间的租赁内含利率的，应当采用租赁变更生效日的承租人增量借款利率作为修订后的折现率。

（2）未作为一项单独租赁进行会计处理的要求。

租赁变更未作为一项单独租赁进行会计处理的情形包括以下两种情况。

　　情况一，租赁变更导致租赁范围缩小或租赁期限缩短的，承租人应当调减使用权资产账面价值，以反映租赁的部分终止或完全终止。承租人应当将部分终止或完全终止租赁的相关利得或损失计入当期损益。

　　情况二，其他租赁变更，承租人应当相应调整使用权资产的账面价值。

　　【例2-7】甲公司与乙公司就6 000平方米的办公场所签订了10年期租赁合同，租赁期自2010年1月1日至2019年12月31日。年租赁付款额为10 000 000元，于每年年末支付。租赁内含利率无法直接确定。甲公司在租赁开始日的增量借款利率为6%。第六年年初，甲公司和乙公司同意对原租赁合同进行修改，即自第6年年初起，将原租赁面积缩减至3 000平方米。每年租赁付款额减至6 000 000元，甲公司在第6年年初的年增量借款利率为7%。假设该资产采用直线法计提折旧。已知（P/A，6%，10）=7.36。

　　分析：缩减3 000平方米租赁场所不构成单独租赁，所以不能作为单独租赁进行会计处理，承租人应当调整使用权资产的账面价值。

　　租赁期开始日租赁负债入账价值=10 000 000×（P/A，6%，10）=73 600 000（元）

　　使用权资产入账价值=73 600 000（元）

　　租赁期开始日，确认使用权资产和租赁负债的会计处理：

　　借：使用权资产　　　　　　　　　　　　　　　　　　　　73 600 000

　　　　租赁负债——未确认融资费用　　　　　　　　　　　　26 400 000

　　　贷：租赁负债——租赁付款额　　　　　　　　　　　　　　　100 000 000

未确认融资费用分摊表和使用权资产折旧计算表分别如表2-5、表2-6所示。

表2-5　未确认融资费用分摊表　　　　　　　　　　　　单位：元

日期 ①	租金 ②	确认的融资费用 ③=期初⑤×6%	应付本金减少额 ④=②-③	应付本金余额 ⑤=上期余额-④
2010.01.01				73 600 000
2010.12.31	10 000 000	4 416 000	5 584 000	68 016 000
2011.12.31	10 000 000	4 080 960	5 919 040	62 096 960
2012.12.31	10 000 000	3 725 817.6	6 274 182.4	55 822 777.6
2013.12.31	10 000 000	3 349 366.66	6 650 633.34	49 172 144.26
2014.12.31	10 000 000	2 950 328.66	7 049 671.34	42 122 472.92
2015.12.31	10 000 000	2 527 348.38	7 472 651.62	34 649 821.3
2016.12.31	10 000 000	2 078 989.28	7 921 010.72	26 728 810.58
2017.12.31	10 000 000	1 603 728.63	8 396 271.37	18 332 539.21
2018.12.31	10 000 000	1 099 952.35	8 900 047.65	9 432 491.56
2019.12.31	10 000 000	567 508.44	9 42 491.56	0
合计	100 000000	26 400 000	73 600 000	0

表2-6　使用权资产折旧计算表　　　　　　　　　　　　单位：元

日期	使用权资产原值	折旧率	累计折旧	使用权资产净值
2010.1.1	73 600 000			73 600 000
2010.12.31		10%	7 360 000	66 240 000

续表

日期	使用权资产原值	折旧率	累计折旧	使用权资产净值
2011.12.31		10%	14 720 000	58 880 000
2012.12.31		10%	22 080 000	51 520 000
2013.12.31		10%	29 440 000	44 160 000
2014.12.31		10%	36 800 000	36 800 000
2015.12.31		10%	44 160 000	29 440 000
2016.12.31		10%	51 520 000	22 080 000
2017.12.31		10%	58 880 000	14 720 000
2018.12.31		10%	66 240 000	7 360 000
2019.12.31		10%	73 600 000	0

注：为简化计算，使用权资产按照10年计算折旧费用。

根据租赁合同的修改情况，第六年年初应当基于原使用权资产部分终止比例确认使用权资产和租赁负债的账面价值调减金额。

原使用权资产账面价值=36 800 000（元）

应调减的使用权资产账面价值=36 800 000×50%=18 400 000（元）

原租赁负债账面价值=42 122 472.92元

应调减的租赁负债账面价值=42 122 472.92×50%=21 061 236.46（元）

应当计入资产处置损益的金额=21 061 236.46-18 400 000=2 661 236.46（元）

其中，租赁付款额的减少额为25 000 000元，未确认融资费用减少额为3 938 763.54元（25 000 000-21 061 236.46）。

终止确认的会计处理：

借：租赁负债——租赁付款额　　　　　　　　　　　　　　　　　25 000 000

　　贷：租赁负债——未确认融资费用　　　　　　　　　　　　　　3 938 763.54

　　　　使用权资产　　　　　　　　　　　　　　　　　　　　　　18 400 000

　　　　资产处置损益　　　　　　　　　　　　　　　　　　　　　2 661 236.46

变更后年租赁付款额为6 000 000元，应当按照甲公司变更后增量借款利率7%重新计算其现值。已知（P/A，7%，5）=4.1。

变更后租赁付款额现值=6 000 000×（P/A，7%，5）=24 600 000（元）

变更前租赁负债的账面价值与变更后租赁负债的账面价值之间的差额应当调整为使用权资产的账面价值。

变更前租赁负债的账面价值与变更后租赁负债的账面价值之间的差额

=24 600 000-21 061 236.46=3 538 763.54（元）

因租赁付款额减少幅度（40%）小于租赁面积减少幅度（50%），导致变更后年租赁付款额实际增加了5 000 000元[6 000 000-（10 000 000×50%）×5]，同时未确认融资费用增加了1 461 236.46元（5 000 000-3 538 763.54）。

借：使用权资产　　　　　　　　　　　　　　　　　　　　　　　3 538 763.54

　　租赁负债——未确认融资费用　　　　　　　　　　　　　　　　1 461 236.46

　　贷：租赁负债——租赁付款额　　　　　　　　　　　　　　　　5 000 000

四、承租人短期租赁和低价值资产租赁的会计处理

（一）承租人短期租赁和低价值资产租赁的会计处理要求

《企业会计准则第 21 号——租赁》第三十二条规定：对于短期租赁和低价值资产租赁，承租人可以选择不确认使用权资产和租赁负债。作出该选择的，承租人应当将短期租赁和低价值资产租赁的租赁付款额，在租赁期内各个期间按照直线法或其他系统合理的方法计入相关资产成本或当期损益。其他系统合理的方法能够更好地反映承租人的受益模式的，承租人应当采用该方法。

（二）承租人短期租赁和低价值资产租赁的会计处理方法

对于短期租赁和低价值资产租赁，承租人可以选择简化处理，即在租赁期开始日不确认使用权资产和租赁负债，将租金作为经营期间的费用，采用直线法或者更加合理的方法在租赁期间摊销。

五、承租人租赁信息列报

（一）表内列报

1. 资产负债表

《企业会计准则第 21 号——租赁》第五十三条规定：承租人应当在资产负债表中单独列示使用权资产和租赁负债。其中，租赁负债通常分别非流动负债和一年内到期的非流动负债列示。

2. 利润表

在利润表中，承租人应当分别列示租赁负债的利息费用与使用权资产的折旧费用。租赁负债的利息费用在财务费用项目列示。

3. 现金流量表

在现金流量表中，偿还租赁负债本金和利息所支付的现金应当计入筹资活动现金流出，支付的短期租赁付款额和低价值资产租赁付款额及未纳入租赁负债计量的可变租赁付款额应当计入经营活动现金流出。

（二）表外披露

《企业会计准则第 21 号——租赁》第五十四条规定：承租人应当在附注中披露与租赁有关的下列信息：

（一）各类使用权资产的期初余额、本期增加额、期末余额以及累计折旧额和减值金额；

（二）租赁负债的利息费用；

（三）计入当期损益的按本准则第三十二条简化处理的短期租赁费用和低价值资产租赁费用；

（四）未纳入租赁负债计量的可变租赁付款额；

（五）转租使用权资产取得的收入；

（六）与租赁相关的总现金流出；

（七）售后租回交易产生的相关损益；

（八）其他按照《企业会计准则第 37 号——金融工具列报》应当披露的有关租赁负债的信息。

第五十五条规定：承租人应当根据理解财务报告的需要，披露有关租赁活动的其他定性和定量信息。此类信息包括：

（一）租赁活动的性质，如对租赁活动基本情况的描述；

（二）未纳入租赁负债计量的未来潜在现金流出；

（三）租赁导致的限制或承诺；

（四）售后租回交易除第五十四条第（七）项之外的其他信息；

（五）其他相关信息。

第三节　出租人会计处理

一、出租人的租赁分类

（一）租赁分类的原则

《企业会计准则第 21 号——租赁》要求，应当以租赁的目的，以及与使用权资产所有权相关联的主要风险和报酬的转移程度作为租赁分类标准。根据该标准可以将租赁分为经营租赁和融资租赁。某项租赁中，若与使用权资产所有权相关联的主要风险和报酬转移至承租人，则该项租赁为融资租赁；若与使用权资产所有权相关联的主要风险和报酬仍由出租人控制，则该项租赁为经营租赁。

（二）租赁分类的时间

《企业会计准则第 21 号——租赁》要求，在租赁开始日双方均应确定租赁的类别。租赁开始日是租赁分类的基准日。此时，应根据与使用权资产所有权相关联的主要风险和报酬的转移程度，对租赁进行分类，确认租赁类型，并且据此承租人、出租人可确认相应的会计处理方法。

（三）租赁合同修订对租赁分类的影响

出租人在租赁期内，可能由于客观或主观因素的变化而需要修订原签订的租赁合同事项。若修改内容、范围、力度很大，有可能导致租赁分类的变化，双方可根据重新协商的条款，重新签订租赁合同，并重新确定租赁的类别。但是，由于使用权资产使用年限或担保余值的改变等导致的会计估计的变更，不应当对租赁重新进行分类。

（四）按照租赁性质对租赁的分类

租赁按照其性质可以划分为经营租赁和融资租赁两类，不满足融资租赁条件的租赁就是经营租赁。

一项租赁业务如果满足下列一项或数项标准，即应确认为融资租赁。

（1）租赁期满时，使用权资产的所有权转移给承租人。如果在租赁协议中已经约定，或者根据其他条件在租赁开始日就可以合理地判断，租赁期满时出租人会将资产的所有权转移给承租人，那么该项租赁应当认定为融资租赁。

（2）承租人有使用权资产的优先购买选择权，所订立的买价预计远低于预计行使优先购买选择权时使用权资产的公允价值，故在租赁开始日可合理地确定承租人将会行使该优先购买选择权。

例如，出租人和承租人签订一项租赁协议，协议规定租赁期限为 8 年，租赁期满时承租人有权以 3 000 元的价格购买该项使用权资产，在签订租赁协议时估计该使用权资产期满时的公允价值为 100 000 元，由于购买价格远低于资产的公允价值（仅为公允价值的 3%），如果没有特别的情况，承租人在租赁期满时将会购买该项资产。在这种情况下，在租赁开始日即可判断该项租赁为融资租赁。

（3）租赁期占使用权资产尚可使用期限的大部分。"大部分"是指租赁期限应超过使用权资产尚可使用期限的 75%（含），即一次租赁期限已经占用了该使用权资产的几乎全部使用寿命。因此，对承租人而言，在租赁的过程中应当承担使用权资产全部的价值消耗，付出相应的租金代价，同时要求拥有与使用权资产所有权相关联的主要报酬，相应地也必须承担主要风险。对出租人而言，该项资产只有一次租赁行为，应当从一次租赁活动中收回全部的租赁投资，取得相应的租金收益，必然就应该放弃与使用权资产所有权相关联的主要报酬和风险。那么，与使用权资产所有权相关联的主要风险和报酬必然发生转移，从而使该项租赁成为融资租赁。但是，使用权资产如果是使用过的资产，在开始租赁前已使用期限超过该资产自全新时起算可使用期限的大部分以上时，则该条标准不适用。

例如，某项租赁设备全新时可使用年限为 10 年，已经使用 3 年，第 4 年起开始出租，租赁期限为 6 年。经判断租赁期占使用权资产尚可使用期限的 85.71%（6/7），可认为是融资租赁。如果从第 4 年起出租，租赁期限为 5 年，租赁期占使用权资产尚可使用期限的 71.43%（5/7），则不可认定为融资租赁。如果该项设备已使用 8 年，从第 9 年起开始出租，此时该资产尚可使用期限为 2 年，则租赁期占使用权资产尚可使用期限的 100%（2/2）。虽然租赁期为使用权资产尚可使用寿命的 100%，但由于在租赁期开始前，该设备的已使用年限超过了资产可使用年限的 75%，因此不能采用这条标准判断租赁的类别，应根据其他标准判断租赁类别。

（4）承租人在租赁开始日确认的租赁付款额现值，几乎相当于租赁开始日使用权资产的公允价值；出租人在租赁开始日确认的租赁收款现值，几乎相当于租赁开始日使用权资产的公允价值。

这是一条价值标准，体现了承租人在租赁开始日确认的、将在租赁期间为租赁所支付代价的现实价值，以及出租人在租赁开始日确认的、将在租赁期间因租赁所获取补偿的现实价值。其价值的大小关系到使用权资产在租赁期内与所有权相关联的主要风险和报酬的转移程度。这个价值越大，说明承租人为租赁所支付的代价越大，那么承租人必然要求掌握与使用权资产所有权相关联的主要风险和报酬；同时说明出租人在租赁活动中获得的补偿越大，那么出租人必然要放弃使用权资产本身的报酬和风险。这里的"几乎相当于"可以理解为大于或等于 90%。

（5）使用权资产性质特殊，如果不做较大修整，只有承租人才能使用。

这条标准是指使用权资产是由出租人根据承租人对使用权资产型号、规格、技术等方面的特殊要求定制的。如果使用权资产是专为承租人定制的专门设备，有特殊工艺要求和用途，不形成系列化产品，在这种情况下，该项租赁也应当认定为融资租赁。

结合上述融资租赁判断条件，可以概括出判断融资租赁的要件。

（1）融资租赁是指出租人融通资金为承租人提供所需设备，具有融资、融物双重职能的租赁活动。

（2）它主要涉及出租人、承租人、设备供应商三方当事人，并由两个或两个以上合同所构成。

（3）出租人根据承租人的要求，与供应商订立购买合同且采用协议的方法支付货款，并与承租人订立租赁合同，将购买的设备出租给承租人使用。

（4）在租赁期间，承租人按照合同规定，分期向出租人交付租金，租赁设备的所有权属于出租人，承租人在租赁期间拥有该设备的使用权。

（5）租赁期满时，设备可以由承租人按照合同规定决定留购、续租或退租。

（五）按租赁资产来源渠道对租赁的分类

根据出租人租赁资产来源渠道，租赁可分为以下几类。

1. 直接租赁

直接租赁是指出租人垫付全部资金购入资产，租与承租人并收取租金的租赁业务。出租人垫付的资金可以是自有资金，也可以是借入资金。由于这种租赁实质上是出租人直接为承租人提供了购置资产的全部资金，因此称为直接租赁或直接融资租赁。从事直接租赁的出租人一般是专门从事租赁业务的租赁公司。

2. 销售式租赁

销售式租赁是指具有销售性质的租赁，出租人通过这种租赁方式既可赚取销售资产的收益，又可赚取融资收益。从事销售式租赁的一般是资产的制造厂家或经销商，它们将所生产或经销的商品以融资租赁的方式租出，也实现了销售的目的。

3. 售后租回

售后租回是指资产的所有者将自己拥有的资产先卖给租赁公司，然后从租赁公司租回的租赁活动。从事售后租回的承租人，主要是在企业资金短缺时，为了筹集经营活动所需的资金，先将所拥有的资产变现，但为继续使用该资产再从租赁公司将其租回。这种租赁活动对承租人来讲，并没有改变资产的使用权，改变的只是资产的所有权；通过让渡资产的所有权，获得了资金，但通过租赁又取得了资产的使用权。

4. 杠杆租赁

杠杆租赁又称举债融资租赁，是指租赁公司在购置大型资产时，自己承担资产购置成本的小部分，然后以使用权资产做抵押，大部分资产的购置成本则通过银行等金融机构的贷款来融通。杠杆租赁涉及三方当事人：承租人、出租人和贷款人。在这种租赁活动中，出租人具有双重身份，既是出租人又是借款人。

5. 转租赁

转租赁又称租进租出式租赁，是指出租人从一家租赁公司或制造厂商租进一项资产后转租给承租人的租赁业务。在转租赁业务中，出租人在资产的原始出租人和最终承租人之间主要起中介作用。

6. 委托租赁

委托租赁是出租人在直接租赁的基础上，因承租人在异地而委托他人或其他租赁公司代办有关租赁手续的一种租赁。与委托租赁相反的是代理租赁，这是一种由租赁公司接受其他租赁公司或制造厂商的委托，代办租赁手续的一种租赁。

二、出租人经营租赁的会计处理

（一）经营租赁的主要会计问题

1. 购置经营租赁资产

按照经营租赁的程序，出租人应根据市场需求，购置用于经营租赁的资产。购置时应按照发生的实际成本确认其入账价值。入账价值应包括购置时的价款及支付的相关税费等。

出租人应根据经营租赁资产的性质，分别将其作为固定资产或流动资产在会计账簿及报表相关项目中予以记录和揭示，无论经营租赁资产是否已经对外出租，出租人均应在自身会计报表中将其作为资产予以反映。

2. 租金的处理

出租人在租赁期间，根据租赁合同条款收取的租金，应按照实际收取的金额在实际的租赁期内采用直线法分摊，确认为各期的租赁收入。若除直线法外的其他方法能够更合理地、系统地确认各期的租赁收入，也可采用其他方法分摊确认租赁期内各期的租赁收入。若出租人对承租人提出优惠或激励措施，应按实际情况分别确认租金总额与租赁期限。

3. 初始直接费用的处理

经营租赁中出租人发生的初始直接费用，是指在租赁谈判和签订租赁合同过程中发生的可归属于租赁项目的手续费、律师费、差旅费、印花税等，应当计入当期损益；金额较大的应当资本化，在整个经营租赁期间内按照与租金收入相同的确认基础分期计入当期损益。

4. 经营租赁资产价值的折旧和减值

经营租赁资产在有效使用寿命期间，可以多次从事租赁活动，因此其价值在经营租赁过程中受到不同程度的折耗。所以，经营租赁资产应分期分次地进行价值转移，以期正确、系统地与各期租赁收入匹配计算各期租赁收益。

若经营租赁资产归属于固定资产，则根据出租人类似固定资产采用的折旧政策和方法，计提折旧；若经营租赁资产归属于流动资产，则可采用合理的方法进行价值摊销。

若经营租赁资产发生减值，出租人应当确认减值金额并对已识别的减值损失进行相应的会计处理。

5. 可变租赁付款额的处理

出租人确定的与经营租赁有关的可变租赁付款额，如果是与指数或利率有关的，应在租赁期开始日计入租赁付款额，除此之外，应当在实际发生时计入当期损益。

6. 经营租赁的变更

经营租赁发生变更的，出租人应自变更生效日开始，将其作为一项新的租赁进行会计处理，与变更前租赁有关的预收或应收租赁收款额视为新的租赁的收款额。

（二）经营租赁的会计账户设置

专业的租赁公司可在会计准则框架规范下，根据会计核算的需要，设置相应的会计账户，主要包括"经营租赁资产""应收经营租赁款""经营租赁资产累计折旧""经营租赁资产累计摊销"等账户。

1. "经营租赁资产"账户

"经营租赁资产"账户是资产类账户，主要核算出租人用于经营租赁的资产的增减变化过程及变化结果。该账户借方反映为经营租赁购置的资产的实际成本，包括租赁资产的价款、运输费、保险费、手续费、相关税金等；贷方反映处理、报废经营租赁资产转出的价值。期末余额在借方，反映资产负债表日经营租赁资产的价值。该账户可根据经营租赁资产的类别、品种、规格设置明细账户。

2. "应收经营租赁款"账户

"应收经营租赁款"账户是资产类账户，主要用来核算采用经营租赁方式租出资产应收取的各种款项。该账户借方反映租赁期内应收回的租金金额；贷方反映租赁期内陆续收回的租金金额。期末余额在借方，反映应收而尚未收到的租金。该账户可按照承租人的名称设置明细账户。

3. "经营租赁资产累计折旧"账户

"经营租赁资产累计折旧"账户是资产类账户，按照用途和结构划分，应当是"经营租赁资产"账户的备抵调整账户。该账户主要核算归属于固定资产的经营租赁资产在租赁过程中计提的累计折旧额。该账户贷方反映归属于固定资产的经营租赁资产按照相应的折旧政策和折旧方法计算的各期折旧额；借方反映处置、报废归属于固定资产的经营租赁资产时转出的累计折旧额。期末余额在贷方，反映归属于固定资产的经营租赁资产的累计折旧额。

4. "经营租赁资产累计摊销"账户

"经营租赁资产累计摊销"账户是资产类账户，按照用途和结构划分，应当是"经营租赁资产"账户的备抵调整账户，主要核算归属于流动资产的经营租赁资产在租赁过程中计提的累计摊销额。该账户贷方反映归属于流动资产的经营租赁资产按照合理而系统的方法计算的各期摊销额；借方反映处置、报废归属于流动资产的经营租赁资产时转出的累计摊销额。期末余额在贷方，反映归属于流动资产的经营租赁资产的累计摊销额。

（三）经营租赁的会计处理

在会计实务中，出租人在租赁期内的各个会计期间，应当采用直线法或其他系统、合理的方法，将经营租赁的租赁收款额确认为各期租赁收入。出租人发生的与经营租赁有关的初始直接费用根据具体情况，将金额较大的部分进行资本化处理，金额较小的部分进行费用化处理。对于用于经营租赁的资产，应当按照《企业会计准则第 8 号——资产减值》的规定进行价值评估，一旦确认发生减值，应当进行相应的会计处理。出租人取得的可变租赁收款额，应当计入当期损益。

三、出租人融资租赁的会计处理

（一）融资租赁的主要会计问题

1. 初始计量的会计问题

融资租赁下，出租人在租赁期开始日应当终止确认融资租赁资产，同时出租人对融资租赁资产所有权控制的权力转变为对承租人长期债权的权利。所以，出租人应当考虑租赁长期债权的确认及融资租赁资产的终止确认的问题。另外，如果在租赁合同的磋商和谈判及签订过程中产生了初始直接费用，也会影响租赁投资净额的计算。

《企业会计准则第 21 号——租赁》第三十八条规定：在租赁期开始日，出租人应当对融资租赁确认应收融资租赁款，并终止确认融资租赁资产。出租人对应收融资租赁款进行初始计量时，应当以租赁投资净额作为应收融资租赁款的入账价值。

租赁投资净额为未担保余值和租赁期开始日尚未收到的租赁收款额按照租赁内含利率折现的现值之和。

即租赁投资净额=未担保余值×$(P/F, i, n)$+尚未收到的租赁收款额×$(P/A, i, n)$

出租人发生的初始直接费用包括在租赁投资净额中，也包括在应收融资租赁款的初始入账价值中。

2．后续计量的会计问题

租赁期开始之后，出租人应当根据合同约定按期收取融资租赁收款额；按照固定周期性利率确认各个会计期间实现的利息；对租金逾期未能收回的处理；对年末应收融资租赁款计提坏账准备的处理；对没有计入应收融资租赁款的可变租赁收款额的会计处理；对未担保余值减值的处理；对租赁期满时融资租赁资产的处理等。

（二）融资租赁的会计账户设置

1．"融资租赁资产"账户

"融资租赁资产"账户是资产类账户，主要核算企业为融资租赁而购建的资产的实际成本，包括租赁资产的价款、贸易手续费、银行手续费、运输费、仓储保管费、财产保险费、增值税等税款及租前借款费用（指从出租人支付设备价款或实际负担与承租人有关的费用之日起至租赁开始日止所产生的借款费用，下同）等，如果租赁资产是从境外购入的，还应包括境外运输费、境外运输保险费和进口关税。该账户借方反映出租人购置融资租赁资产所支付的全部支出；贷方反映租赁期开始日转作"应收融资租赁款——租赁收款额"账户的资产价值。期末余款在借方，反映融资租赁资产的实际价值。该账户按照融资租赁资产的品种、规格或租赁合同编号设置明细账户。

2．"应收融资租赁款"账户

《企业会计准则第 21 号——租赁》要求，出租人按照租赁投资净额对"应收融资租赁款"账户进行初始计量，所以"应收融资租赁款"账户下设"应收融资租赁款——租赁收款额"和"应收融资租赁款——未实现融资收益"明细账户。

"应收融资租赁款——租赁收款额"账户是资产类账户，该账户主要核算企业采用融资租赁方式租出资产而应向承租人收取的各种款项。该账户的借方反映租赁期开始日确认的应在租赁期内收回的融资租赁收款额；贷方反映按照合同要求在租赁期内陆续收回的融资租赁收款额。期末余额在借方，反映尚未收回的融资租赁收款额。该账户根据承租人名称设置三级明细账户。

"应收融资租赁款——未实现融资收益"账户是资产类账户，但是从用途和结构方面确认为"应收融资租赁款——租赁收款额"账户的备抵调整账户。该账户主要核算企业应当分期计入租赁收入或利息收入的未实现融资收益。该账户借方反映在租赁期内按照合理、系统的方法分摊，计入各期的已实现利息收入；贷方反映租赁开始日确认的、应在租赁期内实现的利息收入。期末余额在贷方，反映尚未实现的利息收入。

（三）融资租赁的会计处理

1．融资租赁初始计量的会计处理

出租人融资租赁初始计量时的会计处理包括终止确认融资租赁资产和确认应收融资租赁款等。

【例 2-8】2020 年 12 月 31 日，甲公司与乙公司签订了一份租赁合同，从乙公司租入一条生产线，租赁合同主要条款如下。

（1）租赁期开始日：2021 年 1 月 1 日；租赁期：2021 年 1 月 1 日——2025 年 12 月 31 日，

共 6 年。生产线的使用寿命为 7 年。

（2）每年年末支付租金 8 000 000 元。如果甲公司能够在每年年末的最后一天及时付款，则给予减少租金 500 000 元的奖励，根据甲公司的信用状况，可以合理判断甲公司能够享受该奖励。

（3）该生产线在 2020 年 12 月 31 日的公允价值为 35 000 000 元，账面价值为 30 000 000 元。

（4）签订租赁合同过程中，乙公司发生可归属于租赁项目的手续费、佣金共 500 000 元。

（5）租赁期满时，甲公司享有该生产线的优秀购买选择权，购买价为 1 000 000 元，估计该日生产线的公允价值为 4 000 000 元。

（6）2022 年和 2023 年两年，甲公司每年按该生产线所生产的产品的年销售收入的 10%向乙公司支付可变租赁付款额。

（7）甲公司享有终止租赁选择权。在租赁期间，如果甲公司终止租赁，需支付的款项为剩余租赁期间的固定租金金额。

（8）担保余值和未担保余值均为 0。

（9）假设 2022 年和 2023 年，甲公司分别实现全自动成套机器年销售收入 50 000 000 元和 100 000 000 元。根据租赁合同，乙公司 2022 年和 2023 年应向甲公司收取的与销售收入相关的可变租金分别为 5 000 000 元和 10 000 000 元。

（10）租赁期满时承租人行使了优秀购买选择权，乙公司实际收到 1 000 000 元。

分析：

第一，判断租赁类型。

（1）租赁合同约定的优惠购买价 1 000 000 元远低于行使优秀购买选择权日租赁资产的公允价值 4 000 000 元，购买价格仅为租赁资产公允价值的 25%，因此在 2020 年 12 月 31 日可以合理确定甲公司在租赁期满时应当行使购买选择权。

（2）租赁合同约定的租赁期为 6 年，占租赁开始日租赁资产使用寿命的 85.71%（6/7）≥75%，占租赁资产尚可使用寿命的大部分。

（3）乙公司综合考虑其他各种情形和迹象，认为该租赁实质上转移了与该生产线所有权有关的几乎全部风险和报酬，因此将这项租赁认定为融资租赁。

第二，确定租赁收款额。

（1）固定付款额扣除租赁激励后的金额=（8 000 000－500 000）×6=45 000 000（元）

（2）承租人购买选择权的行权价格=1 000 000 元

租赁收款额=45 000 000+1 000 000=46 000 000（元）

第三，确认租赁投资总额。

租赁投资总额=46 000 000 元

第四，确认租赁投资净额的金额和未实现融资收益。

租赁投资净额=租赁资产在租赁开始日的公允价值＋初始直接费用

=35 000 000+500 000=35 500 000（元）

未实现融资收益=租赁投资总额-租赁投资净额

=46 000 000-35 500 000=10 500 000（元）

第五，租赁资产账面价值与公允价值的差异确认为资产处置利得或损失。

资产处置利得或损失=35 000 000-30 000 000=5 000 000（元）

乙公司（出租人）租赁期开始日终止融资租赁资产确认和应收融资租赁款确认的会计处理：

借：应收融资租赁款——租赁收款额　　　　　　　　　　　　　　　　　46 000 000

　　贷：融资租赁资产　　　　　　　　　　　　　　　　　　　　　　　　30 000 000

　　　　应收融资租赁款——未实现融资收益　　　　　　　　　　　　　　10 500 000

　　　　银行存款　　　　　　　　　　　　　　　　　　　　　　　　　　　　500 000

　　　　资产处置损益　　　　　　　　　　　　　　　　　　　　　　　　　5 000 000

2．融资租赁后续计量的会计处理

（1）分期收取租金及分摊各期已实现融资收益的会计处理。

《企业会计准则第 21 号——租赁》第三十九条规定：出租人应当按照固定的周期性利率计算并确认租赁期内各个期间的利息收入。这里的周期性利率是指租赁内含利率。租赁内含利率是指使出租人的融资租赁收款额的现值与未担保余值的现值之和等于租赁资产公允价值与出租人的初始直接费用之和的利率，即使

$$未担保余值×（P/F，i，n）+尚未收到的融资租赁收款额×（P/A，i，n）=租赁开始日租赁$$
$$资产公允价值+出租人初始直接费用$$

时的折现率。

【例 2-9】沿用【例 2-8】资料，利用内插法确认租赁内含利率。

$1\,000\,000×（P/F，i，6）+75\,000\,000×（P/A，i，6）=35\,500\,000$

根据计算结果，租赁内含利率为 7.82%。计算过程略。

未实现融资收益分摊表如表 2-7 所示。

表 2-7　未实现融资收益分摊表　　　　　　　　　　　　单位：元

日期 ①	租金 ②	确认的融资收益 ③=期初⑤×7.82%	租赁投资净额减少额 ④=②-③	租赁投资净额余额 ⑤=上期余额-④
2020.1.1				35 500 000
2020.12.31	7 500 000	2 776 100	4 723 900	30 776 100
2021.12.31	7 500 000	2 406 691.02	5 093 308.98	25 682 791.02
2022.12.31	7 500 000	2 008 394.26	5 491 605.74	20 191 185.28
2023.12.31	7 500 000	1 578 950.69	5 921 049.31	14 270 135.97
2024.12.31	7 500 000	1 115 924.63	6 384 075.37	7 886 060.6
2025.12.31	7 500 000	613 939.4	6 886 060.6	1 000 000
2025.12.31	1 000 000			0
合计	46 000 000	10 500 000	35 500 000	

2020 年 12 月 31 日收到第 1 期租金及确认已实现融资收益时的会计处理：

借：银行存款　　　　　　　　　　　　　　　　　　　　　　　　　　　7 500 000

　　贷：应收融资租赁款——租赁收款额　　　　　　　　　　　　　　　　7 500 000

借：应收融资租赁款——未实现融资收益　　　　　　　　　　　　　　　2 776 100

　　贷：租赁收入　　　　　　　　　　　　　　　　　　　　　　　　　　2 776 100

2021 年 12 月 31 日收到第 2 期租金及确认已实现融资收益时的会计处理：

借：银行存款　　　　　　　　　　　　　　　　　　　　　　　　　　　7 500 000

贷：应收融资租赁款——租赁收款额　　　　　　　　　　　7 500 000
借：应收融资租赁款——未实现融资收益　　2 046 691.02
　　贷：租赁收入　　　　　　　　　　　　　　　　　　　　2 046 691.02

2022 年 12 月 31 日至 2025 年 12 月 31 日收到租金及确认已实现融资收益的会计处理略。

（2）收取与租赁资产所形成的销售收入相关的可变租金的会计处理。

【例 2-10】沿用【例 2-8】资料，根据租赁合同相关条款，2021 年甲公司实现销售收入 50 000 000 元，应当支付可变租金 5 000 000 元。

借：银行存款（或应收账款）　　　　　　　5 000 000
　　贷：租赁收入　　　　　　　　　　　　　　　　　　　　5 000 000

根据租赁合同相关条款，2022 年甲公司实现销售收入 100 000 000 元，应当支付可变租金 10 000 000 元。

借：银行存款（或应收账款）　　　　　　　10 000 000
　　贷：租赁收入　　　　　　　　　　　　　　　　　　　　10 000 000

（3）租金逾期未能收回的处理。

在租赁期内，如果承租人未能按照合同约定时间支付租金，但是延期不超过一个租金收取期，没有其他证据表明承租人财务状况困难，则认定为正常商业信用，应当按照权责发生制要求确认相应的租赁收益。但是，延期超过一个租金收取期，则可以认定为租金逾期未能收回，说明承租人发生财务困难，暂时无力承担债务，与出租人的融资收益相关联的现金暂时不能流入企业，不符合收益确认的条件，应该停止按期确认融资收益，作为表外收益登记。因此，前期根据权责发生制已确认但未收到的融资收益也应冲回，等待实际收回时再行确认。

前期已经确认但未能收回的融资收益冲销时会计处理如下：

借：租赁收入　　　　　　　　　　　　　　××××
　　贷：应收融资租赁款——未实现融资收益　　　　　　　××××

（4）应收融资租赁款计提坏账准备处理。

《企业会计准则第 22 号——金融工具的确认与计量》规定，租赁应收款应当以预期信用损失为基础，进行减值会计处理并确认损失准备。该信用损失是指企业按照原实际利率折现的、根据合同应收的所有合同现金流量与预期收取的所有现金流量之间的差额，即全部现金短缺的现值。

（5）租赁期满租赁资产的处理。

租赁期满融资租赁资产的处理方式包括留购、续租和退租。

如果租赁期满，承租人以合同约定的优先购买选择权的行权价格购买融资租赁资产，出租人收到行权价格时的会计处理如下。

借：银行存款　　　　　　　　　　　　　　×××
　　贷：应收融资租赁款——租赁收款额　　　　　　　　　×××

【例 2-11】沿用【例 2-8】资料，根据租赁合同相关条款，租赁期满时承租人支付 1 000 000 的行权价格，获得租赁资产所有权。

借：银行存款　　　　　　　　　　　　　　1 000 000
　　贷：应收融资租赁款——租赁收款额　　　　　　　　　1 000 000

四、出租人融资租赁变更的会计问题

（一）融资租赁变更的要求

《企业会计准则第 21 号——租赁》第四十三条规定：融资租赁发生变更且同时符合下列条件的，出租人应当将该变更作为一项单独租赁进行会计处理：

（一）该变更通过增加一项或多项租赁资产的使用权而扩大了租赁范围；

（二）增加的对价与租赁范围扩大部分的单独价格按该合同情况调整后的金额相当。

《企业会计准则第 21 号——租赁》第四十四条规定：融资租赁的变更未作为一项单独租赁进行会计处理的，出租人应当分别下列情形对变更后的租赁进行处理：

（一）假如变更在租赁开始日生效，该租赁会被分类为经营租赁的，出租人应当自租赁变更生效日开始将其作为一项新租赁进行会计处理，并以租赁变更生效日前的租赁投资净额作为租赁资产的账面价值；

（二）假如变更在租赁开始日生效，该租赁会被分类为融资租赁的，出租人应当按照《企业会计准则第 22 号——金融工具确认和计量》关于修改或重新议定合同的规定进行会计处理。

（二）融资租赁变更的会计处理

根据《企业会计准则第 21 号——租赁》的相关规定，区别不同类型的融资租赁变更情形进行相应的会计处理。

【例 2-12】承租人就某套机器设备与出租人签订了一份租赁合同，租赁合同的主要内容如下。

（1）租赁资产为一台气压切割机。

（2）租赁期限为 5 年，租赁期开始日为 2021 年 1 月 1 日，租赁期为 5 年。该设备预计使用寿命为 6 年。

（3）租赁期内每年年末，出租人收取 1 000 000 元租金。

（4）租赁期开始日，租赁资产的账面价值为 3 500 000 元，公允价值为 4 000 000 元。

分析：

（1）该项合同约定的租赁期占租赁资产尚可使用年限的 83%，出租人可确认为融资租赁。

（2）租赁收款额=1 000 000×5=5 000 000（元）

（3）租赁投资总额=5 000 000 元

（4）租赁投资净额=4 000 000 元

（5）未实现融资收益=5 000 000-4 000 000=1 000 000（元）

租赁期开始日，出租人终止确认融资租赁资产和租赁收款额的会计处理：

借：应收融资租赁款——租赁收款额　　　　　　　　　　　　　　　5 000 000

　　贷：融资租赁资产　　　　　　　　　　　　　　　　　　　　　　3 500 000

　　　　应收融资租赁款——未实现融资收益　　　　　　　　　　　1 000 000

　　　　资产处置损益　　　　　　　　　　　　　　　　　　　　　　500 000

（6）采用内插法计算租赁内含利率。

1 000 000×（P/A, i, 5）=4 000 000（元）

根据计算结果，租赁内含利率=7.93%，计算过程略。

未实现融资收益分摊表如表 2-8 所示。

表 2-8　未实现融资收益分摊表　　　　　单位：元

日期①	租金②	确认的融资收益③=期初⑤×7.93%	租赁投资净额减少额④=②-③	租赁投资净额余额⑤=上期余额-④
2021.1.1				4 000 000
2021.12.31	1 000 000	317 200	682 800	3 317 200
2022.12.31	1 000 000	263 053.96	736 946.04	2 580 253.96
2023.12.31	1 000 000	204 614.14	795 385.86	1 784 868.1
2024.12.31	1 000 000	141 540.04	858 459.96	926 408.14
2025.12.31	1 000 000	73 591.86	926 408.14	0
合计	5 000 000	1 000 000	4 000 000	

2021 年 12 月 31 日收取租金及确认已实现融资收益的会计处理：

借：应收融资租赁款——租赁收款额　　　　　　　　　　　　1 000 000
　　贷：银行存款　　　　　　　　　　　　　　　　　　　　　1 000 000
借：应收融资租赁款——未实现融资收益　　　　　　　　　　317 200
　　贷：租赁收入　　　　　　　　　　　　　　　　　　　　　317 200

（7）假设 2022 年 1 月 1 日，双方对原租赁合同进行修订，将该项租赁的租赁期缩短至 3 年，即租赁期从 2021 年 1 月 1 日至 2023 年 12 月 31 日，导致该项租赁资产的租赁期没有超过该资产尚可使用年限的 75%，不满足融资租赁的判断条件，改为经营租赁。后续 2 年的租金总额降至 1 500 000 元，每年收取 750 000 元。

租赁合同变更开始时，出租人租赁投资金额余额为 3 317 200 元，未实现融资收益为 682 800 元（1 000 000-317 200）。租赁合同变更日，应当以租赁投资净额作为租赁资产入账价值确认，同时冲减"应收融资租赁款——租赁收款额"和"应收融资租赁款——未实现融资收益"账户余额，会计处理如下：

借：经营租赁资产　　　　　　　　　　　　　　　　　　　　3 317 200
　　应收融资租赁款——未实现融资收益　　　　　　　　　　682 800
　　贷：应收融资租赁款——租赁收款额　　　　　　　　　　4 000 000

2022 年 12 月 31 日，收取租金的会计处理：

借：银行存款　　　　　　　　　　　　　　　　　　　　　　750 000
　　贷：其他业务收入　　　　　　　　　　　　　　　　　　　750 000

五、出租人融资租赁会计信息列报

（一）表内列报
出租人应当根据资产的性质，在资产负债表中列示经营租赁资产。

（二）表外披露

1. 与融资租赁有关的信息

《企业会计准则第 21 号——租赁》第五十七条规定：出租人应当在附注中披露与融资租赁有关的下列信息：

（一）销售损益、租赁投资净额的融资收益以及与未纳入租赁投资净额的可变租赁付款额相关的收入；

（二）资产负债表日后连续五个会计年度每年将收到的未折现租赁收款额，以及剩余年度将收到的未折现租赁收款额总额；

（三）未折现租赁收款额与租赁投资净额的调节表。

2. 与经营租赁有关的信息

《企业会计准则第 21 号——租赁》第五十八条规定：出租人应当在附注中披露与经营租赁有关的下列信息：

（一）租赁收入，并单独披露与未计入租赁收款额的可变租赁付款额相关的收入；

（二）将经营租赁固定资产与出租人持有自用的固定资产分开，并按经营租赁固定资产的类别提供《企业会计准则第 4 号——固定资产》要求披露的信息；

（三）资产负债表日后连续五个会计年度每年将收到的未折现租赁收款额，以及剩余年度将收到的未折现租赁收款额总额。

3. 其他信息

《企业会计准则第 21 号——租赁》第五十九条规定：出租人应当根据理解财务报表的需要，披露有关租赁活动的其他定性和定量信息。此类信息包括：

（一）租赁活动的性质，如对租赁活动基本情况的描述；

（二）对其在租赁资产中保留的权利进行风险管理的情况；

（三）其他相关信息。

4. 转租赁的列报

原租赁及转租赁同一标的资产形成的资产和负债所产生的风险敞口不同于由于单一租赁应收款净额或租赁负债所产生的风险敞口，因此企业不得以净额为基础对转租赁进行列报。除非满足《企业会计准则第 37 号——金融工具列报》第二十八条关于金融资产负债抵销的规定，否则转租出租人不得抵销由于原租赁及转租赁同一租赁资产而形成的资产和负债，以及与原租赁及转租赁同一租赁资产相关的租赁收益和租赁费用。

第四节 特殊租赁业务的会计处理

一、转租赁的会计问题

（一）转租赁的实质

转租赁是租赁交易的一种特殊形式，是相对于直接租赁而言的。其交易模式一般是原租赁关系中的承租人将租入的标的资产出租给第三人。

在转租赁交易中，租赁中间人不是标的资产的最终使用者，其具备承租人与出租人的双重身份。一般将其中的第一个租赁合同称为原租赁，第二个租赁合同称为转租赁，即直接出租是直接租赁，转手出租就是转租赁。转租赁同直接租赁都是租赁，其区别仅在于交易层次（交易方）的多寡。直接租赁是一层（直接）交易，因而是双边交易；转租赁是两层甚至多层间接交易。例如，甲公司作为承租人自乙公司（出租人）租入一套设备，然后转租给丙公司，甲公司与乙公司分别是原租赁合同中的承租人和出租人，甲公司和丙公司分别是转租赁合同中的出租人和承租人，甲公司在其中扮演了双重角色，既是原租赁合同中的承租人，又是转租赁合同中的出租人，即转租出租人。

小贴士

国际会计机构的相关规定

《国际财务报告准则第 16 号——租赁》第 52 段规定：承租人应在财务报表的单独附注或单独章节中披露其作为承租人的信息，但无须重复已在财务报表其他部分列报的信息，只要在关于租赁的单独附注或单独章节中已通过交叉引用融入该信息。

第 53 段规定：承租人应披露报告期间的如下项目金额：

（1）按照标的资产类别披露使用权资产的折旧费用；

（2）租赁负债的利息费用；

（3）与按照第 6 段进行会计处理的短期租赁相关的费用。此费用无须包含租赁期为一个月或以下的租赁的相关费用；

（4）与按照第 6 段进行会计处理的低价值资产租赁相关的费用。此费用不应包含已包括在第 53（3）段中的低价值资产短期租赁的相关费用；

（5）与未计入租赁负债的可变租赁付款额相关的费用；

（6）转租使用权资产的收益；

（7）租赁现金流出总额；

（8）使用权资产的增加；

（9）售后租回交易产生的利得或损失；

（10）报告期末按照标的资产类别分类的使用权资产的账面金额。

（二）转租赁的动机

在转租赁业务中，不同的当事人有不同的动机。原租赁中的出租人通过转租赁增加了租赁的交易环节，降低了单个主体的租赁收益，其主要动机如下：转移和分散租赁合同中的资产风险和信用风险，使转租出租人成为原租赁出租人的直接债务人和信用风险直接承担者；充分利用转租出租人的平台优势、客户优势和租赁许可等条件和资源，开展向最终使用者间接出租标的资产的业务；通过转租出租人将标的资产出租给最终使用者，可以减少交易程序，从而扩大交易规模和市场份额。

在转租赁业务中，最复杂的角色就是转租出租人，其开展转租赁业务的主要目的是利用原租赁出租人的融资便利，充分发挥自身的客户资源等优势，分享转租带来的税收优惠等。

（三）转租赁的交易安排

转租赁的交易安排和合同设计通常包括三种类型：原租赁和转租赁具有相同的租赁期开始日、租赁资产和租金，即原租赁中的承租人就是为了开展转租赁业务才租入原租赁合同中的标的资产的，一旦租入随即租出，导致原租赁和转租赁的租赁期开始日、租赁资产和租金相同，也称为通道租赁；原租赁和转租赁具有相同的租赁期开始日，但转租赁的租赁期短于原租赁的租赁期，即原租赁中的承租人完成租赁后马上对外转租；转租赁的租赁期开始日晚于原租赁的租赁期开始日，即原租赁合同中的承租人租入资产由于相关条件变化不再需要使用权资产，可另外寻找承租人对外租赁，形成转租赁。

无论是哪一种转租赁交易安排，都具备相同的特征：原租赁合同是转租赁合同的基础，转租赁的租赁范围和租赁期限不得超出原租赁的相应条款；转租出租人将租赁物转租给第三人，一般须经原租赁出租人同意；转租赁的租赁资产不属于转租出租人，不具有法律上的完整产权；租赁中间人既是原租赁的承租人，又是转租赁中同一标的资产的出租人。

（四）转租赁的分类

《企业会计准则第 21 号——租赁》第三十一条规定：承租人转租或预期转租租赁资产的，原租赁不属于低价值资产租赁。第三十七条规定：转租出租人应当基于原租赁产生的使用权资产，而不是原租赁的标的资产，对转租赁进行分类。

就原租赁合同而言，只有原租赁是融资租赁业务，才可能形成转租赁合同。转租赁合同中，转租出租人只能控制使用权资产，不能控制标的实物资产，并且在其资产负债表中确认和披露的也是使用权资产而不是标的资产，因此转租出租人应当基于使用权资产的状况进行分类，当转租赁的租赁期已经涵盖原租赁的大部分或整个租赁期时，可将该转租赁认定为融资租赁，否则可认定为经营租赁。

（五）转租赁会计处理的原则

《企业会计准则第 21 号——租赁》中虽然没有明确转租赁合同具体的会计处理，但是明确认定，原租赁和转租赁应当按照两项租赁合同分别进行相应的会计处理。就转租出租人而言，一方面需要按照原租赁合同作为承租人进行相应的会计处理，另一方面需要根据转租赁合同对转租赁进行分类，然后根据转租赁的类型进行相应的会计处理。

二、生产商或销售商出租人的融资租赁会计问题

（一）生产商或销售商出租人的融资租赁特点

在租赁业务中，就出租人而言，可能具有不同的身份，如一般企业将其生产闲置设备对外租赁形成的出租人，银行或非银行等金融机构设立的专门从事租赁业务的机构形成的专业出租人，生产商或销售商为了销售商品或扩大市场份额采用销售式租赁形成的出租人。根据相关资料，生产商或销售商出租其产品构成融资租赁的，需要考虑：（1）销售商品产生的销售损益，即需要确认销售收入和销售成本及销售损益；（2）融资租赁期间形成的长期债权及融资收益。

（二）生产商或销售商出租人的融资租赁会计处理

在会计实务中，生产商或销售商出租其商品构成融资租赁的，应当在租赁期开始日按照租赁资产公允价值与租赁收款额按市场利率折现的现值两者孰低确认销售收入，并按照租赁资产账面价值扣除未担保余值的现值后的余额结转销售成本，将销售收入和销售成本的差额作为销售损益。在融资租赁中，生产商或销售商发生的成本与销售有关，不属于初始直接费用，计入当期损益，不计入租赁投资净额。

【例 2-13】甲公司与乙公司签订一项合同，约定甲公司自乙公司（生产型企业）租入该公司生产的设备。租赁期自 2020 年 1 月 1 日至 2022 年 12 月 31 日，共 3 年；自 2020 年起每年年末支付租金 1 000 000 元；租赁合同约定的利率为 5%，与市场利率相同。该设备 2020 年 1 月 1

日的公允价值为 2 700 000 元，账面价值为 2 000 000 元；甲公司为取得该项租赁发生的相关成本为 5 000 元；设备于 2020 年 1 月 1 日交付甲公司，该设备预计使用寿命为 8 年，租赁期满时甲公司以 100 元的价格购买该设备，预计租赁期满时该设备的公允价值为 1 500 000 元。

分析：

就甲公司（承租人）而言，该合同为租赁合同，形成一般租赁，应当按照一般租赁的会计处理要求进行相关的会计处理。

就乙公司（出租人）而言，该合同中包括销售和租赁两种性质的业务，乙公司应当划分二者之间的界限，分别进行处理。

（1）根据租赁合同条款，租赁期满时，该设备的公允价值远大于其购买价格，可以合理确定甲公司会以约定的 100 元价格购买该设备，所以乙公司应当确定该租赁为融资租赁。

（2）乙公司应当按照租赁期开始日租赁收款额的现值确认销售收入。已知（P/A，5%，3）=2.72，（P/F，5%，3）=0.86。

租赁收款额=1 000 000×3+100=3 000 100（元）

租赁收款额的现值=100×（P/F，5%，3）+1 000 000×（P/A，5%，3）=2 720 086（元）

根据租赁资产公允价值与租赁收款额现值孰低原则，确认销售收入为 2 700 000 元。

（3）乙公司根据租赁资产账面价值扣除未担保余值现值后的余额，确认销售成本。

销售成本=2 000 000-0=2 000 000（元）

（4）乙公司融资租赁过程中应当实现的融资收益的计算。

未实现融资收益=3 000 100-2 700 000=300 100（元）

（5）乙公司相应的会计处理。

2020 年 1 月 1 日（销售实现时及租赁期开始日）的会计处理：

借：应收融资租赁款——租赁收款额（甲公司）　　　　　　　　　3 000 100
　　贷：营业收入　　　　　　　　　　　　　　　　　　　　　　2 700 000
　　　　应收融资租赁款——未实现融资收益　　　　　　　　　　　300 100
借：营业成本　　　　　　　　　　　　　　　　　　　　　　　　2 000 000
　　贷：库存商品　　　　　　　　　　　　　　　　　　　　　　2 000 000
借：销售费用　　　　　　　　　　　　　　　　　　　　　　　　　　5 000
　　贷：银行存款　　　　　　　　　　　　　　　　　　　　　　　　5 000

采用内插法计算乙公司租赁内含利率。

100×（P/F，i，3）+1 000 000×（P/A，i，3）=2 000 000

i=5.5%（说明：从原 5.46%改为 5.5%，原因是小数导致后续表格内的金额总是存在尾数差，所以调整为 5.5%。）

未实现融资收益分摊表如表 2-9 所示。

表 2-9　未实现融资收益分摊表　　　　　　　　　　　　　　单位：元

日期 ①	租赁收款额 ②	实现的融资收益 ③=期初⑤×5.5%	租赁投资减少额 ④=②-③	租赁投资余额 ⑤=上期余额-④
2020.1.1				2 700 000
2020.12.31	1 000 000	148 500	851 500	1 848 500

续表

日期 ①	租赁收款额 ②	实现的融资收益 ③=期初⑤×5.5%	租赁投资减少额 ④=②-③	租赁投资余额 ⑤=上期余额-④
2021.12.31	1 000 000	101 667.5	898 332.5	950 167.5
2022.12.31	1 000 000	49 932.5*	950 067.5*	100
2022.12.31	100		100	0
合计	3 000 100	300 100	2 700 000	

注：*为尾数调整。

2020 年 12 月 31 日收取租金以及确认融资收益的会计处理：

借：银行存款　　　　　　　　　　　　　　　　　　　　　1 000 000

　　贷：应收融资租赁款——租赁收款额（甲公司）　　　　　　　　1 000 000

借：应收融资租赁款——未实现融资收益　　　　　　　　　　148 500

　　贷：租赁收入　　　　　　　　　　　　　　　　　　　　　　148 500

2021 年 12 月 31 日与 2022 年 12 月 31 日的会计处理略。

三、售后租回的会计问题

（一）售后租回的概念

售后租回是指卖主（资产的所有者）将资产出售后，又将该资产从买主那里租回的交易。

售后租回交易是否成立，取决于承租人在出售租赁资产前是否对租赁资产具有实质控制权。当承租人对租赁资产拥有法定所有权并且能够实质控制，那么承租人将标的资产转让给出租人并从出租人处租回该资产，属于售后租回交易。当承租人对租赁资产能够实质控制但是不拥有其法定所有权，那么承租人将标的资产转让给出租人并从出租人处租回该资产，也属于售后租回交易。当承租人对租赁资产虽然拥有法定所有权但是不能够实质控制，那么承租人将标的资产转让给出租人并从出租人处租回该资产，不属于售后租回交易。

（二）售后租回的经济意义

售后租回是一种集销售与融资于一体的特殊形式的租赁业务，在业务处理上具有叠加性质，承租人与出租人都具有双重身份。售后租回方式下，卖主同时也是承租人，买主同时也是出租人。通过售后租回交易，资产的原所有者（承租人）在保留对资产的使用权和控制权的前提下，出售资产可取得相应的货币资金，既满足了对资产的使用要求，又改善了企业的财务状况，增强了企业资产的流动性，满足了企业的融资要求，缓解了企业的融资压力；而资产的新所有者（出租人）通过售后租回交易，找到了一个风险小、回报有保障的投资机会。

（三）售后租回的类型

《企业会计准则第 21 号——租赁》规定，承租人对交易中的资产转让环节是否属于销售，按照《企业会计准则第 14 号——收入》的相关规定进行判断，可以将售后租回分为售后租回交易中的资产转让不属于销售和售后租回交易中的资产转让属于销售两类，分别进行不同的会计处理。

（四）售后租回会计处理原则

1. 售后租回交易中的资产转让不属于销售的会计处理原则

如果售后租回交易中的资产转让不属于销售，则按照企业抵押借款、分期偿还本金和利息的行为进行会计处理。

2. 售后租回交易中的资产转让属于销售的会计处理原则

（1）标的资产全部终止确认。

出售方（承租人）在售后租回交易中转让了整个标的资产，所以应对销售合同中的标的资产进行全部终止确认，并确认全部的资产处置利得或损失。同时，购买方（出租人）应当相应地确认全部标的资产。

（2）对非市场条件下的价格之差处理。

在售后租回交易中，销售价格与租金一般都是以一揽子方式进行谈判和确定的，所以交易中的销售价格与租金具有关联关系。如果销售对价的公允价值与资产的公允价值不一致，或者出租人未按市场价格收取租金，即承租人将标的资产以低于（高于）市场条件的价格出售给出租人，相应地出租人一般通过收取低于（高于）市场价格的租金进行补偿。因此，《企业会计准则第 21 号——租赁》对此类情况进行了以下调整：如果销售对价的公允价值与资产的公允价值不同，或者出租人未按市场价格收取租金，则企业应当将销售对价低于市场价格的款项作为预付租金进行会计处理，将高于市场价格的款项作为出租人向承租人提供的额外融资进行会计处理；同时，承租人按照公允价值调整相关销售利得或损失，出租人按市场价格调整租金收入。

在进行上述调整时，企业应当基于以下两者中更易于确定的项目：销售对价的公允价值与资产公允价值之间的差额、租赁合同中付款额的现值与按租赁市价计算的付款额现值之间的差额。

（3）确认部分销售利得和使用权资产。

从法律和会计的角度观察，在售后租回交易中，承租人将整个标的资产出售给出租人，并通过租赁合同享有租期内的使用权；从经济角度观察，承租人仅出售了其在标的资产中除售后租回以外的权益，保留了租回期间使用标的资产的权利。所以，承租人应该对实际转让部分确认销售利得或损失，并且在租赁合同中，承租人获得的使用权资产实际是保留的相关权利，而不是一项新的使用权资产，会计计量中不应当将原来的计量属性改为租赁付款额的现值，而是继续确认为原账面价值的一部分。

（五）售后租回会计处理

1. 售后租回交易中的资产转让不属于销售的会计处理

售后租回交易中的资产转让不属于销售的，其实质是卖主（承租人）抵押借款业务，所以承租人应当继续确认被转让资产，同时确认与转让收入相同的金融负债，并且按照《企业会计准则第 22 号——金融工具确认与计量》的相关要求对金融负债进行会计处理；出租人不确认资产，同时确认与转让收入相同的金融资产，并且按照《企业会计准则第 22 号——金融工具确认与计量》的相关要求对金融资产进行会计处理。

2. 售后租回交易中的资产转让属于销售的会计处理

售后租回交易中的资产转让属于销售的应当按照《企业会计准则第 21 号——租赁》相关规定进行会计处理。

【例 2-14】甲公司（卖方兼承租人）以货币资金 6 000 000 元的价格向乙公司（买方兼出租人）出售一栋建筑物。该项交易前该建筑物的账面原值是 5 000 000 元，累计折旧是 1 000 000 元。同时，甲公司与乙公司签订了一份租赁合同，从乙公司租回该建筑物，取得了该建筑物 15 年的使用权（全部剩余使用年限为 30 年），每年年末支付 500 000 元的租金。根据交易的条款和条件，甲公司转让建筑物符合《企业会计准则第 14 号——收入》中关于销售成立的条件。假设不考虑初始直接费用和各项税费的影响。该建筑物在销售当日的公允价值为 5 000 000 元。

分析：甲公司以高于资产公允价值的价格出售该项资产，所以甲公司应当对其对价进行分解，其中 5 000 000 元作为销售该项资产的对价，超出公允价值的 1 000 000 元应当作为乙公司通过该项交易向甲公司提供的额外融资。假设甲、乙公司均确定租赁内含年利率为 6%。已知 $(P/A, 6\%, 15) = 9.71$。

年付款额的现值 = 500 000 × $(P/A, 6\%, 15)$ = 4 855 000（元）

年付款额的现值中包括了应当由额外融资承担的部分，需要根据额外融资占租赁付款额现值的比例进行分割。

额外融资年付款额 = 1 000 000 ÷ 4 855 000 × 500 000 = 102 986.61（元）

租赁相关的年付款额 = 500 000 - 102 986.61 = 397 013.39（元）

与租赁相关的付款额 = 397 013.39 × 15 = 5 955 200.85（元）

（1）甲公司相关会计处理如下。

① 按照租回获得的使用权资产部分占该建筑物的原账面价值金额的比例计算售后租回所形成的使用权资产入账价值。

使用权资产入账价值 =（该设备的账面价值÷该设备的公允价值）×租回使用权资产的租赁资产付款额的现值 =（4 000 000÷5 000 000）×（4 855 000 - 1 000 000）

= 3 084 000（元）

② 计算与转让至乙公司的权利相关的利得。

出售该设备的全部利得 = 5 000 000 - 4 000 000 = 1 000 000（元）

其中，与该设备使用权相关利得 = 1 000 000 ×（3 855 000÷5 000 000）= 771 000（元）

与转让至乙公司的权利相关的利得 = 1 000 000 - 771 000 = 229 000（元）

③ 租赁期开始日与额外融资相关的会计处理：

借：银行存款   1 000 000

   贷：长期应付款   1 000 000

租赁期开始日与售后租回相关的会计处理：

借：银行存款   5 000 000

   使用权资产   3 084 000

   固定资产——建筑物（累计折旧）   1 000 000

   租赁负债——未确认融资费用   3 100 200.85

贷：固定资产——建筑物（原值）	5 000 000
租赁负债——租赁付款额	5 955 200.85
资产处置损益	229 000

租赁期开始后，甲公司支付的年付款额 500 000 元中 397 013.39 元作为租赁付款额处理，102 986.61 元作为以下两项会计处理：结算金融负债而支付的款项，利息费用。以第 1 年年末为例：

利息费用=（4 855 000-1 000 000）×6%+1 000 000×6%=291 300（元）

与融资租赁有关的利息费用=3 855 000×6%=231 300（元）

与额外融资有关的利息费用=1 000 000×6%=60 000（元）

长期应付款减少额=102 986.61-60 000=42 986.61（元）

会计处理如下：

借：租赁负债——租赁付款额	397 013.39
长期应付款	42 986.61
财务费用	291 300
贷：租赁负债——未确认融资费用	231 300
银行存款	500 000

（2）乙公司相关会计处理如下。

乙公司根据该业务的特点将该建筑物的租赁确定为经营租赁。

在租赁开始日，乙公司对该交易的会计处理如下：

借：经营租赁资产——建筑物	5 000 000
长期应收款	1 000 000
贷：银行存款	6 000 000

乙公司支付的 6 000 000 元中，其中 5 000 000 元确认为与购入资产有关，1 000 000 元与向甲公司额外融资有关，分别记入"经营租赁资产"和"长期应收款"账户核算。

租赁期开始日之后，乙公司每年将从甲公司处收款 500 000 元，其中的 397 013.39 元作为经营租赁收款额进行会计处理，其余 102 986.61 元作为以下两项进行会计处理：结算金融资产 1 000 000 元而收到的款项；利息收入。以第 1 年年末为例：

利息收入=（4 855 000-1 000 000）×6%+1 000 000×6%=291 300（元）

与融资租赁有关的利息费用=3 855 000×6%=231 300（元）

与额外融资有关的利息费用=1 000 000×6%=60 000（元）

长期应收款减少额=102 986.61-60 000=42 986.61（元）

会计处理如下：

借：银行存款	500 000
贷：租赁收入	397 013.39
财务费用	60 000
长期应收款	42 986.61

本章小结

```
                          ┌─ 租赁概念及要素分析 ── 租赁的分拆与合并
                          │
                          ├─ 租赁期 ────────── 租赁开始日
              租赁会计      │
              相关概念 ─────┼─ 租赁期开始日 ──── 租赁付款额
                          │
                          ├─ 担保余值 ──────── 未担保余值
                          │
                          └─ 租赁收款额

                          ┌─ 承租人的租赁分类
                          │
                          ├─ 承租人一般租赁的会计处理
              承租人会计     │
              处理 ────────┼─ 承租人租赁变更的会计处理
                          │
                          ├─ 承租人短期租赁和低价值资产租赁的会计处理
                          │
                          └─ 承租人租赁信息列报
   租赁
   会计
                          ┌─ 出租人的租赁分类
                          │
                          ├─ 出租人经营租赁的会计处理
              出租人       │
              会计处理 ─────┼─ 出租人融资租赁的会计处理
                          │
                          ├─ 出租人融资租赁变更的会计问题
                          │
                          └─ 出租人融资租赁会计信息列报

                          ┌─ 转租赁的会计问题
              特殊租赁      │
              业务的会计 ───┼─ 生产商或销售商出租人的融资租赁会计问题
              处理         │
                          └─ 售后租回的会计问题
```

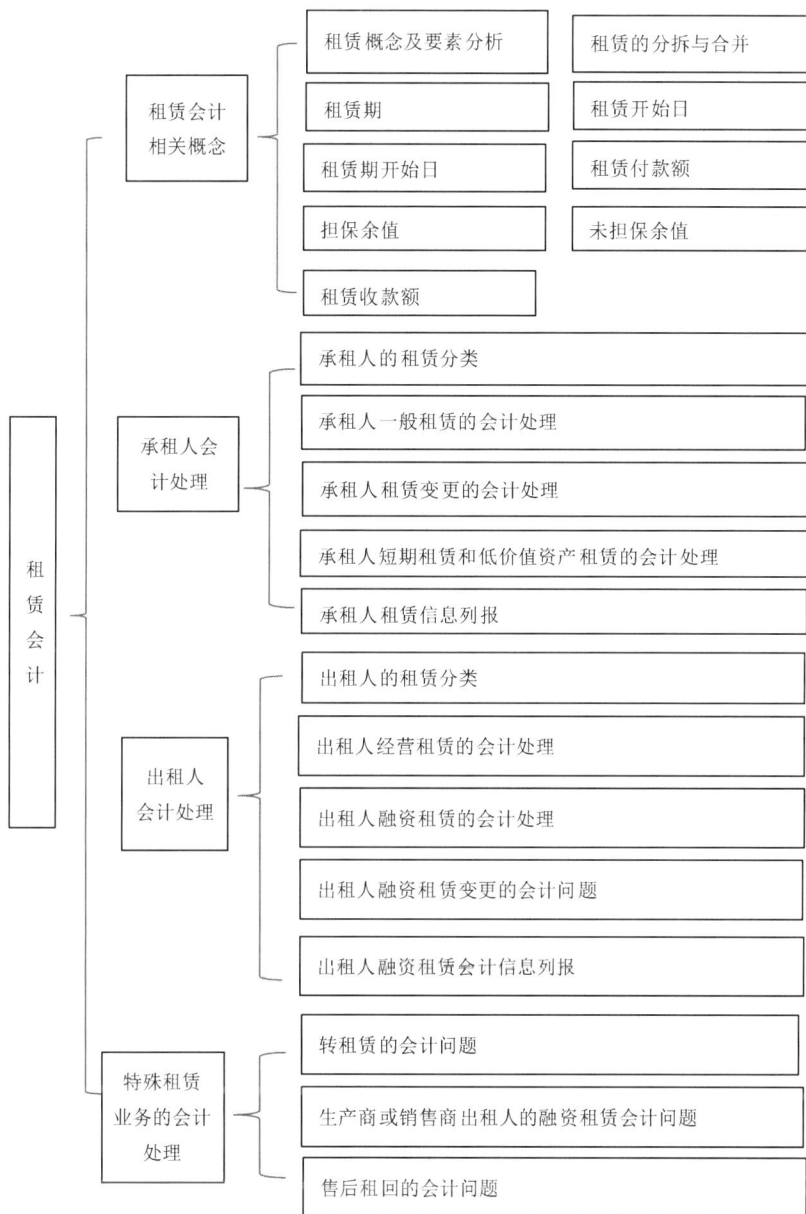

本章关键术语

短期租赁；低价值资产租赁；已识别资产；租赁的合并；租赁的分拆；使用权资产；租赁负债；经营租赁；融资租赁；租赁期；租赁期开始日；租赁开始日

本章思考题

1. 根据《企业会计准则第 21 号——租赁》的规定，租赁定义的核心内容是什么？
2. 什么是租赁期、租赁开始日和租赁期开始日？它们之间的区别是什么？
3. 一般租赁下，承租人如何进行使用权资产的初始计量和后续计量？
4. 就承租人而言，短期租赁与低价值资产租赁的会计处理有何特点？
5. 就出租人而言，如何划分租赁的类型？

本章练习题

习题一

2020 年 12 月 31 日，甲公司由于扩大规模，就某栋写字楼与乙公司签订租赁合同，相关资料如下。

（1）该合同租赁期限为 20 年（2021 年 1 月 1 日—2040 年 12 月 31 日），并拥有 5 年的续租选择权。2021 年 1 月 1 日，甲公司预付了 8 000 000 元租金，租赁期内每年年末支付租金 1 000 000 元。租赁期满后，如果甲公司继续租赁该地产，续租期内每年年末支付 1 100 000 元租金。甲公司无法确定租赁内含利率，其增量借款利率为 5%。

（2）甲公司在租赁合同磋商、谈判过程中，发生初始直接费用 60 000 元，以银行存款支付。作为对甲公司的激励，乙公司同意于租赁期开始日补偿甲公司 30 000 元的佣金。

（3）甲公司向乙公司提供担保承诺，担保余值金额为 300 000 元，甲公司预计该商业楼在租赁期结束时的公允价值为 300 000 元。该房地产预计尚可使用年限为 40 年。租赁期开始日，甲公司评估将不会行使续租选择权。

习题二

2020 年 12 月 1 日，甲公司与乙公司签订了一份租赁合同，从乙公司租入生产设备一台。租赁合同主要条款如下。

（1）租赁资产：全新生产设备。

（2）租赁期开始日：2021 年 1 月 1 日。

（3）租赁期：2021 年 1 月 1 日—2024 年 12 月 31 日，共 48 个月。

（4）固定租金支付：自 2021 年 1 月 1 日，每年年末支付租金 2 100 000 元。如果甲公司能够在每年年末的最后一天及时付款则给予减少租金 100 000 元的奖励。

（5）租赁开始日租赁资产的公允价值：该设备在 2021 年 1 月 1 日的公允价值为 6 900 000 元，账面价值为 5 200 000 元。

（6）初始直接费用：签订租赁合同过程中乙公司发生可归属于租赁项目的手续费 30 211 元。

（7）担保余值和未担保余值均为 0。

（8）全新生产设备的预期使用寿命为 5 年。

假定租赁内含利率为 6%，且甲公司均在每年年末及时付款，不考虑其他因素。

要求：

（1）判断乙公司的租赁类型，并说明理由。

（2）计算租赁收款额。

（3）计算租赁投资净额和未实现融资收益。

（4）编制租赁期开始日乙公司的会计分录。

（5）编制乙公司未实现融资收益分摊表及 2021 年 12 月 31 日收到第一期租金时的会计分录。

第三章

所得税会计

📖 学习目标

通过本章的学习，要求学生了解所得税会计的相关概念，理解永久性差异和暂时性差异，在此基础上要求学生掌握所得税会计的两种处理方法，熟练掌握资产负债表观下的债务法的概念、基本核算程序及会计核算。

📖 思政课堂

习近平同志在主持召开的中央全面依法治国委员会第二次会议上发表重要讲话时强调，改革开放 40 年的经验告诉我们，做好改革发展稳定各项工作离不开法治，改革开放越深入越要强调法治。要完善法治建设规划，提高立法工作质量和效率，保障和服务改革发展，营造和谐稳定社会环境，加强涉外法治建设，为推进改革发展稳定工作营造良好法治环境。

依法治税是依法治国的重要组成部分，是国家治理现代化的重要内容。随着我国经济发展进入新常态，税收法律制度体系不断健全，税收执法行为逐步规范，作为会计人员在进行所得税核算时，要遵循《中华人民共和国会计法》、会计准则及税法相关规定，提供准确的会计信息。

📖 引导案例

2011 年 1 月 21 日，四川金路集团股份有限公司（股票简称：金路集团；股票代码：000510）董事局发布公告：金路集团全资子公司德阳金路高新材料有限公司（以下简称"高新材料公司"）于 2010 年 3 月经四川省高新技术企业认定管理小组办公室认定为高新技术企业[川高企认办 20102 号]。近日，高新材料公司接到四川省什邡市国家税务局什邡国税通 2010015 号文件通知，高新材料公司于 2010 年 12 月向四川省什邡市国家税务局申请备案的"企业所得税优惠事项备案单"已经审核批准，同意高新材料公司自 2011 年 1 月 1 日起至"高新技术企业证书"有效期止，预缴企业所得税可暂执行 15% 的优惠政策（高新材料公司目前企业所得税执行税率为 25%）。该项优惠政策不会对高新材料公司及金路集团 2010 年度经营业绩产生影响。目前，高新材料公司营业收入及净利润占金路集团比例较小，该项优惠政策对金路集团收益不会产生重大影响。

✏️ **案例思考题：**

所得税的基本要素有哪些？资产负债表观下的债务法核算所得税的基本原理是什么？在企业所得税税率变动情况下如何进行会计处理？

第一节 所得税会计概述

一、所得税会计的含义及形成演变过程

（一）所得税会计的含义

所得税会计研究的是处理会计收益和应税收益差异的会计理论和方法，是反映企业所得税的确认、计量和报告的一整套程序和方法。

（二）所得税会计形成的背景

所得税会计的产生与发展是社会环境因素对会计影响的结果，是随着《中华人民共和国企业所得税法》（以下简称"《所得税法》"）及会计准则的建设而发展演进的。税法作为国家经济法律体系中的重要组成部分，其产生与发展都先于会计规范。税法的主要目的：一是取得收入，行使国家作为社会组织者的正当权利；二是发挥国家的宏观调控职能，履行国家管理社会的职责，国家通过税法的经济杠杆作用，实现国家的经济政策，合理调整国家与纳税人的分配关系。会计准则的主要目的是规范企业对外财务报告，以便如实反映企业的财务状况、经营成果和现金流量。因为会计规范与《所得税法》的制定目的、作用等方面的区别明显，企业遵循会计规范确认和计量的所得税费用与遵循《所得税法》确认和计量的应交所得税额不相等，因此会计核算体系逐步形成一套专门的理论与方法，即所得税会计。

（三）我国所得税会计的演变过程

1980 年 9 月，以中华人民共和国全国人民代表大会常务委员会委员长令方式发布的《中华人民共和国中外合资经营企业所得税法》，是中华人民共和国成立后的第一部所得税法。该法中明确要求，在中国境内从事生产、经营的中外合资经营企业必须缴纳所得税，对居民企业而言税率为 25%，对非居民企业而言税率为 20%。1983 年 4 月，中华人民共和国国务院（以下简称"国务院"）批转的财政部《关于国营企业利改税试行办法》中要求，根据企业实现的利润按照 55%上交所得税。此时，收益分配论的观点认为，所得税支出同其他费用不同，没有为企业获得资产或服务，因而是企业收益分配的一个项目，是对国家的一种回报，是纳税人非自愿的对政府的资产分配，在纳税申报表上按应税所得的一定比例计算。1991 年，全国人民代表大会第四次全体会议通过《外商投资企业和外国企业所得税法》。1993 年，国务院颁布《中华人民共和国企业所得税暂行条例》。1994 年，财政部《关于印发<企业所得税会计处理的暂行规定>的通知》中，提及所得税会计处理方法为应付税款法和纳税影响会计法，在会计实践中，大部分企业执行应付税款法。此时，会计改革的速度明显加快，《企业会计准则》和《企业财务通则》已经颁布执行，对会计基本要素的确认更加科学，认为企业在生产经营中应当承担的所得税符合费用要素要求，是企业为取得净利润而发生的费用，应在净利润前扣除。所得税费用与企业生产经营的其他各项支出具有相同性质，应当作为费用进行会计核算。企业所得税费用的确认

和计量主要依据《所得税法》的规定，即根据《所得税法》确认企业应交的所得税，直接作为企业当期所得税费用，没有明确《所得税法》与会计准则在确认和计量应交所得税额和所得税费用的不同。

2006 年《企业会计准则第 18 号——所得税》要求，企业采用资产负债表观下的债务法进行所得税费用确认和计量，标志着所得税会计已经从财务会计中分离出来，形成独立分支，专门研究由《所得税法》与会计准则的不同导致的应交所得税与所得税费用之间的差异的确认、计量和会计处理。

二、所得税会计的核算方法

（一）应付税款法

1. 应付税款法的概念

应付税款法就是以企业应交所得税作为当期所得税费用的所得税会计处理方法。在该种方法下，无论《所得税法》与会计准则之间是否存在差异，都以按照《所得税法》确认的应交所得税额作为所得税费用认定，即

本期应交所得税额=本期应从利润中扣除的所得税费用

2. 应付税款法的优点

应付税款法根据本期收益确认本期应当承担的纳税义务，与其他会计期间无关，其具有以下优点：操作简单，该法直接按照税务部门依据税法确定的应纳税所得额（应税利润）乘适用税率计算得出的应交所得税，来确认相关负债和费用，会计操作非常简单；容易理解，该法所确认的负债（应交所得税）属于法定义务，符合负债的定义和确认标准，与此相对应的费用（所得税费用）是会计期间内经济利益的流出，也符合费用的定义和确认标准，因此该法很容易被人理解。

3. 应付税款法的缺点

应付税款法下，所得税费用是按照收付实现制确认的，不符合权责发生制，即所得税费用只是本期实际支付的税款额，并不是权责发生制下企业应当承担的所得税费用。缺点具体如下：按应付税款法确认的所得税费用，作为利润表上税前会计利润的减项，使所得税费用与税前会计利润不成正比；应付税款法没有考虑会计准则与《所得税法》在资产、负债、收入、费用等方面确认和计量上的差异，对企业未来会计期间应纳税所得额增加或减少的影响，以及由此引起的会计要素的变化，也就是说，严格以财务会计概念框架衡量，应付税款法使一部分与企业未来期间应纳税所得额相关的负债（或资产）及费用（或收入）未得到确认。

（二）纳税影响会计法

1. 纳税影响会计法的概念

纳税影响会计法是指分别根据会计准则确认和计量当期应当从利润中扣除的所得税费用及根据《所得税法》确认和计量当期应当缴纳的所得税额，对两者之间的差异单独进行确认和计量，并递延至相关会计期间处理的所得税会计处理方法。

2. 纳税影响会计法的优点

纳税影响会计法实现了会计利润与所得税费用的匹配，反映了会计准则与《所得税法》之

间的差异对未来应纳税所得额的影响。

3. 纳税影响会计法的类型

（1）根据企业对收益的理解不同，纳税影响会计法分为利润表观下的纳税影响会计法和资产负债表观下的纳税影响会计法。

利润表观下的纳税影响会计法从利润表出发，确认根据会计准则认定的会计利润与根据《所得税法》认定的应纳税所得额之间的差异，即由于会计准则与《所得税法》对利润表中的收入类、费用类项目确认的标准或计算口径不同而形成的差异，称为时间性差异。这种观点形成的理论依据是狭义收益观，即认为企业应当纳税的经营所得就是企业利润表中揭示的利润总额，不包括企业在经营过程中形成的、但与经营成果无关的收益。

资产负债表观下的纳税影响会计法从资产负债表出发，确认根据会计准则认定的会计利润与根据《所得税法》认定的应纳税所得额之间的差异，即由于会计准则与《所得税法》对资产负债表中的资产类、负债类项目的账面价值与计税基础不同而形成的差异，称为暂时性差异。这种观点形成的理论依据是全面收益观，即认为企业应当纳税的经营所得不仅包括企业在经营过程中形成的利润总额，也包括与经营成果无关的其他收益。

（2）根据税率变动时对累计纳税影响额的处理方法不同，纳税影响会计法分为递延法和债务法。

递延法要求企业根据当期适用税率计算暂时性差异（时间性差异）的纳税影响额，当税率变动时不需要对以前年度累计的纳税影响额进行调整，当暂时性差异（时间性差异）转回时，按照确认该差异的纳税影响额时的税率计算转回期间的纳税影响额。

债务法要求企业根据暂时性差异转回期间的适用税率计量暂时性差异的纳税影响额，当税率变动时根据税率变动的方向与幅度，对以前年度累计的纳税影响额进行调整。

（3）根据企业对收益的理解不同和税率变动时对累计纳税影响额的处理方法不同，纳税影响会计法可以分为利润表观下的递延法、利润表观下的债务法、资产负债表观下的递延法和资产负债表观下的债务法。

（三）资产负债表观下债务法的核算程序

《企业会计准则第 18 号——所得税》要求，我国境内企业应当采用资产负债表观下的债务法进行所得税的核算。

资产负债表观下的债务法核算程序如下：

（1）确定资产、负债的账面价值。

（2）确定资产、负债的计税基础。

（3）确定暂时性差异和递延所得税资产与递延所得税负债。

（4）计算当期所得税。

（5）计算应当从本期利润中扣除的所得税费用。

第二节　资产和负债的计税基础及暂时性差异

在确认所得税费用的过程中，由于会计准则与《所得税法》之间的不同，企业根据会计准则确认的会计收益与根据《所得税法》确认的应税经济利益之间产生了差异，按差异形成的原因和性质的不同，可以分为永久性差异和暂时性差异两种类型。

一、永久性差异

（一）永久性差异的概念

永久性差异是指某一会计期间内，由于会计准则与《所得税法》在计算收益、费用或损失时的口径不同所产生的税前会计利润与应纳税所得额之间的差异。

（二）永久性差异的类型

永久性差异可以分为四种类型。一是根据会计准则规定可以确认为本期收入计入当期损益，但是《所得税法》认为该收入不属于本期，允许不纳入本期应纳税所得额形成的差异。二是根据会计准则规定可以确认为本期费用或损失计入当期损益，但是《所得税法》认为该费用或损失不允许税前扣除，应当纳入本期应纳税所得额形成的差异。三是根据会计准则规定某项收入并未在当期实现，不应当确认为收入计入当期损益，但是《所得税法》认为与该收入相关的经济利益已经流入企业，应当纳入本期应纳税所得额形成的差异。四是根据会计准则规定某项费用或损失已经实际发生，应当确认为本期费用或损失计入当期损益，但是《所得税法》认为该费用或损失不允许在本期税前扣除，应当纳入本期应纳税所得额形成的差异。例如，企业购买国债取得的利息收入，根据会计准则规定应当作为当期投资收益确认并计入当期损益，但根据《所得税法》，该项利息收入可以免交所得税，不属于应税收入，不计入当期应纳税所得额；又如，企业支付的各种违法经营罚款、税收滞纳金等，根据会计准则的规定，虽不尽合理但是由于实际发生，应当确认为当期营业外支出计入当期损益，但根据《所得税法》，该项支出不属于企业生产经营中必须且合理的支出，不允许在税前扣除，应当纳入当期应纳税所得额。永久性差异的特点是在本期发生，不会在以后期间转回。

（三）永久性差异的特点

永久性差异是根据《所得税法》的相关规定及企业当期的涉税事项确定的，该差异一旦形成会直接影响当期应交所得税和所得税费用的金额，可能导致当期应交所得税和所得税费用增加或减少，但永久性差异只是影响当期的所得税计算，不会递延到未来期间影响未来期间所得税的计算。

例如，甲公司当期实现税前利润总额为 25 000 000 元，其中当期确认的国债利息收入为 100 000 元，被罚没的支出是 500 000 元，根据《所得税法》要求，国债利息收入可以享受免税优惠，被罚没支出不属于企业在经营活动中发生的必要且合理的支出，不允许在税前扣除，所以甲公司当期应纳税所得额=25 000 000-100 000+500 000=24 600 000 元。

二、暂时性差异

（一）暂时性差异的概念

《企业会计准则第 18 号——所得税》规定，暂时性差异是指资产或负债的账面价值与其计税基础之间的差额。也就是说，暂时性差异是指在资产负债表观下的债务法下，资产负债表日资产负债表中的资产（不含递延所得税资产）或负债（不含递延所得税负债）项目的账面价值与按照《所得税法》规定确定的资产或负债的计税基础的差额。

（二）暂时性差异的类型

《企业会计准则第 18 号——所得税》规定，按照暂时性差异对未来期间应税金额的影响，分为应纳税暂时性差异和可抵扣暂时性差异。

应纳税暂时性差异是指在确定未来收回资产或清偿负债期间的应纳税所得额时，将导致产生应税金额的暂时性差异，即将部分应税经济利益递延到未来期间纳税。

可抵扣暂时性差异是指在确定未来收回资产或清偿负债期间的应纳税所得额时，将导致产生可抵扣金额的暂时性差异，即将部分应税经济利益提前到本期间纳税。

（三）暂时性差异的形成

暂时性差异形成的根本原因是资产或负债的账面价值与其计税基础不同。资产的账面价值大于其计税基础或负债的账面价值小于其计税基础时形成的暂时性差异为应纳税暂时性差异；资产的账面价值小于其计税基础或负债的账面价值大于其计税基础时形成的暂时性差异为可抵扣暂时性差异。

（四）暂时性差异的特点

暂时性差异是由于资产、负债的账面价值与其计税基础不同而产生的，随着时间的推移，在收回资产价值过程或偿还负债过程中，暂时性差异会陆续转回，其对不同会计期间的影响会自动消除。所以，暂时性差异不会导致企业纳税义务的增加或减少，只会导致在某一个会计期间，当期应交所得税大于或小于当期所得税费用，即可能由于应纳税暂时性差异的存在，当期所得税费用大于应交所得税，企业当期承担的所得税费用大于当期应交所得税，部分应交所得税递延到未来期间缴纳，形成了递延所得税负债；或可能由于可抵扣暂时性差异的存在，当期所得税费用小于应交所得税，企业当期承担的所得税费用小于当期应交所得税，本期预缴部分所得税，形成了递延所得税资产。

三、资产的计税基础及暂时性差异

（一）资产的账面价值

资产的账面价值是指资产负债表日，资产负债表中各资产类项目和负债类项目的价值。

（二）资产的计税基础

《企业会计准则第 18 号——所得税》第五条规定：资产的计税基础，是指企业收回资产账面价值过程中，计算应纳税所得额时按照税法规定可以自应税经济利益中抵扣的金额。（该项资产在未来使用或最终处置时，允许作为成本或费用于税前列支的金额）

资产的计税基础=未来可税前列支的金额

（三）资产类项目的暂时性差异

资产负债表日，资产的账面价值与其计税基础的差额为暂时性差异。在一般情况下，在资产类项目初始计量时，其账面价值与计税基础是相同的，即《所得税法》是根据企业会计确认的账面价值来确定其计税基础的，但是在资产类项目的后续计量中，由于会计准则与《所得税法》规定不同，导致其账面价值与计税基础不同，产生暂时性差异。不同的资产类项目产生暂时性差异的原因也不同。

1. 固定资产项目

企业以各种方式取得的固定资产，其初始确认时固定资产的账面价值与计税基础相同，即

《所得税法》认可企业固定资产的初始价值，因此不产生暂时性差异。

根据《企业会计准则第 4 号——固定资产》的规定，在后续计量过程中，企业应当选择适当的会计政策和会计估计对固定资产进行折旧、减值等会计处理。由于会计准则与《所得税法》对固定资产的折旧方法、折旧年限及固定资产减值准备的处理不同，固定资产的账面价值与其计税基础就可能不同，产生暂时性差异。

值得注意的是，对于固定资产减值问题，《所得税法》认为，该项减值属于人为估计未来资产减值的风险，资产损失并未实际发生，不允许做税前扣除，因此一旦企业对固定资产计提了减值准备，那么其计税基础必然与其账面价值不符，产生暂时性差异。

【例 3-1】甲公司于 2019 年 12 月 31 日购入一项固定资产，原值为 60 000 元，假定无预计净残值，税法规定采用直线法计提折旧，折旧年限为 5 年；该公司采用直线法计提折旧，折旧年限为 3 年。

$$2020 \text{ 年年末固定资产账面价值} = 40\,000 \text{ 元}$$

$$2020 \text{ 年年末固定资产计税基础} = 48\,000 \text{ 元}$$

$$\text{可抵扣暂时性差异} = 40\,000 - 48\,000 = -8\,000 \text{（元）}$$

【例 3-2】甲公司于 2019 年 12 月 31 日购入一项固定资产，原值为 60 000 元，假定无预计净残值，税法规定采用直线法计提折旧，折旧年限为 5 年；该公司采用直线法计提折旧，折旧年限为 5 年。在第二年年末，该项固定资产可收回金额为 30 000 元，企业根据会计准则规定，计提 6 000 元固定资产减值准备。

$$2021 \text{ 年年末固定资产账面价值} = 60\,000 - 24\,000 - 6\,000 = 30\,000 \text{（元）}$$

$$2021 \text{ 年年末固定资产计税基础} = 60\,000 - 24\,000 = 36\,000 \text{（元）}$$

$$\text{可抵扣暂时性差异} = 30\,000 - 36\,000 = -6\,000 \text{（元）}$$

2. 无形资产项目

（1）无形资产项目的初始计量。

对于企业外购等方式形成的无形资产，其初始计量时确认的入账价值与计税基础是相同的；对于企业自行研发形成的无形资产，其初始计量时确认的入账价值与计税基础可能产生差异。

对于企业自行研发中发生的、符合资本化条件的开发支出，根据会计准则的相关规定可以进行资本化处理，形成无形资产。如果该企业享受税收优惠政策，税法允许按照资本化金额的 100%加计做税前扣除，可能会使无形资产的账面价值与其计税基础不同。但是，该项暂时性差异不符合会计准则的相关规定，不能确认其纳税影响额。

【例 3-3】甲公司 2021 年度研发支出为 30 000 000 元，其中研究阶段支出为 20 000 000 元，开发阶段符合资本化条件的支出为 10 000 000 元。假设该企业能够享受加计 100%税前扣除的优惠政策。

$$2021 \text{ 年年末无形资产账面价值} = 10\,000\,000 \text{ 元}$$

$$2021 \text{ 年年末无形资产计税基础} = 10\,000\,000 + 10\,000\,000 \times 100\% = 20\,000\,000 \text{（元）}$$

$$\text{可抵扣暂时性差异} = 10\,000\,000 - 20\,000\,000 = -10\,000\,000 \text{（元）}$$

（2）无形资产项目的后续计量。

根据《企业会计准则第 6 号——无形资产》的规定，无形资产在后续计量中应当区分为使用年限可以确认的无形资产和使用年限不可以确认的无形资产，对前者可以采用直线法按照使用年限进行价值转移,对于后者可以采用减值测试的方式反映其价值变化状况。

根据《所得税法》规定,如果无形资产使用年限不可以准确确定,则需要采用估计方法确认其使用年限,再采用直线法进行价值转移。

【例3-4】甲公司于2019年取得一项专有技术,其价值为36 000 000元,使用年限无法准确认定。税法规定,该项无形资产按照10年进行价值摊销。

$$2019年年末无形资产账面价值=36\ 000\ 000元$$

$$2019年年末无形资产计税基础=36\ 000\ 000-3\ 600\ 000=32\ 400\ 000(元)$$

$$应纳税暂时性差异=36\ 000\ 000-32\ 400\ 000=3\ 600\ 000(元)$$

3. 存货项目

根据《企业会计准则第1号——存货》的规定,存货项目期末应当按照账面价值与可变现净值孰低计量,即当存货的可变现净值低于账面价值时,存货项目发生了减值,应当计提存货跌价准备。根据《所得税法》规定,存货项目应当以其实际成本作为计税基础,因此有可能产生暂时性差异。

4. 长期股权投资项目

根据《企业会计准则第2号——长期股权投资》的规定,投资方能够对被投资单位实施控制的长期股权投资应当采用成本法核算。在该方法下,长期股权投资的账面价值即投资成本。如果是投资方对联营企业和合营企业的长期股权投资,应采用权益法核算。在权益法核算下,投资方取得长期股权投资后,应当按照应享有或应分担的被投资单位实现的净损益和其他综合收益的份额,分别确认投资收益和其他综合收益,同时调整长期股权投资的账面价值;投资方按照被投资单位宣告分派的利润或现金股利计算应享有的部分,相应减少长期股权投资的账面价值;投资方对于被投资单位除净损益、其他综合收益和利润分配以外所有者权益的其他变动,应当调整长期股权投资的账面价值并计入所有者权益。因此,在权益法下,长期股权投资的账面价值反映的不是投资成本。

根据《所得税法》的规定,长期股权投资应按照形成时的实际成本确认,处置、转让投资时其投资成本可以扣除,即《所得税法》中对长期股权投资只能根据成本法核算下的投资成本计量,没有权益法下的投资成本计量。所以,当企业对其长期股权投资采用权益法核算时,其账面价值与计税基础不同,产生暂时性差异。

暂时性差异产生的原因主要有两个。第一,初始投资成本的调整。根据会计准则的要求,权益法下长期股权投资成本为在被投资单位可辨认净资产公允价值中占有的份额,如果投资方的初始投资成本小于在被投资单位可辨认净资产公允价值中占有的份额,应当调增其投资成本。《所得税法》则要求按照投资方的初始投资成本确认计税基础,二者之间可能产生暂时性差异。第二,投资收益的确认。根据会计准则的要求,权益法下,投资方按照在被投资单位可辨认净资产中享有的比例确认投资收益或投资损失。《所得税法》则不要求投资方调整投资成本,二者之间可能产生暂时性差异。第三,应享有被投资单位其他权益的变化。根据会计准则的规定,被投资单位其他权益变动时,投资方应当按照享有的比例调整其账面价值。《所得税法》则不要求投资方调整投资成本,二者之间可能产生暂时性差异。

5. 以公允价值计量且公允价值变动损益计入当期损益的金融资产项目

根据《企业会计准则第22号——金融工具确认和计量》的规定,以公允价值计量且公允价值变动损益计入当期损益的金融资产在资产负债表日按照当日公允价值计量。《所得税法》规定，企业以公允价值计量的各项金融资产、金融负债等，计税时应当以其取得时的历史成本计量，期间的公允价值变动不予考虑。所以，该项目可能产生暂时性差异。

6. 投资性房地产项目

根据《企业会计准则第 3 号——投资性房地产》的规定，投资性房地产后续计量可根据相关条件选用成本计量模式或公允价值计量模式。《所得税法》规定，投资性房地产计税基础按照其形成时的实际成本并采用合理方式计提折旧后的金额确认。所以，当企业对投资性房地产采用公允价值计量模式进行后续计量时，其账面价值与计税基础不同，产生暂时性差异。

四、负债的计税基础及暂时性差异

《企业会计准则第 18 号——所得税》第六条规定：负债的计税基础，是指负债的账面价值减去未来期间计算应纳税所得额时按照税法规定可予以抵扣的金额。

负债的计税基础=负债账面价值-未来可税前列支的金额

企业因结算、借贷等业务形成的负债不影响企业经营成果，同时也不影响应纳税所得额，所以，该类负债的账面价值与计税基础相同，不会产生暂时性差异。但是，对于企业成本、费用中提取的、但尚未支付形成的负债，税法可能不允许计入当期损益，只允许按照规定计算的金额在费用实际发生期间做税前扣除，由此，该负债类项目的账面价值与其计税基础不同，产生暂时性差异。

（一）预计负债项目可能形成的暂时性差异

《企业会计准则第 13 号——或有事项》第四条规定：与或有事项相关的义务同时满足下列条件的，应当确认为预计负债：

（一）该义务是企业承担的现时义务；

（二）履行该义务很可能导致经济利益流出企业；

（三）该义务的金额能够可靠地计量。

企业预计负债主要包括以下内容：因销售商品、提供售后服务确认的预计负债；因未决诉讼确认的预计负债；因债务担保确认的预计负债等。税法规定，与预计负债有关的支出必须在实际发生期间做税前扣除。

【例 3-5】甲公司 2020 年度销售收入为 5 000 000 元，企业根据历史经验按照 1%计提售后服务费用，计入当期损益。

甲公司预计负债账面价值=5 000 000×1%=50 000（元）

甲公司预计负债计税基础=50 000−50 000=0（元）

可抵扣暂时性差异=50 000−0=50 000（元）

（二）应付职工薪酬项目可能形成的暂时性差异

《企业会计准则第 9 号——职工薪酬》第二条规定：职工薪酬，是指企业为获得职工提供的服务或解除劳动关系而给予的各种形式的报酬或补偿。税法规定，对企业职工薪酬中符合规定的、合理且必要的支出允许税前扣除，超出部分本期及以后各期均不允许税前扣除。

【例 3-6】甲公司 2019 年 12 月计入成本费用的职工薪酬总额为 60 000 000 元，至 2019 年 12 月 31 日尚未支付。按照税法规定，当期计入成本费用的 60 000 000 元职工薪酬支出中，可予税前扣除的合理部分为 50 000 000 元。

2019 年 12 月 31 日应付职工薪酬项目账面价值=60 000 000 元

2019 年 12 月 31 日应付职工薪酬项目计税基础=60 000 000−0=60 000 000（元）

需要注意的是，按照税法规定企业税前扣除的职工薪酬只能是 50 000 000 元，其余的 10 000 000 元既不允许在本期进行税前扣除，又不允许在未来期间进行税前扣除，实质上该项差异可以认定为永久性差异，企业在计算所得税费用时应当调增当期收益，即企业超额承担的职工薪酬缴纳相应金额的所得税。

五、特殊项目产生的暂时性差异

特殊项目产生的暂时性差异主要如下。

（一）未作为资产、负债确认的项目产生的暂时性差异

某些交易或事项发生以后，因为不符合资产、负债的确认条件而未确认为资产负债表中的资产或负债，但按照税法规定能够确定其计税基础的，其账面价值与计税基础之间的差异也构成暂时性差异。

（二）可抵扣亏损形成的暂时性差异

按照税法规定，企业当年产生的、允许以后年度弥补的亏损，虽不是由资产、负债的账面价值与计税基础不同导致的，但与可抵扣暂时性差异对未来期间的经济利益具有同样的抵销作用，因此应视同可抵扣暂时性差异处理。

第三节 递延所得税资产与递延所得税负债的确认和计量

根据《企业会计准则第 18 号——所得税》的相关规定，在资产负债表日应当将本期确认的暂时性差异按照适用的税率计算其纳税影响额，即确认为递延所得税资产和递延所得税负债。

一、递延所得税资产的确认和计量

（一）递延所得税资产确认的原则

1. 递延所得税资产确认的一般原则

除会计准则中明示的不确认为递延所得税资产的情形之外，企业应当以很可能取得用来抵扣可抵扣暂时性差异的应纳税所得额为限，确认由可抵扣暂时性差异产生的递延所得税资产。

递延所得税资产期末余额=可抵扣的暂时性差异期末余额×适用的所得税税率

2. 递延所得税资产初始计量的一般原则

第一，《企业会计准则第 18 号——所得税》第十三条规定：企业应当以很可能取得用来抵扣可抵扣暂时性差异的应纳税所得额为限，确认可抵扣暂时性差异所产生的递延所得税资产。也就是说，企业对已经产生的可抵扣暂时性差异是否确认为递延所得税资产时，必须对可抵扣暂时性差异转回期间的应税经济利益进行合理估计，当未来期间企业有足够的应税经济利益予以抵扣时，方能确认递延所得税资产，否则不需要确认递延所得税资产。

第二，根据资产负债表观下的债务法的要求，应当按照未来期间的适用税率计算递延所得

税资产。所以，当税率不变时，企业现行的税率与未来期间的适用税率相同，可按现行税率计算递延所得税资产；在税率变动，并且企业可以预知的情况下，企业应当根据未来期间的适用税率计算递延所得税资产；在税率变动但是企业不可预知的情况下，可抵扣暂时性差异产生时按照现行税率计算，在税率实际变动期间，按照税率变动的方向和幅度一次性调整递延所得税资产的账面价值。

（二）递延所得税资产的计量

1. 递延所得税资产账面价值复核

《企业会计准则第 18 号——所得税》第二十条规定：资产负债表日，企业应当对递延所得税资产的账面价值进行复核。如果未来期间很可能无法获得足够的应纳税所得额用以抵扣递延所得税资产的利益，应当减记递延所得税资产的账面价值。

2. 递延所得税资产的减值处理

（1）递延所得税资产的减值确认。

资产负债表日对递延所得税资产的账面价值进行复核，发现未来期间无法获得足够的应税经济利益予以抵扣时，则视为递延所得税资产发生减值迹象，应当按照资产减值的要求，将递延所得税资产余额中预期无法实现的部分减记递延所得税资产的账面价值。同时，除原确认时计入所有者权益的递延所得税资产的减记金额应计入所有者权益外，其他情况下均应增加当期的所得税费用。

递延所得税资产减值时的会计处理：

借：资产减值损失   ××××

  贷：递延所得税资产   ××××

借：所得税费用   ××××

  贷：资产减值损失   ××××

（2）递延所得税资产的价值恢复。

递延所得税资产减值确认之后，后续期间应当不断根据新的环境和情况对未来期间企业应税经济利益的获得情况进行判断，一旦企业经济状况好转，又能够产生足够的应纳税所得额用以抵扣可抵扣暂时性差异，使递延所得税资产包含的经济利益预计能够实现的，则相应恢复递延所得税资产的账面价值。

3. 不能确认递延所得税资产的特殊情况

《企业会计准则第 18 号——所得税》第十三条规定：同时具有下列特征的交易中因资产或负债的初始确认所产生的递延所得税资产不予确认：

（一）该项交易不是企业合并；

（二）交易发生时既不影响会计利润也不影响应纳税所得额（或可抵扣亏损）。

【例 3-7】接【例 3-3】资料，甲公司 2021 年度由于自行开发形成的无形资产，其账面价值为 10 000 000 元，其计税基础为 20 000 000 元，形成了可抵扣暂时性差异 10 000 000 元，但是该可抵扣暂时性差异符合《企业会计准则第 18 号——所得税》第十三条规定，因此不能确认为递延所得税资产。

二、递延所得税负债的确认和计量

（一）递延所得税负债确认一般原则

根据《企业会计准则第 18 号——所得税》的规定，除不能计入的递延所得税负债之外，企业应当确认所有应纳税暂时性差异产生的递延所得税负债。

一般项目产生的应纳税暂时性差异形成的递延所得税负债可以导致当期所得税费用增加，递延所得税负债由与所有者权益相关的项目产生的应纳税暂时性差异形成时，应当调整所有者权益类项目。

递延所得税负债期末余额=应纳税暂时性差异期末余额×适用的所得税税率

（二）递延所得税负债计量一般原则

根据资产负债表观下的债务法的要求，应当按照未来期间的适用税率计算递延所得税负债。所以，当税率不变时，企业现行的税率与未来期间的适用税率相同，可按现行税率计算递延所得税负债；在税率变动，并且企业可以预知的情况下，企业应当根据未来期间的适用税率计算递延所得税负债；在税率变动但是企业不可预知的情况下，应纳税暂时性差异产生时按照现行税率计算，在税率实际变动期间，按照税率变动的方向和幅度一次性调整递延所得税负债的账面价值。

（三）不确认为递延所得税负债的特殊情况

《企业会计准则第 18 号——所得税》第十一条规定：除下列交易中产生的递延所得税负债以外，企业应当确认所有应纳税暂时性差异产生的递延所得税负债：

（一）商誉的初始确认。

（二）同时具有下列特征的交易中产生的资产或负债的初始确认：

1．该项交易不是企业合并；

2．交易发生时既不影响会计利润也不影响应纳税所得额（或可抵扣亏损）。

与子公司、联营企业及合营企业的投资相关的应纳税暂时性差异产生的递延所得税负债，应当按照本准则第十二条的规定确认。

第十二条规定：企业对与子公司、联营企业及合营企业投资相关的应纳税暂时性差异，应当确认相应的递延所得税负债。但是，同时满足下列条件的除外：

（一）投资企业能够控制暂时性差异转回的时间；

（二）该暂时性差异在可预见的未来很可能不会转回。

一般情况下，投资企业对子公司、联营企业、合营企业的投资产生的暂时性差异需要按照适用税率确认为递延所得税负债，那么应纳税暂时性差异会导致未来期间产生应税金额，导致经济利益流出，但若企业能够决定这项经济利益是否流出和流出的时间，甚至可以使该项经济利益在未来期间内不流出企业，则其就不是企业的一项不可推卸的责任，就不符合负债的定义，不应确认为一项递延所得税负债。

三、特殊交易或事项中涉及递延所得税的确认和计量

（一）与直接计入所有者权益的交易或事项相关的所得税

一般情况下，企业在生产经营过程中产生的暂时性差异形成的递延所得税，会对本期确认的所得税费用产生影响，但是如果是与直接计入所有者权益的交易或事项有关的递延所得税，

则需要调整相关的所有者权益类项目，具体如下。

（1）会计政策变更采用追溯调整法或对前期差错更正采用追溯重述法调整期初留存收益。

（2）以公允价值计量且其变动计入其他综合收益的金融资产公允价值的变动计入所有者权益。

（3）同时包含负债及权益成分的金融工具在初始确认时计入所有者权益。

（4）自用房地产转为采用公允价值模式计量的投资性房地产时，公允价值大于原账面价值的差额计入其他综合收益。

【例 3-8】2020 年 12 月 1 日，甲公司支付银行存款 1 400 000 元，购买乙公司发行的股票 500 000 股，占其有表决权股份的 1%，甲公司将其指定为以公允价值计量且变动计入其他综合收益的非交易性权益工具投资。

2020 年 12 月 1 日甲公司投资时会计处理：

借：其他权益工具投资——成本   1 400 000

  贷：银行存款   1 400 000

2020 年 12 月 31 日该投资的公允价值为 1 600 000 元。

借：其他权益工具投资——公允价值变动   200 000

  贷：其他综合收益   200 000

2020 年 12 月 31 日，其他权益工具投资账面价值=1 600 000 元

       其他权益工具投资计税基础=1 400 000 元

      应纳税暂时性差异=1 600 000−1 400 000=200 000（元）

      递延所得税负债=200 000×25%=50 000（元）

借：其他综合收益   50 000

  贷：递延所得税负债   50 000

（二）与企业合并相关的递延所得税

企业合并中取得的被购买方在合并前发生的未弥补亏损等可抵扣暂时性差异，因为购买日不符合递延所得税资产确认的条件而未能确认，但是在购买日后 12 个月内，企业取得相应的证据表明预期被购买方在购买日可抵扣暂时性差异带来的经济利益可以实现的，应当确认相关的递延所得税资产，同时减少商誉，如果商誉不足以冲减的，可以计入当期损益。

第四节 所得税费用的确认和计量

所得税会计的目的就是确认企业当期从利润中扣除的所得税费用，根据资产负债表观下的债务法的要求，当期所得税费用可以通过当期所得税及递延所得税调整后确定。

一、当期所得税

当期所得税是指企业按照税法计算确定的应向税务部门缴纳的所得税金额，即当期应交所得税。

企业在确定当期应交所得税时，应在会计利润的基础上，按照适用税法规定对涉税交易或事项进行调整，计算当期应纳税所得额，按照应纳税所得额与适用所得税税率计算当期应交所得税。

当期应交所得税=应纳税所得额×所得税税率

应纳税所得额=税前会计利润+（-）本期发生的永久性差异+（-）本期发生的暂时性差异

【例3-9】甲公司2020年度利润表中的利润总额为50 000 000元，该公司适用税率为25%。当年发生的与所得税核算相关的业务如下。

（1）2020年1月投入生产并且开始计提折旧的固定资产，初始成本为23 000 000元，使用年限为10年，净残值为0，会计处理按照双倍余额递减法计提折旧，税法要求按照直线法在10年内计提折旧。

（2）2020年5月，企业向民间公益组织捐赠1 000 000元，按照税法规定，该项捐赠不允许税前扣除。

（3）2020年6月，企业取得国债利息收入800 000元，按照税法规定，该项收入免征所得税。

（4）2020年8月，企业因违反环保法规支付罚款1 000 000元。

（5）2020年12月，企业为存货计提800 000元的跌价准备金，为应收账款计提5 000 000元的坏账准备金。

根据税法规定，2020年度企业应纳税所得额

=50 000 000+2 300 000+1 000 000-800 000+1 000 000+800 000+5 000 000=59 300 000（元）

2020年度应交所得税=59 300 000×25%=14 825 000（元）

二、递延所得税

递延所得税是指按照会计准则的规定应当计入当期利润表的递延所得税费用（或收益），其金额为当期应予确认的递延所得税负债减去当期应予确认的递延所得税资产的差额，即递延所得税资产与递延所得税负债当期发生额的综合结果，但是不包括应当计入所有者权益的递延所得税。

计算公式表示如下：

递延所得税费用（收益）=（期末递延所得税负债-期初递延所得税负债）-
（期末递延所得税资产-期初递延所得税资产）

其中：期末递延所得税负债=期末应纳税暂时性差异×适用税率

期初递延所得税负债=期初应纳税暂时性差异×适用税率

期末递延所得税资产=期末可抵扣暂时性差异×适用税率

期初递延所得税资产=期初可抵扣暂时性差异×适用税率

式中，期末递延所得税负债减去期初递延所得税负债，为当期应予确认的递延所得税负债；期末递延所得税资产减去期初递延所得税资产，为当期应予确认的递延所得税资产；当期应予确认的递延所得税负债与当期应予确认的递延所得税资产之间的差额，为当期应予确认的递延所得税。其中，当期应予确认的递延所得税负债大于当期应予确认的递延所得税资产的差额，为当期应予确认的递延所得税费用，递延所得税费用应当计入当期所得税费用；当期应予确认的递延所得税负债小于当期应予确认的递延所得税资产的差额，为当期应予确认的递延所得税收益，递延所得税收益应当抵减当期所得税费用。

【例3-10】2020年12月31日，甲公司资产负债表中各资产类、负债类项目的账面价值与

计税基础如表 3-1 所示，假设甲公司递延所得税资产与递延所得税负债期初余额为 0，未来期间有足够的经济利益抵扣可抵扣暂时性差异。当期适用所得税税率为 25%。

表 3-1　资产类、负债类项目的账面价值与计税基础　　　　　　　　　单位：元

项目	账面价值	计税基础	应纳税暂时性差异	可抵扣暂时性差异
存货	2 000 000	2 200 000		200 000
固定资产	20 000 000	19 000 000	1 000 000	
应收账款	3 000 000	3 300 000		300 000
长期股权投资	23 000 000	20 000 000	3 000 000	
交易性金融资产	4 000 000	6 000 000		2 000 000
预计负债	5 000 000	0		5 000 000
合计			4 000 000	7 500 000

分析：

2020 年 12 月 31 日应纳税暂时性差异=4 000 000（元）

2020 年 12 月 31 日递延所得税负债=4 000 000×25%=1 000 000（元）

2020 年 12 月 31 日可抵扣暂时性差异=7 500 000（元）

2020 年 12 月 31 日递延所得税资产=7 500 000×25%=1 875 000（元）

递延所得税费用（收益）=（1 000 000-0）-（1 875 000-0）=-875 000（元）

【例 3-11】接【例 3-10】资料，2021 年 12 月 31 日，甲公司资产负债表中各资产类、负债类项目的账面价值与计税基础如表 3-2 所示，未来期间有足够的经济利益抵扣可抵扣暂时性差异。当期适用所得税税率为 25%。

表 3-2　资产类、负债类项目的账面价值与计税基础　　　　　　　　　单位：元

项目	账面价值	计税基础	应纳税暂时性差异	可抵扣暂时性差异
存货	2 800 000	2 900 000		100 000
固定资产	28 000 000	26 000 000	2 000 000	
应收账款	2 700 000	2 900 000		200 000
长期股权投资	26 000 000	20 000 000	6 000 000	
交易性金融资产	7 800 000	6 000 000	1 800 000	
预计负债	5 000 000	0		5 000 000
合计			9 800 000	5 300 000

分析：

2021 年 12 月 31 日应纳税暂时性差异=9 800 000 元

2021 年 12 月 31 日递延所得税负债=9 800 000×25%=2 450 000（元）

2021 年递延所得税负债增加额=2 450 000-1 000 000=1 450 000（元）

2021 年 12 月 31 日可抵扣暂时性差异=5 300 000（元）

2021 年 12 月 31 日递延所得税资产=5 300 000×25%=1 325 000（元）

2021 年递延所得税资产增加额=1 325 000-1 875 000=-550 000（元）

当期递延所得税费用（收益）=1 450 000-（-550 000）=2 000 000（元）

三、所得税费用核算

（一）所得税费用的确认与计量

按照资产负债表观下的债务法的要求，当期能够从利润中扣除的所得税费用是根据当期应交所得税扣除递延所得税的影响后确认的。

所得税费用=当期所得税+递延所得税费用（收益）

【例3-12】接【例3-9】资料，甲公司当年应交所得税为14 825 000元，假设递延所得税资产与递延所得税负债的期初余额为0，适用税率为25%，根据资料可知：

2020年12月31日固定资产项目账面价值=23 000 000-4 600 000=18 400 000（元）

2020年12月31日固定资产项目计税基础=23 000 000-2 300 000=20 700 000（元）

固定资产项目可抵扣暂时性差异=20 700 000-18 400 000=2 300 000（元）

存货项目可抵扣暂时性差异=800 000（元）

应收账款可抵扣暂时性差异=5 000 000（元）

递延所得税资产=8 100 000×25%=2 025 000（元）

递延所得税费用（收益）=-（2 025 000-0）=-2 025 000（元）

当期所得税费用=14 825 000-2 025 000=12 800 000（元）

【例3-13】接【例3-11】，甲公司2021年度应交所得税额12 500 000元，适用税率为25%，没有其他涉税事项。

当期所得税=12 500 000元

2021年递延所得税负债增加额=2 450 000-1 000 000=1 450 000（元）

2021年递延所得税资产增加额=1 325 000-1 875 000=-550 000（元）

当期递延所得税费用（收益）=1 450 000-（-550 000）=2 000 000（元）

所得税费用=12 500 000+2 000 000=14 500 000（元）

（二）所得税费用的会计账户设置

1. "所得税费用"账户

"所得税费用"账户是费用类账户，主要核算企业当期能够从税前利润中扣除的所得税费用及结转情况。该账户的借方发生额反映当期能够从税前利润中扣除的所得税费用；贷方发生额反映期末转入本年利润的所得税费用。结转后期末无余额。

2. "应交税费——应交所得税"账户

"应交税金——应交所得税"账户是负债类账户，主要核算企业应交所得税的计算及缴纳情况。该账户的借方发生额反映实际缴纳的所得税金额；贷方发生额反映企业应当缴纳的所得税金额。期末借方余额反映企业应交而未交的所得税金额。

3. "递延所得税资产"账户

"递延所得税资产"账户是资产类账户，主要核算企业确认的可抵扣暂时性差异产生的所得税资产，包括按税法规定可用以后年度税前利润弥补的亏损及税款抵减产生的所得税资产。该账户借方发生额反映企业本期增加的可抵扣暂时性差异影响纳税的金额；贷方发生额反映企业本期减少（转回）的可抵扣暂时性差异影响纳税的金额。在所得税税率变动的情况下，本账户还要反映因税率变动对递延所得税资产的调整数。期末借方余额反映将在未来期间转回的可抵扣暂时性差异影响纳税的金额。

4. "递延所得税负债"账户

"递延所得税负债"账户是负债类账户，主要核算企业确认的应纳税暂时性差异产生的所得税负债。该账户的贷方发生额反映企业本期产生的应纳税暂时性差异影响纳税的金额；借方发生额反映企业本期减少（或转回）的应纳税暂时性差异影响纳税的金额。在所得税税率变动情况下，本账户还要反映因税率变动对递延所得税负债的调整数。期末贷方余额反映尚未转销的应纳税暂时性差异影响纳税的金额。

（三）所得税费用的会计处理

按照资产负债表观下的债务法的要求，企业确认的当期应从利润总额中扣除的所得税费用记入"所得税费用"账户，当期应交的所得税记入"应交税费——应交所得税"账户，将暂时性差异形成的纳税影响额，在符合会计准则要求的情况下，分别记入"递延所得税资产"或"递延所得税负债"账户。确认所得税费用的会计处理如下：

借：所得税费用   ××××

    贷：应交税费——应交所得税   ××××

借或贷：递延所得税资产或递延所得税负债   ××××

【例3-14】接【例3-12】资料，甲公司确认所得税费用的会计处理如下：

借：所得税费用   12 800 000

    递延所得税资产   2 025 000

    贷：应交税费——应交所得税   14 825 000

【例3-15】接【例3-13】资料，甲公司确认所得税费用的会计处理如下：

借：所得税费用   14 500 000

    贷：应交税费   12 500 000

        递延所得税负债   1 450 000

        递延所得税资产   550 000

四、所得税费用确认与计量应用

（一）税率不变情况下的会计处理

【例3-16】2012年12月1日，甲公司外购一项固定资产，购买成本为2 000 000元，2013年1月1日正式投入使用，企业采用直线法在4年内计提折旧，按照税法规定，该项固定资产的初始计税基础与其账面价值相同，但是要求采用直线法在8年内计提折旧。假设甲公司在2013年至2020年期间，每年的税前利润都是50 000 000元，适用税率为25%，未来期间预计有足够的应税经济利益予以抵扣，没有其他涉税交易或事项。所得税费用计算表如表3-3所示。

表3-3 所得税费用计算表 单位：元

项目	2013	2014	2015	2016	2017	2018	2019	2020
会计折旧	500 000	500 000	500 000	500 000	——	——	——	——

续表

项目	2013	2014	2015	2016	2017	2018	2019	2020
税法折旧	250 000	250 000	250 000	250 000	250 000	250 000	250 000	250 000
账面价值	1 500 000	1 000 000	500 000	0	——	——	——	——
计税基础	1 750 000	1 500 000	1 250 000	1 000 000	750 000	500 000	250 000	0
累计暂时性差异	−250 000	−500 000	−750 000	−1 000 000	+750 000	+500 000	+250 000	0
应纳税所得额	50 250 000	50 250 000	50 250 000	50 250 000	49 750 000	49 750 000	49 750 000	49 750 000
适用税率	25%	25%	25%	25%	25%	25%	25%	25%
当期所得税	12 562 500	12 562 500	12 562 500	12 562 500	12 437 500	12 437 500	12 437 500	12 437 500
期初递延所得税资产	0	62 500	125 000	187 500	250 000	187 500	125 000	62 500
期末递延所得税资产	62 500	125 000	187 500	250 000	187 500	125 000	62 500	0
所得税费用	12 500 000	12 500 000	12 500 000	12 500 000	12 500 000	12 500 000	12 500 000	12 500 000

上述计算结果显示，由于会计准则与《所得税法》对固定资产使用年限的判断不一致，从而产生了可抵扣暂时性差异，2013 年至 2016 年期间是可抵扣暂时性差异产生期间，应纳税所得额大于会计利润，形成当期应交所得税大于当期能够从利润中扣除的所得税费用；2017 年至 2020 年期间是可抵扣暂时性差异转回期间，应纳税所得额小于会计利润，形成当期应交所得税小于当期能够从利润中扣除的所得税费用。从整个暂时性差异产生和转回期间看，企业应纳税所得额之和与企业会计利润之和相关，在税率不变的情况下，应交所得税总和与所得税费用总和相等，暂时性差异只会导致某一具体会计期间应交所得税与所得税费用金额不相当，出现提前预付所得税或延期支付所得税的现象，这个结果也证明了暂时性差异的特点。

甲公司相关会计处理如下。

2013 年 12 月 31 日确认当期所得税费用的会计处理：

借：所得税费用　　　　　　　　　　　　　　　　　　　　　　12 500 000

　　递延所得税资产　　　　　　　　　　　　　　　　　　　　　　62 500

　　贷：应交税费——应交所得税　　　　　　　　　　　　　　12 5625 000

2014 年 12 月 31 日至 2016 年 12 月 31 日确认当期所得税费用的会计处理略。

2017 年 12 月 31 日确认当期所得税费用的会计处理：

借：所得税费用　　　　　　　　　　　　　　　　　　　　　　12 500 000

　　贷：应交税费——应交所得税　　　　　　　　　　　　　　12 437 500

　　　　递延所得税资产　　　　　　　　　　　　　　　　　　　　62 500

2018 年 12 月 31 日至 2020 年 12 月 31 日确认当期所得税费用的会计处理略。

（二）税率变动情况下的会计处理

【例 3-17】接【例 3-16】资料，假设 2015 年年初，企业适用的所得税税率变更为 20%，其他条件不变，所得税费用计算表如表 3-4 所示。

表 3-4　所得税费用计算表　　　　　单位：元

项目	2013	2014	2015	2016	2017	2018	2019	2020
会计折旧	500 000	500 000	500 000	500 000	——	——	——	——
税法折旧	250 000	250 000	250 000	250 000	250 000	250 000	250 000	250 000
账面价值	1 500 000	1 000 000	500 000	0	——	——	——	——
计税基础	1 750 000	1 500 000	1 250 000	1 000 000	750 000	500 000	250 000	0
累计暂时性差异	-250 000	-500 000	-750 000	-1 000 000	+750 000	+500 000	+250 000	0
应纳税所得额	50 250 000	50 250 000	50 250 000	50 250 000	49 750 000	49 750 000	49 750 000	49 750 000
适用税率	25%	25%	20%	20%	20%	20%	20%	20%
当期所得税	12 562 500	12 562 500	10 050 000	10 050 000	9 950 000	9 950 000	9 950 000	9 950 000
期初递延所得税资产	0	62 500	125 000	150 000	200 000	150 000	100 000	50 000
期末递延所得税资产	62 500	125 000	150 000	200 000	150 000	100 000	50 000	0
所得税费用	12 500 000	12 500 000	10 025 000	10 000 000	10 000 000	10 000 000	10 000 000	10 000 000

需要说明的是，2015 年递延所得税资产的增加额为 25 000 元（150 000-125 000），包括本期由于增加可抵扣暂时性差异 250 000 元按照现行税率计算的纳税影响额 50 000 元，还包括由于税率下降，调减递延所得税资产累计数 25 000 元（500 000×5%）。

本期递延所得税资产增加额=250 000×25%-500 000×5%=25 000 元

（三）未弥补亏损及抵减税款的应用

【例 3-18】甲公司 2020 年度经营亏损 10 000 000 元，根据税法规定，允许企业在未来 5 年内进行税前弥补，假设甲公司所得税适用税率为 25%，预计未来可以获得足够的经济利益予以抵扣。假设 2021 年甲公司实现利润 6 000 000 元，2022 年实现利润 3 000 000 元，2023 年实现利润 8 000 000 元。

分析：

按照税法规定，2020 年产生的 10 000 000 元未弥补亏损允许在未来 5 年内进行税前扣除，所以未弥补亏损在实质上与可抵扣暂时性差异相同，都对未来期间的经济利益有抵减作用，其纳税影响额都可以抵销税款，因此未弥补亏损应当确认为可抵扣暂时性差异，并且确认递延所得税资产。

2020 年 12 月 31 日，确认递延所得税资产时的会计处理：

$$递延所得税资产=10\ 000\ 000×25\%=2\ 500\ 000（元）$$

借：递延所得税资产　　　　　　　　　　　　　　　　2 500 000

　　贷：所得税费用　　　　　　　　　　　　　　　　　　2 500 000

2021 年 12 月 31 日，当期实现利润 6 000 000 元，假设没有其他涉税交易或事项，当期应纳税所得额为 6 000 000 元，当期所得税费用为 1 500 000 元（6 000 000×25%），扣除以前年度允许抵减的税款，本年度不需要缴纳所得税，相关会计处理如下：

借：所得税费用　　　　　　　　　　　　　　　　　　1 500 000

　　贷：递延所得税资产　　　　　　　　　　　　　　　　1 500 000

2022 年 12 月 31 日，当期实现利润 3 000 000 元，假设没有其他涉税交易或事项，当期应纳税所得额为 3 000 000 元，本期所得税费用为 750 000 元（3 000 000×25%），扣除以前年度允许抵减的税款，本年度不需要缴纳所得税，相关会计处理如下：

借：所得税费用　　　　　　　　　　　　　　　　　　　750 000

　　贷：递延所得税资产　　　　　　　　　　　　　　　　　750 000

截至 2022 年 12 月 31 日，递延所得税资产账户余额为 250 000 元，即未来期间尚可抵减的税款为 250 000 元。

2023 年 12 月 31 日，当期实现利润 8 000 000 元，假设没有其他涉税交易或事项，当期应纳税所得额为 8 000 000 元，当期所得税费用为 2 000 000 元（8 000 000×25%），扣除以前年度允许抵减的税款，相关会计处理如下：

借：所得税费用　　　　　　　　　　　　　　　　　　2 000 000

　　贷：递延所得税资产　　　　　　　　　　　　　　　　　250 000

　　　　应交税费——应交所得税　　　　　　　　　　　1 750 000

第五节　所得税在财务会计报告中的列报

一、列报的基本原则

《企业会计准则第 18 号——所得税》第二十三条规定：递延所得税资产和递延所得税负债应当分别作为非流动资产和非流动负债在资产负债表中列示。《企业会计准则第 18 号——所得税》第二十四条规定：所得税费用应当在利润表中单独列示。

一般情况下，在个别财务报表中，当期所得税资产与所得税负债及递延所得税资产与递延所得税负债可以以抵销后的净额列示。在合并财务报表中，纳入合并范围的企业中，一方的当期所得税资产或递延所得税资产与另一方的当期所得税负债与递延所得税负债一般不能予以抵销，除非所涉及的企业具有以净额结算的法定权利并且意图以净额结算。

二、表内披露的内容

在我国现行的会计报表体系中，有关所得税的会计信息分别在以下几方面反映。

（1）资产负债表的"应交税费"项目，披露尚未缴纳的所得税的信息。

（2）资产负债表的"递延所得税资产"项目，披露企业预付所得税资产。"递延所得税负债"项目，披露企业延期支付所得税的义务。

（3）利润表的"所得税费用"项目，披露本期能够从利润中扣除的所得税费用。

（4）现金流量表的"收到的税费返还"项目，披露本期收到的所得税返还金额。

（5）现金流量表补充资料的"递延所得税负债（减：递延所得税资产）"项目，反映本期递延税款的净增加额或净减少额。

三、表外披露的内容

《企业会计准则第 18 号——所得税》第二十五条规定：企业应当在附注中披露与所得税有关的下列信息：

（一）所得税费用（收益）的主要组成部分。

（二）所得税费用（收益）与会计利润关系的说明。

（三）未确认递延所得税资产的可抵扣暂时性差异、可抵扣亏损的金额（如果存在到期日，还应披露到期日）。

（四）对每一类暂时性差异和可抵扣亏损，在列报期间确认的递延所得税资产或递延所得税负债的金额，确认递延所得税资产的依据。

（五）未确认递延所得税负债的，与对子公司、联营企业及合营企业投资相关的暂时性差异金额。

特别需要注意的是，要求企业对所得税费用（收益）与会计利润的关系做出说明，这个要求的主要目的是更加详细地说明所得税费用的计算过程，说明会计准则与《所得税法》对所得税费用（收益）计算的差异。自会计利润到所得税费用之间的调整包括以下两类。

（1）未包括在利润总额计算中，但是包含在当期或递延所得税计算中的项目。

（2）未包括在当期或递延所得税计算中，但包含在利润总额计算中的项目。

具体调整项目一般包括以下几类。

（1）与税率相关的调整。按照资产负债表观下的债务法的要求，当税率变动时，应当对以前年度累计的递延所得税资产或递延所得税负债的账面价值进行调整，或企业可以预知未来期间所得税税率的变动，确认递延所得税资产或递延所得税负债时，需要按照未来期间的税率进行计量，所以企业应当说明计算递延所得税时选用的税率及理由。

（2）税法规定的非应税收入、不得税前扣除的成本费用和损失等永久性差异。永久性差异是企业根据《所得税法》确定的，是刚性调整企业应纳税所得额的项目，导致所得税费用增加或减少的影响因素，所以企业必须做出明确的说明。

（3）本期未确认递延所得税资产的可抵扣暂时性差异或可抵扣亏损的影响、使用前期未确认递延所得税资产的可抵扣亏损的影响。

（4）对以前期间所得税进行汇算清缴的结果与以前期间确认金额不同调整报告期间所得税费用。

本章小结

```
                              ┌─ 所得税会计的含义及形成演变过程
              所得税会计概述 ──┤
                              └─ 所得税会计的核算方法

                                          ┌─ 永久性差异
                                          ├─ 暂时性差异
              资产和负债的计税基础及暂时性差异 ──┼─ 资产的计税基础及暂时性差异
                                          ├─ 负债的计税基础及暂时性差异
                                          └─ 特殊项目产生的暂时性差异

                                              ┌─ 递延所得税资产的确认和计量
所得税会计 ──   递延所得税资产与递延所得税负债的确认和计量 ──┼─ 递延所得税负债的确认和计量
                                              └─ 特殊交易或事项中涉及递延所得税的确认和计量

                                  ┌─ 当期所得税
                                  ├─ 递延所得税
              所得税费用的确认和计量 ──┼─ 所得税费用核算
                                  └─ 所得税费用确认与计量应用

                                  ┌─ 列报的基本原则
              所得税在财务会计报告中的列报 ──┼─ 表内披露的内容
                                  └─ 表外披露的内容
```

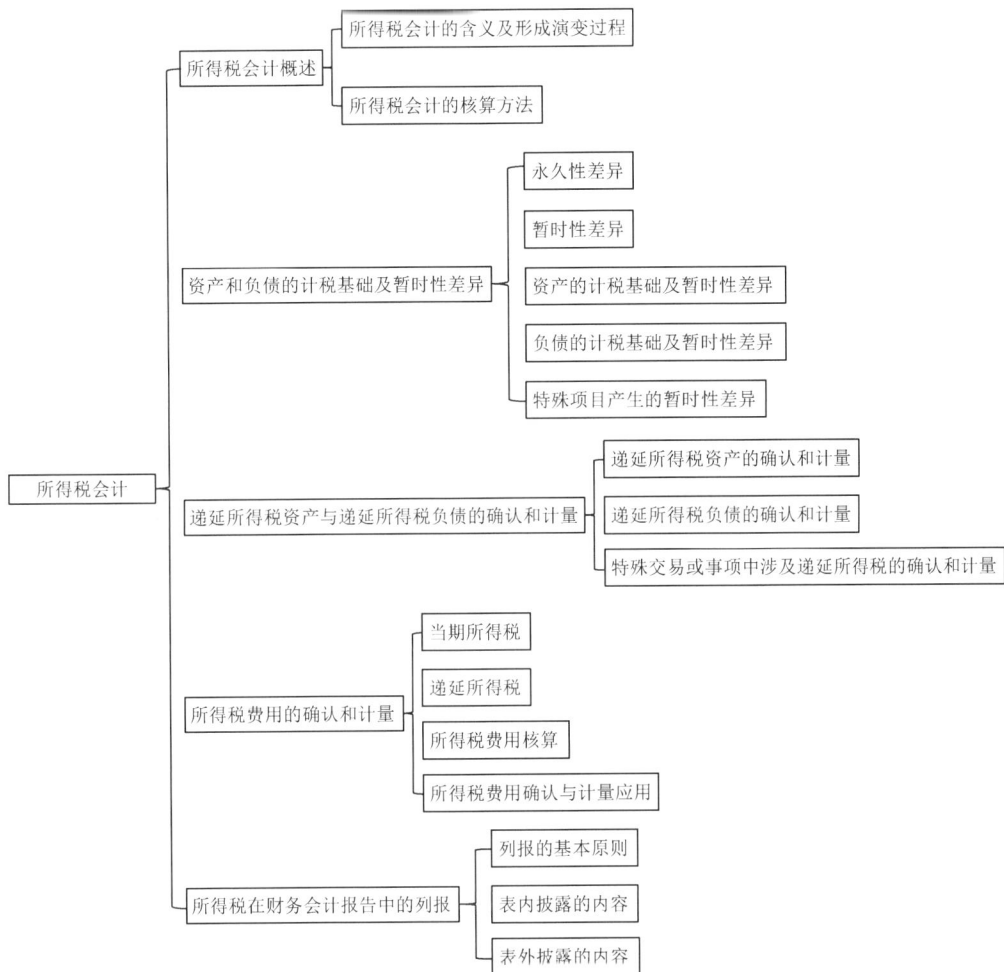

本章关键术语

　　永久性差异；暂时性差异；时间性差异；计税基础；可抵扣暂时性差异；应纳税暂时性差异；所得税费用；递延所得税资产；递延所得税负债

本章思考题

　　1. 根据《企业会计准则第 18 号——所得税》的规定，资产负债表观下的债务法的核算程序有哪些？

　　2. 什么是应付税款法？对这一方法做简要评价。

　　3. 什么是资产的计税基础？什么是负债的计税基础？什么是暂时性差异？暂时性差异通常

包括哪几种类型？如何判断暂时性差异的类型？

4. 简述递延所得税负债确认和计量的一般原则。不确认为递延所得税负债的特殊情况有哪些？

本章练习题

A 公司于 2021 年 1 月设立，采用资产负债表观下的债务法核算所得税费用，适用的所得税税率为 25%，该公司 2021 年的利润总额为 12 000 000 元，当年发生的交易或事项中，会计规定与税法规定存在差异的项目如下。

（1）2021 年 12 月 31 日，A 公司应收账款余额为 10 000 000 元，对该应收账款计提了 1 000 000 元的坏账准备。税法规定，企业计提的各项资产减值损失在未发生实质性损失前不允许税前扣除。

（2）按照销售合同条款，A 公司承诺对销售的甲产品提供 3 年免费售后服务。A 公司 2021 年销售的甲产品预计在售后服务期间将发生的费用为 800 000 元，已计入当期损益。税法规定，与产品售后服务相关的支出在实际发生前允许税前扣除。A 公司 2021 年没有发生售后服务支出。

（3）A 公司 2021 年以面值 8 000 000 元取得一项到期还本付息的国债投资，作为债权投资核算，该投资实际利率与票面利率相差较小，A 公司采用票面利率计算利息收入，当年确认国债利息收入为 400 000 元，计入债权投资账面价值，该国债投资在持有期间未发生减值。税法规定，国债利息收入免征所得税。

（4）2021 年 12 月 31 日，A 公司乙产品的账面余额为 5 200 000 元，根据市场情况对乙产品计提跌价准备 800 000 元，计入当期损益。税法规定，该类资产在发生实质性损失前允许税前扣除。

（5）2021 年 4 月，A 公司自公开市场购入股票，作为其他权益工具投资核算，取得成本为 4 000 000 元，2021 年 12 月 31 日该股票的公允价值为 8 200 000 元。税法规定，该类资产在持有期间的公允价值变动不计入应纳税所得额。其他相关资料如下：假定预期未来期间 A 公司适用的所得税税率不发生变化；A 公司预计未来期间能够产生足够的应纳税所得额用以抵扣可抵扣暂时性差异。

要求：

（1）确定 A 公司上述交易或事项中，资产、负债在 2021 年 12 月 31 日的计税基础，同时比较其账面价值与计税基础，计算所产生的应纳税暂时性差异或可抵扣暂时性差异的金额。

（2）计算 A 公司 2021 年应纳税所得额、应交所得税、递延所得税和所得税费用的金额。

（3）编制 A 公司 2021 年确认所得税费用的会计分录。

第四章

企业年金基金会计

学习目标

本章主要阐述了企业年金基金的相关内容及如何对企业年金基金进行会计核算等内容。通过本章的学习，要求学生掌握企业年金基金的概念及特征，企业年金基金会计的特点、核算内容及其相关的会计核算，理解企业年金基金涉及的当事人及各自的职责，了解企业年金基金财务报表的内容及编制方法等。

思政课堂

党的十九大报告提出，加强社会保障体系建设。按照兜底线、织密网、建机制的要求，全面建成覆盖全民、城乡统筹、权责清晰、保障适度、可持续的多层次社会保障体系。《中华人民共和国劳动法》也指出，发展社会保险事业、建立社会保障制度、设立社会保险基金，以使劳动者在年老、患病、工伤、失业等情况下获得帮助和补偿。

企业年金基金是企业在保证员工基本养老保险之外提供的补充养老保险，是加强社会保障体系建设的重要举措。

引导案例

企业年金基金是国家强制实行的基本养老保险之外的补充养老保险。第二次世界大战后，西方国家为应对人口老龄化危机，缓解政府财政危机，纷纷着力构建了符合本国国情的企业年金制度。为规范企业年金基金的确认、计量和信息披露，各国在会计准则中也制定了相应的规定，如国际会计准则委员会（IASC）发布的关于企业年金会计的两项准则《国际会计准则第 19 号——雇员福利》（IAS19）和《国际会计准则第 26 号——退休金计划的会计和报告》（IAS26）；美国财务会计准则委员会（FASB）先后颁布的 FAS87、FAS88、FAS106、FAS110、FAS112、FAS132 等。国际会计准则及美国的会计准则都明确列示了两类企业年金计划（设定受益计划和设定提存计划），特别是设定了受益计划的执行过程，并对两类计划的会计确认、计量和信息披露进行了较为详细的规范。

我国企业年金制度起步较晚，2004 年才正式确立。2006 年，财政部发布的企业会计准则体系中首次出现企业年金的具体会计准则，即《企业会计准则第 10 号——企业年金基金》，初步形成了我国企业年金基金管理和会计核算方面的体系。但是，由于其发布之时我国企业年金制度刚刚建立，考虑到当时我国的精算体系还没有完全建立，缺乏具有较强专业知识的精算师，实行设定受益计划存在一定困难，而设定提存计划计算简单、透明度高，易于贯彻执行，因此我国会计准则只有设定提存计划，而不存在设定受益计划。《企业会计准则第 10 号——企业年金基金》针对的仅仅是设定提存计划形成的企业年金基金，缺乏针对设定受益计划的会计规范。除此之外，《企业会计准则第 10 号——企业年金基金》自 2006 年发布以来并未做过任何修订，准则中的部分内容已经与现行其他准则及企业年金基金的相关法规脱节，信息披露也需要进一步完善，以更好地约束基金管理者。与国际会计准则及美国会计准则相比，我国企业年金基金会计准则尚有不少内容需要补充和完善。

资料来源：耿建新、马赛. 企业年金基金会计准则的框架、运营分析与国际比较[J].

财会月刊，2020（21）：59-64。

✎ **案例思考题：**

我们该如何进一步完善企业年金基金会计准则，以有利于会计信息使用者充分了解企业年金基金管理的相关情况，加强对企业年金基金资本化运营的监管，降低企业年金基金的投资风险，助力我国企业年金基金的发展呢？

第一节　企业年金基金概述

企业年金是由政府、社会、企业、市场和个人等多方主体共同参与的补充养老保险制度，在应对人口老龄化危机、分担社会养老责任、提升养老保障水平、缓解政府财政危机等方面具有相当重要的作用。第二次世界大战后，西方国家纷纷着力构建符合本国国情的企业年金制度，在很大程度上解决了人口老龄化带来的社会养老保障问题，缓解了政府财政压力，分散了社会养老责任。随着经济水平的发展、信托法律基础与环境的完善及金融市场与监管机制的成熟，我国政府从 20 世纪 90 年代开始企业补充养老保险的探索，逐渐建立了企业年金基金补充养老保险制度。经过近三十年的探索和发展，我国目前已经建立起统一信托、账户管理和基金运营的企业年金体系。

一、企业年金与企业年金基金

（一）企业年金

1. 企业年金的概念

企业年金是企业及其职工在依法参加基本养老保险的基础上，自主建立的补充养老保险制度，是社会保障体系的重要组成部分。

国家鼓励企业建立企业年金，建立企业年金应当按照中华人民共和国人力资源和社会保障部（以下简称"人力资源和社会保障部"）、财政部共同颁布的《企业年金办法》执行。按照《企业年金办法》的规定，企业年金采取自愿参加原则，实行完全积累制，采用个人账户管理和市场化运作，所需费用由企业及其职工共同缴纳。企业为每个参加企业年金的职工建立个人账户，按照国家有关规定投资运营。

2. 企业年金的产生与发展

自美国运通公司于 1875 年建立第一个企业年金计划以来，到 20 世纪 80 年代，仅百年时间，全球 167 个实行养老保障的国家当中已经有超过 1/3 的国家构建了企业年金制度。

我国政府从 20 世纪 90 年代开始企业补充养老保险的探索，逐渐建立企业年金基金补充养老保险制度。《国务院关于印发完善城镇社会保障体系试点方案的通知》中将补充养老保险统一称为企业年金。2004 年，在经过一系列的试点之后，原劳动和社会保障部相继颁布了《企业年金试行办法》与《企业年金基金管理试行办法》，首次制定了专门针对企业年金的法律文件。在我国社会保障制度不断健全和企业年金市场持续发展的基础上，2011 年 2 月人力资源和社会保障部、中国银行业监督管理委员会（以下简称"银监会"）、中国证券监督管理委员会（以下简称"证监会"）、中国保险监督管理委员会（以下简称"保监会"）对上述《企业年金基金管理试行办法》进行了修订，颁布了《企业年金基金管理办法》，2017 年 12 月人力资源和社会保障部对上述《企业年金试行办法》进行了修订和完善，正式颁布了《企业年金办法》。

经过近三十年的探索和发展，我国目前已经建立起统一信托、账户管理和基金运营的企业年金体系。据人力资源和社会保障部社会保险基金监管局于 2021 年 3 月发布的《全国企业年金基金业务数据摘要 2020 年度》的数据显示，截至 2020 年 12 月 31 日，全国共有 10.52 万家企业建立了企业年金，参与职工达 2 718 多万人，积累基金总额超过 22 497 亿元，企业年金在制度化和规模化上都实现了快速发展。

历年全国企业年金基本情况如表 4-1 所示。

表 4-1　历年全国企业年金基本情况表

年份	企业数/百家	职工数/万人	积累基金/亿元
2007	320	929	1 519
2008	331	1 038	1 911
2009	335	1 179	2 533
2010	371	1 335	2 809
2011	449	1 577	3 570
2012	547	1 847	4 821
2013	661	2 056	6 035
2014	733	2 293	7 689
2015	755	2 316	9 526
2016	763	2 325	11 075
2017	804	1 331	12 880
2018	874	2 388	14 770
2019	960	2 548	17 985
2020	1 052	2 718	22 497

数据来源：《全国企业年金基金业务数据摘要 2020 年度》。

（二）企业年金基金

1. 企业年金基金的概念

企业年金基金是依据企业与职工集体协商确定的企业年金方案筹集的资金及其投资运营收益形成的企业补充养老保险基金。

人力资源和社会保障部、银监会、证监会、保监会联合发布的《企业年金基金管理办法》规定，企业年金基金由两部分组成：一是企业年金基金本金，即企业及其职工依照企业年金方案缴纳的费用；二是企业年金基金投资运营形成的收益。企业年金基金实行完全积累制，采用个人账户方式进行管理。

2. 企业年金基金的管理模式

国际上企业年金基金的管理模式主要包括信托型、保险型和内部管理型，其中信托型是目前的主流发展方向。我国企业年金基金也采用信托型管理模式，实行以信托关系为核心，以委托代理关系为补充的治理结构。企业及其职工作为委托人将企业年金基金委托给受托人管理运作，是一种信托行为。

按照《企业年金基金管理办法》的规定，建立企业年金制度的企业及其职工作为委托人，与企业年金理事会或者法人受托机构（以下简称"受托人"）签订受托管理合同；受托人与企业年金基金账户管理机构（以下简称"账户管理人"）、企业年金基金托管机构（以下简称"托管人"）和企业年金基金投资管理机构（以下简称"投资管理人"）分别签订委托管理合同。受托人应当将受托管理合同和委托管理合同报人力资源和社会保障部行政部门备案。

企业年金基金作为一种信托财产，独立于委托人、受托人、账户管理人、托管人、投资管理人和其他为企业年金基金提供服务的自然人、法人或其他组织的固有财产及其管理的其他财产。

3. 企业年金基金的特征

企业年金基金作为养老保障体系的组成部分，具有以下特征。

（1）企业年金基金只能用于履行企业补充养老保险的义务，不能支付给企业自己的债权人，不能返还给企业。企业年金基金必须存入企业年金专户，企业年金基金以管理、运用或其他方式取得的财产和收益，应当归入企业年金基金。

（2）企业年金基金财产独立于委托人、受托人、账户管理人、托管人、投资管理人和其他为企业年金基金管理提供服务的自然人、法人或其他组织的固有财产及其管理的其他财产。年金基金管理各方当事人因依法解散、被依法撤销或被依法宣告破产等原因进行终止清算的，企业年金基金财产不属于其清算财产；企业年金基金财产的债权不得与年金基金管理各方当事人的债务相互抵销；不同企业年金计划的企业年金基金的债权债务不得相互抵销；非因企业年金基金财产本身承担的债务，不得对企业年金基金财产强制执行。

（3）企业年金基金具有长期性、安全性、稳定性、追求长期稳定投资回报的特点。按照《企业年金基金管理办法》的规定，企业年金基金投资管理应当遵循谨慎、分散风险的原则，充分考虑企业年金基金财产的安全性、收益性和流动性，实行专业化管理。企业年金基金财产限于境内投资，投资范围包括银行存款、国债、中央银行票据、债券回购、万能保险产品、投资连结保险产品、证券投资基金、股票，以及信用等级在投资级以上的金融债、企业（公司）债、可转换债（含分离交易可转换债）、短期融资券和中期票据等金融产品。

二、企业年金基金管理各方当事人

企业年金基金管理各方当事人包括委托人、受托人、账户管理人、托管人、投资管理人和中介服务机构等。其中，受托人、托管人和投资管理人根据各自的职责，设置相应的会计账户，对企业年金基金交易或事项进行会计处理。

（一）企业年金基金委托人

企业年金基金委托人是设立企业年金基金的企业及其职工。企业及其职工是企业年金计划的参与者，作为缴纳企业年金计划供款的主体，按规定缴纳企业年金供款，并作为委托人，与受托人签订受托管理合同，将企业年金基金财产委托给受托人管理运作。

（二）企业年金基金受托人

企业年金基金受托人是指受托管理企业年金基金的企业年金理事会或符合国家规定的养老金管理公司等法人受托机构，是编制企业年金基金财务报表的法定责任人。按照《企业年金基金管理办法》的规定，建立企业年金计划的企业，应当通过职工大会或者职工代表大会讨论确定，选择法人受托机构作为受托人，或者成立企业年金理事会作为受托人。

企业年金基金受托人应当认真履行以下职责。

（1）负责选择、监督、更换账户管理人、托管人、投资管理人。

（2）制定企业年金基金战略资产配置策略。

（3）根据合同对企业年金基金管理进行监督。

（4）根据合同收取企业及其职工缴费，向受益人支付企业年金待遇，并在合同中约定具体的履行方式。

（5）接受委托人查询，定期向委托人提交企业年金基金管理和财务会计报告，发生重大事件时及时向委托人和有关监管部门报告，定期向有关监管部门提交开展企业年金基金受托管理业务情况的报告。

（6）按照国家规定保存与企业年金基金管理有关的记录自合同终止之日起至少 15 年。

（7）国家规定和合同约定的其他职责。

目前，我国经认定的企业年金基金法人受托机构主要有华宝信托有限责任公司、中信信托有限责任公司、中诚信托有限责任公司、平安养老保险股份有限公司、太平养老保险股份有限公司、中国工商银行、招商银行、中国人寿养老保险股份有限公司、泰康养老保险股份有限公司、建信养老金管理有限责任公司等。

（三）企业年金基金账户管理人

企业年金基金账户管理人是指接受受托人委托管理企业年金基金账户的专业机构。

企业年金基金账户管理人应当履行下列职责。

（1）建立企业年金基金企业账户和个人账户。

（2）记录企业、职工缴费及企业年金基金投资收益。

（3）定期与托管人核对缴费数据及企业年金基金账户的财产变化状况，及时将核对结果提交受托人。

（4）计算企业年金待遇。

（5）向企业和受益人提供企业年金基金企业账户和个人账户信息查询服务，向受益人提供年度权益报告。

（6）定期向受托人提交账户管理数据等信息及企业年金基金账户管理报告，定期向有关监管部门提交开展企业年金基金账户管理业务情况的报告。

（7）按照国家规定保存企业年金基金账户管理档案自合同终止之日起至少 15 年。

（8）国家规定和合同约定的其他职责。

我国企业年金基金账户管理人主要有中国工商银行、交通银行、上海浦东发展银行、招商银行、光大银行、中信银行、民生银行、中国银行、中国农业银行、华宝信托有限责任公司、中国人寿保险股份有限公司、泰康人寿保险股份有限公司、长江养老保险股份有限公司、新华人寿保险股份有限公司、太平洋人寿保险股份有限公司、建信养老金管理有限责任公司等。

（四）企业年金基金托管人

企业年金基金托管人是指接受受托人委托保管企业年金基金财产的商业银行。

企业年金基金托管人应当履行下列职责。

（1）安全保管企业年金基金财产。

（2）以企业年金基金名义开设基金财产的资金账户和证券账户等。

（3）对所托管的不同企业年金基金财产分别设置账户，确保基金财产的完整和独立。

（4）根据受托人指令，向投资管理人分配企业年金基金财产。

（5）及时办理清算、交割事宜。

（6）负责企业年金基金会计核算和估值，复核、审查和确认投资管理人计算的基金财产净值。

（7）根据受托人指令，向受益人发放企业年金待遇。

（8）定期与账户管理人、投资管理人核对有关数据。

（9）按照规定监督投资管理人的投资运作，并定期向受托人报告投资监督情况。

（10）定期向受托人提交企业年金基金托管和财务会计报告，定期向有关监管部门提交开展企业年金基金托管业务情况的报告。

（11）按照国家规定保存企业年金基金托管业务活动记录、账册、报表和其他相关资料自合同终止之日起至少 15 年。

（12）国家规定和合同约定的其他职责。

我国企业年金基金托管人主要有中国工商银行、中国建设银行、中国银行、交通银行、招商银行、光大银行、中信银行、上海浦东发展银行、中国农业银行、民生银行等。

（五）企业年金基金投资管理人

企业年金基金投资管理人是指接受受托人委托投资管理企业年金基金财产的专业机构。

企业年金基金投资管理人应当履行下列职责。

（1）对企业年金基金财产进行投资。

（2）及时与托管人核对企业年金基金会计核算和估值结果。

（3）建立企业年金基金投资管理风险准备金。

（4）定期向受托人提交企业年金基金投资管理报告，定期向有关监管部门提交开展企业年金基金投资管理业务情况的报告。

（5）根据国家规定保存企业年金基金财产会计凭证、会计账簿、年度财务会计报告和投资记录自合同终止之日起至少 15 年。

（6）国家规定和合同约定的其他职责。

我国企业年金基金投资管理人主要有海富通基金管理有限公司、华夏基金管理有限公司、南方基金管理有限公司、易方达基金管理有限公司、嘉实基金管理有限公司、招商基金管理有限公司、富国基金管理有限公司、博时基金管理有限公司、银华基金管理股份有限公司、中国国际金融股份有限公司、中心证券股份有限公司、平安养老保险股份有限公司、泰康资产管理有限责任公司等。

（六）企业年金基金中介服务机构

企业年金基金中介服务机构是指为企业年金基金管理提供服务的投资顾问公司、信用评估公司、精算咨询公司、会计师事务所、律师事务所等专业机构。

三、企业年金基金会计概述

（一）企业年金基金会计准则及其应用指南

根据《企业会计准则第 10 号——企业年金基金》及其应用指南的规定，企业年金基金受托人、账户管理人、托管人、投资管理人应当根据各自的职责，设置相应的会计账户和会计账簿，对企业年金基金发生的有关交易或事项进行会计处理和报告。

根据《企业会计准则第 10 号——企业年金基金》的规定，企业年金基金应该作为独立的会计主体进行确认、计量和报告。该会计准则还对企业年金基金的确认、计量和报告制定了相关规范，以真实反映企业年金基金的财务状况、投资运营情况、净资产变动情况，及时揭示企业年金基金的管理风险等信息。

企业年金基金会计账户名称和编号如表 4-2 所示。

表 4-2　企业年金基金会计账户名称和编号

顺序号	编号	会计账户名称
一、资产类		
1	101	银行存款
2	102	结算备付金
3	104	交易保证金
4	113	应收利息
5	114	应收股利
6	115	应收红利
7	118	买入返售证券
8	125	其他应收款
9	128	交易性金融资产
10	131	其他资产
二、负债类		
11	201	应付受益人待遇
12	204	应付受托人管理费

续表

顺序号	编号	会计账户名称
13	205	应付托管人管理费
14	216	应付投资管理人管理费
15	215	应交税费
16	218	卖出回购证券款
17	221	应付利息
18	223	应付佣金
19	229	其他应付款
三、共同类		
20	301	证券清算款
四、基金净值类		
21	401	企业年金基金
22	410	本期收益
五、损益类		
23	501	存款利息收入
24	503	买入返售证券收入
25	505	公允价值变动收益
26	531	投资收益
27	533	其他收入
28	534	交易费用
29	539	受托人管理费
30	540	托管人管理费
31	541	投资管理人管理费
32	552	卖出回购证券支出
33	566	其他费用
34	570	以前年度损益调整

（二）企业年金基金会计的特点

1. 企业年金基金会计处理涉及多方当事人

企业年金基金运作涉及的当事人包括委托人、受托人、账户管理人、托管人、投资管理人、中介服务机构和受益人。按照企业年金基金准则的规定，企业年金基金受托人、账户管理人、托管人、投资管理人应当根据各自的职责，设置相应的会计账户和会计账簿，对企业年金基金发生的有关交易或事项进行会计处理和报告。但是，不包括企业年金所涉及的职工薪酬、住房公积金、证券投资基金的会计处理及列报，以及基本养老保险及个人商业养老保险的会计处理和列报。

2. 企业年金基金是一个独立的会计主体

企业年金基金作为一种信托财产必须存入企业年金专户，严格独立于委托人、受托人、账户管理人、托管人、投资管理人和其他为企业年金基金管理提供服务的自然人、法人或其他组织的固有财产及其管理的其他资产，并作为独立的会计主体进行确认、计量和报告。企业年金基金的委托人、受托人、账户管理人、托管人、投资管理人自身都是一个独立的会计主体，有自身的经营活动，以自身作为会计主体进行会计核算。因此，对于企业年金基金，相关的当事人都应独立建账、独立核算。

第二节 企业年金基金缴费的会计处理

一、企业年金基金缴费及其流程

（一）企业年金基金缴费

企业年金基金由企业缴费、职工个人缴费和企业年金基金投资运营而形成的收益组成。按照《企业年金办法》的规定，企业缴费每年不超过本企业职工工资总额的 8%，企业和职工个人缴费合计不超过本企业职工工资总额的 12%，职工个人缴费由企业从职工个人工资中代扣代缴。缴费时企业可以根据自身的经济效益情况和目标，在国家统一规定的范围内自主决定缴费的具体比例，并按照企业年金计划约定的参保范围、企业年金种类和缴费方式，定期进行缴费。

实行企业年金后，企业如遇到经营亏损、重组并购等当期不能继续缴费的情况，经与职工一方协商，可以中止缴费。不能继续缴费的情况消失后，企业和职工应恢复缴费，并可以根据本企业的实际情况，按照中止缴费时的企业年金方案予以补缴。补缴的年限和金额不得超过实际中止缴费的年限和金额。

（二）企业年金基金缴费流程

企业年金计划开始时，委托人将相关职工缴费总额及明细情况通知受托人，受托人将相关信息提供给账户管理人，账户管理人据此进行系统设置和信息录入。

缴费日前，账户管理人计算缴费总额及明细情况，生成企业缴费和职工个人缴费账单，报受托人确认。受托人收到账户管理人提供的缴费账单后与委托人核对确认，核对无误后将签字确认的缴费账单反馈给账户管理人。

缴费日，受托人向委托人下达缴费指令，委托人向托管人划转缴费账单所列缴款总额并通知受托人。受托人向托管人送达收账通知及企业缴费总额账单。托管人收到款项后，核对实收金额与受托人提供的缴费总额账单，并向受托人和账户管理人送达缴费到账通知单。受托人核对托管人转来数据后，通知账户管理人进行缴费的财务处理。账户管理人将缴费明细数据和托管人通知的缴费总额核对无误后，根据企业年金计划的约定在已建立的个人账户之间进行分配。

二、企业年金基金收到缴费的账务处理

（一）账户设置

为了核算企业年金基金收到缴费等业务，企业年金基金作为独立的会计主体，应当设置"企业年金基金""银行存款"等账户。"企业年金基金"账户核算企业年金基金财产的来源和运用，应按"个人账户结余""企业账户结余""净收益""个人账户转入""个人账户转出""支付受益人待遇"等设置相应明细账户，本账户期末贷方余额反映企业年金基金净值。企业年金基金银行账户主要有资金账户、证券账户等。资金账户包括"银行存款""结算备付金"账户等，其中"银行存款"账户又包括"受托财产托管"账户、"委托投资资产托管"账户。证券账户包括"证券交易所证券"账户和"全国银行间市场债券托管"账户等。

（二）账务处理

收到企业及职工个人缴费时，按实际收到的金额，借记"银行存款"账户，贷记"企业年金基金——个人账户结余""企业年金基金——企业账户结余"账户。

【例4-1】2021年3月10日，某企业年金基金收到缴费5 000 000元，其中企业缴费3 000 000元、职工个人缴费2 000 000元，存入企业年金账户，实收金额与提供的缴费总额账单核对无误。按该企业年金计划约定，企业缴费3 000 000元中，归属个人账户的金额为2 000 000元，另1 000 000元的权益归属条件尚未实现。

该企业年金基金账务处理如下：

借：银行存款　　　　　　　　　　　　　　　　　　　　　　　　5 000 000

　　贷：企业年金基金——个人账户结余（个人缴费）　　　　　　　　2 000 000

　　　　企业年金基金——个人账户结余（企业缴费）　　　　　　　　2 000 000

　　　　企业年金基金——企业账户结余（企业缴费）　　　　　　　　1 000 000

企业年金基金收到缴费后，如需账户管理人核对后确认，可先通过"其他应付款——企业年金基金供款"账户核算，确认后再转入"企业年金基金"账户。

第三节　企业年金基金投资运营的会计处理

一、企业年金基金投资运营的原则和范围

（一）企业年金基金投资运营的原则

企业年金基金是职工（受益人）退休后的补充养老保险，安全性要求很高，而且企业年金基金个人账户转入、个人账户转出及支付受益人待遇等业务频繁，要求具有很高的流动性。所以，企业年金基金投资运营管理应当遵循谨慎、分散风险的原则，充分考虑年金基金财产的安全性、收益性和流动性，实行专业化管理，严格按照国家相关规定进行投资运营。

（二）企业年金基金投资运营的范围

企业年金基金投资运营的范围经历了三次调整。2011年2月发布的《企业年金基金管理办法》规定，企业年金基金投资运营应当选择具有良好流动性的金融产品，企业年金基金财产限于境内投资，投资范围包括银行存款、国债、中央银行票据、债券回购、万能保险产品、投资连结保险产品、证券投资基金、股票，以及信用等级在投资级以上的金融债、企业（公司）债、可转换债（含分离交易可转换债）、短期融资券和中期票据等金融产品。

2013年3月，人力资源和社会保障部、银监会、证监会、保监会联合发布《关于扩大企业年金基金投资范围的通知》，调整了企业年金基金投资的金融产品。除上述《企业年金基金管理办法》中规定的金融产品之外，企业年金基金的投资品种增加了商业银行理财产品、信托产品、基础设施债权投资计划、特定资产管理计划、股指期货。

2020年12月，人力资源和社会保障部发布的《关于调整年金基金投资范围的通知》，调整了年金基金投资的市场范围。按照该通知，年金基金财产限于境内投资和香港市场投资。境内投资范围包括银行存款、标准化债权类资产［指依法公开发行或非公开发行的固定收益证券，包括国债，中央银行票据，同业存单，政策性、开发性银行债券，以及信用等级在投资级以上的金融债、企业债、公司债、可转换债、可交换债、（超）短期融资券、中期票据、非公开定向

债务融资工具、信贷资产支持证券、资产支持票据、证券交易所挂牌交易的资产支持证券]、债券回购、信托产品、债权投资计划、公开募集证券投资基金、股票、股指期货、国债期货、养老金产品。香港市场投资指年金基金通过股票型养老金产品或公开募集证券投资基金，投资内地与香港股票市场交易互联互通机制下允许买卖的香港联合交易所的上市股票。

二、企业年金基金投资运营流程

首先，由受托人通知托管人和投资管理人企业年金基金投资额度，托管人根据受托人指令向投资管理人分配基金资产，并将资金到账情况通知投资管理人。其次，投资管理人进行投资运作，并将交易数据发送给托管人，同时对企业年金基金投资进行会计核算、估值。再次，托管人将投资管理人发送的数据与交易所及中国证券登记结算公司发送的数据进行核对无误后进行清算、会计核算、估值和投资运作监督，将清算及估值结果反馈给投资管理人，并将交易数据、账务数据和估值数据发送给受托人。如果发现投资管理人的违规行为，应立即通知投资管理人，并及时向受托人和有关监管部门报告。复次，托管人复核投资管理人的估值结果，以书面形式通知投资管理人、受托人和账户管理人。最后，由账户管理人根据企业年金基金净值和净值增长率，将基金投资运营收益按日或按周足额记入企业年金基金企业账户和个人账户。

三、企业年金基金投资运营的账务处理

根据《企业会计准则第 10 号——企业年金基金》的规定，企业年金基金在投资运营中根据国家规定的投资范围取得的国债、信用等级在投资级以上的金融债等具有良好流动性的金融产品，其初始取得和后续估值应当以公允价值计量。投资金融产品公允价值的确定适用《企业会计准则第 22 号——金融工具确认和计量》。

（一）账户设置

企业年金基金投资运营的会计核算一般需要设置"交易性金融资产""公允价值变动损益""证券清算款""结算备付金""交易保证金""投资收益""交易费用""应收利息""应收股利""应收红利""本期收益"等账户。

"证券清算款"账户核算企业年金基金在投资运营中因买卖债券、基金、股票等业务而发生的应与证券登记结算机构办理资金清算的款项。借方余额表示尚未收回的证券清算款，贷方余额表示尚未支付的证券清算款，可以按不同证券登记结算机构设置明细账户。

结算备付金是结算人根据相关规定，存放在资金交收账户中用于证券交易及非交易结算的资金。在企业年金基金投资的会计核算中，"结算备付金"账户核算企业年金基金为证券交易的资金结算与交收而存入证券登记结算机构的款项。

"投资收益"账户核算企业年金基金投资持有期间收到被投资单位发放的现金股利、基金红利，或资产负债表日按债券票面利率计算的利息收入及投资处置收益等，按投资项目进行明细核算。期末将该账户余额转入"本期收益"账户。

"交易费用"账户核算企业年金基金投资运营中发生的、支付给代理机构及券商的手续费、佣金及相关税费等。

（二）初始取得投资时的账务处理

企业年金基金初始取得投资的交易日以支付的价款（不包括支付的价款中所包含的、已到付息期但尚未领取的利息或已宣告但尚未发放的现金股利、基金红利）计入投资成本，借记"交易性金融资产——成本"账户，按发生的交易费用及相关税费直接计入当期损益，借记"交易费用"账户，按支付的价款中所包含的、已到付息期但尚未领取的利息或已宣告但尚未发放的现金股利、基金红利，借记"应收利息""应收股利""应收红利"账户，贷记"证券清算款""银行存款"等账户；资金交收日按实际清算的金额，借记"证券清算款"账户，贷记"结算备付金""银行存款"等账户。

【例 4-2】2021 年 4 月 1 日，某企业年金基金通过证券交易所以 20.5 元的价格购入 A 公司10 000 股普通股股票（其中每股含已经宣告但尚未发放的现金股利 0.5 元），发生券商佣金、印花税等 3 500 元。

该企业年金基金账务处理如下。

（1）交易日（4 月 1 日），与证券登记结算机构清算应付证券款时：

借：交易性金融资产——成本（A 股票）	200 000
应收股利——A 股票	5 000
交易费用	3 500
贷：证券清算款	208 500

（2）资金交收日（4 月 2 日），与证券登记结算机构交收资金时：

借：证券清算款	208 500
贷：结算备付金	208 500

（三）投资持有期间及估值日的账务处理

1. 投资持有期间的账务处理

企业年金基金投资持有期间，被投资单位宣告发放的现金股利或资产负债表日按债券票面利率计算的利息收入确认为投资收益，借记"应收股利"、"应收利息"或"应收红利"账户，贷记"投资收益"账户。期末，将"投资收益"账户余额转入"本期收益"账户。

【例 4-3】沿用【例 4-2】的资料，2021 年 4 月 10 日，企业年金基金收到购买 A 股票时已宣告的现金股利 5 000 元。

该企业年金基金账务处理如下：

借：结算备付金	5 000
贷：应收股利——A 股票	5 000

2. 估值日的账务处理

根据《企业会计准则第 10 号——企业年金基金》的规定，企业年金基金的投资应当按日估值或至少按周进行估值，即每个工作日结束时或者每周四或周五工作日结束时估值。

估值日进行估值时应当以估值日的公允价值计量。在估值日和资产负债表日，企业年金基金持有的上市流通的债券、基金、股票等交易性金融资产，以其估值日在证券交易所挂牌的市价（平均价或收盘价）估值；估值日无交易的以最近交易日的市价估值。公允价值与上一估值日公允价值的差额，计入当期损益并以此调整原账面价值，借记或贷记"交易性金融资产——

公允价值变动"账户，贷记或借记"公允价值变动收益"账户。

【例4-4】沿用【例4-3】的资料，2021年4月26日，企业年金基金持有的A公司股票证券交易所收盘价为每股22元。

该企业年金基金账务处理如下：

借：交易性金融资产——公允价值变动（A股票）　　　　　20 000

　　贷：公允价值变动收益　　　　　　　　　　　　　　　　　　20 000

（四）投资处置的账务处理

处置企业年金基金投资时，应在交易日按照卖出投资所取得的价款与其账面价值的差额，确定为投资损益。因债券、基金、股票的交易比较频繁，出售债券、基金、股票等证券时，其投资成本应一并结转。出售证券成本的计算方法可采用加权平均法、移动加权平均法、先进先出法等，成本计算方法一经确定，不得随意变更。

出售股票时，按应收金额，借记"证券清算款"账户，按买入时原账面价值（初始买价）贷记"交易性金融资产——成本"账户，按出售股票成交价总额与原账面价值（初始买价）的差额作为投资处置收益金额，贷记或借记"投资收益"账户；同时将原计入该投资的公允价值变动转出，借记或贷记"公允价值变动收益"账户，贷记或借记"投资收益"账户。

【例4-5】沿用【例4-2】、【例4-4】的资料，2021年4月29日，该企业年金基金出售A公司股票5 000股，每股市价23元，另支付券商佣金、印花税等1 000元。

该企业年金基金账务处理如下：

（1）交易日（4月29日），与证券登记结算机构清算应收证券款时：

借：证券清算款　　　　　　　　　　　　　　　　　　　114 000

　　交易费用　　　　　　　　　　　　　　　　　　　　　1 000

　　贷：交易性金融资产——成本（A股票）　　　　　　　　100 000

　　　　　　　　　　　——公允价值变动（A股票）　　　　 10 000

　　　　投资收益　　　　　　　　　　　　　　　　　　　　 5 000

借：公允价值变动收益　　　　　　　　　　　　　　　　 10 000

　　贷：投资收益　　　　　　　　　　　　　　　　　　　　 10 000

（2）资金交收日（4月30日），与证券登记结算机构交收资金时：

借：结算备付金　　　　　　　　　　　　　　　　　　　114 000

　　贷：证券清算款　　　　　　　　　　　　　　　　　　　114 000

第四节　企业年金基金收入和费用的会计处理

一、企业年金基金收入的会计处理

（一）企业年金基金收入的构成

企业年金基金收入是指企业年金基金在投资运营中所形成的经济利益的流入，包括存款利息收入、买入返售证券收入、公允价值变动收益、投资收益、风险准备金补亏等其他收入。企业年金基金收入可能表现为企业年金基金资产的增加、企业年金基金负债的减少或两者兼而有之。

（二）企业年金基金收入的账务处理

按照《企业会计准则第 10 号——企业年金基金》的规定，企业年金基金应每日或每周计算、确认基金收入，并进行账务处理。企业年金基金收入项目中，公允价值变动收益、投资收益有关内容及其账务处理已在上文进行了介绍。下面主要介绍存款利息收入、买入返售证券收入、其他收入的账务处理等内容。

1. 存款利息收入的账务处理

存款利息收入包括活期存款、定期存款、结算备付金、交易保证金等利息收入。根据企业《企业会计准则第 10 号——企业年金基金》及其应用指南的规定，企业年金基金应每日或至少每周确认存款利息收入，并按存款本金和适用利率计提的金额入账。每日或每周计提银行存款、结算备付金存款等利息时，借记"应收利息"账户，贷记"存款利息收入"账户。

【例 4-6】2021 年 4 月 1 日，某企业年金基金在商业银行的存款本金为 4 000 000 元。假设 1 年按 360 天计算，银行存款年利率为 3.60%，每季末结息，该企业年金基金逐日估值。

该企业年金基金账务处理如下。

（1）每日计提存款利息时：

每日银行存款应计利息=4 000 000×3.60%÷360=400（元）

借：应收利息   400

  贷：存款利息收入   400

（2）每季收到存款利息时：

借：银行存款   36 000

  贷：应收利息   36 000

2. 买入返售证券收入的账务处理

买入返售证券业务是指企业年金基金与其他企业以合同或协议的方式，按一定价格买入证券，到期日再按合同规定的价格将该证券返售给其他企业，以获取利息收入的证券业务。根据《企业会计准则第 10 号——企业年金基金》及其应用指南的规定，企业年金基金应于买入返售证券时，按实际支付的价款确认为一项资产，在证券存续期间内按照买入返售证券价款和协议约定的利率每日或每周计提利息，确认买入返售证券收入。

企业年金基金应设置"买入返售证券""买入返售证券收入"等账户对买入返售证券业务进行账务处理。买入证券付款时按实际支付的款项，借记"买入返售证券——××证券"账户，贷记"结算备付金"账户。计提利息时，借记"应收利息"账户，贷记"买入返售证券收入"账户。买入返售证券到期时按实际收到的金额借记"结算备付金"账户，按买入时的价款贷记"买入返售证券——××证券"账户，按已计未收利息贷记"应收利息"账户，按本期应计利息贷记"买入返售证券收入"账户。期末将"买入返售证券收入"账户余额转入"本期收益"账户。

【例 4-7】2021 年 4 月 1 日，某企业年金基金以 500 000 元买入返售 B 债券 5 000 张，每张面值 100 元，年利率为 4.8%，期限为 3 个月。6 月 30 日，该返售债券到期，按合同规定的价格出售，出售价款为 506 500 元（含已计未收利息 4 000 元）。假定该企业年金基金按月计提利息。

该企业年金基金账务处理如下。

（1）4 月 1 日，买入返售证券时：

借：买入返售证券——B 债券   500 000

　　　　贷：结算备付金　　　　　　　　　　　　　　　　　　　　　　500 000

（2）4月30日、5月31日计提利息时：

　　应计提利息=500 000×4.8%÷12=2 000（元）

　　借：应收利息　　　　　　　　　　　　　　　　　　　　　　2 000

　　　　贷：买入返售证券收入　　　　　　　　　　　　　　　　　2 000

（3）6月30日，返售债券到期出售时：

　　借：结算备付金　　　　　　　　　　　　　　　　　　　　506 500

　　　　贷：买入返售证券——B债券　　　　　　　　　　　　　500 000

　　　　　　应收利息　　　　　　　　　　　　　　　　　　　　4 000

　　　　　　买入返售证券收入　　　　　　　　　　　　　　　　2 500

　　3. 其他收入的账务处理

　　其他收入指除上述收入以外的收入，如风险准备金补亏。根据《企业年金基金管理办法》的规定，投资管理人从当期收取的管理费中，提取20%作为企业年金基金投资管理风险准备金，余额达到投资管理人所管理投资组合基金财产净值的10%时可以不再提取。提取的风险准备金存放于投资管理人在托管人处开立的专用存款账户，托管人不得对投资管理风险准备金收取费用。

　　风险准备金专项用于弥补合同终止时所管理投资组合的企业年金基金当期委托投资资产的投资亏损。风险准备金由投资管理人进行管理，可以投资于银行存款、国债等高流动性、低风险的金融产品。风险准备金产生的投资收益，应当纳入风险准备金管理。

　　【例4-8】2021年4月8日，某企业年金基金估值时确认当日亏损200 000元。按规定将企业年金基金投资管理风险准备金200 000元用于补亏。该企业年金基金按日估值，投资管理人提取的风险准备金结余5 000 000元。

　　该企业年金基金账务处理如下：

　　借：银行存款　　　　　　　　　　　　　　　　　　　　　200 000

　　　　贷：其他收入——风险准备金补亏　　　　　　　　　　　200 000

二、企业年金基金费用的会计处理

（一）企业年金基金费用的构成

　　企业年金基金费用是指企业年金基金在投资营运等日常活动中所发生的经济利益的流出，包括交易费用、受托人管理费、托管人管理费、投资管理人管理费、卖出回购证券支出和其他费用等。

　　企业年金基金费用的开支范围受到法规制度的严格约束。按照《企业年金基金管理办法》规定，受托人、托管人提取的管理费均不得高于企业年金基金财产净值的0.2%，投资管理人提取的管理费不得高于企业年金基金财产净值的1.2%。账户管理费（每户每月不超过5元）不属于企业年金基金费用，由企业另行缴纳，保留账户和退休人员账户的账户管理费可以按照合同约定由受益人自行承担，从受益人个人账户中扣除。企业年金基金费用可能表现为企业年金基金资产的减少、企业年金基金负债的增加或两者兼而有之。

（二）企业年金基金费用的账务处理

根据《企业会计准则第 10 号——企业年金基金》及其应用指南的规定，企业年金基金应当每日或每周确认、计算基金费用并进行相应的账务处理。

1. 交易费用

交易费用是指企业年金基金在投资运营中发生的手续费、佣金及相关税费，包括支付给代理机构、咨询机构、券商的手续费、佣金及相关税费等其他必要支出。企业年金基金应设置"交易费用"账户，按照实际发生的金额，借记"交易费用"账户，贷记"证券清算款""银行存款"等账户。

2. 受托人管理费、托管人管理费和投资管理人管理费

受托人管理费、托管人管理费和投资管理人管理费是指按企业年金计划或合同文件规定的比例提取的相应管理费。企业年金基金应当设置"受托人管理费""托管人管理费""投资管理人管理费""应付受托人管理费""应付托管人管理费""应付投资管理人管理费"等账户，对发生的上述管理费分别进行账务处理。

企业年金基金计提相关费用时，应当按照应付的实际金额借记"受托人管理费""托管人管理费""投资管理人管理费"账户，同时确认为负债，贷记"应付受托人管理费""应付托管人管理费""应付投资管理人管理费"账户；支付相关费用时，借记"应付受托人管理费""应付托管人管理费""应付投资管理人管理费"账户，贷记"银行存款"账户。期末将"受托人管理费""托管人管理费""投资管理人管理费"账户的借方余额全部转入"本期收益"账户。

【例 4-9】 2021 年 4 月 7 日，某企业年金基金市值为 30 000 000 元。投资管理合同中约定的投资管理人管理费年费率为基金净值（市值）的 1.2%；受托管理合同和托管合同中约定的受托人管理费和托管人管理费年费率均为基金净值（市值）的 0.2%。假设 1 年按 360 天计算，按日估值。

该企业年金基金账务处理如下：

当日应计提的投资管理人管理费=30 000 000×1.2%÷360=1 000（元）

当日应计提的受托人管理费=30 000 000×0.2%÷360≈166.67（元）

当日应计提的托管人管理费=30 000 000×0.2%÷360≈166.67（元）

借：投资管理人管理费——××投资管理人　　　　　　　　　1 000

　　贷：应付投资管理人管理费　　　　　　　　　　　　　　　　　1 000

借：受托人管理费——××受托人　　　　　　　　　　　　　166.67

　　贷：应付受托人管理费　　　　　　　　　　　　　　　　　　　166.67

借：托管人管理费——××托管人　　　　　　　　　　　　　166.67

　　贷：应付托管人管理费　　　　　　　　　　　　　　　　　　　166.67

3. 卖出回购证券支出

卖出回购证券业务是指企业年金基金与其他企业以合同或协议的方式，按照一定价格卖出证券，到期日再按合同约定的价格买回该批证券，以获得一定时期内资金的使用权的证券业务。

根据《企业会计准则第 10 号——企业年金基金》及其应用指南的规定，企业年金基金应在融资期限内，按照卖出回购证券价款和协议约定的利率每日或每周确认、计算卖出回购证券支出，并设置"卖出回购证券支出""卖出回购证券款"等账户，对卖出回购证券业务进行账务处理。卖出证券时，按实际收到的价款借记"结算备付金"账户，贷记"卖出回购证券款——××证券"账户。在证券持有期内计提利息时，按计提的金额借记"卖出回购证券支出"账户，贷记"应付利息"账户。到期回购时，按卖出证券时实际收款的金额借记"卖出回购证券款——××证券"账户，按应计未付利息借记"应付利息"账户，按借贷方差额借记"卖出回购证券支出"账户，按实际支付的款项贷记"结算备付金"账户。期末将"卖出回购证券支出"账户余额转入"本年收益"账户。

【例4-10】2021年4月1日，某企业年金基金以500 000元卖出回购B债券5 000张，每张面值100元，年利率为4.8%。6月30日，回购债券到期，该企业年金基金按合同规定的价格回购，回购价款为506 500元（含已计未付利息4 000元）。假定该基金按月计提利息，不考虑其他因素。

该企业年金基金账务处理如下。

（1）4月1日，卖出回购债券时：

借：结算备付金 500 000
　　贷：卖出回购证券款——B债券 500 000

（2）4月30日、5月31日计提利息时：

$$应计提利息=500 000×4.8%÷12=2 000（元）$$

借：卖出回购证券支出 2 000
　　贷：应付利息 2 000

（3）6月30日，到期回购证券的会计处理：

借：卖出回购证券款——B债券 500 000
　　应付利息 4 000
　　卖出回购证券支出 2 500
　　贷：结算备付金 506 500

4. 其他费用

其他费用是指除交易费用、受托人管理费、托管人管理费、投资管理人管理费和卖出回购证券支出以外的其他各项费用，包括注册登记费、上市年费、信息披露费、审计费用、律师费用等，但是不包括基金管理各方当事人因未履行义务导致的费用支出或资产的损失及处理与基金运作无关的事项发生的费用。

企业年金基金应当设置"其他费用"等账户，按费用种类设置明细账户，对发生的其他费用进行账务处理。发生其他费用时，应按实际发生的金额，借记"其他费用"账户，贷记"银行存款"等账户。

如果发生的其他费用金额较大，也可以采用待摊或预提的方法计入基金损益，但一经采用，不得随意变更，且年末一般无余额。采用待摊方法的，发生时借记"待摊费用"账户，贷记"银行存款"账户；摊销时借记"其他费用"账户，贷记"待摊费用"账户。采用预提方法的，预提时借记"其他费用"账户，贷记"预提费用"账户；支付费用时，借记"预提费用"账户，贷记"银行存款"账户。期末，应将"其他费用"账户的借方余额全部转入"本期收益"账户。

【例4-11】2021年4月26日，××企业年金基金发生信息披露费5 000元。

该企业年金基金账务处理如下：

借：其他费用   5 000
　　贷：银行存款   5 000

第五节　企业年金待遇给付及企业年金基金净资产

一、企业年金待遇给付及其账务处理

企业年金待遇是指企业年金计划受益人符合退休年龄等法定条件时，应当享受的企业年金养老待遇。企业年金计划受益人是指参加企业年金计划并享有受益权的职工及其继承人。企业年金待遇给付方式由企业年金计划约定，分次或一次支付。

（一）企业年金待遇给付条件

《企业年金办法》第二十四条规定：符合下列条件之一的，可以领取企业年金：

（一）职工在达到国家规定的退休年龄或者完全丧失劳动能力时，可以从本人企业年金个人账户中按月、分次或者一次性领取企业年金，也可以将本人企业年金个人账户资金全部或者部分购买商业养老保险产品，依据保险合同领取待遇并享受相应的继承权；

（二）出国（境）定居人员的企业年金个人账户资金，可以根据本人要求一次性支付给本人；

（三）职工或者退休人员死亡后，其企业年金个人账户余额可以继承。

（二）企业年金待遇给付流程

企业年金待遇给付流程如下。首先，由委托人向受托人发送企业年金待遇支付或转移的通知。其次，由受托人通知账户管理人计算支付企业年金待遇，账户管理人将计算支付企业年金待遇的结果反馈给受托人，并与受托人核对，受托人核对后通知托管人和投资管理人进行份额赎回。最后，由受托人根据账户管理人提供的待遇支付表通知托管人支付或转移金额；托管人将相应资金划入受托人指定专用账户，并向受托人和账户管理人报告；受托人指令账户管理人进行待遇支付的账务处理；账户管理人与托管人提供的支付结果核对，扣减个人账户资产，并向受益人提供年金基金的最终账户数据或向新年金计划移交账户资料。

（三）企业年金待遇给付的账务处理

企业年金基金应设置"企业年金基金——支付受益人待遇""受益人待遇"等账户，按受益人设置明细账户进行账务处理。计算、确认给付企业年金待遇时，按应付金额借记"企业年金基金——支付受益人待遇"账户，贷记"应付受益人待遇"账户；支付款项时借记"应付受益人待遇"账户，贷记"银行存款"账户。

【例 4-12】2021 年 3 月 8 日，某企业年金基金根据企业年金计划和委托人指令支付退休人员企业年金待遇，金额共计 200 000 元。

该企业年金基金账务处理如下。

（1）计算、确认给付企业年金待遇时：

借：企业年金基金——支付受益人待遇   200 000
　　贷：应付受益人待遇   200 000

（2）支付受益人待遇时：

借：应付受益人待遇   200 000
　　贷：银行存款   200 000

根据企业《年金基金准则》的规定，企业年金基金应设置"企业年金基金——个人账户转入""企业年金基金——个人账户转出"等账户，并按受益人设置明细账户，核算企业因职工调离企业而发生的个人账户金额转出和因职工调入企业而发生的个人账户金额转入，相应增加或减少基金净资产。

二、企业年金基金净资产、净收益及其账务处理

企业年金基金净资产又称年金基金净值，是指企业年金基金受益人在企业年金基金财产中享有的经济利益，其金额等于企业年金基金资产减去基金负债后的余额，不仅包括委托给投资管理人管理的资产，还包括未委托给投资管理人管理的其他现金资产。

企业年金基金净收益是指企业年金基金在一定会计期间内已实现的经营成果，其金额为本期收入减本期费用的金额。本期收入包括存款利息收入、买入返售证券收入、公允价值变动收益、投资收益、其他收入等；本期费用包括交易费用、受托人管理费、托管人管理费、投资管理人管理费、卖出回购证券支出、其他费用等。

企业年金基金应设置"本期收益"等账户核算本期实现的基金净收益（或净亏损）。期末结转企业年金基金净收益时，将"存款利息收入""买入返售证券收入""公允价值变动收益""投资收益""其他收入"等账户的余额转入"本期收益"账户的贷方；将"交易费用""受托人管理费""托管人管理费""投资管理人管理费""卖出回购证券支出""其他费用"等账户的余额转入"本期收益"账户的借方。"本期收益"账户余额，即企业年金基金净收益（或净亏损）。净收益转入企业年金基金时，借记"本期收益"账户，贷记"企业年金基金——净收益"账户；如为净亏损，则做相反分录。将净收益按企业年金计划约定的比例转入个人和企业账户时，借记"企业年金基金——净收益"账户，贷记"企业年金基金——个人账户结余""企业年金基金——企业账户结余"账户。

第六节　企业年金基金财务报表

一、企业年金基金财务报表编制和对外报告主体

根据《企业年金基金管理办法》的规定，受托人负责编制企业年金基金管理和财务报表，即受托管理企业年金基金的企业年金理事会或符合国家规定养老金管理公司等法人受托机构是编制和对外报告企业年金基金财务报表的法定责任人。受托人应当按照企业《企业会计准则第10号——企业年金基金》的规定，负责编制和对外报告企业年金基金财务报表，并在年度结束后45日内向委托人和监管机构提交经会计师事务所审计的企业年金基金年度财务报告。

二、企业年金基金财务报表的构成

企业年金基金财务报表是企业年金基金对外提供的反映年金基金某一特定日期财务状况和一定会计期间内的经营成果、净资产变动情况的书面文件。

（一）资产负债表

资产负债表反映了企业年金基金在某一特定日期的财务状况，应当按资产、负债和净资产分类列示，如表 4-3 所示。

表 4-3 资产负债表

编制单位：××企业　　　　　　　　　××年××月××日　　　　　　　　　单位：元

资产	年初数	期末数	负债和净资产	年初数	期末数
货币资金			应付证券清算款		
应收证券清算款			应付受益人待遇		
应收利息			应付受托人管理费		
买入返售证券			应付托管人管理费		
其他应收款			应付投资管理人管理费		
债券投资			应交税费		
基金投资			卖出回购证券款		
股票投资			应付利息		
其他投资			应付佣金		
其他资产			其他应付款		
			负债合计		
			企业年金基金净值		
资产总计			负债和净资产总计		

（二）净资产变动表

净资产变动表是反映企业年金基金在一定会计期间内的净资产增减变动情况的会计报表，如表 4-4 所示。

表 4-4 净资产变动表

编制单位：××企业　　　　　　　　　××年度　　　　　　　　　单位：元

项目	行次	本月数	本年累计数
一、期初净资产			
二、本期净资产增加数			
（一）本期收入			
1．存款利息收入			
2．买入返售证券收入			
3．公允价值变动收益			
4．投资处置收益			
5．其他收入			
（二）收取的企业缴费			
（三）收取的职工个人缴费			
（四）个人账户转入			

续表

项目	行次	本月数	本年累计数
三、本期净资产减少数			
（一）本期费用			
1．交易费用			
2．受托人管理费			
3．托管人管理费			
4．投资管理人管理费			
5．卖出回购证券支出			
6．其他费用			
（二）支付受益人待遇			
（三）个人账户转出			
四、期末净资产			

（三）附注

附注是对资产负债表、净资产变动表中列示项目的文字描述或明细资料，以及对未能在报表中列示的其他业务和事项进行的说明。

三、企业年金基金财务报表编制

（一）资产负债表的编制说明

"货币资金"项目反映期末存放在金融机构的各种款项，应根据"银行存款""结算备付金""交易保证金"等账户的期末余额填列。

"应收证券清算款"项目反映期末尚未收回的证券清算款，应根据"证券清算款"账户所属明细账户期末借方余额填列。

"应收利息"项目反映期末尚未收回的各项利息，应根据"应收利息"账户期末余额填列。

"买入返售证券"项目反映期末已经买入但尚未到期返售证券的实际成本，应根据"买入返售证券"账户期末余额填列。

"其他应收款"项目反映除应收证券清算款、应收利息、应收红利、应收股利以外的期末尚未收回的其他各种应收款、暂付款项等，应根据"其他应收款"等账户的期末余额分析填列。

"债券投资"项目反映期末持有债券投资的公允价值，应根据"交易性金融资产"及其明细账户的期末余额分析填列。

"基金投资"项目反映期末持有基金投资的公允价值，应根据"交易性金融资产"及其明细账户的期末余额分析填列。

"股票投资"项目反映期末持有股票投资的公允价值，应根据"交易性金融资产"及其明细账户的期末余额分析填列。

"其他投资"项目反映期末持有的除上述投资以外的投资的公允价值，应根据"交易性金融资产"等相关账户的期末余额分析填列。

"其他资产"项目反映除上述资产以外的其他资产，应根据"交易性金融资产"等相关账户的期末余额分析填列。"应收红利""应收股利"账户的期末余额也填列在此项目。

"应付证券清算款"项目反映期末尚未支付的证券清算款,应根据"证券清算款"账户所属明细账户的期末余额填列。

"应付受益人待遇"项目反映期末尚未支付受益人待遇的款项,应根据"应付受益人待遇"账户的期末余额填列。

"应付受托人管理费"项目反映期末尚未支付受托人的管理费用,应根据"应付受托人管理费"账户的期末余额填列。

"应付托管人管理费"项目反映期末尚未支付托管人的管理费用,应根据"应付托管人管理费"账户的期末余额填列。

"应付投资管理人管理费"项目反映期末尚未支付投资管理人的管理费用,应根据"应付投资管理人管理费"账户的期末余额填列。

"应交税费"项目反映期末应交未交的相关税费,应根据"应交税费"账户的期末余额填列。

"卖出回购证券款"项目反映已经卖出但尚未到期回购的证券款,应根据"卖出回购证券款"账户的期末余额填列。

"应付利息"项目反映期末尚未支付的各项利息,应根据"应付利息"账户的期末余额填列。

"应付佣金"项目反映期末尚未支付给券商的佣金,应根据"应付佣金"账户的期末余额填列。

"其他应付款"项目反映除上述负债以外的其他负债,如暂收款、多收的款项等,应根据"其他应付款"等有关账户的期末余额分析填列。

企业年金基金净值账户是净值类账户,包括企业年金基金、本期收益等明细账户,其中本期收益明细账户余额可能为借方余额,也可能为贷方余额。

(二)净资产变动表的编制说明

"期初净资产"项目反映企业年金基金期初净值,应根据上期期末"企业年金基金"账户所属明细账户的贷方余额分析填列。

"存款利息收入"项目反映本期存放在金融机构的各种存款的利息收入,应根据"利息收入"账户期末结转"本期收益"账户的数额填列。

"买入返售证券收入"项目反映本期买入返售证券业务而实现的利息收入,应根据"买入返售证券收入"账户期末结转"本期收益"账户的数额填列。

"公允价值变动收益"项目反映本期持有债券、基金、股票等投资的公允价值变动情况,应根据"公允价值变动收益"账户期末结转"本期收益"账户的数额填列。

"投资处置收益"项目反映本期投资处置时实现的收益及投资持有期间收到被投资单位发放的现金股利、基金红利,或按债券票面利率计算的利息收入,应根据"投资收益"账户期末结转"本期收益"账户的数额分析填列。

"其他收入"项目反映本期除以上收入外的其他收入,应根据"其他收入"账户期末结转"本期收益"账户的数额填列。

"收取的企业缴费"项目反映本期收到的企业缴费,应根据"企业年金基金"账户所属明细账户的余额分析填列。

"收取的职工个人缴费"项目反映本期收到的职工个人缴费，应根据"企业年金基金"及其明细账户的余额分析填列。

"个人账户转入"项目反映本期从其他企业调入本企业的职工的个人账户转入的金额，应根据"企业年金基金——个人账户转入"账户的余额填列。

"交易费用"项目反映本期投资运营中发生的手续费、佣金及其他必要支出，应根据"交易费用"账户期末结转"本期收益"账户的数额填列。

"受托人管理费"项目反映本期按照合同约定计提的受托人管理费，应根据"受托人管理费"账户期末结转"本期收益"账户的数额填列。

"托管人管理费"项目反映本期按照合同约定计提的托管人管理费，应根据"托管人管理费"账户期末结转"本期收益"账户的数额填列。

"投资管理人管理费"项目反映本期按照合同约定计提的投资管理人管理费用，应根据"投资管理人管理费"账户期末结转"本期收益"账户的数额填列。

"卖出回购证券支出"项目反映本期发生的卖出回购证券业务的支出，应根据"卖出回购证券款"账户期末结转"本期收益"账户的数额填列。

"其他费用"项目反映本期除上述费用之外的其他各项费用，应根据"其他费用"账户期末结转"本期收益"账户的数额填列。

"支付受益人待遇"项目反映本期支付受益人待遇的金额，应根据"企业年金基金"账户所属明细账户的期末余额填列。

"个人账户转出"项目反映本期因企业职工调出、离职等原因从个人账户转出的金额，应根据"企业年金基金——个人账户转出"账户的期末余额填列。

（三）附注披露内容和要求

根据《企业会计准则第10号——企业年金基金》及其应用指南的规定，企业年金基金在附注中应当披露下列内容：企业年金计划的主要内容及重大变化；企业年金基金管理各方当事人（包括委托人、受托人、账户管理人、托管人、投资管理人、中介机构等）的名称、注册地、组织形式、总部地址、业务性质、主要经营活动；财务报表的编制基础；遵循企业年金基金准则的声明；重要会计政策和会计估计；会计政策和会计估计变更及差错更正的说明，包括会计政策、会计估计变更和差错更正的内容、理由、影响数或影响数不能合理确定的理由等；投资种类、金额及公允价值的确定方法；各类投资占投资总额的比例；报表重要项目的说明，包括货币资金、买入返售证券、债券投资、基金投资、股票投资、其他投资、卖出回购证券款、收取企业缴费、收取职工个人缴费、个人账户转入、支付受益人待遇、个人账户转出等。在具体编制时，可参照财务报表列报应用指南列示的"证券公司报表附注"的披露格式和要求；企业年金基金净收益，包括本期收入、本期费用的构成；资产负债表日后事项、关联方关系及其交易的说明等；企业年金基金投资组合情况、风险管理政策，以及可能使投资价值受到重大影响的其他事项。

本章小结

```
                          ┌─────────────┐   ┌──────────────────────┐
                          │ 企业年金基金概述 │───│ 企业年金与企业年金基金      │
                          │             │   ├──────────────────────┤
                          │             │───│ 企业年金基金管理各方当事人   │
                          │             │   ├──────────────────────┤
                          │             │───│ 企业年金基金会计概述       │
                          └─────────────┘   └──────────────────────┘

                          ┌─────────────┐   ┌──────────────────────┐
                          │ 企业年金基金缴费 │───│ 企业年金基金缴费及其流程    │
                          │ 的会计处理     │   ├──────────────────────┤
                          │             │───│ 企业年金基金收到缴费的账务处理 │
                          └─────────────┘   └──────────────────────┘

                          ┌─────────────┐   ┌──────────────────────┐
  ┌───┐                   │ 企业年金基金投资 │───│ 企业年金基金投资运营的原则和范围│
  │ 企 │                  │ 运营的会计处理   │   ├──────────────────────┤
  │ 企 │                  │             │───│ 企业年金基金投资运营流程    │
  │ 业 │                  │             │   ├──────────────────────┤
  │ 年 │                  │             │───│ 企业年金基金投资运营的账务处理 │
  │ 金 │───               └─────────────┘   └──────────────────────┘
  │ 基 │
  │ 金 │                  ┌─────────────┐   ┌──────────────────────┐
  │ 会 │                  │ 企业年金基金收入 │───│ 企业年金基金收入的会计处理   │
  │ 计 │                  │ 和费用的会计处理  │   ├──────────────────────┤
  └───┘                   │             │───│ 企业年金基金费用的会计处理   │
                          └─────────────┘   └──────────────────────┘

                          ┌─────────────┐   ┌──────────────────────┐
                          │ 企业年金待遇给付及│───│ 企业年金待遇给付及其账务处理  │
                          │ 企业年金基金净资产│   ├──────────────────────┤
                          │             │───│ 企业年金基金净资产、净收益及其账务处理│
                          └─────────────┘   └──────────────────────┘

                          ┌─────────────┐   ┌──────────────────────┐
                          │ 企业年金基金财务 │───│ 企业年金基金财务报表编制和对外报告主体│
                          │ 报表          │   ├──────────────────────┤
                          │             │───│ 企业年金基金财务报表的构成   │
                          │             │   ├──────────────────────┤
                          │             │───│ 企业年金基金财务报表编制    │
                          └─────────────┘   └──────────────────────┘
```

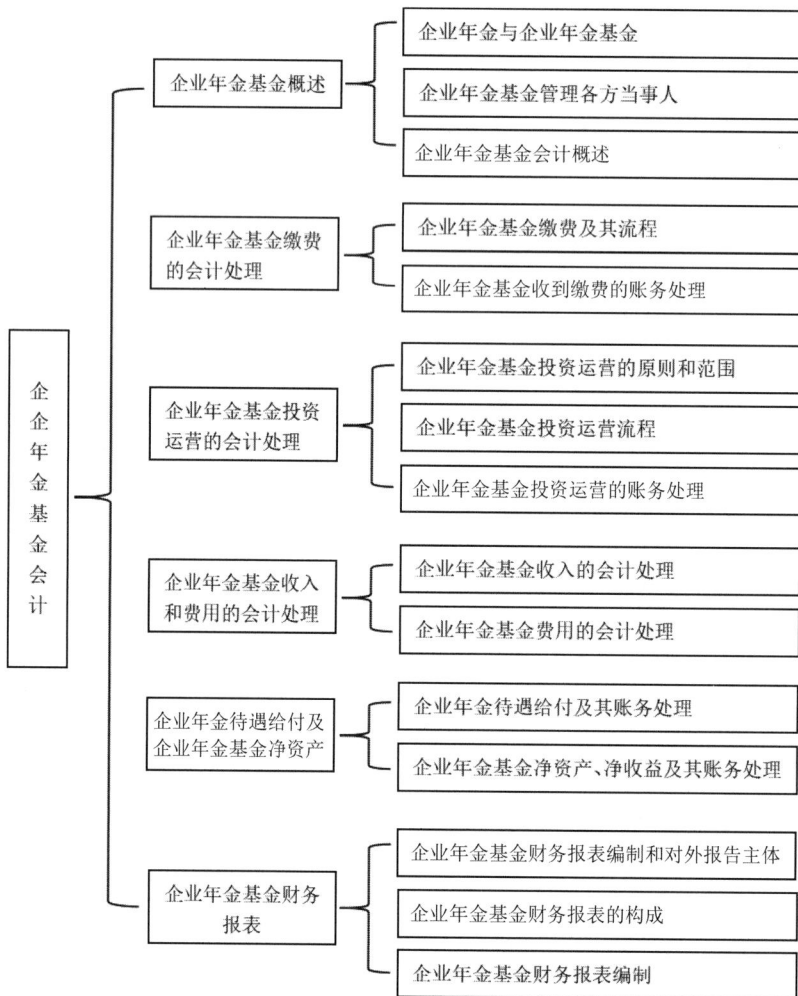

本章关键术语

　　企业年金基金；企业年金基金会计；企业年金基金收入；企业年金基金费用；企业年金待遇给付；企业年金基金净值

本章思考题

1. 什么是企业年金基金？它有什么特点？
2. 企业年金基金会计的特点是什么？
3. 企业年金基金会计主要核算哪些内容？

本章练习题

某企业年金基金相关业务如下。

1. 2021 年 3 月 3 日，通过证券交易所购入 A 公司股票 200 000 股，每股 5.2 元（包含已宣告发放但尚未领取的现金股利 0.2 元），手续费费率为 1.5‰；购买股票投资基金 1 000 000 元，手续费费率为 1.5‰；购买 5 年期国债 2 060 000 元（包含已到付息期但尚未支付的利息 60 000 元），票面利率为 6%，每半年付息一次；按面值购买 3 年期企业债券 400 000 元，票面利率为 9%，到期一次还本付息。

2. 2021 年 4 月 10 日，收到 A 公司支付的现金股利 40 000 元和国债利息 60 000 元。

3. 2021 年 4 月 30 日，以 6.0 元/股在证券市场上全部卖出持有的 A 公司股票。

4. 2021 年 4 月 30 日，根据有关规定提取企业年金基金投资管理风险准备金 60 000 元。

要求：根据上述资料，进行企业年金基金的账务处理。

第五章

外币交易会计

学习目标

本章主要介绍外币交易会计与外币财务报表折算的理论及其实践，内容包括记账本位币的确定和变更、外币的界定、外币交易相关理论及其会计处理、外币财务报表折算相关理论及其方法。通过本章的学习，要求学生了解记账本位币及外币的界定，熟悉记账本位币的变更和外币交易的相关概念、外币财务报表折算的概念，掌握外币交易的会计处理及外币财务报表折算方法。

思政课堂

党的十九大报告提出，要同舟共济，促进贸易和投资自由化便利化，推动经济全球化朝着更加开放、包容、普惠、平衡、共赢的方向发展。学习外币会计要深入贯彻落实党的十九大精神，既要坚持制度自信、文化自信，充分认知与总结我国外币会计理论研究与实践创新的丰硕成果，也要放眼全球，兼容并包。同学们应从正确理解外币会计的相关概念入手，厘清不同外币交易会计处理与财务报表折算的思路，在学习过程中坚持行远自迩，笃行不怠。

引导案例

2020 年第四季度，随着美元贬值、人民币汇率的不断上升，上市公司外币业务会计处理问题引起广大投资者的关注，根据"互动易"App 上的统计数据，仅 2020 年 12 月 1 日—2021 年 1 月 31 日，投资者询问深圳证券交易所上市公司董事会秘书关于美元贬值人民币汇率上升公司如何应对等会计问题就多达 2 400 余条。涉及的内容如下：美元贬值人民币汇率上升，公司如何选择折算汇率？未来汇率不确定性对公司的影响有多大？2020 年公司因汇率造成的汇兑损失有多大？公司如何应对汇率变动的风险？2020 年汇率波动导致公司的外币报表折算差额发生变动情况如何？等等。

从上述资料不难看出，外币会计处理不仅涉及折算汇率的选择，还有汇兑损益的处理及外币报表折算事宜，其结果可能会影响企业的损益，给企业带来一定的风险。外币交易的会计处理和外币财务报表折算，既是会计从业人员的工作内容，又是会计信息使用者关注的重要信息。

第一节 外币交易会计概述

在全球经济一体化的大背景下，我国企业的跨国筹资活动、投资活动、经营活动不断增加，参与国际资本市场竞争的程度不断加深、规模不断扩大，企业在其他国家或在我国境内设立的采用不同货币记账的子公司、联营企业、合营企业和分支机构比比皆是；再加上，外国企业在我国开办外商独资、合资企业，不断地向内资企业和国内市场注入外币资本，均使企业以外币对发生的交易进行计价或结算成为常态。因此，对于会计而言，核算和监督以外币计价的经济活动成为一种必然。

众所周知，货币计量是财务会计的基本假设之一，货币计量是指会计主体在进行确认、计量和报告时以货币作为主要计量尺度，反映企业的生产经营活动。在会计核算中，因记账的货币不同，有外币和记账本位币之分。会计意义的外币并非通常所讲的外国货币。会计意义的外币是指除记账本位币以外的货币，即外币是与记账本位币对应的货币，是对记账本位币以外的其他货币的统称。基于此，要掌握外币交易会计处理，先要了解记账本位币的确定和变更。

一、记账本位币的确定和变更

（一）记账本位币的确定

1. 记账本位币的定义

记账本位币是指企业经营所处的主要经济环境中的货币。例如，我国大多数企业主要收、支现金的环境在国内，一般以人民币作为记账本位币。《中华人民共和国会计法》规定，业务收支以人民币以外的货币为主的单位，可以选定其中的一种货币作为记账本位币，但是编制的财务会计报告应当折算为人民币。例如，我国的少数企业其收、支现金的环境在国外，一般以美元结算，则可以选择美元作为记账本位币，但是该类企业编制的财务会计报告应当折算为人民币。《企业会计准则第 19 号 外币折算》允许企业选择非人民币作为记账本位币，并对如何选择记账本位币进行了相应的规范。

2. 记账本位币选择需考虑的因素

根据《企业会计准则 19 号——外币折算》规定，企业选择记账本位币，应考虑的主要因素具体如下。

一是该货币主要影响商品和劳务销售的价格，通常以该货币进行商品和劳务销售的计价和结算。例如，国内的甲公司为外贸自营出口企业，超过 70%的营业收入来自对美国出口的商品，其商品的主要价格受美元的影响，以美元计价。因此，从影响商品和劳务销售价格的角度看，甲公司应选择美元作为记账本位币。

二是该货币主要影响商品和劳务所需人工、材料和其他费用，通常以该货币进行上述费用的计价和结算。如果甲公司除厂房设备及 30%的人工成本在国内以人民币支付外，生产所需要的原材料、机器设备以美元在美国市场采购及 70%的人工成本以美元支付，则甲公司应选择美元作为记账本位币。但是，如果确定甲公司的人工成本、原材料及相应的厂房、机器设备等 95%

以上在国内采购并以人民币计价，则难以判断甲公司的记账本位币应选择美元还是人民币，还需要考虑以下因素，以确定甲公司的记账本位币：融资活动获得的资金及保存从经营活动中收取款项时所使用的货币。例如，乙企业为国内一家婴儿配方奶粉加工企业，其原材料牛奶全部来自澳大利亚，主要的加工技术、机器设备及主要技术人员均由澳大利亚方面提供，生产的婴儿配方奶粉面向国内出售。为满足采购原材料等对欧元的需要，乙企业向澳大利亚某银行借款8亿欧元，期限为10年，该借款是乙企业当期流动资金净额的4倍。由于原材料采购是以欧元结算的，且企业所需要的营运资金，即融资获得的资金使用的也是欧元，因此乙企业应当以欧元作为记账本位币。

需要说明的是，企业选定记账本位币时，应综合考虑上述两个因素，不能仅考虑其中之一；在确定企业的记账本位币时，上述因素的主要程度因企业的具体情况不同而不同，需要根据企业的实际情况进行判断。企业选择的记账本位币一经确定，不得变更，除非与确定记账本位币相关的企业经营所处的主要经济环境发生了重大变化。

（二）境外经营记账本位币的确定

1. 境外经营的概念

境外经营是指企业在境外的子公司、合营企业、联营企业、分支机构。当企业在境内的子公司、合营企业、联营企业、分支机构，选定的记账本位币不同于企业的记账本位币时，也应视同境外经营。需要说明的是境外经营是广义的概念，子公司、合营企业、联营企业、分支机构是否属于境外经营，不是以位置是否在境外为判断标准的，而是要看其选定的记账本位币是否与企业的相同。

2. 境外经营确定记账本位币应考虑的因素

企业确定境外经营的记账本位币，除要考虑前面所提及的因素外，还应考虑下列因素。

（1）境外经营对其所从事的活动是否拥有很强的自主性。

如果境外经营所从事的活动是企业经营活动的延伸，该境外经营应当选择与企业记账本位币相同的货币作为记账本位币；如果境外经营所从事的活动拥有极强的自主性，应根据所处的主要经济环境选择记账本位币。

（2）境外经营活动中与企业的交易是否占有较大的比重。

如果境外经营活动中与企业的交易所占的比例较高，境外经营应当选择与企业记账本位币相同的货币作为记账本位币；反之，应选择其他货币作为记账本位币。

（3）境外经营活动产生的现金流量是否直接影响企业的现金流量、是否可以随时汇回。

如果境外经营活动产生的现金流量直接影响企业的现金流量，并可以随时汇回，境外经营应当选择与企业记账本位币相同的货币作为记账本位币；反之，应选择其他货币作为记账本位币。

（4）境外经营活动产生的现金流量是否足以偿还现有债务和可预期的债务。

如果境外经营活动产生的现金流量在企业不提供资金的情况下，难以偿还其现有的债务和正常情况下可预期的债务，境外经营应当选择与企业记账本位币相同的货币作为记账本位币；反之，应选择其他货币作为记账本位币。

（三）记账本位币的变更

企业的记账本位币一经确定，不得变更，除非与确定的记账本位币相关的企业经营所处的主要经济环境发生了重大变化。其中，主要经济环境发生了重大变化，通常是指企业收、支现金的环境发生了重大变化，只有使用该环境中的货币才能反映企业的主要交易业务的经济结果。

企业因经营所处的主要经济环境发生重大变化，确实需要变更记账本位币的，应当采用变更当日的即期汇率将所有的项目金额折算为变更后的记账本位币，折算后的金额作为新的记账本位币的历史成本。因为采用同一即期汇率进行折算，所以不会产生汇兑损益。同时，企业需要提供确凿的证据证明企业经营所处的主要经济环境发生重大变化，并应当在附注中披露变更的理由。

二、外币界定方法

（一）记账本位币法

记账本位币法是指只采用某一种货币（记账本位币）记账的方法。该方法下，除记账本位币以外的货币均为外币。可见，会计处理中的外币，并非通常意义上的外国货币。

记账本位币法下，企业选定的用于反映企业财务状况、经营成果和现金流量的货币即记账本位币，非记账本位币的货币就是外币。以外币计量或结算的交易称为外币交易，以外币反映的财务报表称为外币财务报表。目前，我国采用记账本位币法界定外币。

（二）功能性货币法

功能性货币法下，企业在经营活动中使用的非功能性货币均为外币。美国会计准则采用功能性货币法界定外币。

需要说明的是，虽然记账本位币法与功能货币法的名称不同，但实质内容是一致的。

🖊️ **小贴士**

国际会计机构对功能性货币的界定

《国际会计准则第 21 号——汇率变动的影响》对功能性货币的定义：主体经营所处的主要经济环境中的货币。

通常情况下，功能性货币较容易确认，只有在特殊情况下由于企业所从事业务的原因功能性货币不是很明显，如企业从事业务需要两种以上货币计量，此时功能性货币确认取决于会计人员的职业判断。

三、外币业务的相关概念

（一）外汇及其内容

《中华人民共和国外汇管理条例》第三条规定：本条例所称外汇，是指下列以外币表示的可以用作国际清偿的支付手段和资产。

（一）外币现钞，包括纸币、铸币；

（二）外币支付凭证或者支付工具，包括票据、银行存款凭证、银行卡等；

（三）外币有价证券，包括债券、股票等；

（四）特别提款权；

（五）其他外汇资产。

从静态角度看，外汇一般是指以外币表示的用于进行国际结算的支付手段，是一种外汇资产。从动态角度看，外汇是指人们将一种货币兑换成另一种货币，清偿国际债权债务关系的行为，是国际中的一种汇兑活动。从性质上看，外汇是一种对外金融资产，具有较强的流动性和可兑换性。从形式上看，外汇可以是外国货币、外币有价证券，也可以是外币支付凭证或其他外币资金。从用途上看，外汇既可用于清偿国际债权债务，扩大国际信用往来，促进国际经贸的发展，又可以充当支付手段，通过国际信贷和投资途径，调剂资金余缺，促进各国经济的均衡发展。

（二）汇率及其标价方法

1. 汇率

汇率又称为外汇汇价或者比价，是指一国货币兑换成另一国货币的比率，也是一种货币用另一种货币表示的价格。

小贴士

外汇储备小知识

外汇储备（Foreign Exchange Reserve），又称为外汇存底，是指某一国政府所持有的国际储备资产中的外汇部分，即某一国政府持有的以外币表示的债权，是该国货币当局持有并可以随时兑换外国货币的资产。

外汇储备的功能主要包括以下四个方面：①调节国际收支，保证对外支付；②干预外汇市场，稳定本币汇率；③维护国际信誉，提高融资能力；④增强综合国力，抵抗金融风险。

---

2. 汇率的标价方法

汇率的标价方法有两种：直接标价法和间接标价法。

（1）直接标价法，又称应付标价法，是指以一定单位的外国货币为标准，折算为一定数额的本国货币的标价方法。直接标价法的特点：一是外国货币的数额固定不变，在折算为本国货币的数额时，本国货币数额随着外国货币和本国货币的币值的对比变化及供求条件的变化而变化；二是汇率的高低与本国货币对外国货币价值的高低成反比。直接标价法被包括我国在内的许多国家所采用，如我国以人民币为本国货币，以美元为外国货币，直接标价法下，1 美元=6.567 4 元人民币。

（2）间接标价法，又称收进标价法，是指以一定单位的本国货币为标准，折算为一定金额的外国货币的标价方法。间接标价法的特点：一是本国货币的数额固定不变，在折算为外国货币的数额时，外国货币数额随着本国货币和外国货币的币值的对比变化及供求条件的变化而变化；二是汇率的高低与本国货币对外国货币价值的高低成正比。例如，在我国，间接标价法下，1 元人民币=0.147 5 美元。

（三）汇率的分类

1. 基准汇率和套算汇率

基准汇率是指选择一种国际经济交易中最常使用、在外汇储备中所占的比重最大的可自由兑换的关键货币作为主要对象，与本国货币对比所确定的汇率。关键货币一般是指一种世界货币，被广泛用于计价、结算、储备，可自由兑换，国际上可普遍接受的货币。目前，关键货币通常是美元，各国一般把本国货币对美元的汇率作为基准汇率。套算汇率，又称为交叉汇率。制定出基准汇率后，本国货币对其他外国货币的汇率就可以通过基准汇率加以套算，这样所得出的汇率就是套算汇率。

2. 官方汇率和市场汇率

官方汇率又称为法定汇率，是指由各国政府根据本国发展经济的政策和交易性质而制定的汇率。市场汇率是指外汇市场上由交易双方供求关系形成的汇率，这种汇率经常随市场的行情变化而上下波动。

3. 固定汇率和浮动汇率

固定汇率是指一国货币同另一国货币的汇率基本固定，汇率波动幅度较小。浮动汇率是指一国货币当局不规定本国货币对其他货币的官方汇率，也无任何汇率波动幅度的上下限，完全由外汇市场的供求关系来决定汇率的涨跌。当外币供过于求时，外币贬值，本币升值，外汇汇率下跌；反之，外汇汇率上升。

4. 买入汇率、卖出汇率和中间汇率

买入外汇又称为买入价，是指外汇银行向客户买进外汇时所使用的价格。卖出汇率又称为卖出价，是指外汇银行向客户卖出外汇时所使用的价格。在直接标价法下，卖出价高于买入价；在间接标价法下，卖出价低于买入价；买入价与卖出价之间的差额即外汇银行买卖外汇的收益。中间汇率也称中间价，即买入汇率和卖出汇率的平均数。在实际工作中，外币的计价常使用中间汇率。

5. 即期汇率和远期汇率

因为外汇市场的交易有现汇交易和期汇交易之分，所以将进行现汇交易使用的汇率称为即期汇率，将进行期汇交易使用的汇率称为远期汇率。现汇交易是指外汇买卖双方在成交后即期（原则上不超过两个营业日）办理交割的交易业务；期汇交易是指外汇买卖双方在成交时，只是订立合同，规定外汇买卖的数量、交割期限、汇率等条款，等到合同约定日再办理交割的交易业务。

6. 现行汇率和历史汇率

现行汇率是指企业将外币款项计入账户或编制财务报表时所使用的汇率，因而又称为记账汇率。历史汇率是相对于现行汇率而言的，是指最初取得外币资产或最初承担外币负债计入账户时所采用的汇率，因而又称为账面汇率。例如，企业在发生某项用美元表示的应付账款时，计入账户中的汇率是现行汇率（假如 1 美元=6.567 4 元人民币）；但是在期末编制财务报表时，汇率发生了变化（假如 1 美元=7.001 元人民币），则变化了的汇率即新的现行汇率，又称为期末汇率（1 美元=7.001 元人民币），而此时账面上已经记录的汇率（1 美元=6.567 4 元人民币）则为历史汇率。

（四）外币折算与外币兑换

1. 外币折算

外币折算是指在经济业务中企业将所使用的外币转换为所需要的货币的折合换算过程。折算是指为了重新表示会计记录和报表金额，将会计记录或报表上作为计量单位的货币以另一种货币表示的过程。外币折算只是对外币表述形式的变化，常用于外币报表的折算，即将所使用的外币折合为等值的编报货币，并不进行实际的货币转换。

2. 外币兑换

外币兑换是指企业根据需要在规定允许的条件下，将一种货币兑换为另外一种货币的经济业务。兑换是指一种货币实际兑换为另一种货币的过程，是两种货币的交换行为。外币兑换主要发生在外币结算的交易中，一般需要用本国的货币兑换外国货币，以清偿或支付外币债务，也可以用某一种外币兑换另一种外币。

（五）汇兑损益及其分类

1. 汇兑损益的概念

汇兑损益是指由于汇率变化而引起的不同时期、不同项目的外币金额折合为记账本位币金额的差额。

2. 汇兑损益的分类

汇兑损益按照产生方式的不同，分为兑换损益和折算损益。

兑换损益是指将一种货币兑换成另一种货币而发生的损益。例如，甲企业用人民币 130 000 元从银行兑换 20 000 美元（折算为人民币 128 800 元），该兑换业务产生的汇兑损失是人民币 1 200 元。

折算损益是将外币折算成记账本位币时，由于不同时间、不同项目采用的汇率不同，而形成的汇兑差额，具体分为两种情况。①企业外币债权债务结算时，因时间不同、汇率发生变动而产生的折算为记账本位币金额的差额。例如，甲公司有一笔应收账款金额为 10 000 美元，折算为人民币 65 000 元，收回该款项时，因汇率发生变化折算为人民币 66 000 元，由此产生的汇兑收益是人民币 1 000 元。②期末对外币账户按照期末汇率调整时，因外币账户的账面记账本位币金额与按照期末汇率折算的记账本位币金额不同，也会产生汇兑损益。例如，某月甲公司的应付账款金额为 20 000 美元，折算为人民币 128 000 元，按照当期期末汇率折算为人民币 130 000 元，由此产生的汇兑损失是人民币 2 000 元。

（六）与外币业务相关的其他概念

1. 即期汇率和即期汇率的近似汇率

即期汇率通常是指当日中国人民银行公布的人民币外汇牌价的中间价。企业发生的外币兑换业务或涉及外币兑换的交易事项，应当以交易实际采用的汇率，即银行买入价或卖出价折算。

即期汇率的近似汇率是指按照系统合理的方法确定的、与交易发生日即期汇率近似的汇率，通常是指当期平均汇率或加权平均汇率。

2. 货币性项目和非货币性项目

货币性项目是指企业持有的货币资金和将以固定或可确定的金额收取的资产或者偿付的负

债，可分为货币性资产和货币性负债。货币性资产包括库存现金、银行存款、应收账款、应收票据、其他应收款等；货币性负债包括应付账款、其他应付款、短期借款、应付债券、长期借款、长期应付款等。

非货币性项目是指货币性项目以外的项目。非货币性资产包括预付账款、存货、其他权益工具投资、交易性金融资产、长期股权投资、固定资产、在建工程、无形资产等。非货币性负债包括预收账款。

第二节　外币交易会计处理

一、外币交易的概念及其类型

（一）外币交易的概念

外币交易是指以外币计价或结算的交易，包括买入或者卖出以外币计价的商品或劳务、借入或借出外币资金和其他以外币计价或结算的交易。

（二）外币交易的类型

1. 买入和卖出以外币计价的商品或劳务

买入和卖出以外币计价的商品或劳务，通常情况下是指以外币买卖商品，或者以外币结算劳务合同。此处的商品属于泛指概念，可以是具有实物形态的存货、固定资产等，也可以是没有实物形态的无形资产、债权或股权等。例如，以人民币为记账本位币的国内甲企业向国外的某企业出口商品，以欧元进行结算；甲企业购买境外某公司发行的美元债券等。

2. 借入或借出外币资金

借入或借出外币资金是指企业向银行或非银行金融机构借入以记账本位币以外的货币表示的资金，或者银行或非银行金融机构向人民银行、其他银行金融机构借贷以记账本位币以外的货币表示的资金，以及企业发行的以外币计价或结算的债券等。

3. 其他以外币计价或结算的交易

其他以外币计价或结算的交易是指除上述两项内容以外的外币交易业务，如接受外币投资、接受外币现金捐赠等。

另外，企业与银行发生的货币兑换业务，包括与银行进行结汇或售汇，也属于外币交易业务。

二、外币交易会计处理的要求及记账方法

外币交易会计处理的两大核心问题：一是在交易发生日对交易进行初始确认，将外币金额折算为记账本位币的金额；二是在资产负债表日对相关项目进行折算，并对因汇率变动产生的汇兑损益进行相应的处理。

（一）外币交易会计处理的要求

《企业会计准则第 19 号——外币折算》对外币交易会计处理的要求主要如下。

（1）对于发生的外币交易，企业应当将外币金额折算为记账本位币金额。

（2）外币交易应当在初始确认时，采用交易发生日的即期汇率将外币金额折算为记账本位币金额；也可以采用按照系统合理的方法确定的、与交易发生日即期汇率近似的汇率折算。

通常情况下，企业应当采用即期汇率进行折算。汇率波动不大的，也可以采用按照系统合理的方法确定的、与交易发生日即期汇率近似的汇率折算，但前后各期应当采用相同的方法确定当期的近似汇率。

（3）企业在资产负债表日，应当按照下列规定对外币货币性项目和外币非货币性项目进行处理。

① 外币货币性项目，采用资产负债表日即期汇率折算。因资产负债表日即期汇率与初始确认时或前一资产负债表日即期汇率不同而产生的汇兑差额，计入当期损益。

② 外币非货币性项目，以历史成本计量的，仍采用交易发生日的即期汇率折算，不改变其记账本位币金额。

③ 以公允价值计价的股票、基金等非货币性项目，如果期末的公允价值以外币反映，则应当先将该外币按照公允价值确定当日的即期汇率折算为记账本位币金额，再将其与原记账本位币金额进行比较，其差额作为公允价值变动损益，计入当期损益或者其他综合收益。

（二）外币交易的记账方法

外币交易的记账方法有两种：外币统账制和外币分账制。外币统账制是指企业在发生外币交易时，统一将外币折算为记账本位币入账。外币分账制是指企业在发生外币交易时，分币种记账，待资产负债表日，分外币货币性项目和外币非货币性项目进行调整入账：货币性项目按照资产负债表日的即期汇率折算，非货币性项目按交易发生日即期汇率折算，产生的汇兑差额计入当期损益或其他综合收益等。

在我国绝大多数企业采用外币统账制，只有银行、保险等少数企业由于外币交易频繁，涉及外币币种较多，采用外币分账制记账方法进行日常核算。外币统账制和外币分账制只是账务处理程序有别，其产生的结果应该相同。

三、外币统账制的会计处理

（一）交易发生日的会计处理

交易发生日会计处理的关键是确定折算汇率。我国会计准则规定，企业发生外币交易时，应当在初始确认时采用交易发生日的即期汇率或即期汇率的近似汇率将外币金额折算为记账本位币金额。

【例 5-1】国内甲公司属于增值税的一般纳税企业，其记账本位币为人民币。20×1 年 5 月 8 日，甲公司从国外购入 M 原材料，共计 10 000 美元，当日的即期汇率为 1 美元=6.861 2 人民币，按照规定计算应缴纳的进口关税为 2 600 元人民币，进口增值税为 4 862 元人民币，货款尚未支付，进口关税及进口增值税已用银行存款支付。甲公司的会计处理：

$$68\ 612+2\ 600=71\ 212（元）$$

借：原材料	71 212
应交税费——应交增值税（进项税额）	4 862
贷：应付账款	68 612
银行存款	7 462

【例5-2】国内甲公司的记账本位币为人民币。20×1年6月8日，该公司从中国银行借入500 000欧元，期限为6个月，年利率为6%，借款利息于到期归还本金时一并支付，当日的即期汇率为1欧元=8.076 4元人民币，借入的欧元存入银行，甲公司的会计处理：

$$500\,000×8.076\,4=4\,038\,200（元）$$

借：银行存款	4 038 200
贷：短期借款	4 038 200

【例5-3】国内甲公司的记账本位币为人民币。20×1年6月23日，甲公司向国外乙公司出口商品一批，货款共计60 000美元（假定不考虑增值税等相关税费），货款尚未收到，当日即期汇率为1美元=6.834 5元人民币。甲公司的会计处理：

$$60\,000×6.834\,5=410\,070（元）$$

借：应收账款	410 070
贷：主营业务收入	410 070

【例5-4】国内甲公司选定的记账本位币是人民币。20×1年7月3日，与某外商签订投资协议，当日收到外商投入资本200 000欧元，已存入银行，当日的即期汇率为1欧元=8.076 5元人民币，假定合同约定的汇率为1欧元=8.12元人民币。甲公司的会计处理：

$$200\,000×8.076\,5=1\,615\,300（元）$$

借：银行存款	1 615 300
贷：实收资本	1 615 300

值得注意的是，企业收到投资者以外币投入的资本，无论是否有合同约定汇率，均不得采用合同约定汇率和即期汇率的近似汇率折算，而是采用交易发生日即期汇率折算，这样外币投入资本与相应的货币性项目的记账本位币金额相等，不产生外币资本折算差额。

（二）会计期末或结算日的会计处理

会计期末，即资产负债表日，企业应当分外币货币性项目和外币非货币性项目进行处理。

1. 外币货币性项目的处理

对于外币货币性项目，在资产负债表日或结算日，将因汇率变动而产生的汇兑差额作为财务费用处理（非费用化的除外），同时调增或者调减外币货币性项目的记账本位币金额。汇兑差额是指对同样数量的外币金额采用不同汇率折算为记账本位币金额所产生的差额。

【例5-5】沿用【例5-1】的资料，假定20×1年5月31日的即期汇率为1美元=6.91元人民币（假定不考虑增值税等相关税费），则该笔交易产生的外币货币性项目"应付账款"采用期末即期汇率折算为记账本位币69 100元人民币（10 000×6.91），与其交易发生日折算为记账本位币68 612元的差额为488元人民币，应计入当期损益，同时调整外币货币性项目的原记账本位币金额。甲公司的会计处理：

借：财务费用——汇兑损益	488
贷：应付账款	488

假定20×1年6月21日，甲公司根据供货合同以自有美元存款付清所欠货款（结算日），当日的即期汇率为1美元=6.850 2元人民币。甲公司的会计处理：

借：应付账款	69 100
贷：银行存款	68 502

财务费用——汇兑损益 598

【例5-6】沿用【例5-2】的资料，假定20×1年6月30日的即期汇率为1欧元=8.0823元人民币，则货币性项目"银行存款——欧元"产生的汇兑差额为2950元人民币[500 000×(8.0823−8.0764)]，货币性项目"短期借款——欧元"产生的汇兑差额也为2950元人民币，该公司期末的会计处理：

借：银行存款——欧元 2 950
　　贷：短期借款——欧元 2950

合同约定该公司以人民币归还所借欧元，假定还款当日银行的欧元卖出价为1欧元=8.0831元人民币，由于借款利息在到期归还本金时一并支付，则当日应归还银行借款利息15 000欧元（500 000×6%÷12×6），按当日欧元卖出价折算为人民币121 246.5元（15 000×8.083 1）。假定还款时，"短期借款"账户折算人民币金额仍为4 041 150元，该公司还款日的会计处理：

借：短期借款——欧元 4 041 150
　　财务费用 121 246.5
　　贷：银行存款——人民币 4 162 396.5

【例5-7】沿用【例5-3】的资料，假定20×1年6月30日的即期汇率为1美元=6.910 2元人民币，该笔交易产生的外币货币性项目"应收账款"采用期末即期汇率折算为记账本位币414 612元人民币（60 000×6.910 2），与其交易发生日折算为记账本位币的金额410 070元的差额为4 542元人民币，应当计入当期损益，同时调整货币性项目的原记账本位币金额。甲公司期末的会计处理：

借：应收账款 4 542
　　贷：财务费用——汇兑损益 4 542

假定20×1年8月12日收到上述货款（结算日），当日的即期汇率为1美元=6.831 1元人民币，甲公司实际收到的货款60 000美元折算为记账本位币409 866元人民币（60 000×6.831 1），与当日该笔应收账款的账面金额414 612元人民币的差额为4 746元人民币。甲公司收到货款时的会计处理：

借：银行存款 409 866
　　财务费用——汇兑损益 4 746
　　贷：应收账款 414 612

2. 外币非货币性项目的处理

由于企业的外币非货币性项目计量属性不同，会计期末或结算日的会计处理也有所不同。

对于以历史成本计量的外币非货币性项目，已在交易发生日按当日即期汇率折算，资产负债表日不应改变其原记账本位币金额，所以不产生汇兑差额。

【例5-8】国内A企业的记账本位币为人民币。A公司某年6月5日，进口一台机器设备，设备价款为100 000美元，尚未支付，当日的即期汇率为1美元=6.812 3元人民币。当年6月30日的即期汇率为1美元=6.824 5元人民币。假定不考虑其他相关税费，该项设备属于企业的固定资产，在购入时已按当日即期汇率折算为人民币681 230元。由于固定资产属于非货币性项目，因此当年6月30日，不需要按当日即期汇率进行调整。

对于以公允价值计量且其变动计入其他综合收益的外币货币性金融资产形成的汇兑差额，

应当计入当期损益；对于以公允价值计量且其变动计入其他综合收益的外币非货币性金融资产形成的汇兑差额，与其公允价值变动一并计入其他综合收益。

【例5-9】国内甲公司的记账本位币为人民币。某年12月15日甲公司以每股1.2美元的价格购入乙公司B股100 000股作为以公允价值计量且其变动计入其他综合收益的金融资产，当日即期汇率为1美元=6.813 4元人民币，款项已付。按照即期汇率折算的人民币金额为817 608元（1.2×100 000×6.813 4）。假定不考虑相关税费的影响，甲公司在交易发生日的会计处理：

借：其他权益工具投资　　　　　　　　　　　　　　　　　817 608
　　贷：银行存款　　　　　　　　　　　　　　　　　　　　　　817 608

假定当年12月31日，由于市价变动，购入的乙公司B股的市价变为每股1.5美元，当日即期汇率为1美元=6.823 5元人民币。根据《企业会计准则第22号——金融工具确认和计量》的规定，以公允价值计量且其变动计入其他综合收益的金融资产，公允价值变动形成的利得或损失，除减值和外币货币性金融资产形成的汇兑差额外，应当直接计入其他综合收益，在该金融资产终止确认时转出，计入当期损益。由于该项金融资产是以外币计价的，在资产负债表日，不仅应考虑外币市价的变动，还应一并考虑外币与人民币之间汇率变动的影响，该金融资产在资产负债表日的人民币金额为1 023 525元（1.5×100 000×6.823 5），与原账面价值817 608元的差额为205 917元人民币（既包含甲公司所购乙公司B股股票公允价值变动的影响，又包含人民币与美元之间汇率变动的影响），应计入其他综合收益。甲公司的会计处理：

借：其他权益工具投资　　　　　　　　　　　　　　　　　205 917
　　贷：其他综合收益　　　　　　　　　　　　　　　　　　　205 917

对于以公允价值计量且其变动计入当期损益的股票、基金等非货币性项目，如果期末的公允价值以外币反映，则应当先将该外币按照公允价值确定当日的即期汇率折算为记账本位币金额，再与原记账本位币金额进行比较，将其差额作为公允价值变动损益，计入当期损益。

【例5-10】国内甲公司的记账本位币为人民币。20×1年12月15日，甲公司以每股1.5美元的价格购入乙公司B股40 000股作为以公允价值计量且其变动计入当期损益的金融资产，当日即期汇率为1美元=6.813 4元人民币，款项已付。按照即期汇率折算的人民币金额为408 804元（1.5×40 000×6.813 4）。假定不考虑相关税费的影响，该公司在交易发生日的会计处理：

借：交易性金融资产　　　　　　　　　　　　　　　　　　408 804
　　贷：银行存款　　　　　　　　　　　　　　　　　　　　　　408 804

假定20×1年12月31日，由于市价变动，购入的乙公司B股的市价变为每股2美元，当日即期汇率为1美元=6.823 5元人民币。根据《企业会计准则第22号——金融工具确认和计量》的规定，交易性金融资产以公允价值计量。由于该项交易性金融资产是以外币计价的，在资产负债表日，不仅应考虑外币市价的变动影响，还应一并考虑外币与人民币之间汇率变动的影响。该交易性金融资产在资产负债表日的人民币金额为545 880元（2×40 000×6.823 5），与原账面价值408 804元的差额为137 076元人民币（既包含甲公司所购乙公司B股股票公允价值变动的影响，又包含人民币与美元之间汇率变动的影响），应计入公允价值变动损益。甲公司的会计处理：

借：交易性金融资产　　　　　　　　　　　　　　　　　　137 076
　　贷：公允价值变动损益　　　　　　　　　　　　　　　　　137 076

次年某日，假定甲公司将所购乙公司 B 股股票按当日市价每股 2.1 美元全部售出，所得价款为 84 000 美元，假定不考虑税费的影响，按当日汇率 1 美元=6.561 5 元折算为人民币金额为551 166 元，与其原账面价值人民币金额 545 880 元的差额为 5 286 元人民币，对于汇率的变动和股票市价的变动不进行区分，均作为投资收益进行处理。因此，售出当日，假定不考虑其他因素，甲公司的会计处理：

借：银行存款 551 166
　贷：交易性金融资产 545 880
　　　投资收益 5 286

需要注意的是，采用实际利率法计算的金融资产的外币利息产生的汇兑差额，应当计入当期损益。非交易性权益工具投资的外币现金股利产生的汇兑差额，应当计入当期损益。

对于以成本与可变现净值孰低计量的存货，如果其可变现净值以外币确定，则在确定存货的期末价值时，应先将可变现净值折算为记账本位币金额，再与以记账本位币计量的存货成本进行比较。

【例 5-11】国内甲公司的记账本位币为人民币。20×1 年 12 月 11 日，甲公司从英国购入 B 商品 20 000 件，每件价格 50 英镑，货款已经支付，当日即期汇率为 1 英镑=9.084 3 元人民币。20×1 年 12 月 31 日，尚有 2 500 件 B 商品未销售，且其每件价格降至 45 英镑，当日即期汇率是 1 英镑=9.084 4 元人民币。假定不考虑相关税费，甲公司的会计处理：

购入 B 商品。

$$20\ 000\times50\times9.084\ 3=9\ 084\ 300\ （元）$$

借：库存商品 9 084 300
　贷：银行存款 9 084 300

期末，计提存货跌价准备。

$$（2\ 500\times50\times9.084\ 3）-（2\ 500\times45\times9.084\ 4）=113\ 542.5\ （元）$$

借：资产减值损失 113 542.5
　贷：存货跌价准备 113 542.5

3. 货币兑换的会计处理

企业发生的外币兑换业务或涉及外币兑换的交易事项，应当以交易实际采用的汇率，即银行买入价或卖出价折算。因汇率变动产生的折算差额计入当期损益。

【例 5-12】甲公司的记账本位币为人民币。20×1 年 3 月 11 日，甲公司以人民币向中国银行买入 30 000 美元，以中国人民银行公布的人民币汇率中间价作为即期汇率，当日的即期汇率为 1 美元=6.815 2 元人民币，中国银行当日美元卖出价为 1 美元=6.854 2 元人民币。甲公司买入美元的会计处理：

$$30\ 000\times6.815\ 2=204\ 456\ （元）$$
$$30\ 000\times6.854\ 2=205\ 626\ （元）$$

借：银行存款（美元） 204 456
　财务费用——汇兑损益 1 170

　　贷：银行存款（人民币）　　　　　　　　　　　　　　　　　　205 626

　　【例5-13】甲公司的记账本位币为人民币。20×1年9月1日，甲公司将30 000欧元向中国银行兑换人民币，以中国人民银行公布的汇率中间价作为即期汇率，当日的即期汇率为1欧元=8.106 2元人民币，中国银行当日欧元买入价为1欧元=8.082 3元人民币。甲公司卖出欧元的会计处理：

$$30\ 000×8.082\ 5=242\ 495（元）$$
$$30\ 000×8.106\ 2=243\ 186（元）$$

　　借：银行存款（人民币）　　　　　　　　　　　　　　　　　　242 475
　　　　财务费用——汇兑损益　　　　　　　　　　　　　　　　　　711
　　　　贷：银行存款（欧元）　　　　　　　　　　　　　　　　　243 186

四、外币分账制的会计处理

　　外币分账制记账方法下，为保持不同币种借贷方金额合计相等，需要设置"货币兑换"账户进行核算。实务中可采取以下两种方法核算。

（一）外币交易日常核算设置"货币兑换"账户

　　设置"货币兑换"账户处理法，即对企业发生的所有外币交易业务均通过"货币兑换"账户进行处理的一种方法。该方法下，会计处理程序和内容如下。

　　（1）企业发生的外币交易同时涉及货币性项目和非货币性项目的，按相同外币金额同时记入货币性项目和"货币兑换（外币）"账户，同时，按交易发生日即期汇率折算为记账本位币的金额，记入非货币性项目和"货币兑换（记账本位币）"账户。

　　（2）企业发生的交易仅涉及记账本位币外的一种货币的货币性项目，按相同币种金额入账，不需要通过"货币兑换"账户核算；如果涉及两种以上货币，按相同币种金额计入相应货币性项目和"货币兑换（外币）"账户。

　　（3）期末，应将所有以记账本位币以外的货币反映的"货币兑换"账户余额按期末汇率折算为记账本位币金额，并与"货币兑换（记账本位币）"账户余额相比较，其差额转入"汇兑损益"账户。

　　（4）结算外币货币性项目产生的汇兑差额记入"汇兑损益"账户。

　　【例5-14】假定M银行采用外币分账制记账方法，选定的记账本位币为人民币，并以人民币编制财务报表。外币交易日常核算设置"货币兑换"账户。20×1年12月，M银行发生的外币交易业务如下。

　　（1）12月2日，收到投资者投入的货币资本100 000美元，无合同约定汇率，当日汇率为1美元=6.812 2元人民币。

　　（2）12月7日，某客户用人民币兑换10 000美元，当日银行美元卖出价为1美元=6.823元人民币。

　　（3）12月13日，以35 000美元购入一台固定资产，当日汇率为1美元=6.817 4元人民币。

　　（4）12月21日，发放短期贷款10 000美元，当日汇率为1美元=6.818 5元人民币。

　　（5）12月22日，向其他银行拆借资金200 000欧元，期限为1个月，年利率为3%，当日的汇率为1欧元=8.083 1元人民币。

（6）12月30日的汇率为1美元=6.818 4元人民币，1欧元=8.083元人民币。

根据本月份发生的外币交易业务，假定不考虑其他因素，M银行的会计处理如下。

12月2日，收到美元资本投入。

借：银行存款（美元）	USD$ 100 000
贷：货币兑换（美元）	USD$ 100 000
借：货币兑换（人民币）	RMB¥681 220
贷：实收资本	RMB¥681 220

12月7日，换入美元。

借：银行存款（美元）	USD$ 10 000
贷：货币兑换（美元）	USD$ 10 000
借：货币兑换（人民币）	RMB¥68 230
贷：银行存款（人民币）	RMB¥68 230

12月13日，以美元购入固定资产。

借：货币兑换（美元）	USD$35 000
贷：银行存款（美元）	USD$35 000
借：固定资产	RMB¥238 609
贷：货币兑换（人民币）	RMB¥238 609

12月21日，发放美元短期贷款。

借：贷款（美元）	USD$ 10 000
贷：银行存款（美元）	USD$ 10 000

12月22日向其他银行拆借欧元资金。

借：银行存款（欧元）	€ 200 000
贷：拆入资金（欧元）	€ 200 000

12月31日，确定汇兑损益。

本月"货币兑换（美元）"账户的贷方余额为USD$ 75 000（100 000+10 000-35 000），按月末汇率折算为人民币金额为RMB¥511 380（USD$75 000×6.818 4）；"货币兑换（人民币）"账户借方余额 510 841 元（681 220+68 230-238 609）；"货币兑换"账户借贷方的差额为 RMB¥-539，即当期产生的汇兑损益，相应的会计处理：

借：货币兑换（人民币）	RMB¥539
贷：汇兑损益	RMB¥539

（二）外币交易日常核算不设置"货币兑换"账户

该方法下，外币交易的日常核算不通过"货币兑换"账户，仅在资产负债表日结转汇兑损益时通过"货币兑换"账户处理。

在外币交易发生时，直接以发生的币种进行账务处理。期末，由于所有账户均需要折算为记账本位币列报，因此所有以外币反映的账户余额均需要折算为记账本位币余额。其中，货币性项目以资产负债表日即期汇率折算，非货币性项目以交易发生日即期汇率折算。折算后，所有账户借方余额之和与所有账户贷方余额之和的差额即当期汇兑差额，应当计入当期损益（非费用化的除外）。

【例5-15】仍以【例5-14】为例，假定该公司外币交易日常核算不设置"货币兑换"账户，其会计处理如下：

12月2日，收到美元资本投入。

借：银行存款（美元）   USD$100 000

 贷：实收资本   USD$100 000

12月7日，换入美元。

借：银行存款（美元）   USD$ 10 000

 贷：银行存款（人民币）   RMB￥68 230

12月13日，以美元购入固定资产。

借：固定资产   USD$ 35 000

 贷：银行存款（美元）   USD$ 35 000

12月21日，发放美元短期借款。

借：贷款（美元）   USD$ 10 000

 贷：银行存款 （美元）   USD$ 10 000

12月22日，向银行拆借欧元资金。

借：银行存款（欧元）   € 200 000

 贷：拆入资金（欧元）   € 200 000

12月31日，编制人民币账户余额调节表，如表5-1所示。

资产负债表日，编制人民币账户余额调节表时，外币货币性项目以资产负债表日即期汇率折算，外币非货币性项目以交易发生日即期汇率折算。

表5-1 M银行人民币账户余额调节表
20×1年12月31日

账户名称	币种	外币余额	汇率	人民币余额/元	账户名称	币种	外币余额	汇率	人民币余额/元
银行存款	美元	65 000	1：6.818 4	443 196	拆入资金	欧元	200 000	1：8.083	1 616 600
	欧元	200 000	1：8.083	1 616 600					
贷款	美元	10 000	1：6.818 4	68 184	实收资本	美元	100 000	1：6.812 2	681 220
固定资产	美元	35 000	1：6.817 4	238 609	银行存款				68 230
人民币余额合计				2 366 589	人民币余额合计				2 366 050
汇兑损益									539

根据表5-1的内容，M银行的会计处理：

借：货币兑换（人民币）   RMB￥539

 贷：汇兑损益   RMB￥539

第三节 外币财务报表折算概述

随着经济的发展，国际经济交往日益频繁，企业跨国贸易不断增多，跨国公司得到迅速发展。境外经营的出现，不仅会产生外币交易会计处理业务，还会产生外币财务报表折算业务。

一、外币财务报表折算的概念

外币财务报表折算是指为了特定目的，将用某种外币表示的财务报表，按照一定的汇率折算成所需货币表述的财务报表的过程，即外币财务报表折算就是将原来财务报表中以编报货币表示的资产类、负债类、所有者权益类、收入类、费用类等项目，按照一定的汇率折算为所需货币表示的相同项目，并据以重新编制财务报表的过程。

二、外币财务报表折算的经济背景

1. 提供境外经营财务报表的需要

由于境外经营的出现，企业为了考核、评价境外经营的财务状况、经营成果及现金流量，需要将境外经营用外币表示的财务报表转换为以企业记账本位币表示的财务报表，特别是一家企业拥有多处境外经营，这些境外经营的财务报表是按照不同货币表述的，企业为了比较各处境外经营的财务状况与经营成果，需要进行外币财务报表的折算。

2. 编制合并报表的需要

为了反映跨国公司整体的财务状况、经济成果及现金流量，需要编制合并报表，以满足跨国公司股东、债权人等有关会计信息使用者的需要。因为母公司与其国外子公司的个别报表是用不同的货币表述的，所以在编制合并报表时，不能将母公司、子公司的个别报表项目直接相加，而是需要用相同的货币对合并报表进行表述，这就意味着必须将某种外币表述的个别财务报表折算为以母公司记账本位币表述的财务报表。

第四节 外币财务报表折算方法及举例

一、外币财务报表折算的会计问题

外币财务报表的折算目的不同，采取的折算方法也不相同。但是，无论出于何种目的、采用何种方法，进行外币财务报表折算都将面临两大会计问题：一是折算汇率的选择，二是折算差额的处理。

（一）折算汇率的选择

在实际工作中，由于各种货币的汇率总是经常变动的。在浮动汇率制度下，选择适当的汇率进行外币财务报表的折算，对于确保折算后财务报表基本上真实反映原财务报表所反映的内容，有效实现外币财务报表折算的目的，显得尤为重要。

1. 常用的折算汇率

从记账时间来看，汇率可分为现行汇率和历史汇率。现行汇率与历史汇率的简单算术平均数或加权平均数，则称为平均汇率。

根据《企业会计准则第 19 号——外币折算》的规定，汇率可以分为即期汇率和即期汇率的近似汇率。即期汇率通常是指中国人民银行公布的当日人民币外汇牌价的中间价。即期汇率的近似汇率是指按照系统合理的方法确定的、与交易发生日即期汇率近似的汇率，通常是指当期平均汇率或加权平均汇率。

2. 选择折算汇率的注意事项

外币财务报表折算选择折算汇率时，应明确两个问题：一是要根据外币财务报表折算的目的确定选择何种汇率作为折算汇率；二是确定的折算汇率只是主要的折算汇率，并非对所有项目都适用，往往是不同的项目采用不同的折算汇率。

（二）折算差额的处理

外币财务报表折算时，由于各项目采用不同的汇率进行折算，从而产生了折算差额。折算差额的大小取决于所选用的折算方法、汇率变动的方向和程度、外币资产与外币负债的比例等因素。

外币财务报表折算差额的处理也是理论界和实务界争议较大的问题。一般而言，有以下几种观点。

1. 折算差额全部计入当期损益

该观点认为，会计报表项目所承担的汇率风险是客观存在的，将折算差额作为当期损益，计入当期利润表，可以真实地反映企业所承担的汇率风险。

持反对意见的学者认为，从外币财务报表折算的目的来看，折算差额只是在对外币财务报表进行重新表述过程中由于汇率不同所产生的差额，它并不影响折算企业的现金流量。而将未实现的损益计入当期损益，会歪曲企业损益的会计信息，有可能引起财务报表使用者的误解。

2. 折算差额作为所有者权益的调整数

折算差额作为所有者权益的调整数，即将折算差额列入资产负债表的所有者权益中单独反映，称为折算调整额。该观点认为，折算差额是在财务报表折算过程中产生的，并不是企业真正意义上的损益，它并不影响企业的损益。因此，不能列入利润表，列入资产负债表比较合适。

3. 折算差额全部递延

折算差额全部递延是指将折算差额按照人为的标准在若干个会计期间的损益中进行分摊。该观点认为折算差额在各期损益中进行分摊，能使各个会计期间的利润平稳。

持反对意见的学者认为，由于折算差额产生于特定的会计期间，它并不影响以后会计期间的利润，这样人为地将折算差额与以后会计期间的损益挂钩，缺乏足够的理论支撑。

4. 折算损失计入当期损益，折算利得进行递延

折算损失计入当期损益，折算利得进行递延计入所有者权益，该观点是出于谨慎性原则采用的一种折中的方法。

二、外币财务报表的折算方法

一般情况下，根据外币报表折算汇率的不同，可将外币财务报表折算方法分为四种：现行

汇率法、流动性与非流动性项目法、货币性与非货币性项目法和时态法。

（一）现行汇率法

现行汇率法是指以现行汇率为主要折算汇率的外币财务报表折算方法。现行汇率法下，企业对外币财务报表进行折算的具体内容如下。

1. 资产负债表项目的折算

现行汇率法下，资产负债表中的资产类和负债类项目，均采用资产负债表日的现行汇率折算；所有者权益类项目除留存收益和未分配利润外，其他项目采用发生时的汇率（历史汇率）折算；留存收益和未分配利润项目属于平衡数，不需要按照特定的汇率进行折算，可以采用倒挤的方法确定。

2. 利润表项目的折算

现行汇率法下，利润表中的收入类、费用类项目，按照交易发生日的汇率折算，或者为了简化手续，按照编表期内的平均汇率折算。

3. 折算差额的处理

按照上述规定折算产生的外币财务报表折算差额，在资产负债表中所有者权益类项目下单独列示。

4. 现行汇率法的优缺点

现行汇率法实际是将外币财务报表的所有项目均乘一个常数，只是改变外币报表的表现形式，并未改变外币报表各项目之间的关系。该方法简单易行，不考虑境外经营所在国会计准则与企业本国会计准则的差异，不体现会计政策，不改变报表的性质。该方法的不足之处：该方法意味着被折算的外币报表各项目都承担着相同的汇率风险，但实际上企业资产类、负债类项目所承受的汇率风险是不同的，对汇率风险不同的报表项目均以现行汇率进行折算显得不够合理。另外，在历史成本计量模式下，以现行汇率折算以历史成本计价的项目，折算后的金额既不表示该项目的历史成本，又不表示该项目的现行市价，其结果与历史成本计价原则不相符。

（二）流动性与非流动性项目法

流动性与非流动性项目法是将资产负债表项目划分为流动性项目和非流动性项目，流动性项目按照现行汇率折算，非流动性项目按照历史汇率折算的一种外币财务报表折算方法。

流动性与非流动性项目法的具体内容如下。

1. 资产负债表项目的折算

流动性与非流动性项目法下，资产负债表中的流动资产和流动负债项目，按照资产负债表日的汇率折算；非流动资产和非流动负债项目，按照历史汇率折算；所有者权益中的实收资本、资本公积等项目，按照历史汇率进行折算，未分配利润项目采用倒挤的方法确定。

2. 利润表项目的折算

流动性与非流动性项目法下，利润表中，销售成本项目是在对期初存货、期末存货、当期存货分别进行折算的基础上，按照"期初存货+当期购货−期末存货=当期销货"公式计算确定的；除固定资产折旧费用和摊销费用等项目按照相关资产入账时的历史汇率折算外，其他收入类、费用类项目均按平均汇率折算。

3．折算差额的处理

流动性与非流动性项目法下，外币财务报表折算差额可作为当期损益列入利润表。

4．流动性与非流动性项目法的优缺点

该方法下，对流动项目采用现行汇率折算，对非流动项目采用历史汇率折算，这种方法的主要依据在于非流动性项目在短期内不会转换为现金、无须用现金偿付，因此不受现行汇率的影响。汇率变动只影响当期的流动性项目，在流动资产超过流动负债时，外币升值能使企业获得折算收益，外币贬值形成折算损失；在流动负债超过流动资产时，外币升值会使企业遭受折算损失，外币贬值形成折算收益。该方法的不足之处：对流动项目均采用现行汇率折算，未考虑各个项目的个体差异，如对存货、现金、应收账款均采取现行汇率折算，意味着存货与这些项目承担的汇率风险是一样的，没有反映存货的实际情况；非流动项目中的长期负债按历史汇率折算没有反映它们所承担的汇率变动风险。

（三）货币性与非货币性项目法

货币性与非货币性项目法是指将资产负债表项目划分为货币性项目与非货币性项目，货币性项目按照现行汇率折算，非货币性项目按照历史汇率折算的一种外币财务报表折算方法。货币性项目是指企业持有的货币资金和将以固定或可确定的金额收取的资产或者偿付的负债。非货币性项目是指货币性项目以外的项目。该方法的具体内容如下。

1．资产负债表项目的折算

货币性与非货币性项目法下，资产负债表中的货币性项目采用现行汇率折算；非货币性项目和所有者权益类项目采用历史汇率折算；未分配利润项目采用倒挤的方法确定。

2．利润表项目的折算

货币性与非货币性项目法下，利润表中除与固定资产折旧费用和摊销费用项目按照相关资产入账时的历史汇率折算外，其他收入类、费用类项目均按平均汇率折算；销售成本项目则是在对期初存货、期末存货、当期存货分别进行折算的基础上，按照"期初存货+当期购货-期末存货=当期销货"公式计算确定的。其中，期初存货和期末存货是按照各自的历史汇率进行折算的，当期购货是按照当期的平均汇率折算的。

3．折算差额的处理

货币性与非货币性项目法下，外币财务报表折算差额可作为当期损益列入利润表。

4．货币性与非货币性项目法的优缺点

该方法下，对货币性项目采用现行汇率，对非货币性项目采用历史汇率，能够反映汇率变动对不同资产类、负债类项目的影响，体现了货币性项目承受风险的事实。该方法的不足之处：没有考虑非货币性项目的计量基础，如非货币性项目中的其他权益工具投资、交易性金融资产、投资性房地产等是按照现行市价表述的，按照历史汇率进行折算与市价计量基础不相符。

（四）时态法

时态法是指对现金、应收及应付项目按照现行汇率折算，对企业的其他资产类、负债类项目则根据其性质分别按照历史汇率或现行汇率折算的一种外币财务报表折算方法。该方法要求对外币财务报表折算时，分别将资产类、负债类项目的计量基础作为选择汇率的依据，即无论是历史成本计量模式，还是现行成本计量模式，现金总是按资产负债表日持有的金额计量的，应收和应付项目则是按资产负债表日可望在未来收回或偿付的货币金额计量的，因此这些项目应按资产负债表日的现行汇率折算；其他资产类和负债类项目，在历史成本计量模式下是按取得或承担时的货币金额计量的，在现行成本计量模式下是按其在资产负债表日的货币金额计量的，因此应依据其特性，分别按历史汇率和现行汇率折算。时态法的具体内容如下。

1. 资产负债表的折算

按照时态法，资产负债表中的现金、应收和应付项目采用现行汇率折算；对于按历史成本反映的非货币性资产，采用历史汇率折算；对于按现行成本反映的非货币性资产，采用现行汇率折算；所有者权益中除未分配利润以外的其他项目采用历史汇率折算，未分配利润项目采用倒挤的方法确定。

2. 利润表的折算

利润表中的折旧费用和摊销费用按照有关资产的历史汇率折算；对于销售成本，则是在对期初存货、当期购进的存货、期末存货等项目按照适用汇率分别折算的基础上计算确定的；利润表中的其他收入类、费用类项目，采用交易发生时的实际汇率折算或者为了简化手续，可以按当期的平均汇率折算。

3. 折算差额的处理

时态法下，外币财务报表折算差额作为当期损益列入利润表。

4. 时态法的优缺点

时态法下，以资产类、负债类项目的计量基础作为依据选择折算汇率，具有较强的理论依据，符合外币财务报表折算的意图，体现外币财务报表的折算只是用一种新的货币单位重新表述的过程，并不改变各外币项目的计量基础。这种方法的不足之处：由于对资产负债表各项目的折算采用不同的折算汇率，因而折算后的资产负债表不能保持折算前有关项目之间的比率关系，且折算差额计入当期损益，容易掩盖境外经营报告期经营成果的真实状况。

综上所述，四种折算方法关于利润表项目的折算基本相同，而对资产负债表项目的折算，各种方法所用的折算汇率差异较大，折算差额处理方法也不同，如表 5-2 所示。

表5-2　四种折算方法下资产负债表项目汇率的选择情况汇总表

报表项目	折算方法			
	现行汇率法	流动性与非流动性项目法	货币性与非货币性项目法	时态法
货币资金	C	C	C	C
应收账款	C	C	C	C
存货				
按成本计价	C	C	H	H
按市价计价	C	C	H	C
债权投资	C	H	C	H
其他权益工具投资	C	H	H	C
长期股权投资	C	H	H	H
固定资产	C	H	H	H

续表

报表项目	折算方法			
	现行汇率法	流动性与 非流动性项目法	货币性与 非货币性项目法	时态法
无形资产	C	H	H	H
流动负债	C	C	C	C
非流动负债	C	H	C	C
实收资本	H	H	H	H
留存收益	B	B	B	B

注：C 表示现行汇率，H 表示历史汇率，B 表示平衡数。

三、外币财务报表折算举例

外币财务报表折算方法不同，其折算程序及内容也有所区别。现将通过案例对外币报表折算的四种方法逐一进行说明（为了更好地说明四种方法的原理，以下报表均用简表表示，且营业成本不考虑折旧折算的特殊性）。

（一）现行汇率法的应用

【例 5-16】国内乙公司的记账本位币为人民币，该公司在美国有一家 100% 控股的子公司甲公司，甲公司的记账本位币为美元。假定 20×1 年 1 月 1 日的汇率为 1 美元=6.45 元人民币，20×1 年 12 月 31 日的汇率为 1 美元=6.82 元人民币，20×1 年的平均汇率为 1 美元=6.65 元人民币。母公司对子公司投资时的汇率为 1 美元=6.5 元人民币。子公司期初未分配利润为 1 730 万美元，折算为人民币 11 280 万元，期初累计盈余公积为 960 万美元，折算为人民币 6 288 万元。20×1 年度甲公司提取盈余公积 1 040 万美元，其他资料见相关报表所示。

按照现行汇率法，外币财务报表折算差额一般不计入当期损益，而是作为所有者权益的调整数，所以在进行报表折算时，先折算利润表，然后折算资产负债表。为了简化手续，利润表中的收入类、费用类项目按当期的平均汇率折算，资产负债表中的资产类、负债类项目按资产负债表日的现行汇率折算，所有者权益中除留存收益以外的其他项目采用历史汇率折算。报表折算分别如表 5-3、表 5-4 和表 5-5 所示。

表 5-3　利润表（折算前后）

编制单位：甲公司　　　　　　　　　　　　20×1 年度

项目	折算前/万美元	折算汇率	折算后/万元人民币
一、营业收入	50 000	6.65	332 500
减：营业成本	35 000	6.65	232 750
税金及附加	1 200	6.65	7 980
销售费用	100	6.65	665
管理费用	300	6.65	1 995
财务费用	20	6.65	133
二、营业利润	13 380	—	88 977
加：营业外收入	600	6.65	3 990

续表

项目	折算前/万美元	折算汇率	折算后/万元人民币
减：营业外支出	180	6.65	1 197
三、利润总额	13 800	—	91 770
减：所得税费用	3 400	6.65	22 610
四、净利润	10 400	—	69 160
五、每股收益	（略）		
六、其他综合收益	（略）		
七、综合收益总额	（略）		

表 5-4　资产负债表（折算前后）

编制单位：甲公司　　　　　　　　　　　20×1 年 12 月 31 日

资产	折算前/万美元	折算汇率	折算后/万元人民币	负债和所有者权益	折算前/万美元	折算汇率	折算后/万元人民币
货币资金	3 000	6.82	20 460	流动负债	1 310	6.82	8 934.2
应收账款	8 000	6.82	54 560	长期负债	5 000	6.82	34 100
存货	6 400	6.82	43 648	负债合计	6 310	—	43 034.2
流动资产合计	17 400	—	118 668	实收资本	14 000	6.5	91 000
长期股权投资	4 000	6.82	27 280	盈余公积	2 000	—	13 204①
固定资产	12 000	6.82	81 840	未分配利润	11 090	—	73 524②
非流动资产合计	16 000		109 120	折算差额	—	—	7 025.8
				所有者权益合计	27 090	—	184 753.8
资产总计	33 400	—	227 788	负债和所有者权益总计	33 400	—	227 788

注：①盈余公积=6 288+1 040×6.65=13 204（万元）。

　　②未分配利润=11 280+（10 400-1 040）×6.65=73 524（万元）。

表 5-5　所有者权益变动表

编制单位：甲公司　　　　　　　　　　　20×1 年 12 月 31 日

项目	实收资本			盈余公积			未分配利润		外币报表折算差额	所有者权益合计
	万美元	折算汇率	万元人民币	万美元	折算汇率	万元人民币	万美元	万元人民币		万元人民币
一、本年年初余额	14 000	6.5	91 000	960	—	6 288	1 730	11 280	—	108 568
二、本年增加变动金额										

续表

项目	实收资本			盈余公积			未分配利润		外币报表折算差额	所有者权益合计
	万美元	折算汇率	万元人民币	万美元	折算汇率	万元人民币	万美元	万元人民币	万元人民币	万元人民币
（一）净利润							10 400	69 160	—	69 160
（二）其他综合收益										
其中：外币报表折算差额									7 025.8	7 025.8
（三）利润分配										
提取盈余公积				1 040	6.65	6 916	-1 040	-6 916		0
三、本年年末余额	14 000	6.5	91 000	2 000	—	13 204	11 090	73 524	7 025.8	184 753.8

（二）流动性与非流动性项目法的应用

【例 5-17】仍以【例 5-16】的资料为例，长期股权投资日的汇率为 1 美元=6.45 元人民币，固定资产取得日的汇率为 1 美元=6.55 元人民币，长期负债取得日的汇率为 1 美元=6.80 元人民币，期初存货为 12 000 万美元，期初汇率为 1 美元=6.45 元人民币，期末汇率 1 美元=6.82 元人民币，本期购买存货 29 400 万美元，其他有关资料如相应报表所示。

按照流动性与非流动性项目法，资产负债表中的流动资产和流动负债项目按照资产负债表日的汇率折算，非流动资产和非流动负债项目按照历史汇率折算，所有者权益中的实收资本、资本公积等项目按照历史汇率进行折算，未分配利润项目采用倒挤的方法确定。该方法下，外币财务报表折算差额一般直接计入当期损益，所以在进行报表折算时，先折算资产负债表，然后折算利润表。报表折算分别如表 5-6、表 5-7 和表 5-8 所示。

表 5-6　资产负债表（折算前后）

编制单位：甲公司　　　　　　　　　　　　20×1 年 12 月 31 日

资产	折算前/万美元	折算汇率	折算后/万元人民币	负债和所有者权益	折算前/万美元	折算汇率	折算后/万人民币
货币资金	3 000	6.82	20 460	流动负债	1 310	6.82	8 934.2
应收账款	8 000	6.82	54 560	长期负债	5 000	6.80	34 000
存货	6 400	6.82	43 648	负债合计	6 310	—	42 934.2
流动资产合计	17 400	—	118 668	实收资本	14 000	6.5	91 000
长期股权投资	4 000	6.45	25 800	盈余公积	2 000	—	13 204①
固定资产	12 000	6.55	78 600	未分配利润	11 090	—	75 929.8②

续表

资产	折算前/万美元	折算汇率	折算后/万元人民币	负债和所有者权益	折算前/万美元	折算汇率	折算后/万人民币
非流动资产合计	16 000	—	104 400	所有者权益合计	27 090	—	180 133.8
资产总计	33 400	—	223 068	负债和所有者权益总计	33 400	—	223 068

注：①盈余公积=6 288+1 040×6.65=13 204（万元）。

②未分配利润=223 068−（42 934.2+91 000+13 204）=75 929.8（万元）。

表 5-7　所有者权益变动表

编制单位：甲公司　　　　　　　　　　　　　20×1 年 12 月 31 日

项目	实收资本			盈余公积			未分配利润		所有者权益合计
	美元	折算汇率	人民币	美元	折算汇率	人民币	美元	人民币	人民币
一、本年年初余额	14 000	6.5	91 000	960	—	6 288	1 730	11 280	108 568
二、本年增加变动金额									
（一）净利润							10 400	71 565.8②	71 565.8
（二）其他综合收益									
（三）利润分配									
提取盈余公积				1 040	6.65	6 916	−1040	−6 916	0
三、本年年末余额	14 000	6.5	91 000	2 000	—	13 204	11 090	75 929.8①	180 133.8

注：①年末未分配利润来源于资产负债表中的年末未分配利润项目。

②净利润= 75 929.8+6 916−11 280 = 71 565.8（万元）。

表 5-8　利润表（折算前后）

编制单位：甲公司　　　　　　　　　　　　　20×1 年度

项目	折算前/万美元	折算汇率	折算后/万元人民币
一、营业收入	50 000	6.65	332 500
减：营业成本	35 000		229 262①
税金及附加	1 200	6.65	7 980
销售费用	100	6.65	665
管理费用	300	6.65	1 995
财务费用	20	6.65	133

项目	折算前/万美元	折算汇率	折算后/万元人民币
二、营业利润	13 380	—	92 465
加：营业外收入	600	6.65	3 990
减：营业外支出	180	6.65	1 197
加：折算差额			−1 082.2[③]
三、利润总额	13 800	—	94 175.8
减：所得税费用	3 400	6.65	22 610
四、净利润	10 400	—	71 565.8[②]
五、每股收益	（略）		
六、综合收益	（略）		
七、其他综合收益总额	（略）		

注：①折算后主营业务成本=期初存货+本期购买−期末存货

期初存货=12 000×6.45=77 400（万元）

本期购买=29 400×6.65=195 510（万元）

期末存货=6 400×6.82=43 648（万元）

折算后主营业务成本=77 400+195 510−43 648=229 262（万元）。

②净利润项目来源于所有者权益变动表。

③折算差额=营业利润+营业外收入−营业外支出−利润总额

　　　　　=92 465+3 990−1197−94 175.8=1 082.2（万元）。

（三）货币性与非货币性项目法的应用

【例5-18】仍以【例5-16】的资料为例，假定存货基本上是在11月、12月购买的，两个月的平均汇率为1美元=6.72元人民币。其他资料如相关报表所示。

按照货币性与非货币性项目法，外币报表折算差额一般直接计入当期损益，所以在进行报表折算时，先折算资产负债表，然后折算利润表。报表折算分别如表5-9、表5-10和表5-11所示。

表5-9　资产负债表（折算前后）

编制单位：甲公司　　　　　　　　　　20×1年12月31日

资产	折算前/万美元	折算汇率	折算后/万元人民币	负债和所有者权益	折算前/万美元	折算汇率	折算后/万元人民币
货币资金	3000	6.82	20 460	流动负债	1 310	6.82	8 934.2
应收账款	8 000	6.82	54 560	长期负债	5 000	6.82	34 100
存货	6 400	6.72	43 008	负债合计	6 310	—	43 034.2
流动资产合计	17 400	—	118 028	实收资本	14 000	6.5	91 000
长期股权投资	4 000	6.45	25 800	盈余公积	2 000	—	13 204[①]
固定资产	12 000	6.55	78 600	未分配利润	11 090	—	75 189.8[②]
非流动资产合计	16 000	—	104 400	所有者权益合计	27 090	—	179 393.8
资产总计	33 400	—	222 428	负债和所有者权益总计	33 400	—	222 428

注：①盈余公积=6 288+1 040×6.65=13 204（万元）。

②未分配利润=222 428−（43 034.2+91 000+13 204）=75 189.8（万元）。

表 5-10 所有者权益变动表

编制单位：甲公司　　　　　　　　　　20×1 年度　　　　　　　　　　单位：万元

项目	实收资本			盈余公积			未分配利润		所有者权益合计
	美元	折算汇率	人民币	美元	折算汇率	人民币	美元	人民币	人民币
一、本年年初余额	14 000	6.5	91 000	960	—	6 288	1 730	11 280	108 568
二、本年增加变动金额									
（一）净利润							10 400	70 825.8②	70 825.8
（二）其他综合收益									
（三）利润分配									
提取盈余公积				1 040	6.65	6 916	-1040	-6 916	0
三、本年年末余额	14 000	6.5	91 000	2 000	—	13 204	11 090	75 189.8①	179 393.8

注：①年末未分配利润来源于资产负债表中的年末未分配利润项目。

②净利润=75 189.8+6 916-11 280 = 70 825.8（万元）。

表 5-11 利润表（折算前后）

编制单位：甲公司　　　　　　　　　　20×1 年度　　　　　　　　　　单位：万元

项目	折算前/万美元	折算汇率	折算后/万元人民币
一、营业收入	50 000	6.65	332 500
减：营业成本	35 000		231 320①
税金及附加	1 200	6.65	7 980
销售费用	100	6.65	665
管理费用	300	6.65	1 995
财务费用	20	6.65	133
二、营业利润	13 380	—	90 407
加：营业外收入	600	6.65	3 990
减：营业外支出	180	6.65	1 197
加：折算差额			235.8③
三、利润总额	13 800	—	93 435.8
减：所得税费用	3 400	6.65	22 610
四、净利润	10 400	—	70 825.8②
五、每股收益	（略）		

项目	折算前/万美元	折算汇率	折算后/万元人民币
六、综合收益	（略）		
七、其他综合收益总额	（略）		

注：①折算后主营业务成本=期初存货+本期购买-期末存货

期初存货=12 000×6.45=77 400（万元）

本期购买=29 400×6.72=197 568（万元）

期末存货=6 400×6.82=43 648（万元）

折算后主营业务成本=77 400+197 568-43 648=231 320（万元）。

②净利润项目来源于所有者权益变动表。

③折算差额=营业利润+营业外收入-营业外支出-利润总额

=90 407+3 990-1 197-93 435.8=-235.8（万元）。

（四）时态法的应用

【例 5-19】仍以【例 5-16】的资料为例，假定存货和长期股权投资均按现行成本计量，其他资料如相关报表所示。

按照时态法，外币报表折算差额一般直接计入当期损益，所以在进行报表折算时，先折算资产负债表，然后折算利润表。报表折算分别如表 5-12、表 5-13 和表 5-14 所示。

表 5-12 资产负债表（折算前后）

编制单位：甲公司　　　　　　　　　　　　　20×1 年 12 月 31 日

资产	折算前/万美元	折算汇率	折算后/万元人民币	负债和所有者权益	折算前/万美元	折算汇率	折算后/万元人民币
货币资金	3 000	6.82	20 460	流动负债	1 310	6.82	8 934.2
应收账款	8 000	6.82	54 560	长期负债	5 000	6.82	34 100
存货	6 400	6.82	43 648	负债合计	6 310	—	43 034.2
流动资产合计	17 400	—	118 668	实收资本	14 000	6.5	91 000
长期股权投资	4 000	6.82	27 280	盈余公积	2 000	—	13 204[①]
固定资产	12 000	6.55	78 600	未分配利润	11 090	—	77 309.8[②]
非流动资产合计	16 000	—	105 880	所有者权益合计	27 090		181 513.8
资产总计	33 400	—	224 548	负债和所有者权益总计	33 400	—	224 548

注：①盈余公积=6 288+1 040×6.65=13 204（万元）。

②未分配利润=224 548-（43 034.2+91 000+13 204）=77 309.8（万元）。

表 5-13 所有者权益变动表

编制单位：甲公司 20×1 年度 单位：万元

| 项目 | 实收资本 | | | 盈余公积 | | | 未分配利润 | | 所有者权益合计 |
	美元	折算汇率	人民币	美元	折算汇率	人民币	美元	人民币	人民币
一、本年年初余额	14 000	6.5	91 000	960	—	6 288	1 730	11 280	108 568
二、本年增加变动金额									
（一）净利润							10 400	72 945.8[②]	72 945.8
（二）其他综合收益									
（三）利润分配									
提取盈余公积				1 040	6.65	6 916	-1 040	-6 916	0
三、本年年末余额	14 000	6.5	91 000	2 000	—	13 204	11 090	77 309.8[①]	181 513.8

注：①年末未分配利润来源于资产负债表中的年末未分配利润项目。

②净利润=77 309.8+6 916-11 280= 72 945.8（万元）。

表 5-14 利润表（折算前后）

编制单位：甲公司 20×1 年度 单位：万元

项目	折算前/万美元	折算汇率	折算后/万元人民币
一、营业收入	50 000	6.65	332 500
减：营业成本	35 000	6.65	232 750
税金及附加	1200	6.65	7 980
销售费用	100	6.65	665
管理费用	300	6.65	1 995
财务费用	20	6.65	133
二、营业利润	13 380	—	88 977
加：营业外收入	600	6.65	3 990
减：营业外支出	180	6.65	1 197

续表

项目	折算前/万美元	折算汇率	折算后/万元人民币
加：折算差额			3 785.8[②]
三、利润总额	13 800	—	95 555.8
减：所得税费用	3 400	6.65	22 610
四、净利润	10 400	—	72 945.8[①]
五、每股收益	（略）		
六、综合收益	（略）		
七、其他综合收益总额	（略）		

①净利润项目来源于所有者权益变动表。

②折算差额=营业利润+营业外收入-营业外支出-利润总额

=88 977+3 990-1 197-95 555.8= -3 785.8（万元）。

第五节　我国外币财务报表折算方法

一、我国外币财务报表折算的一般原则

按照《企业会计准则第 19 号——外币折算》的规定，在对境外经营财务报表进行折算之前，应当先调整境外经营的会计期间和会计政策，使之与企业会计期间和会计政策相一致，根据调整后的会计期间及其会计政策编制相应货币的财务报表，然后再进行报表折算。

第十二条规定：企业对境外经营的财务报表进行折算时，应遵循下列规定：

（一）资产负债表中的资产和负债项目，采用资产负债表日的即期汇率折算，所有者权益项目除"未分配利润"项目外，其他项目采用发生时的即期汇率折算。

（二）利润表中的收入和费用项目，采用交易发生日的即期汇率折算；也可以采用按照系统合理的方法确定的、与交易发生日即期汇率近似的汇率折算。

按照上述（一）、（二）折算产生的外币财务报表折算差额，在资产负债表中所有者权益项目下单独列示。比较财务报表的折算比照上述规定处理。

第十四条规定：企业在处置境外经营时，应当将资产负债表中所有者权益项目下列示的、与该境外经营相关的外币财务报表折算差额，自所有者权益项目转入处置当期损益；部分处置境外经营的，应当按处置的比例计算处置部分的外币财务报表折算差额，转入处置当期损益。

按照上述规定折算产生的外币财务报表折算差额，在资产负债表中所有者权益类项目下单独列示。需要注意的是，企业编制合并财务报表涉及境外经营的，如有实质上构成对境外经营净投资的外币货币性项目，因汇率变动而产生的汇兑差额，应列入所有者权益外币报表折算差额项目；处置境外经营时，转入处置当期损益。

二、境外经营外币财务报表折算的应用举例

【例5-20】国内甲公司的记账本位币为人民币，该公司在美国有一家子公司 M 公司，M 公司的记账本位币为美元。根据合同约定，甲公司拥有 M 公司 68% 的股份，并且能够对 M 公司的财务和经营政策施加重大影响。20×1 年 12 月 31 日，甲公司在确认其在 M 公司的投资应分

享的投资收益的数额时，需要先将 M 公司的美元财务报表折算为人民币表述。M 公司的有关资料如下。

20×1 年 12 月 31 日的汇率为 1 美元=6.82 元人民币，20×1 年的平均汇率为 1 美元=6.65 元人民币，实收资本交易发生日的即期汇率为 1 美元=6.5 元人民币，20×1 年 1 月 1 日的即期汇率为 1 美元=6.25 元人民币，期初累计盈余公积为 11 000 万美元，折算人民币 68 750 元，期初累计的未分配利润为 20 000 万美元，折算人民币 125 000 万元，M 公司在 20×1 年末提取的盈余公积为 6 000 万美元。

按照境外经营外币财务报表折算的有关规定，折算差额不计入当期损益，而是作为所有者权益的调整数，所以在进行报表折算时，先折算利润表，然后折算资产负债表。报表折算分别如表 5-15、表 5-16 和表 5-17 所示。

表 5-15 利润表（折算前后）

编制单位：M 公司　　　　　　　　　　　　20×1 年度

项目	折算前/万美元	折算汇率	折算后/万元人民币
一、营业收入	110 000	6.65	731 500
减：营业成本	45 000	6.65	299 250
税金及附加	6 000	6.65	39 900
销售费用	8 000	6.65	53 200
管理费用	12 000	6.65	79 800
财务费用	5 000	6.65	33 250
二、营业利润	34 000	—	226 100
加：营业外收入	5 000	6.65	33 250
减：营业外支出	4 500	6.65	29 925
三、利润总额	34 500	—	229 425
减：所得税费用	14 500	6.65	96 425
四、净利润	20 000	—	133 000
五、每股收益	（略）		
六、其他综合收益	（略）		
七、综合收益总额	（略）		

表 5-16 资产负债表（折算前后）

编制单位：M 公司　　　　　　　　　　　　20×1 年 12 月 31 日

资产	折算前/万美元	折算汇率	折算后/万元人民币	负债和所有者权益	折算前/万美元	折算汇率	折算后/万元人民币
流动资产				流动负债			
货币资金	20 000	6.82	136 400	短期借款	10 000	6.82	68 200
交易性金融资产	10 000	6.82	68 200	应付票据	15 000	6.82	102 300
应收票据	22 000	6.82	150 040	应付账款	2 000	6.82	13 640
应收账款	8 000	6.82	54 560	应付职工薪酬	12 000	6.82	81 840

续表

资产	折算前/万美元	折算汇率	折算后/万元人民币	负债和所有者权益	折算前/万美元	折算汇率	折算后/万元人民币
存货	40 000	6.82	272 800	应交税费	3 000	6.82	20 460
流动资产合计	100 000	—	682 000	流动负债合计	42 000	—	286 440
非流动资产				长期借款	20 000	6.82	136 400
固定资产	120 000	6.82	818 400	长期应付款	12 000	6.82	81 840
无形资产	30 000	6.82	204 600	非流动负债合计	32 000	—	218 240
非流动资产合计	150 000	—	1 023 000	所有者权益			
				实收资本	125 000	6.5	812 500
				盈余公积	17 000		108 650[①]
				未分配利润	34 000		218 100[②]
				报表折算差额		—	61 070[③]
				所有者权益合计	176 000	—	1 200 320
资产总计	250 000	—	1 705 000	负债和所有者权益总计	250 000	—	1 705 000

注：

①盈余公积=68 750+6 000×6.65=108 650（万元）。

②未分配利润=125 000+14 000×6.65=218 100（万元）。

③报表折算差额=1 200 320−（812 500+108 650+218 100）=61 070（万元）。

表 5-17　所有者权益变动表

编制单位：M 公司　　　　　　　　　　　20×1 年度

项目	实收资本			盈余公积			未分配利润		外币报表折算差额	所有者权益合计
	万美元	折算汇率	万元人民币	万美元	折算汇率	万元人民币	万美元	万元人民币		万元人民币
一、本年年初余额	125 000	6.5	812 500	11 000	6.25	68 750	20 000	125 000	—	1 006 250
二、本年增加变动金额										
（一）净利润							20 000	133 000		133 000
（二）其他综合收益										

项目	实收资本			盈余公积			未分配利润		外币报表折算差额	所有者权益合计
	万美元	折算汇率	万元人民币	万美元	折算汇率	万元人民币	万美元	万元人民币		万元人民币
其中：外币报表折算差额									61 070	61 070
（三）利润分配										
提取盈余公积				6 000	6.65	39 900	-6 000	-39 900		0
三、本年年末余额	125 000	6.5	812 500	17 000	—	108 650	34 000	218 100	61 070	120 0320

三、处于恶性通货膨胀经济中的境外经营外币财务报表折算问题

（一）境外经营处于恶性通货膨胀经济的判断

境外经营是否处于恶性通货膨胀通常按照以下特征进行判断：

（1）最近三年累计通货膨胀率接近或超过 100%；

（2）利率、工资和物价与物价指数挂钩；

（3）公众不是以当地货币、而是以相对稳定的外币为单位作为衡量货币金额的基础；

（4）公众倾向于以非货币性资产或相对稳定的外币来保存自己的财富，持有的当地货币立即用于投资以保持购买力；

（5）即使信用期限很短，赊销、赊购交易仍按补偿信用期预计购买力损失的价格成交。

（二）处于恶性通货膨胀经济中的境外经营财务报表的折算

按照企业会计准则的规定，企业对处于恶性通货膨胀经济中的境外经营的财务报表，应当先予以重述，然后进行折算。在境外经营不再处于恶性通货膨胀经济中时，应当停止重述，按照停止之日的价格水平重述的财务报表进行折算。

（1）资产负债表项目的重述。

资产负债表项目进行重述时，应根据项目的实际情况，具体问题具体分析。现金、应收账款、其他应收款等货币性项目已经以资产负债表日的计量单位表述，因此不需要对其进行重述；通过协议与物价变动挂钩的资产和负债，应根据协议约定进行调整；非货币性项目中，有些是以资产负债表日的计量单位列示的，如存货已经以可变现净值列示，则资产负债表日就不需要进行重述；其他非货币性项目，如固定资产、无形资产、长期股权投资等，应自购置日起以一般物价指数变动予以重述。

（2）利润表的重述。

由于利润表中项目的特殊性，在对利润表项目进行重述时，所有项目金额都需要自其初始确认之日起，以一般物价指数变动进行重述，以使利润表的所有项目都以资产负债表日的计量

单位表述。利润表项目重述过程中产生的差额计入当期净利润。

按照上述原则对处于恶性通货膨胀经济中的境外经营财务报表进行重述后，再按照最近资产负债表日的即期汇率折算资产负债表和利润表。

本章小结

```
                    ┌─ 外币交易 ─┬─ 记账本位币的确定和变更
                    │   会计概述  ├─ 外币界定方法
                    │            └─ 外币业务的相关概念
                    │
                    │            ┌─ 外币交易的概念及其类型
                    ├─ 外币交易 ─┼─ 外币交易会计处理的要求及记账方法
                    │   会计处理  ├─ 外币统账制的会计处理
                    │            └─ 外币分账制的会计处理
    外币交易会计 ──┤
                    ├─ 外币财务 ─┬─ 外币财务报表折算的概念
                    │   报表折算  └─ 外币财务报表折算的经济背景
                    │   概述
                    │
                    │   外币财务  ┌─ 外币财务报表折算的会计问题
                    ├─ 报表折算 ─┼─ 外币财务报表的折算方法
                    │   方法及举例└─ 外币财务报表折算举例
                    │
                    │   我国外币  ┌─ 我国外币财务报表折算的一般原则
                    └─ 财务报表 ─┼─ 境外经营外币财务报表折算的应用举例
                        折算方法  └─ 处于恶性通货膨胀经济中的境外经营外币财务报表折算问题
```

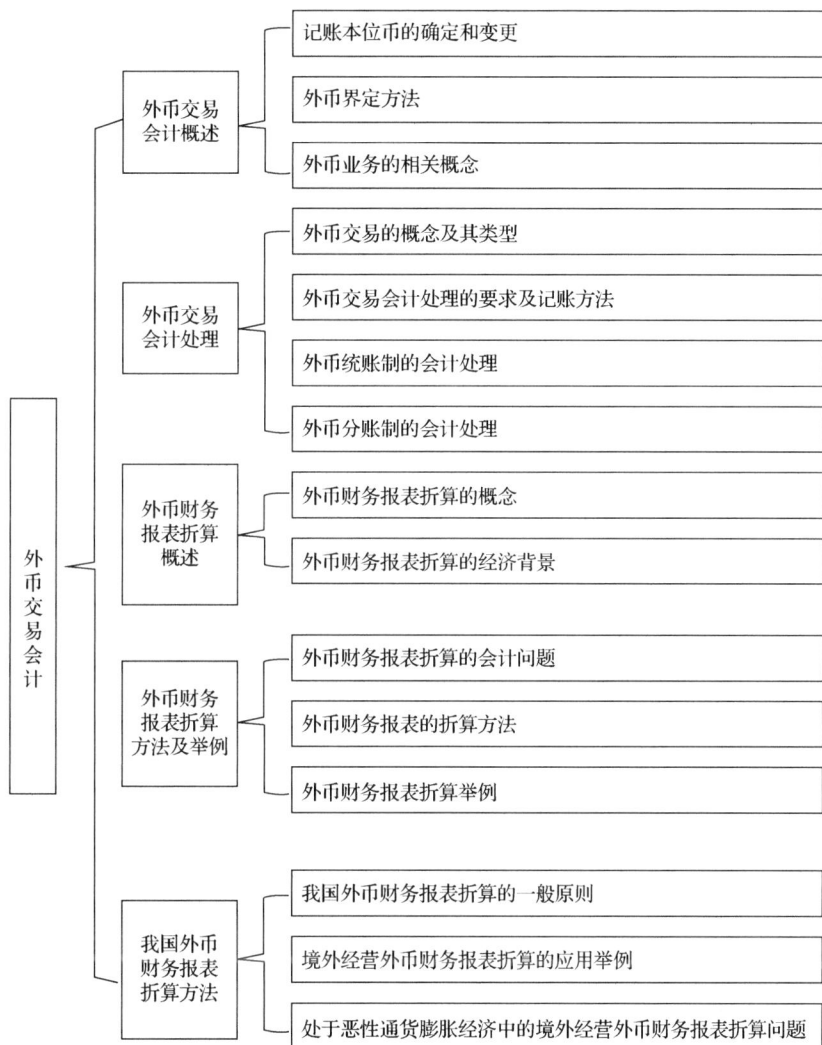

本章关键术语

记账本位币；外币；即期汇率；远期汇率；直接标价法；间接标价法；外币财务报表折算；现行汇率法；流动性与非流动性项目法；货币性与非货币性项目法；时态法

本章思考题

1. 选择记账本位币应考虑的因素有哪些？确定境外经营记账本位币应考虑的因素有哪些？
2. 外币统账制下的会计处理，交易发生日和资产负债表日或结算日的具体要求有哪些？
3. 简述我国会计准则规定的外币财务报表折算的一般原则。

本章练习题

习题一

（一）目的：练习外币交易发生日的会计处理。

（二）资料：国内 M 公司的记账本位币为人民币，属于增值税的一般纳税企业。2020 年 12 月发生如下经济业务。

（1）12 月 1 日，收到外商投入资本 200 000 欧元，已存入银行。投资合同约定的汇率为 1 欧元=8.45 元人民币，当日的即期汇率为 1 欧元=8.241 3 元人民币。

（2）12 月 2 日，从中国银行买进 400 000 美元，银行当日买入价为 1 美元=6.781 4 元人民币，银行当日的卖出价为 1 美元=6.891 2 元人民币。

（3）12 月 8 日，从国外购入 A 商品 10 台，每台 6 000 美元，共计 60 000 美元，当日的即期汇率为 1 美元=6.884 1 元人民币，按照规定计算应缴纳的进口关税为 4 680 元人民币，支付的进口增值税为 8 751.6 元人民币，货款尚未支付，进口的关税及增值税金额已由银行存款支付。

（4）12 月 12 日，向国外的乙公司出口商品一批，货款共计 100 000 美元（假定不考虑增值税等相关税费），货款尚未收到，当日即期汇率为 1 美元=6.884 3 元人民币。

（5）12 月 15 日，从中国银行借入 120 000 欧元，期限为 6 个月，年利率为 6%，借款利息在到期归还本金时一并支付。当日的即期汇率为 1 欧元=8.241 5 元人民币，借入的欧元存入银行。

（6）12 月 25 日，以每股 3 美元的价格购入乙公司 B 股 60 000 股作为交易性金融资产，当日即期汇率为 1 美元=6.884 6 元人民币，款项已付。假定不考虑相关税费的影响。

（7）12 月 26 日，以每股 1.5 美元的价格购入乙公司 B 股 40 000 股作为其他权益工具投资，当日即期汇率为 1 美元=6.884 6 元人民币，款项已付。假定不考虑相关税费的影响。

（三）要求：根据以上经济业务，做出 M 公司外币交易发生日的会计分录。

习题二

（一）目的：练习期末外币业务的会计处理。

（二）资料：仍沿用习题一 M 公司的资料，假定 M 公司再无其他外币业务，2020 年 12 月 31 日的即期汇率为 1 美元=6.884 5 元人民币，1 欧元=8.241 8 元人民币。

（1）沿用习题一的资料，12 月 31 日，确定该公司的外币货币性项目因汇率变动所产生的汇兑差额。

（2）M 公司的交易性金融资产是以公允价值计价的，12 月 31 日该股票公允价值为每股 3.5 美元，确定该公司交易性金融资产的公允价值变动损益。

（3）M 公司的其他权益工具投资是以公允价值计价的，12 月 31 日该股票公允价值为每股 1.8 美元，确定该公司其他权益工具投资的公允价值变动损益。

（4）如果 M 公司购入的商品在资产负债表日采用成本与可变现净值孰低计量，假定 M 公司购入的商品全部尚未出售，期末国内仍无 A 商品，但 A 商品在国际市场的价格已经降至每台 5 400 美元。假定不考虑相关税费，做出期末计提存货跌价准备的会计处理。

（二）要求：依据上述资料，做出相应的会计分录。

习题三

（一）目的：练习现行汇率法的外币财务报表折算。

（二）资料：

（1）国内某公司的记账本位币为人民币，该公司在美国有一家 100％控股的子公司 M 公司，M 公司的记账本位币为美元。假定 20×1 年 1 月 1 日汇率为 1 美元=6.50 元人民币，20×1 年 12 月 31 日的汇率为 1 美元=6.82 元人民币，全年平均汇率为 1 美元=6.62 元人民币。M 公司的实收资本为 60 000 万美元，发生日的汇率为 1 美元=6.50 元人民币。M 公司 20×1 年年初的未分配利润为 2 000 万美元，折算为人民币 13 040 万元，累计盈余公积为 4 400 万美元，折算为人民币 28 600 万元，M 公司在 20×1 年年末提取盈余公积为 2 400 万美元。

（2）M 公司 20×1 年 12 月的利润表有关资料如表 5-18 所示。

表 5-18　利润表（折算前）

编制单位：M 公司　　　　　　　　　　　　　　20×1 年 12 月

项目	本年累计数/万美元
一、营业收入	42 000
减：营业成本	22 000
税金及附加	1 400
销售费用	1 800
管理费用	2 000
财务费用	1 200
二、营业利润	13 600
加：营业外收入	700
减：营业外支出	1 500
三、利润总额	12 800
减：所得税费用	4 800
四、净利润	8 000
五、每股收益	—

（3）M 公司 20×1 年 12 月 31 日资产负债表有关资料如表 5-19 所示。

表 5-19　资产负债表（折算前）

编制单位：M 公司　　　　　　　　　　　　20×1 年 12 月 31 日

资产	期末数/万美元	负债和所有者权益	期末数/万美元
流动资产：		流动负债：	
货币资金	8 000	短期借款	6 000
交易性金融资产	4 000	应付票据	1 600
应收账款	12 000	应付账款	3 200

续表

资产	期末数/万美元	负债和所有者权益	期末数/万美元
存货	16 000	应付职工薪酬	1 800
流动资产合计	40 000	应交税费	5 600
非流动资产：		流动负债合计	18 200
长期股权投资	4 000	非流动负债：	
固定资产	48 000	长期借款	4 000
无形资产	8 000	长期应付款	3 400
非流动资产合计	60 000	非流动负债合计	7 400
		负债合计	25 600
		所有者权益：	
		实收资本	60 000
		盈余公积	6 800
		未分配利润	7 600
		所有者权益合计	74 400
资产总计	100 000	负债和所有者权益总计	100 000

（三）要求：根据上述资料，运用现行汇率法对 A 公司的外币财务报表进行折算。

第六章

企业合并会计

学习目标

通过本章的学习，要求学生准确掌握企业合并的概念、动机及类型，能够深入理解同一控制下企业合并及非同一控制下企业合并的原理，着重掌握两种情况下控股合并的会计处理，一般了解吸收合并和新设合并的会计处理。

思政课堂

2013 年 9 月 7 日，习近平出访中亚时首次指出：为了使欧亚各国经济联系更加紧密、相互合作更加深入、发展空间更加广阔，我们可以用创新的合作模式，共同建设"丝绸之路经济带"。"一带一路"倡议提出后，中国兴起了新一轮并购浪潮。配合国企改革、多层次资本市场建设、中国经济升级等改革发展红利，中国第四轮企业并购浪潮方兴未艾。在此并购浪潮下，同学们需要准确掌握企业合并的概念、动机、类型及其会计处理方法，以增强服务社会的能力。

引导案例

友谊股份合并百联股份的案例

合并双方的最终控制方百联集团有限公司（以下简称"百联集团"）是上海市国资委在 2003 年成立的以商贸流通为主营业务的企业集团，注册资本为 10 亿元，目前其资产总额超过 300 亿元，在 2019 年"中国 500 强"企业中位列第 186 名。合并前的股权结构如图 6-1 所示。

合并方上海友谊集团股份有限公司（以下简称"友谊股份"）成立于 1952 年，1993 年成功改制并作为股份有限公司上市，是上海有名的零售业公司。在友谊股份的股权结构中，上海友谊复星（控股）有限公司（以下简称"友谊复星"）持股 20.95%，百联集团持股 6.31%。百联集团同时持有友谊复星 52% 的股权，因此百联集团总共持有友谊股份 27.26% 的股权，对友谊股份形成控制。被合并方上海百联集团股份有限公司（以下简称"百联股份"）于 1992 年成立，1993 年成功上市。作为百联集团控制的核心企业，百联股份以百货和购物中心为经营重点，持有旗下主要商场八佰伴64%的股权，并且在商场百货以外还持有较多金融业公司的股权，投资范围广泛。合并前，百联集团分别持有友谊股份和百联股份27.26%、44%的股权，并对两家公司形成控制。

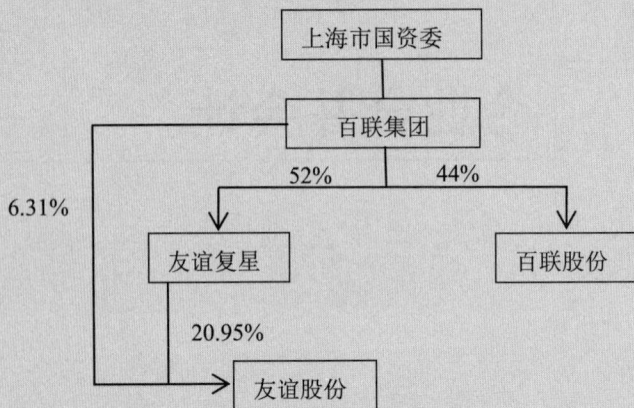

图6-1 合并前的股权结构

友谊股份通过两个阶段实现了对百联股份的并购。首先，友谊股份通过增发股票获得百联股份100%股权后，百联股份退市；然后，友谊股份向百联集团增发股份，收购百联股份持有的八佰伴36%股权和上海百联投资管理有限公司（以下简称"百联投资公司"）100%股权。2011年8月31日，友谊股份取得百联股份控制权，宣告合并成功，百联集团则以49.24%的持股比例成为友谊股份（新）的大股东，此时的股权结构如图6-2所示。

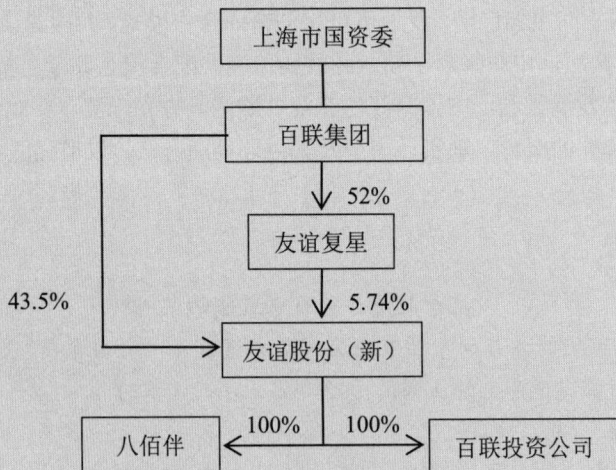

图6-2 合并后的股权结构

合并后，友谊股份获得了百联优质的品牌资源，通过资源整合提升了自身的竞争力，解决了集团内部的同业竞争问题，百联集团也实现了对友谊股份的直接控股，达到了战略双赢。

资料来源：李越冬，李健，张海娟. 同一控制下的企业合并会计处理方式探析[J]. 财会月刊，2021（9）：75-81。

案例思考题:

友谊股份收购百联投资公司 100%的股权，与企业合并有什么关系？企业合并有哪些种类？什么情况下的企业合并需要考虑被合并方的公允价值？企业合并应当采用什么会计处理方法？什么情况下的企业合并需要确认合并商誉？合并商誉如何确认和计量？

第一节　企业合并概述

企业在成长和发展过程中，扩大经营规模有两种基本方式：一是内部扩展，即利用企业自有的资金和渠道，购置设备或对设备进行技术改造，不断研制和开发新产品来扩大经营规模；二是外部扩展，即通过企业合并扩大经营规模，增强竞争实力。国际上许多跨国公司均是通过企业合并逐渐发展壮大的。

一、企业合并的概念

企业合并是指将两个或两个以上的企业合并形成一个报告主体的交易或事项。

小贴士

企业合并概念的理解要点

第一，构成企业合并至少包括两层含义：一是取得了对一个或多个业务的控制权；二是所合并的企业必须构成业务。

第二，不形成企业合并事项，不按照企业合并准则进行处理。

第三，有些事项属于不包括在企业合并准则规范范围内的交易或事项。

第一，企业合并本质上的一种购买行为，但其不同于单项资产的购买，而是一组有内在联系、为了某一既定的生产经营目的存在的多项资产组合或是多项资产、负债构成的净资产的购买。企业合并的结果通常是一家企业取得了对一个或多个业务的控制权。

要形成会计意义上的"企业合并"，前提是被购买的资产或资产负债组合要形成"业务"。如果一家企业取得了对另一家或多家企业的控制权，而被购买方（或被合并方）并不构成业务，则该交易或事项不形成企业合并。业务是指企业内部某些生产经营活动或资产负债的组合，该组合具有投入、加工处理过程和产出能力，能够独立计算其成本费用或所产生的收入等，但一般不构成一家企业、不具有独立的法人资格，如分公司、独立的车间及非法人的分部，目的在于为投资提供股利、降低成本或带来其他经济利益。

第二，不形成企业合并事项，不按照企业合并准则进行处理。

某些企业取得了对另一家或多家企业的控制权，而被购买方（或被合并方）并不构成业务，则该交易或事项不形成企业合并。企业取得不形成业务的一组资产或净资产时，应以购买成本按购买日所取得各项可辨认资产、负债的相对公允价值为基础进行分配，不按照企业合并准则进行处理。

第三，下列事项不包括在企业合并准则规范范围内：购买子公司的少数股权，考虑到该交易或事项发生前后，不涉及控制权的转移，不形成报告主体的变化，不属于企业合并；两方或多方形成合营企业也不属于企业合并。

二、企业合并的动机

现实中的企业往往是具有多重目标的复杂组织，企业合并的动机也往往不同。

（一）规模经济和范围经济动机

1. 规模经济

根据微观经济学的理论，在存在规模经济的情况下，企业可以通过横向的企业合并达成产品的平均成本降低的目标，也就是通过合并使产量迅速增加，从而接近或者达到企业生产的最佳规模。

2. 范围经济

范围经济是指同时生产两种产品的费用低于分别生产每种产品的费用总和的情况，即在现有业务上追加新业务的联合成本要低于单独提供新业务的成本。企业通过纵向合并就可以扩大经营范围，提高效率。因此，获取范围经济是企业合并的重要动因。

（二）协同效应动机

协同效应是指两家企业兼并后，其产出比兼并前两家企业产出之和要大。这主要体现在管理协同效应、营运协同效应和财务协同效应三个方面。

1. 管理协同效应

管理能力作为企业的一项稀缺资源，必须与其他经济资源相匹配才能产生经济效益。如果一家企业的管理能力缺乏，导致该资源的边际成本很高，而另一家企业的情况则相反，那么通过企业合并，管理能力资源在两家企业组成的新企业中重新匹配，会使总资源的管理效率提高，这就是所谓的管理协同效应。管理协同效应认为产生合并的原因在于交易双方的管理能力存在差异，因而具有较高能力的企业合并具有较低能力的企业能提高目标企业的能力，而合并企业也会因此获益。

2. 营运协同效应

企业通过合并可以获得现成的生产设备，正规的供货、分销渠道及有经验的员工，这不仅可以大大降低企业的成本，还可以降低企业的经营风险，从而产生营运协同效应。例如，横向合并可以减少竞争对手，扩大市场占有率，提高企业对市场的控制力，为企业带来丰厚的利润。又如，纵向合并能使企业减少寻价、协商、广告等成本，提高企业的运行效率。

3. 财务协同效应

通过企业合并形成财务协同效应主要表现在以下四个方面。

（1）实现融资与投资机会内部化。

一般不同行业的企业拥有的投资机会是不同的，成熟行业的企业往往拥有较雄厚的资金，但其所处行业的成长性已经极为有限；新兴行业的企业增长速度较快，具有良好的投资机会，但缺乏资金。这样，拥有雄厚资金的企业可以通过合并缺乏资金的新兴行业企业，抓住被合并企业所在行业较好的投资机会，有效提高资金的投资报酬率。

（2）降低投资风险。

企业合并仅变更企业的组织结构，并未增加新的产品和市场，不仅不会加剧竞争，还会在一定程度上消除竞争。同时，组合投资也能够起到降低风险的作用。

（3）能提升企业价值。

企业合并会使股票市场对企业的股票重新进行评价，进而对股票价格产生较大影响。

（4）合理避税。

由于股利收入、利息收入、营业收益与资本收益间的税率差别较大，在并购中采取恰当的财务处理方法可以达到合理避税的目的。例如，税法中规定了亏损递延的条款，拥有较多盈利的企业往往考虑把那些拥有相当数量累积亏损的企业作为并购对象，纳税收益作为企业现金流入可以增加企业价值。

（三）交易成本节约动机

交易成本理论认为，企业是替代市场的一种组织安排，其存在的理由是在特定的范围内和特定的交易中，企业的组织成本低于市场的交易成本。阿尔奇安和德姆塞茨用团队生产理论来解释企业边界。威廉姆森则进一步将交易成本和管理成本归结为资产专用性的函数，资产专用性使契约在事前是不完全的，因此为完成契约就必须应对契约中无法完全涵盖的各种具体变化，这就需要支付成本。如果需要某种中间产品投入的企业在市场上与生产中间产品的企业之间的契约不完全性较强，导致交易成本过高，则该企业就有很大的动力去实施并购，使生产中间产品的企业成为企业的一部分。这种企业合并实际上就是把原来在外部市场上进行的交易内化，形成一个内部化的资本市场，通过契约形式的转换，用管理协调取代市场协调。

（四）优化企业治理结构动机

企业合并的一个重要动因是收购价值低估的企业。企业价值低估是指企业治理结构不完善导致企业资源没有获得应当的利润水平。企业合并可以取得其他企业的控制权，改善企业治理结构，发挥企业潜力。企业合并可以有效降低代理成本，通过公平收购或代理权争夺，企业现任管理者将会被代替。企业管理者在存在企业兼并市场的情况下，经营业绩不佳导致企业价值低估，就会时刻受到解聘的威胁，因而必然会努力工作，于是兼并机制下的接管威胁就降低了企业代理成本。

（五）降低自由现金流量动机

自由现金流量理论认为，管理者追求的是个人利益最大化，而非股东价值最大化，往往不愿意将现金支付给股东，而是留存公司用于满足自身利益的要求，如获得控制资源的权力，改善工作环境等。为了避免这种情况，就需要为企业寻求更多的投资机会，尽可能减少管理者控制自由现金流量的数量。企业合并就是利用自由现金流量的一种很好的选择，它不仅可以充分利用自由现金流量，还可以使管理者由于为企业合并所需要的资金进行融资，而受外部资本市场的监督，进一步降低因管理者目标与企业目标不一致给股东带来的损失，使管理者能更好地为股东服务。

三、企业合并的类型

按照合并方式的不同，企业合并可以划分为控股合并、吸收合并和新设合并。

（一）控股合并

合并方（或购买方）通过企业合并交易或事项取得对被合并方（或被购买方）的控制权，合并方在企业合并后能够通过所取得的股权等主导被合并方的生产经营决策并自被合并方的生产经营活动中获益，被合并方在企业合并后仍维持其独立法人资格继续经营的为控股合并。合并方取得控制权、被合并方保持独立成为子公司，即 $A+B=A+B$。在合并方个别报表中体现为长期股权投资。

在该类企业合并中，因合并方通过企业合并交易或事项取得了对被合并方的控制权，被合并方成为其子公司，被合并方应当纳入合并方合并财务报表的编制范围。从合并财务报表的角度出发，报告主体发生了变化。

（二）吸收合并

合并方在企业合并中取得被合并方的全部净资产，并将有关资产、负债并入合并方自身生产经营活动中，企业合并完成后，注销被合并方的法人资格，由合并方持有合并时取得的被合并方的资产、负债，在新的基础上继续经营的为吸收合并。合并方取得对方资产并承担负债，被合并方解散，即 $A+B=A$。

吸收合并中，因被合并方在合并发生以后被注销，从合并方的角度需要解决的问题是，其在合并日（或购买日）取得的被合并方有关资产、负债入账价值的确定及为了进行企业合并支付的对价与所取得被合并方资产、负债入账价值差额的处理。企业合并后，合并方应将合并中取得的资产、负债作为本企业的资产、负债核算。

（三）新设合并

参与合并的各企业在企业合并后法人资格均被注销，重新注册成立一家新的企业，由新注册成立的企业持有参与合并各企业的资产、负债，并在新的基础上经营的为新设合并。由新成立企业持有参与合并各企业的资产、负债，参与合并各企业均解散，即 $A+B=C$。

新设合并中，参与合并各企业投入新设立企业的资产、负债价值及相关构成新设企业的资本等，一般应按照有关法律法规及各参与方的合同、协议执行。

第二节　企业合并会计处理

企业合并会计处理需要先区分企业合并是属于同一控制下的企业合并还是非同一控制下的企业合并，因为两种情形下的会计处理方法不同，即同一控制下的企业合并采用的会计处理方法是权益结合法，而非同一控制下的企业合并采用的会计处理方法是购买法。

一、同一控制下的企业合并和非同一控制下的企业合并的判断

根据参与合并的企业在合并前后是否受同一方或相同的多方最终控制，合并可分为同一控制下的企业合并与非同一控制下的企业合并。

同一控制下的企业合并是指参与合并的各方在合并前后均受同一方或相同的多方最终控制，且该控制并非暂时性的。

同一控制下的企业合并采用的会计处理方法是权益结合法，其会计处理特点：第一，同一控制下的企业合并所涉及的资产和负债不按公允价值调整；第二，合并中不产生新的资产和负

债；第三，合并中不形成新商誉；第四，合并行为发生在集团内，所涉及的资产和负债按账面价值计量。

小贴士

判定同一控制下企业合并的特别注意事项

第一，能够对参与合并各方在合并前后均实施最终控制的一方通常是指企业集团的母公司。

第二，能够对参与合并各方在合并前后均实施最终控制的相同多方，是指根据合同或协议的约定，拥有最终决定参与合并企业的财务和经营政策的权利，并从中获取利益的投资者群体。

第三，实施控制的时间性要求，是指参与合并各方在合并前后较长时间内为最终控制方所控制。具体是指在企业合并之前（合并日之前），参与合并各方在最终控制方的控制时间一般在 1 年以上（含 1 年），企业合并后所形成的报告主体在最终控制方的控制时间也应达到 1 年以上（含 1 年）。

第四，企业之间的合并是否属于同一控制下的企业合并，应综合构成企业合并交易的各方面情况，按照实质重于形式的原则进行判断。同受国家控制的企业之间发生的合并，不应仅仅因为参与合并各方在合并前后均受国家控制而将其作为同一控制下的企业合并。

非同一控制下的企业合并是指参与合并各方在合并前后不属于同一方或相同多方最终控制的情况下进行的合并。非同一控制下的企业合并采用的会计处理方法是购买法，其会计处理的特点：第一，非同一控制下的企业合并是非关联企业之间进行的合并；第二，以市价为基础，交易作价相对公平合理；第三，合并中会形成新商誉；第四，因合并发生在独立的两家或两家以上的企业之间，所涉及的资产和负债应当按公允价值计量。

【例6-1】为扩大市场份额，经股东大会批准，甲公司于2020年实施了并购和其他有关交易。

（1）并购前，甲公司与相关公司之间的关系如下。

① A公司直接持有B公司 30%的股权，同时受托行使其他股东所持有B公司18%股权的表决权。B公司董事会由 11 名董事组成。其中 A 公司派出 6 名。B公司章程规定，其财务和经营决策经董事会 2/3 以上成员通过即可实施。

② B公司持有C公司 60%股权，持有D公司 100%股权。

③ A公司和D公司分别持有甲公司 30%股权和29%股权。甲公司董事会由 9 人组成，其中 A 公司派出 3 人，D 公司派出 2 人。甲公司章程规定，其财务和经营决策经董事会半数以上成员通过即可实施。

各公司持股情况如图 6-3 所示。

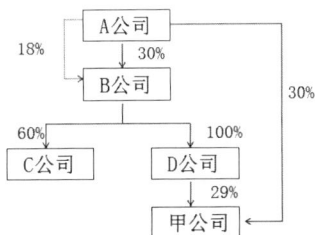

图 6-3　各公司持股情况图

（2）与并购交易相关的资料如下：

2020 年 5 月 20 日，甲公司与 B 公司签订股权转让合同。合同约定：甲公司向 B 公司购买其所持有的 C 公司 60%股权。

分析：因为 A 公司在 B 公司的董事人数未超过 2/3，合并前甲公司和 C 公司不受同一集团管理当局控制，所以甲公司取得 C 公司 60%股权交易属于非同一控制下的控股合并。

二、同一控制下的企业合并的会计处理

同一控制下的企业合并采用的会计处理方法为权益结合法。权益结合法亦称股权结合法、权益联营法，是企业合并业务的会计处理方法之一。权益结合法与购买法基于不同的假设，权益结合法视企业合并为参与合并各方通过股权交换形成的所有者权益的联合，而非资产的交易。换言之，它是由两个或两个以上经营主体对一个联合后的企业或集团开展经营活动的资产贡献，即经济资源的联合。在权益结合法中，原所有者权益继续存在，以前的会计基础保持不变。参与合并各方的资产和负债继续按其原来的账面价值记录，合并后企业的利润包括合并日之前本年度已实现的利润，以前年度累积的留存利润也应予以合并。

（一）同一控制下控股合并的会计处理

1. 长期股权投资初始投资成本的确定

长期股权投资的初始计量包括形成控股合并的初始计量和不形成控股合并的初始计量两种情况。因不形成控股合并的长期股权投资与企业合并无关，具体内容可以参考中级财务会计课程。

合并方以支付现金、发行权益性证券、转让非现金资产或承担债务方式作为合并对价形成同一控制下控股合并的，应当在合并日按照所取得的被合并方在最终控制方合并财务报表中的净资产（所有者权益）的账面价值的份额加上最终控制方收购被合并方形成的商誉作为长期股权投资的初始投资成本。

小贴士

同一控制下控股合并长期股权投资初始投资成本的确定需要注意的问题

（1）被合并方在合并日的净资产账面价值为负数的，长期股权投资初始投资成本按 0 确定，同时在备查簿中予以登记。

（2）企业合并前，合并方与被合并方采用的会计政策不同的，应基于重要性原则，统一合并方与被合并方的会计政策。在按照合并方的会计政策对被合并方净资产的账面价值进行调整的基础上，确定长期股权投资的初始投资成本。如果被合并方编制合并财务报表则应当以合并日被合并方的合并财务报表为基础确认长期股权投资的初始投资成本。

（3）如果被合并方在被合并以前是最终控制方通过非同一控制下的企业合并所控制的，则合并方长期股权投资的初始投资成本还应包含相关的商誉金额。在商誉未发生减值的情况下，同一控制下，不同母公司编制合并财务报表时，合并财务报表中反映的商誉是相同的。

（4）无论以何种方式取得长期股权投资，被投资单位已经宣告发放的现金股利或利润应记入"应收股利"账户，不构成长期股权投资的初始投资成本。

（5）形成同一控制下控股合并的长期股权投资，如果子公司按照改制时确定的资产、负债经评估确认的价值调整资产、负债账面价值的，合并方应当按照取得子公司经评估确认的净资产的份额作为长期股权投资的初始投资成本。

【例6-2】 甲公司为乙公司的母公司。2018年1月1日，甲公司从集团外部用银行存款35 000 000元购入丁公司80%股权（属于非同一控制下的控股合并）并能够控制丁公司的财务和经营政策。购买日，丁公司可辨认净资产的公允价值为40 000 000元，账面价值为38 000 000元，除一项存货外，其他资产、负债的公允价值与账面价值相等，该项存货的公允价值为5 000 000元，账面价值为3 000 000元。至2019年7月1日，丁公司将上述存货对外销售60%。2019年7月1日，乙公司购入甲公司所持有的丁公司60%股权，实际支付款项30 000 000元，形成同一控制下的控股合并。2018年1月1日至2019年7月1日，丁公司实现的净利润为8 000 000元，无其他所有者权益变动。

分析：乙公司购入丁公司60%股权属于同一控制下的控股合并，合并日丁公司账面所有者权益是指其相对于最终控制方甲公司而言的账面价值。

2019年7月1日，丁公司按购买日公允价值持续计算的净资产价值

=40 000 000+[8 000 000-（5 000 000-3 000 000）×60%]=46 800 000（元）

2018年1月1日，甲公司应确认合并商誉=35 000 000-40 000 000×80%=3 000 000（元）

2019年7月1日合并日乙公司购入丁公司60%股权的初始投资成本

=46 800 000×60%+3 000 000=31 080 000（元）

2. 初始投资成本与支付合并对价差额的处理

长期股权投资的初始投资成本与支付的现金、转让的非现金资产及所承担债务账面价值之间的差额，应当调整资本公积（资本溢价或股本溢价）；资本公积（资本溢价或股本溢价）的余额不足冲减的，冲减盈余公积、未分配利润。

合并方以发行权益工具作为合并对价的，应按发行股份的面值总额作为股本，长期股权投资的初始投资成本与所发行股份面值总额之间的差额，应当调整资本公积（资本溢价或股本溢价）；资本公积（资本溢价或股本溢价）余额不足冲减的，冲减盈余公积和未分配利润。会计处理如下：借记"长期股权投资"账户，金额为取得被合并方所有者权益在最终控制方合并财务报表中的账面价值的份额加上最终控制方收购被合并方形成的商誉；借记"应收股利"账户，金额为所付对价中包含的被合并方已宣告但尚未发放的现金股利；借方差额为资本公积（资本溢价或股本溢价），当资本公积（资本溢价或股本溢价）余额不足冲减的，应当依次借记"盈余公积"和"未分配利润"账户；贷记"股本"账户，金额为股票面值；贷方差额为资本公积（资本溢价或股本溢价）。

【例6-3】 甲公司于2020年4月1日自其母公司（P公司）取得B公司100%股权并能够对B公司实施控制。该项交易中，以2019年12月31日为评估基准日，B公司全部股权经评估确定的价值为1 500 000 000元，其个别财务报表中净资产账面价值为640 000 000元，以P公司最初从独立第三方取得B公司股权时点确定的B公司有关资产、负债价值为基础，考虑B公司后续有关交易事项的影响，2020年4月1日B公司净资产价值为920 000 000元。甲公司用以支付购买B公司股权的对价为其持有的一项土地使用权，该土地使用权成本为700 000 000元，已摊销150 000 000元，评估价值为1 000 000 000元，同时该项交易中甲公司另支付现金

500 000 000 元。当日甲公司账面所有者权益类项目构成为股本 600 000 000 元、资本公积 360 000 000 元、盈余公积 240 000 000 元、未分配利润 800 000 000 元。

分析：甲公司对 B 公司的合并属于同一控制下的企业合并。按照会计准则规定，该类合并中投资方应当按照合并取得应享有被合并方账面净资产的份额确认对被合并方的长期股权投资。该长期股权投资与所支付对价账面价值之间的差额应当调整资本公积，资本公积余额不足冲减的，应当依次调整盈余公积和未分配利润。

对 B 公司长期股权投资的初始确认金额为 920 000 000 元，甲公司的会计处理：

借：长期股权投资	920 000 000
累计摊销	150 000 000
资本公积	130 000 000
贷：无形资产	700 000 000
银行存款	500 000 000

3. 合并方合并费用的处理

合并方发生的审计、法律服务、评估咨询等中介费用及其他相关管理费用，于发生时计入当期损益，即借记"管理费用"账户，贷记"银行存款"账户。

与发行权益工具作为合并对价直接相关的交易费用，一般应当计入权益工具的初始计量金额。借记"资本公积——股本溢价"账户，金额为权益工具发行费用；贷记"银行存款"账户。与发行权益工具作为合并对价直接相关的交易费用,应当冲减资本公积(资本溢价或股本溢价)，资本公积（资本溢价或股本溢价）余额不足冲减的，冲减盈余公积和未分配利润。

与发行债务性工具作为合并对价直接相关的交易费用，应当计入债务性工具的初始确认金额（债券的发行费影响"应付债券——利息调整"）。

【例 6-4】甲公司和乙公司同为 A 公司的子公司，且为 A 公司直接投资形成的子公司。2020 年 3 月 6 日，甲公司与 A 公司签订合同，甲公司以银行存款 20 000 000 元和一项土地使用权作为对价购买 A 公司持有乙公司 80%的表决权资本。2020 年 4 月 6 日，甲公司与 A 公司股东大会批准该协议。2020 年 6 月 30 日，甲公司以银行存款 20 000 000 元支付给 A 公司，当日无形资产的账面价值为 50 000 000 元（成本为 60 000 000 元，累计摊销 10 000 000 元），公允价值为 90 000 000 元；同日办理了必要的交接手续并取得控制权。当日乙公司所有者权益的账面价值为 100 000 000 元，乙公司所有者权益的公允价值为 150 000 000 元；A 公司合并财务报表中的乙公司净资产账面价值为 100 000 000 元。甲公司另发生审计、法律服务、评估咨询等的中介费用 1 600 000 元。

分析：该交易为同一控制下的企业合并，因为甲、乙公司在合并前后均受 A 公司的最终控制。

合并方为甲公司，合并日为 2020 年 6 月 30 日。

同一控制下企业合并形成的长期股权投资，应在合并日按取得被合并方在最终控制方合并财务报表中的所有者权益账面价值的份额，作为长期股权投资的初始投资成本 80 000 000 元（100 000 000×80%）。

借：长期股权投资——投资成本	80 000 000
累计摊销	10 000 000
管理费用	1 600 000

　　　　贷：银行存款　　　　　　　　　　　　　　　　　　　　　　　21 600 000
　　　　　　无形资产　　　　　　　　　　　　　　　　　　　　　　　60 000 000
　　　　　　资本公积——股本溢价　　　　　　　　　　　　　　　　　10 000 000

　　4. 企业通过多次交换交易分步取得股权最终形成同一控制下的控股合并

　　企业通过多次交换交易分步取得股权最终形成同一控制下的控股合并一般可以区分为两种情况。

　　（1）属于一揽子交易。

　　如果企业通过多次交换交易分步取得股权最终形成同一控制下的控股合并属于一揽子交易，则合并方应当将各项交易作为一项取得控制权的交易进行会计处理。

　　多项交易的条款、条件及经济影响符合以下一种或多种情况的，通常表明应将多次交易作为一揽子交易进行会计处理：①这些交易是同时或者在考虑了彼此影响的情况下订立的；②这些交易整体才能达成一项完整的商业结果；③一项交易的发生取决于其他至少一项交易的发生；④一项交易单独看是不经济的，但是和其他交易一并考虑时是经济的。

　　（2）不属于一揽子交易。

　　如果企业通过多次交换交易分步取得股权最终形成同一控制下的控股合并不属于一揽子交易，则取得控制权日，应按照以下步骤进行会计处理。①确定同一控制下的企业合并形成的长期股权投资的初始投资成本。在合并日，根据合并后应享有被合并方净资产在最终控制方合并财务报表中的账面价值的份额，确定长期股权投资的初始投资成本。②长期股权投资初始投资成本与合并对价账面价值之间的差额的处理：合并日长期股权投资的初始投资成本，与合并前的长期股权投资账面价值加上合并日进一步取得股份新支付对价的账面价值之和的差额，调整资本公积（资本溢价或股本溢价），资本公积不足冲减的，冲减留存收益。③合并日之前持有的股权投资，因采用权益法核算或金融工具确认和计量准则核算而确认的其他综合收益，暂不进行会计处理，直至处置该项投资时采用与被投资单位直接处置相关资产或负债相同的基础进行会计处理；因采用权益法核算而确认的被投资单位净资产中除净损益、其他综合收益和利润分配以外的所有者权益的其他变动，暂不进行会计处理，直至处置该项投资时转入当期损益。其中，处置后的剩余股权根据《企业会计准则第 2 号——长期股权投资》采用成本法或权益法核算的，其他综合收益和其他所有者权益应按比例结转，处置后的剩余股权改按金融工具确认和计量准则进行会计处理的，其他综合收益和其他所有者权益应全部结转。

　　【例6-5】A 公司为母公司，其子公司包括甲公司、乙公司，有关投资业务如下。

　　（1）2018 年 1 月 1 日，甲公司自 A 公司取得同一控制下的乙公司 25%的股份，实际支付款项 60 000 000 元，能够对乙公司施加重大影响，相关手续于当日办理完毕。当日，乙公司可辨认净资产账面价值为 220 000 000 元（假定与公允价值相等）。

　　（2）2018 年度及 2019 年度，乙公司共实现净利润 10 000 000 元，无其他所有者权益变动。（注：两个年度合并编制一笔会计分录）

　　（3）2020 年 1 月 1 日，甲公司以定向增发 20 000 000 股普通股（每股面值为 1 元，每股公允价值为 4.5 元）的方式购买同一控制下 A 公司所持有的乙公司 40%股权，相关手续于当日完成。至此，甲公司能够对乙公司实施控制。当日，乙公司在最终控制方合并财务报表中的净资产的账面价值为 230 000 000 元。假定甲公司和乙公司采用的会计政策和会计期间相同，均按照

10%的比例提取盈余公积。甲公司和乙公司一直受同一最终控制方控制。上述交易不属于一揽子交易。不考虑相关税费等其他因素影响。

分析：

（1）甲公司自乙公司取得股份时的会计处理：

借：长期股权投资——投资成本　　　　　　　　　　　　　　　　　60 000 000

　　贷：银行存款　　　　　　　　　　　　　　　　　　　　　　　　　60 000 000

（2）对投资收益调整时的会计处理：

2018年度及2019年度乙公司共实现净利润10 000 000元，无其他所有者权益变动。

借：长期股权投资——损益调整　　　　　2 500 000（10 000 000×25%）

　　贷：投资收益　　　　　　　　　　　　　　　　　　　　　　　　　2 500 000

（3）2020年1月1日实现企业合并时的会计处理：

①确定合并日长期股权投资的初始投资成本。

合并日追加投资后甲公司持有乙公司股权比例=25%+40%=65%

合并日甲公司享有乙公司在最终控制方合并财务报表中净资产的账面价值份额

=230 000 000×65%=149 500 000（元）

②长期股权投资初始投资成本与合并对价账面价值之间的差额的处理。

原25%的股权投资采用权益法核算，在合并日的原账面价值为62 500 000元（60 000 000 +10 000 000×25%）。

追加投资（40%）所支付对价的账面价值为20 000 000元。

合并对价账面价值为82 500 000元（62 500 000+20 000 000）。

长期股权投资初始投资成本与合并对价账面价值之间的差额为67 000 000元（149 500 000 −82 500 000）。

借：长期股权投资——投资成本　　　　　　　　　　　　　　　　　149 500 000

　　贷：长期股权投资——投资成本　　　　　　　　　　　　　　　　　60 000 000

　　　　　　　　　　——损益调整　　　　　　　　　　　　　　　　　 2 500 000

　　　　股本　　　　　　　　　　　　　　　　　　　　　　　　　　　20 000 000

　　　　资本公积——股本溢价　　　　　　　　　　　　　　　　　　　67 000 000

5. 或有对价的处理

同一控制下企业合并形成的控股合并，在确认长期股权投资初始投资成本时，应按照《企业会计准则第13号——或有事项》的规定，判断是否应就或有对价确认预计负债或资产，以及确认的金额；确认预计负债或资产的，该预计负债或资产金额与后续或有对价结算金额的差额不影响当期损益，应当调整资本公积（资本溢价或股本溢价），资本公积（资本溢价或股本溢价）余额不足冲减的，调整留存收益。

【例6-6】2019年12月31日，P公司向同一集团内S公司的原股东A公司定向增发20 000 000股普通股（每股面值为1元，每股公允价值为5元），取得S公司100%的股权，相关手续于当日办理完毕，并能够对S公司实施控制。合并后S公司仍维持其独立法人资格继续经营。若S公司2020年度获利超过10 000 000元，P公司2020年12月31日需另向A公司支付5 000 000元。S公司之前为A公司于2014年以非同一控制下企业合并的方式收购的全资子公司。合并日，

S 公司财务报表中净资产账面价值为 44 000 000 元，A 公司合并财务报表中的 S 公司净资产账面价值为 80 000 000 元（含商誉 10 000 000 元）。假定 P 公司和 S 公司都受 A 公司控制，S 公司 2020 年度很可能获利超过 10 000 000 元。不考虑相关税费等其他因素影响。

分析：P 公司的会计处理如下：

$$70\ 000\ 000 \times 100\% + 10\ 000\ 000 = 80\ 000\ 000（元）$$

借：长期股权投资　　　　　　　　　　　　　　　　　　　　80 000 000
　　贷：股本　　　　　　　　　　　　　　　　　　　　　　　20 000 000
　　　　预计负债　　　　　　　　　　　　　　　　　　　　　 5 000 000
　　　　资本公积——股本溢价（差额）　　　　　　　　　　　55 000 000

（二）同一控制下吸收合并的会计处理

同一控制下吸收合并中，合并方主要涉及合并日取得被合并方资产、负债入账价值的确定，合并中取得可辨认净资产入账价值与支付的合并对价账面价值之间差额的处理，以及合并方对进行企业合并发生的各项相关费用的处理。

合并方对同一控制下吸收合并中取得的资产、负债应当按照相关资产、负债在被合并方的原账面价值入账。

合并方在确认了合并中取得的被合并方的资产、负债后，以发行权益性证券方式支付合并对价时，所确认的净资产入账价值与发行股份面值总额的差额，应计入资本公积（资本溢价或股本溢价），资本公积（资本溢价或股本溢价）余额不足冲减的，相应冲减盈余公积和未分配利润；以现金、非现金资产方式支付合并对价时，所确认的净资产入账价值与支付的现金、非现金资产账面价值的差额，应计入资本公积（资本溢价或股本溢价），资本公积（资本溢价或股本溢价）余额不足冲减的，相应冲减盈余公积和未分配利润。

对于被合并方在合并日以前实现的留存收益中归属于合并方的部分，合并方应根据情况进行调整，自资本公积转入留存收益，这一调整应在合并方的个别资产负债表中予以确认。虽然被合并方在吸收合并时已注销了账面留存收益，但从合并前双方就被视为一个经济整体的立场考虑，合并方需将被合并方合并前的留存收益调整回来，并在贷记"留存收益"相关账户的同时以合并方股本溢价余额的最高限借记"资本公积"账户。

合并方为进行企业合并发生的各项直接相关费用，包括为进行企业合并而支付的审计费用、评估费用、法律服务费用等，应当于发生时计入当期损益（管理费用）。为企业合并发行的债券或承担其他债务支付的手续费、佣金等，应当计入所发行债务的初始计量金额。企业合并中发行权益性证券发生的手续费、佣金等费用，应当抵减权益性证券溢价收入，溢价收入不足抵减的，冲减留存收益。

因支付合并对价的方式不同，合并方具体的会计处理如下。

1. 以资产支付合并对价

当合并方以资产支付合并对价形成同一控制下的吸收合并时，合并方的账务处理：借记有关资产类账户，金额为取得的被合并方资产的账面价值；贷记有关负债类账户，金额为承担的被合并方负债的账面价值；贷记"银行存款"或"库存商品"或"原材料"账户，金额为支付合并对价的账面价值。如果是贷方余额，则贷记"资本公积"账户。如果是借方余额，则应当冲减资本公积（资本溢价或股本溢价），资本公积（资本溢价或股本溢价）余额不足冲减的，冲减盈余公积和未分配利润。

2. 以发行债券支付合并对价

当合并方以发行债券支付合并对价形成同一控制下的吸收合并时，合并方的账务处理：借记有关资产类账户，金额为取得的被合并方资产的账面价值；贷记有关负债类账户，金额为承担的被合并方负债的账面价值；贷记"应付债券——面值"账户，金额为发行债券的面值；贷记"应付债券——利息调整"账户，金额为发行债券的溢价扣除手续费、佣金等后的余额；贷记"银行存款"账户，金额为实际支付的与债券有关的手续费、佣金等。如果是贷方余额，则为贷记"资本公积"账户。如果是借方余额，则应当冲减资本公积（资本溢价或股本溢价），资本公积（资本溢价或股本溢价）余额不足冲减的，冲减盈余公积和未分配利润。

3. 以发行权益性证券支付合并对价

当合并方以发行权益性证券支付合并对价形成同一控制下的吸收合并时，合并方的账务处理：借记有关资产类账户，金额为取得的被合并方资产的账面价值；贷记有关负债类账户，金额为承担的被合并方负债的账面价值；贷记"股本"账户，金额为发行证券的面值；贷记"银行存款"账户，金额为实际支付的与证券有关的手续费、佣金等。如果是贷方余额，则为贷记"资本公积"账户。如果是借方余额，则应当冲减资本公积（资本溢价或股本溢价），资本公积（资本溢价或股本溢价）余额不足冲减的，冲减盈余公积和未分配利润。

非同一控制下吸收合并中，被合并方因法人地位消亡，做清算处理时，具体会计处理如下：借记有关负债类账户，金额为被合并方负债的账面价值；借记有关所有者权益账户，金额为被合并方所有者权益的账面价值；贷记有关资产类账户，金额为被合并方资产的账面价值。

（三）同一控制下新设合并的会计处理

同一控制下新设合并中，合并方取得的资产和负债的入账价值应当按照被合并方的原账面价值确认，以发行权益性证券方式确认的净资产账面价值与发行股份面值之间的差额，调整资本公积。对于被合并方在合并日之前实现的留存收益中归属于合并方的部分，合并方应自资本公积转入留存收益。

同一控制下新设合并合并方为进行企业合并发生的各项相关费用的处理与控股合并和吸收合并的相同。

新设公司即合并方的账务处理与吸收合并合并方的账务处理相同。被合并方因法人地位消亡，做清算处理，账务处理也与吸收合并的被合并方相同。

三、非同一控制下的企业合并的会计处理

非同一控制下的企业合并应当采用购买法进行会计处理。非同一控制下的企业合并本质上为市场化购买，合并方在支付有关对价后，对于该项交易中自被合并方取得的各项资产、负债应当按照其在购买日的公允价值计量。企业合并是构成业务的多项资产及负债的整体购买，由于在交易价格形成过程中合并方与被合并方之间议价等因素的影响，交易的最终价格与通过交易取得被合并方持有的有关单项资产、负债的公允价值之和一般会存在差异。该差异主要源于两种情况：合并方支付的成本大于通过该项交易自被合并方取得的各单项可辨认资产、负债的公允价值之和，差额部分是交易各方在作价时出于对被购买业务整合获利能力等因素考虑而形成的商誉价值；反之差额部分是合并方在交易作价过程中通过自身的议价能力得到的折让。

（一）非同一控制下控股合并的会计处理

1. 长期股权投资的初始投资成本的确定

长期股权投资的初始计量包括形成控股合并的初始计量和不形成控股合并的初始计量两种情况。因不形成企业合并（控股合并）的长期股权投资与企业合并无关，具体内容可以参考中级财务会计课程。

非同一控制下的控股合并中，合并方应当以《企业会计准则第 20 号——企业合并》确定的企业合并成本作为长期股权投资的初始投资成本。企业合并成本包括合并方付出的资产、发生或承担的负债、发行的权益性证券的公允价值之和。

合并成本（支付对价的公允价值）=支付价款或付出资产的（含税）公允价值+
发生或承担的负债的公允价值+发行的权益性证券的公允价值

（1）以现金支付合并对价。

当合并方以现金支付合并对价时，应当以所支付的现金金额作为长期股权投资的初始投资成本。如果支付合并对价中包含被合并方已宣告但尚未发放的现金股利，则应当作为应收股利入账。以现金支付合并对价时的会计处理如下。

借：长期股权投资　　　　　　　　　　　　　　　　××××
　　应收股利　　　　　　　　　　　　　　　　　　××××
　　　贷：银行存款　　　　　　　　　　　　　　　××××

（2）以存货支付合并对价。

当合并方以存货支付合并对价时，应当按照收入准则进行处理，即视同销售存货，按照支付对价的公允价值确定长期股权投资的初始投资成本。如果所付对价中包含被合并方已宣告但尚未发放的现金股利，则应当作为应收股利入账，同时结转存货成本，会计处理如下。

其一，视同销售存货，确认长期股权投资：

借：长期股权投资　　　　　　　　　　　　　　　　××××
　　应收股利　　　　　　　　　　　　　　　　　　××××
　　　贷：主营业务收入或其他业务收入　　　　　　××××
　　　　　应交税费——应交增值税（销项税额）　××××

其二，结转存货成本：

借：主营业务成本或其他业务成本　　　　　　　　　××××
　　　贷：库存商品或原材料　　　　　　　　　　　××××

（3）以固定资产、无形资产支付合并对价。

当合并方以固定资产、无形资产支付合并对价时，应当按照非货币资产交换准则进行处理，即视同销售固定资产或无形资产，按照支付对价的公允价值确定长期股权投资的初始投资成本。如果所付对价中包含被合并方已宣告但尚未发放的现金股利，应当作为应收股利入账。支付合并对价的公允价值与账面价值的差额计入资产处置损益。

以固定资产支付合并对价的会计处理如下。

其一，结转固定资产的账面价值：

借：固定资产清理　　　　　　　　　　　　　　　　××××
　　累计折旧　　　　　　　　　　　　　　　　　　××××

固定资产减值准备	××××
贷：固定资产	××××

其二，确认长期股权投资及资产处置损益：

借：长期股权投资	××××
应收股利	××××
贷：固定资产清理	××××
借或贷：资产处置损益	××××

以无形资产支付合并对价的会计处理如下。

借：长期股权投资	××××
应收股利	××××
累计摊销	××××
无形资产减值准备	××××
贷：无形资产	××××
借或贷：资产处置损益	××××

> **小贴士**
>
> **以存货、固定资产、无形资产等支付合并对价进行非同一控制下控股合并账务处理的注意要点**
>
> 第一，固定资产账面价值应当转入"固定资产清理"账户。第二，以存货、固定资产、无形资产等支付合并对价进行非同一控制下的控股合并时，应视同该资产按公允价值出售，再购置长期股权投资。第三，付出资产公允价值与账面价值差额的处理具体包括以下四种情形：情形一，当以固定资产、无形资产支付合并对价时，其公允价值与账面价值的差额，计入资产处置损益，这里的公允价值是不含增值税的公允价值；情形二，当以长期股权投资或金融资产支付合并对价时，其公允价值与账面价值的差额，计入投资损益，以公允价值计量且其变动计入其他综合收益的债权性金融资产支付合并对价时，原持有期间公允价值变动形成的其他综合收益一并转入投资收益；情形三，当以存货支付合并对价时，应当作为销售处理，以其公允价值确认收入，同时结转相应的成本；情形四，当以投资性房地产支付合并对价时，以其公允价值确认其他业务收入，同时结转其他业务成本。

【例6-7】A公司于2020年3月31日取得B公司70%的股权。为核实B公司的资产价值，A公司聘请专业资产评估机构对B公司的资产进行评估，支付评估费用2 000 000元。合并中A公司支付的有关资产在购买日的账面价值与公允价值如表6-1所示。

表6-1 A公司支付的有关资产在购买日的账面价值与公允价值　　　　　　　单位：元

项目	账面价值	公允价值
土地使用权（自用）	60 000 000	96 000 000
专利技术	24 000 000	30 000 000
合计	84 000 000	126 000 000

假定合并前A公司和B公司不存在任何关联方关系，且B公司所持有资产、负债构成业务，A公司用作支付合并对价的土地使用权和专利技术原价为96 000 000元，至控股合并发生时已

累计摊销 12 000 000 元。

分析：因 A 公司与 B 公司在合并前不存在任何关联方关系，应作为非同一控制下的控股合并处理。A 公司对于控股合并形成的对 B 公司的长期股权投资，应按确定的企业合并成本作为其初始投资成本。A 公司应进行如下账务处理：

借：长期股权投资　　　　　　　　　　　　　　　126 000 000

　　累计摊销　　　　　　　　　　　　　　　　　　12 000 000

　　贷：无形资产　　　　　　　　　　　　　　　　　　96 000 000

　　　　资产处置损益　　　　　　　　　　　　　　　　42 000 000

借：管理费用　　　　　　　　　　　　　　　　　　2 000 000

　　贷：银行存款　　　　　　　　　　　　　　　　　　2 000 000

（4）以发行权益性证券支付合并对价。

合并方以发行权益性证券支付合并对价的，应在购买日按照发行的权益性证券的公允价值确认长期股权投资，按照发行的权益性证券的面值确认股本，按其差额确认资本公积。发行权益性证券支付的直接费用计入管理费用，会计处理如下。

借：长期股权投资　　　　　　　　　　　　　　　　××××

　　贷：股本　　　　　　　　　　　　　　　　　　　　××××

　　　　资本公积——资本溢价或股本溢价　　　　　　　××××

借：管理费用　　　　　　　　　　　　　　　　　　××××

　　贷：银行存款　　　　　　　　　　　　　　　　　　××××

（5）以发生或承担负债支付合并对价。

合并方以发生或承担的负债支付合并对价的，应在购买日按照发生或承担负债的公允价值确认长期股权投资，同时确认相应的负债。合并方采用发行债券方式支付合并对价的会计处理如下。

借：长期股权投资　　　　　　　　　　　　　　　　××××

　　贷：应付债券——面值　　　　　　　　　　　　　　××××

　　　　应付债券——利息调整　　　　　　　　　　　　××××

2. 合并差额的处理

合并差额是指初始投资成本（企业合并成本）与合并中取得的被合并方可辨认净资产公允价值份额的差额。

控股合并方式下，初始投资成本（企业合并成本）与合并中取得的被合并方可辨认净资产公允价值份额的差额的处理分为下面两种情况。

（1）企业合并成本大于合并中取得的被合并方可辨认净资产公允价值份额的部分，应确认为商誉。在控股合并的情况下，该差额是指在合并财务报表中应予列示的商誉。

（2）企业合并成本小于合并中取得的被合并方可辨认净资产公允价值份额的部分，应计入合并当期损益（营业外收入）。在控股合并的情况下，上述差额应体现在合并当期的合并利润表中，不影响合并方的个别利润表。

3. 合并方合并费用的处理

合并费用是指企业合并过程中发生的相关审计、法律服务、评估咨询等中介费用及其他相关管理费用。合并方发生相关审计、法律服务、评估咨询等合并费用时，应当计入当期损益（管理费用）；合并方采用发行权益性证券或发行债券方式支付合并对价时，发生的各种发行费用，应当调整股票溢价收入或计入债券成本。

4. 企业通过多次交易分步取得股权最终形成非同一控制下的控股合并

企业通过多次交易分步实现非同一控制下的控股合并具体分为以下两种情况。

（1）先将交易投资确认为长期股权投资，后又通过交易最终实现非同一控制下的控股合并。此时购买日长期股权投资初始投资成本是原投资账面价值与新增股份公允价值之和。因为先后投资并没有改变长期股权投资的基本性质，所以购买日之前因权益法形成的其他综合收益或资本公积——其他资本公积暂时不做处理，待到处置该项投资时再按长期股权投资的规定进行处理。处置时需要将其他综合收益或资本公积——其他资本公积结转投资收益。

（2）先通过交易投资确认为其他权益工具投资或交易性金融资产，后又通过交易最终实现非同一控制下的控股合并。此时购买日长期股权投资初始投资成本是原投资公允价值与新增股份公允价值之和。因为前后投资交易的基本性质发生改变，之前投资交易为其他权益工具投资或交易性金融资产，之后投资交易为长期股权投资，所以原投资因公允价值变动形成的其他综合收益应当结转为投资收益。

【例6-8】A公司于2018年3月以20 000 000元取得B公司5%的股权，对B公司不具有重大影响，A公司将其分为以公允价值计量且其变动计入其他综合收益的金融资产。2019年4月1日，A公司又斥资250 000 000元自C公司取得B公司另外50%股权。假定A公司在取得B公司的长期股权投资后，B公司未宣告发放现金利利。A公司原持有B公司5%的股权于2019年3月31日的公允价值为23 000 000元（与2019年4月1日的公允价值相等），累计计入其他综合收益的金额为3 000 000元。A公司和C公司不存在任何关联方关系。

分析：A公司是通过分步购买最终达到对B公司实施控制的，因A公司和C公司不存在任何关联方关系，故形成非同一控制下的控股合并。在购买日，A公司应进行如下会计处理：

借：长期股权投资　　　　　　　　　　　　　　　　273 000 000

　　贷：其他权益工具投资　　　　　　　　　　　　　　23 000 000

　　　　银行存款　　　　　　　　　　　　　　　　　250 000 000

借：其他综合收益　　　　　　　　　　　　　　　　　3 000 000

　　贷：盈余公积——法定盈余公积　　　　　　　　　　　300 000

　　　　利润分配——未分配利润　　　　　　　　　　　2 700 000

5. 或有对价的处理

在某些情况下，非同一控制下的企业合并会涉及或有对价，企业合并各方可能在合并协议中约定，根据未来一项或多项或有事项的发生，合并方通过发行额外证券、支付额外现金或其他资产等方式追加合并对价，或者要求返还之前已经支付的对价，这将产生企业合并的或有对价问题。

会计准则规定，合并方应当将合并协议约定的或有对价作为企业合并转移对价的一部分，按照其在购买日的公允价值计入企业合并成本。或有对价符合权益工具和金融负债定义的，合并方应当将支付或有对价的义务确认为一项权益或负债；符合资产定义并满足资产确认条件的，合并方应当将符合合并协议约定条件的、对已支付合并对价中可收回部分的权利确认为一项资产。同时规定，购买日 12 个月内出现对购买日已存在情况的新的或进一步证据需要调整或有对价的，应当予以确认并对原计入合并商誉的金额进行调整；其他情况下发生的或有对价变化或调整，应当区分情况进行会计处理：或有对价为权益性质的，不进行会计处理；或有对价为资产或负债性质的，如果属于会计准则规定的金融工具，应当采用公允价值计量，公允价值变动视有关金融工具的分类计入当期损益或其他综合收益，如不属于会计准则规定的金融工具，则应按或有事项等准则的规定处理。

上述关于或有对价的规定，主要侧重于两个方面：一是在购买日应当合理估计或有对价并将其计入企业合并成本，购买日后 12 个月内取得新的或进一步证据表明购买日已存在状况，从而需要对企业合并成本进行调整的，可以据以调整企业合并成本；二是无论是购买日后 12 个月内还是其他时点，如果出现新的情况导致对原估计或有对价进行调整的，则不能再对企业合并成本进行调整，相关或有对价属于金融工具的，应以公允价值计量，公允价值变动计入当期损益或其他综合收益，或有对价不属于金融工具的，则应按照或有事项等准则进行处理。上述会计处理的出发点在于，对企业合并交易原则上确认和计量时点应限定为购买日，购买日以后视新的情况对原购买成本进行调整的，不能视为购买日的状况，因此也就不能据以对企业合并成本进行调整。

【例 6-9】A 公司于 2019 年 1 月 2 日以现金 500 000 000 元自 B 公司购买其持有的 C 公司 100%股权，并于当日向 C 公司董事会派出成员，主导其财务和生产经营决策。股权转让协议约定，B 公司就 C 公司在收购完成后的经营业绩向 A 公司做出承诺：C 公司 2019 年、2020 年、2021 年度经审计扣除非经常性损益后归属母公司股东的净利润分别不低于 30 000 000 元、40 000 000 元和 50 000 000 元。如果 C 公司未达到承诺业绩，B 公司将在 C 公司每一相应年度的审计报告出具后 30 日内，按 C 公司实际实现的净利润与承诺利润之间的差额，以现金方式对 A 公司进行补偿。

购买日，A 公司根据 C 公司所处市场状况及行业竞争力等情况判断，预计 C 公司能够完成承诺利润。

2019 年年末，C 公司实现净利润 32 000 000 元。2020 年年末，由于整体宏观经济形势的变化，C 公司实现净利润 34 000 000 元，且预计 2021 年该趋势将持续，预计能够实现净利润 46 000 000 元。

分析：A 公司与 B 公司在交易前不存在关联关系，该项企业合并应为非同一控制下的企业合并。

购买日为 2019 年 1 月 2 日，当日 A 公司支付了有关价款 500 000 000 元，同时估计 C 公司能够实现承诺利润，或有对价估计为 0。A 公司应当确认对 C 公司长期股权投资成本为 500 000 000 元。

借：长期股权投资　　　　　　　　　　　　　　　　　　　500 000 000

　　贷：银行存款　　　　　　　　　　　　　　　　　　　　500 000 000

2019 年年末 C 公司实现了预期利润，A 公司无须进行会计处理。

2020 年年末 C 公司未实现预期利润，且 2021 年年末也无法实现，则 A 公司需要估计该或有对价的公允价值并予以确认。因该预期利润未实现的情况是在购买日后新发生的，在购买日后超过 12 个月且不属于对购买日已存在状况的进一步证据，应在资产负债表日将该或有对价公允价值的变动计入当期损益。B 公司对有关利润差额的补偿将以现金支付，该或有对价属于金融工具，应当按照金融工具的原则进行处理。根据《企业会计准则第 39 号——公允价值计量》估计 2020 年年末该或有对价的公允价值为 20 000 000 元，进行如下账务处理：

借：交易性金融资产   20 000 000
    贷：公允价值变动损益   20 000 000

非同一控制下企业合并涉及或有对价需要特别关注两个问题。第一，一项交易中同时涉及自最终控制方购买股权形成控制及自其他外部独立第三方购买股权的会计处理。某些股权交易中，合并方除自最终控制方取得集团内企业的股权外，还会涉及自其他外部独立第三方购买被合并方进一步的股权。该类交易中，一般认为自集团内取得的股权能够形成控制的，相关股权投资成本的确定按照同一控制下企业合并的有关规定处理，而自其他外部独立第三方取得的股权则视为在取得对被投资单位的控制权，形成同一控制下企业合并后少数股权的购买，该部分少数股权的购买不管与形成同一控制下企业合并的交易是否同时进行，在与同一控制下企业合并不构成一揽子交易的情况下，有关股权投资成本即应按照实际支付的购买价款确定。在该种情况下，在合并方最终持有对同一被投资单位的股权中，不同部分的计量基础会存在差异。第二，企业合并发生的当期的期末，因合并中取得的各项可辨认资产、负债及或有负债的公允价值或企业合并成本只能暂时确定的，合并方应当以所确定的暂时价值为基础对企业合并进行确认和计量。购买日后 12 个月内对确认的暂时价值进行调整的，视为在购买日确认和计量。

（二）非同一控制下吸收合并的会计处理

非同一控制下的吸收合并中，合并方在购买日应当将合并中取得的符合确认条件的各项可辨认资产、负债，按其公允价值确认为合并方的资产和负债。支付合并对价的有关非货币资产在购买日的公允价值与其账面价值的差额，应作为资产处置损益计入合并当期的利润表。初始投资成本（企业合并成本）与合并中取得的被合并方可辨认净资产公允价值份额差额的处理区分为下面两种情况：情况一，企业合并成本大于合并中取得的被合并方可辨认净资产公允价值份额的差额应确认为商誉，吸收合并方式下，该差额在存续公司个别财务报表中列示为商誉；情况二，企业合并成本小于合并中取得的被合并方可辨认净资产公允价值份额的部分，吸收合并方式下，应计入存续公司个别财务报表当期损益（营业外收入）。

因支付合并对价的方式不同，合并方具体的会计处理如下。

1. 以货币资金、存货支付合并对价

当合并方以货币资金、存货支付合并对价形成非同一控制下的吸收合并时，合并方的会计处理如下：借记有关资产类账户，金额为取得的被合并方资产的公允价值；贷记有关负债类账户，金额为承担的被合并方负债的公允价值；贷记"银行存款"或"主营业务收入"或"其他业务收入"账户，金额为支付合并对价的公允价值。如果是借方余额，则借记"商誉"账户；如果是贷方余额，则贷记"营业外收入"账户。

2. 以固定资产支付合并对价

当合并方以固定资产支付合并对价形成非同一控制下的吸收合并时，合并方的会计处理如下。首先，结转固定资产的账面价值，借记"固定资产清理""累计折旧""固定资产减值准备"账户，贷记"固定资产"账户。其次，做以固定资产支付合并对价的会计处理，借记有关资产类账户，金额为取得的被合并方资产的公允价值；贷记有关负债类账户，金额为承担的被合并方负债的公允价值；贷记"固定资产清理"账户，金额为固定资产的账面价值。如果固定资产公允价值高于账面价值产生的处置收益，则贷记"资产处置损益"账户；如果固定资产公允价值小于账面价值产生的处置损失，则借记"资产处置损益"账户。最后如果是借方余额，则借记"商誉"账户；如果是贷方余额，则贷记"营业外收入"账户。

3. 以发行债券支付合并对价

当合并方以发行债券支付合并对价形成非同一控制下的吸收合并时，合并方的会计处理如下：借记有关资产类账户，金额为取得的被合并方资产的账面价值；贷记有关负债类账户，金额为承担的被合并方负债的账面价值；贷记"应付债券——面值"账户，金额为发行债券的面值；贷记"应付债券——利息调整"账户，金额为发行债券的溢价扣除手续费、佣金等后的余额；贷记"银行存款"账户，金额为实际支付的与债券有关的手续费、佣金等。如果是借方余额，则借记"商誉"账户；如果是贷方余额，则贷记"营业外收入"账户。

4. 以发行权益性证券支付合并对价

当合并方以发行债券支付合并对价形成非同一控制下的吸收合并时，合并方的会计处理如下：借记有关资产类账户，金额为取得的被合并方资产的账面价值；贷记有关负债类账户，金额为承担的被合并方负债的账面价值；贷记"股本"账户，金额为发行证券的面值；贷记"银行存款"账户，金额为实际支付的与证券有关的手续费、佣金等；贷记"资本公积"账户，金额为发行债券的溢价扣除手续费、佣金等后的余额。如果是借方余额，则借记"商誉"账户；如果是贷方余额，则贷记"营业外收入"账户。

被合并方因法人地位消亡，做清算处理时，具体会计处理如下：借记有关负债类账户，金额为被合并方负债的账面价值；借记有关所有者权益账户，金额为被合并方所有者权益的账面价值；贷记有关资产类账户，金额为被合并方资产的账面价值。

（三）非同一控制下新设合并的会计处理

非同一控制下的新设合并中，合并方在购买日应当将合并中取得的符合确认条件的各项可辨认资产、负债，按其公允价值确认为合并方的资产和负债。支付合并对价的有关非货币资产在购买日的公允价值与其账面价值的差额，应作为资产处置损益计入合并当期的利润表。初始投资成本（企业合并成本）与合并中取得的被合并方可辨认净资产公允价值份额差额的处理分为下面两种情况：情况一，企业合并成本大于合并中取得的被合并方可辨认净资产公允价值份额的差额在新设合并方式下，应在新设公司个别财务报表中列示为商誉；情况二，企业合并成本小于合并中取得的被合并方可辨认净资产公允价值份额的部分在新设合并方式下，应计入新设公司个别财务报表当期损益（营业外收入）。

新设公司即合并方的账务处理与吸收合并合并方的账务处理相同。被合并方因法人地位消亡，做清算处理，账务处理也与吸收合并的被合并方相同。

本章小结

```
                        ┌─────────────┬── 企业合并的概念
                        │             │
            ┌── 企业合并概述 ──┼── 企业合并的动机
            │           │
   企业合并会计 ─┤            └── 企业合并的类型
            │
            │           ┌── 同一控制下的企业合并与非同一控制下的企业合并的判断
            │           │
            └── 企业合并会计处理 ─┼── 同一控制下的企业合并的会计处理
                        │
                        └── 非同一控制下的企业合并的会计处理
```

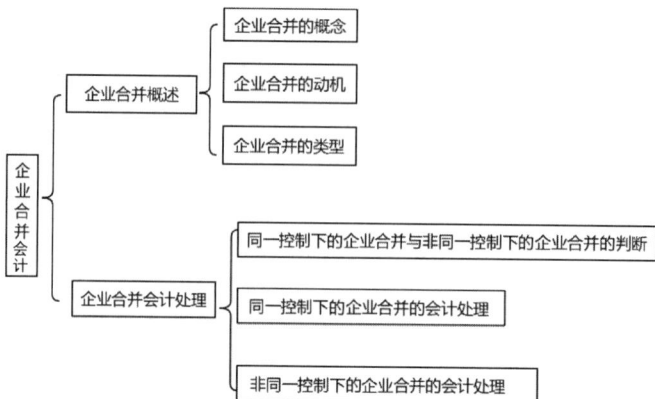

本章关键术语

企业合并；合并动机；吸收合并；新设合并；控股合并；同一控制下的企业合并；非同一控制下的企业合并；权益结合法；购买法；商誉；或有对价

本章思考题

1. 请简述企业合并的概念及动机。
2. 请简述三种企业合并类型的区别。
3. 请各举一例说明同一控制下的企业合并和非同一控制下的企业合并。
4. 请简述购买法和权益结合法会计处理的异同点。

本章练习题

习题一

2018 年 12 月 31 日，P 公司向同一集团内 S 公司的原股东 A 公司定向增发 20 000 000 股普通股（每股面值为 1 元，每股公允价值为 5 元），取得 S 公司 100%的股权，相关手续于当日办理完毕，并能够对 S 公司实施控制。合并后 S 公司仍维持其独立法人资格继续经营。若 S 公司 2019 年获利超过 10 000 000 元，P 公司 2019 年 12 月 31 日需另向 A 公司支付 5 000 000 元。S 公司之前为 A 公司于 2016 年以非同一控制下的企业合并的方式收购的全资子公司。合并日，S 公司个别财务报表中净资产账面价值为 44 000 000 元，A 公司合并财务报表中的 S 公司净资产账面价值为 80 000 000 元（含商誉 10 000 000 元）。假定 P 公司和 S 公司都受 A 公司控制，S 公司 2019 年很可能获利超过 10 000 000 元。不考虑相关税费等其他因素的影响。

要求：做出 P 公司的会计处理。

习题二

甲公司于 2019 年 1 月 1 日取得乙公司 30%有表决权股份，能够对乙公司施加重大影响。当日，乙公司一批 A 产品的公允价值为 10 000 000 元，账面价值为 8 000 000 元，除此之外，其他可辨认资产、负债公允价值与账面价值均相等。至 2019 年 12 月 31 日，乙公司将 A 产品的 30%对外销售。2019 年 8 月，乙公司将其成本为 6 000 000 元（未计提存货跌价准备）的 B 商品以 10 000 000 元的价格出售给甲公司，甲公司将取得的商品作为存货，至 2019 年年末甲公司将 B 商品的 30%对外销售。2019 年乙公司实现净利润 33 400 000 元，不考虑所得税因素。

要求：甲公司 2019 年个别财务报表应确认多少投资收益？

习题三

甲公司持有乙公司 30%有表决权股份，能够对乙公司施加重大影响，对该股权投资采用权益法核算。2019 年 10 月，甲公司将该项投资中的 50%出售给非关联方，取得价款 18 000 000 元，相关手续于当日完成。甲公司无法再对乙公司施加重大影响，将剩余股权投资转为交易性金融资产核算。出售时，该项长期股权投资的账面价值为 32 000 000 元，其中投资成本 26 000 000 元，损益调整 3 000 000 元，其他综合收益 2 000 000 元（由其他权益工具投资公允价值变动形成），除净损益、其他综合收益和利润分配外的其他所有者权益变动 1 000 000 元。处置时剩余股权的公允价值为 18 000 000 元。不考虑相关税费等因素影响。

要求：

（1）做出甲公司出售 50%股权的会计处理。

（2）处置时 2 000 000 元的其他综合收益应该如何进行结转？处置时 1 000 000 元的其他所有者权益变动应该如何结转？剩余股权投资应确认为多少交易性金融资产？处置时一共确认多少投资收益？

第七章

合并财务报表编制

学习目标

通过本章的学习，要求学生准确掌握合并财务报表的基本概念，重点掌握企业合并财务报表编制过程中各项内部交易或事项的抵销处理。

思政课堂

2020 年 5 月 23 日，习近平看望参加全国政协十三届三次会议的经济界委员，并参加联组会，他强调：面向未来，我们要把满足国内需求作为发展的出发点和落脚点，加快构建完整的内需体系，大力推进科技创新及其他各方面创新，加快推进数字经济、智能制造、生命健康、新材料等战略性新兴产业，形成更多新的增长点、增长极，着力打通生产、分配、流通、消费各个环节，逐步形成以国内大循环为主体、国内国际双循环相互促进的新发展格局，培育新形势下我国参与国际合作和竞争新优势。在此背景下，同学们学习企业合并财务报表编制的理论及实务知识有助于增强并购纾困助力双循环新发展格局经济的能力。

引导案例

南车北车合并案例简介

中国南车股份有限公司（以下简称"中国南车"）是经国务院国有资产监督管理委员会（以下简称"国资委"）批准，由中国南车集团公司联合其他发起人共同发起设立，于 2007 年 12 月 28 日成立的股份有限公司。中国南车于 2008 年 8 月 18 日在上海证券交易所上市，于 2008 年 8 月 21 日在香港联交所主板上市。中国南车及其 24 家重要子公司的业务主要为铁路机车、客车、货车、动车组、城轨地铁车辆及重要零部件的研发、制造、销售、修理和租赁，以及轨道交通装备专有技术延伸产业。

中国北车股份有限公司（以下简称"中国北车"）是于 2008 年 6 月 26 日由国资委批准、多家公司共同发起设立的股份有限公司。中国北车于 2009 年 12 月 29 日在上海证券交易所上市，于 2014 年 5 月 22 日在香港联交所上市。中国北车及其各子公司的业务主要为城轨地铁车辆、铁路机车、电子设备工程机械、机电设备及相关部件产品的研发、设计、制造、维修和服务。

在全球交通轨道系统快速发展和中国轨道交通"三网融合"的大的行业背景下，中国南车、中国北车为了整合资源、共同发展，采用吸收合并的方式进行合并，合并对价是以换股的形式呈现的。具体合并方案如下：中国南车向中国北车全体H股股东和A股股东发行中国南车H股股票和A股股票，相应的中国北车股票全部注销。合并后的新公司中国中车股份有限公司承接合并前两家公司的一切权利与义务。

资料来源：涂湘琼. 企业合并商誉会计问题探讨研究——基于中国南车北车合并案例[J]. 湖北广播电视大学学报，2018，38（05）：45-50。

案例思考题：

企业合并能够对中国中车股份有限公司产生重大影响，此时需要编制合并财务报表吗？如果是控股合并，则合并财务报表应当遵循怎样的编制原则及程序？编制合并财务报表时应当做出怎样的会计调整及处理？

第一节 合并财务报表概述

企业合并能够对企业集团的财务业绩产生重大影响，因此需要掌握合并财务报表的概念、编制理论、合并范围及编制方法和程序。只有编制合并财务报表，才能向企业集团的利益相关者提供对决策有用的信息。根据现行会计准则，无论是同一控制下的控股合并还是非同一控制下的控股合并，都要在控股权取得日编制合并资产负债表。如果是期中进行的同一控制下的企业合并，还需要在控股权取得日编制年初至合并日的合并利润表、合并所有者权益变动表、合并现金流量表。控股权取得日后则需要编制合并资产负债表、合并利润表、合并所有者权益变动表、合并现金流量表。

一、合并财务报表的概念、作用及特点

（一）合并财务报表的概念

《企业会计准则第33号——合并财务报表》第二条规定：合并财务报表，是指反映母公司和其全部子公司形成的企业集团整体财务状况、经营成果和现金流量的财务报表。母公司，是指控制一个或一个以上主体（含企业、被投资单位中可分割的部分，以及企业所控制的结构化主体等,下同）的主体。子公司，是指被母公司控制的主体。

（二）合并财务报表的作用

合并财务报表的作用主要有两个方面：一是合并财务报表能够向财务报告使用者提供反映企业集团整体财务状况、经营成果和现金流量的会计信息，有助于财务报告使用者做出经济决策；二是合并财务报表有利于避免一些母公司利用关系人为粉饰财务报表情况的发生。

（三）合并财务报表的特点

合并财务报表所反映的对象通常是由包括母公司和其全部子公司在内的若干个法人组成的企业集团，是经济意义上的主体，而不是法律意义上的主体。合并财务报表以纳入合并范围的

企业个别财务报表为基础，但又不是个别财务报表的简单汇总。与单个企业编制的个别财务报表相比，合并财务报表一般具有以下几个特点。

1. 反映对象是由母公司和其全部子公司组成的报告主体

合并财务报表反映的是由母公司和其全部子公司所组成的企业集团整体的财务状况、经营成果和现金流量，其反映的主体是由若干法人所组成的报告主体，是经济意义上的复合会计主体，而不是法律意义上的会计主体，也不是传统会计核算意义上的会计主体。

2. 编制者是母公司

只有企业集团中的母公司才需要编制合并财务报表，子公司不必编制合并财务报表，其他非集团企业也不用编制合并财务报表。

3. 以纳入合并范围的企业个别财务报表为基础编制

合并财务报表以纳入合并范围的企业个别财务报表为基础，根据个别财务报表和企业内部交易或事项，抵销有关会计事项对个别财务报表的影响后编制。

4. 独特的编制方法

合并财务报表采用工作底稿法进行编制，需要在纳入合并范围的个别财务报表数据的基础上，将企业集团内部的经济业务对个别财务报表的影响予以抵销，然后合并个别财务报表各项目的数额进行编制。

二、合并财务报表编制理论

企业集团的界定、合并范围的确定及合并方法的选择，直接关系到合并财务报表提供什么样的信息、为谁提供信息等一系列问题，对合并财务报表的编制具有重要的意义。这些问题在很大程度上取决于编制合并财务报表所采用的理论。

目前，编制合并财务报表的理论主要有三种：母公司理论、实体理论和所有权理论。

（一）母公司理论

母公司理论是将合并财务报表视为母公司本身的财务报表反映的范围扩大了，从母公司的角度出发来考虑合并财务报表的合并范围、选择合并处理方法。母公司理论认为，合并财务报表主要是为母公司的股东和债权人服务的，为母公司现实的和潜在的投资者服务的，强调的是母公司股东的利益。

在采用母公司理论的情况下，在确定合并范围时，通常更多的是以法定控制为基础，以持有多数股权或表决权作为是否将某一被投资单位纳入合并范围的依据，或者通过一家公司处于另一家公司法定支配下的控制协议来确定合并财务报表的合并范围。因此，以母公司理论为基础编制的合并资产负债表实质上是对母公司资产负债表的修正；合并利润表则是对母公司股东净损益形成情况的报告，即按子公司的营业收入、费用项目替代母公司从子公司获得的投资收益。母公司理论具有以下特点。

1. 合并财务报表的目的和使用者

母公司理论认为，合并财务报表是母公司财务报表的扩展，应该站在母公司股东的角度来编制。合并财务报表的使用者主要是母公司现有的和潜在的股东和债权人。

2. 合并净收益

母公司理论认为，合并财务报表中的合并净收益是母公司所有者的净收益，因此不包含子公司中少数股东所获得的净收益。

3. 少数股东收益

站在母公司股东的角度来看，少数股东收益是一项费用，其金额由子公司的利润表账面净收益与少数股权的比例相乘而得。在实务处理中，也有企业将少数股东收益确认为合并净收益的扣除项目。

4. 少数股东权益

母公司理论将少数股东权益视为一项负债，其金额由子公司资产负债表中所有权总额与少数股权的比例相乘而得。由于将少数股东权益视为一项负债不符合负债的定义，在合并财务报表的实务中，一般将少数股东权益放在负债和所有者权益之间单独列示。

5. 子公司净资产的合并

以母公司理论为基础编制的合并财务报表中，母公司的资产和负债可按市价反映，并购的成本也只由母公司拥有的资产和负债分摊，少数股东权益只能以账面价值反映。

6. 未实现的损益

对于企业集团内部销售收入的抵销，需要考虑销售的顺销（母公司将商品销售给子公司）和逆销（子公司将商品销售给母公司）两种情况。对于顺销，编制合并财务报表时只抵销子公司中母公司持有股权相对的份额，即多数股东股权的份额，而对于少数股东股权相对应的份额，则视为实现销售处理，不需要进行抵销处理。

7. 合并过程中产生的商誉

合并过程中产生的商誉属于母公司，与少数股权无关，即母公司的购买成本超过所取得子公司净资产公允价值的份额，作为母公司的商誉处理，少数股权不受商誉的影响。

（二）实体理论

实体理论认为，合并财务报表是由企业集团各成员企业构成的经济联合体的财务报表，参与控股合并的母公司与子公司之间的关系是控制与被控制的关系，而不是拥有与被拥有的关系。按照实体理论，在编制合并财务报表时，对企业集团内的所有股东都一视同仁，即无论是多数股东还是少数股东均作为该集团的股东。编制合并财务报表是为了满足合并主体所有股东的信息使用需求，有利于企业集团内部管理人员从整体上把握企业集团的经营活动，相对来说更能满足企业集团内部管理人员对财务信息的需要。实体理论的主要特点如下。

1. 合并财务报表的目的和使用者

实体理论并不过分强调控股股东的权益，以该理论为基础编制的合并财务报表的服务对象是全体股东，合并财务报表的内容能够全面完整地反映整个企业集团的财务状况和经营成果。

2. 合并净收益

实体理论认为，合并财务报表中的合并净收益是集团内部全部股东的净收益，因而要在多数股权和少数股权之间加以分配。

3. 少数股东收益

以实体理论为基础编制的合并财务报表中，股东权益既包括多数股权，又包括少数股权。

4. 子公司净资产的合并

子公司的所有资产和负债均按市价反映。集团内资产如需重新估价也应该对整个集团的资产都重新估价，不应将子公司资产排除在外。

5. 未实现的损益

对于企业集团内部各成员企业相互之间发生的销售行为，其内部销售商品或提供劳务过程中所实现的销售损益均属于未实现的内部销售损益，应当予以抵销。无论是顺销还是逆销，其实现的内部销售损益，对于由成员企业全体股东构成的企业集团来说都是未实现的内部销售损益，均属于抵销范围。

6. 合并过程中产生的商誉

合并过程中产生的商誉由全部股东共享。商誉是子公司的整体价值与子公司可辨认净资产的公允价值的差额。

以实体理论为基础编制的合并财务报表，其编制目的是为合并参与企业所有股东提供会计信息，因此能够全面地反映整个集团的经营成果和资产负债状况，同时也能够较好地满足集团管理层对整个企业集团的生产经营进行管理的需要。但是，由于实体理论在计算商誉时具有推定的性质，且这一推定所隐含的假设与实际情况严重背离，从而使实体理论关于商誉的计算受到诸多置疑。另外，少数股东只持有公司很小比例的股权，无法对母公司资产的运用产生实质性的影响，更无权享受公司之外的合并主体成员公司的权益，因此站在企业集团全体股东的角度来编制合并会计报表，对于少数股东而言其实并没有多少现实意义。《企业会计准则第33号——合并财务报表》主要采用的就是实体理论。

（三）所有权理论

所有权理论是将合并形成的母公司与子公司之间的关系看成拥有与被拥有的关系，编制合并财务报表的目的是向母公司的股东报告其所拥有的资源状况。因此，从报表的使用者来看，所有权理论与母公司理论是一致的，即二者都是为了满足母公司股东的信息使用需求。所有权理论具有以下特点。

1. 合并财务报表的目的和使用者

所有权理论认为，母公司与子公司之间是拥有与被拥有的关系。合并财务报表的使用者主要是母公司的股东。

2. 合并净收益

在所有权理论下，合并报表中的合并净收益应该按母公司持有子公司的份额进行计算确认，子公司中少数股东所获得的净收益不包含在内。

3. 少数股东收益

以所有权理论为基础编制的合并财务报表中，股东权益仅包括多数股权，少数股权应该在个别财务报表中列报，不属于合并财务报表列示的范围。

4. 子公司净资产的合并

子公司的净资产中属于母公司的部分，按母公司的购买成本（公允价值）加以合并。合并后的净资产是母公司净资产的账面价值加上子公司净资产的账面价值中母公司所占有的份额和子公司净资产评估增值中母公司所占有的份额。属于子公司少数股权的资产及负债不包括在合并财务报表中。

5. 未实现的损益

对于企业集团内部销售收入的抵销，需要考虑销售的顺销和逆销两种情况。对于顺销，编制合并财务报表时只抵销子公司中母公司持有股权相对的份额，即多数股东股权的份额，而对于少数股东股权相对应的份额，则视为实现销售处理，不需要进行抵销处理。

6. 合并过程中产生的商誉

合并过程中产生的商誉属于母公司，并按受益期进行摊销。

所有权理论在编制合并财务报表时既不强调母公司对子公司的法定控制关系，又不强调企业集团各个企业所形成的经济实体，而是强调编制合并报表的企业对被合并企业的经营活动及会计政策具有重大影响的所有权。运用该理论可以较好地解决隶属于两个或两个以上企业集团的企业的合并财务报表编制问题。在采用所有权理论的情况下，对于其拥有所有权的企业的资产、负债和当期实现的净损益均按照一定的比例合并计入合并财务报表。这也是一些国家合并财务报表相关准则规定的比例合并法的理论基础。

但是，所有权理论在编制合并财务报表时人为地将子公司的资产、负债、收入、费用等要素按母公司持股比例分成合并部分与非合并部分，使会计信息缺乏经济意义。另外，按比例合并法编制的合并财务报表虽然强调了按母公司实际拥有的股权比例合并子公司的资产、负债及所有者权益，即母公司实际拥有的资源，却忽略了对母公司实际控制资源的恰当披露。在实务中，所有权理论一般是与其他合并理论结合使用的。例如，法国企业编制合并财务报表就是同时以母公司理论和所有权理论为基础的。

合并财务报表的三种理论中，所有权理论和实体理论可以说是合并理论两个相反的端点，所有权理论强调合并财务报表完全扣除少数股权，实体理论强调应同等对待少数股权和控股股东，母公司理论居于此两种理论中间，主张上述股权应在合并财务报表中反映的同时，将少数股权视为一种负债。现行业务中并未采取某一种单一的合并理论，而是母公司理论和实体理论之间相互的妥协，既有地方体现母公司理论（子公司资产、负债的计价采用母公司理论，即多数股权部分按公允价值计量，少数股权部分采用账面价值计量；商誉只计列了属于母公司的部分；少数股权以子公司账面价值计量；合并净利润归属母公司股东；在计算合并利润时，少数股东损益作为合并净利润的减项而不是确认为费用），又有地方体现实体理论（合并主体已实现净利润需要在多数和少数股权之间进行分配；少数股权是合并股东权益的一部分，将其单独列示；公司间内部交易所产生的未实现损益采用实体理论，从收入及费用账户中100%加以抵销，并在逆销时，将此抵销额在多数股东和少数股东之间分配；在收入及费用账户中100%加以确认，并在赎回子公司债权时，将其推定利得和损失分配给多数股东和少数股东）。

三、合并财务报表的合并范围

合并财务报表是将企业集团作为一个会计主体而编制的会计报表，因此在编制合并财务报表时先要明确合并财务报表的合并范围，即要确定哪些子公司应包括在合并财务报表的合并范围之内，哪些子公司不应纳入合并财务报表的合并范围。

合并财务报表的合并范围应以控制为基础予以确定。控制是指投资方拥有对被投资方的权力，通过参与被投资方的相关活动而享有可变回报，并且有能力运用对被投资方的权力影响其回报金额。

投资方要实现控制，必须同时具备两个基本要素：一是因参与被投资方的活动而享有可变回报；二是拥有对被投资方的权力，并且有能力运用对被投资方的权力影响其回报金额。

控制的判断决策如图 7-1 所示。

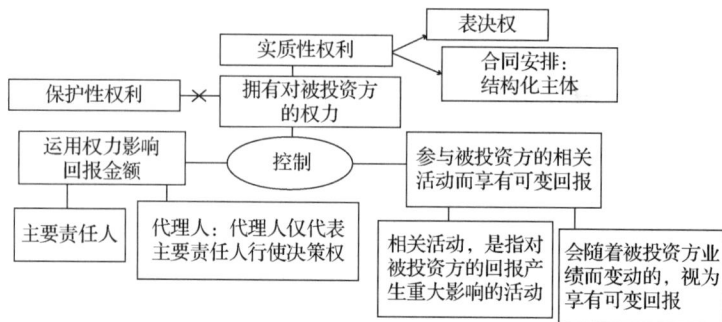

图 7-1　控制的判断决策图

在实际工作中，投资方在判断其能否控制被投资方时，应综合考虑下面所有的事实和情况，以判断是否同时满足控制的两个基本要素：其一，被投资方的设立目的和设计；其二，被投资方的相关活动及如何对相关活动做出决策；其三，投资方享有的权力是否使其目前有能力主导被投资方的相关活动；其四，投资方是否通过参与被投资方的相关活动而享有可变回报；其五，投资方是否有能力运用对被投资方的权力影响其回报金额；其六，投资方与其他方的关系。其中，最重要的事实和情况是被投资方的设立目的和设计，这贯穿于控制判断的始终，也是分析其他事实和情况的基础。若上述事实和情况发生变化，则投资方需要重新判断能否控制被投资方。

1. 被投资方的设立目的和设计

在判断控制时，投资方应先考虑被投资方的设立目的和设计，以明确哪些是相关活动、相关活动的决策机制、谁拥有现时能力主导这些活动、谁从这些活动中获得可变回报。

【例 7-1】A 公司为有限责任公司，经营期限为 3 年。A 公司将其资金全部用于对非关联方 B 公司的一家全资子公司 C 公司增资，增资完成后，A 公司持有 C 公司 60% 的股权及表决权，B 公司持有 C 公司 40% 的股权及表决权。根据协议，B 公司将在 3 年后以固定价格回购 A 公司持有的 C 公司股权。C 公司是专门建造某大型资产并用于租赁的项目公司，其建造期为 5 年，A 公司增资时，C 公司的资产已经建造了 2 年。

分析：被投资方的业务活动是用 5 年时间建造一个大型资产，之后以租赁方式取得回报。A 公司增资时，C 公司的资产建造已经开始，很可能许多与建造事项有关的重要决策已经完成。当 A 公司的经营期限结束并将持有的 C 公司股权以固定价格出售给 B 公司时，C 公司刚刚完成建造活动，尚未开始产生回报。因此，即使 A 公司拥有半数以上的表决权，也不能控制被投资方 C 公司。

2．控制的判断

判断投资方能否对被投资方实施控制，即控制的判断有下面两个关键点。

（1）通过参与被投资方的活动享有的是可变回报。

在评价投资方是否控制被投资方时，投资方需确定其是否通过参与被投资方的活动而享有可变回报。可变回报是不固定的并可能随着被投资方的业绩而变化的回报。其可以仅是正回报，仅是负回报，或者同时包括正回报和负回报。投资方在评价时需基于合同安排的实质，而不是法律形式。可变回报的形式多种多样，主要包括股利、被投资方经济利益的其他分配、投资方对被投资方的投资的价值变动；其他利益持有方无法得到的回报等。

（2）对被投资方拥有权力，并且能够运用此权力影响回报金额。

① 权力的定义。投资方能够主导被投资方的相关活动时，称投资方对被投资方拥有权力。

✎ 小贴士

在判断投资方是否对被投资方拥有权力时注意的要点

其一，权力只表明投资方主导被投资方相关活动的现时能力，并不要求投资方实际行使其权力；其二，权力是一种实质性权利，而不是保护性权利；其三，权力是为自己行使的，而不是代其他方行使的；其四，权力通常表现为表决权，但有时也可能表现为其他合同安排。

---

② 相关活动。相关活动是指对被投资方的回报产生重大影响的活动，而不是对被投资方回报影响甚微或没有影响的活动。对许多企业而言，经营和财务活动通常会对其回报产生重大影响。但是，不同企业的相关活动可能是不同的，应当根据企业的行业特征、业务特征、发展阶段、市场环境等具体情况来进行判断。这些活动可能包括但不限于下述活动：商品或劳务的销售和购买；金融资产的管理；资产的购买和处置；研究与开发活动；确定资本结构和获取融资。同一企业在不同环境和情况下，相关活动也可能有所不同。

两个或两个以上投资方分别能够单方面主导被投资方的不同相关活动时，能够主导对被投资方回报产生最重要影响活动的一方拥有对被投资方的权力。

③ 权力是一种实质性权利。权力来源于权利（如表决权）。因此，权力的判断应以投资方主导被投资方相关活动的能力为基础，并不要求投资方实际行使其权力。

在判断投资方是否拥有对被投资方的权力时，应仅考虑投资方及其他方享有的实质性权利。实质性权利是指持有人有实际能力行使的可执行的权利。判断一项权利是否为实质性权利，应当综合考虑所有相关因素。相关因素包括但不限于以下各项：权利持有人行使权利是否存在经济或其他方面的障碍；当权利由多方持有或行使需要多方同意时，是否存在实际可行的机制使这些权利持有人在其意愿不同的情况下能够一致行使权利；权利持有人能否从行使权利中获利。

保护性权利旨在保护持有这些权利的当事方的权益，而不赋予当事方对这些权利所涉及的主体的权力。投资方仅持有保护性权利不能对被投资方实施控制，也不能阻止其他方对被投资方实施控制。它通常仅适用于被投资方的活动发生根本性改变或某些特殊例外的情况，但并非所有在例外情况下行使的权利或在不确定事项发生时行使的权利都是保护性权利。

④ 权力的持有人应为主要责任人。拥有决策权的投资方在判断其是否控制被投资方时，需要考虑其决策行为是以主要责任人的身份进行还是以代理人的身份进行。此外，在其他方拥有决策权时，投资方还需要考虑其他方是否以代理人的身份代表该投资方行使决策权。在评估控制时，代理人的决策权应被视为由主要责任人直接持有，权力属于主要责任人而非代理人。

投资方在确定其是否为代理人时，应总体考虑自身、被投资方及其他方之间的关系，尤其需综合考虑投资方对被投资方的决策权范围、其他方享有的实质性权利、投资方的薪酬水平、投资方因持有被投资方的其他权益而承担可变回报的风险这四项因素。除非某一方拥有罢免该投资方的实质性权利，且能够实现无理由罢免，否则应当全面分析评价这四项因素。

⑤ 权力主要来源于表决权。大部分情况下，投资方通过表决权或类似权利获得主导被投资方相关活动的现实权利。持有被投资方过半数表决权的投资方对被投资方拥有权力，该投资方所拥有的表决权必须是实质性权利，且使该投资方具有主导该被投资方相关活动的现时能力（通常通过决定财务和经营政策实现）。

表决权是对被投资方经营计划、投资方案、年度财务预算方案和决算方案、利润分配方案和弥补亏损方案、内部管理机构的设置、聘任或解聘公司经理及确定其报酬、公司的基本管理制度等事项进行表决而持有的权利。表决权比例通常与出资比例或持股比例是一致的，但公司章程另有规定的除外。

表决权分为下列三种情形。

情形一：通过直接或间接持有被投资方半数以上表决权而拥有权力。

当被投资方的相关活动由持有半数以上表决权的投资方表决决定，或者主导相关活动的权力机构的多数成员由持有半数以上表决权的投资方指派，而且权力机构的决策由多数成员主导时，持有半数以上表决权的投资方拥有对被投资方的权力。

在进行控制分析时，投资方不仅需要考虑直接表决权，还需要考虑其持有的潜在表决权及其他方持有的潜在表决权，以确定其对被投资方是否拥有权力。潜在表决权是获得被投资方表决权的权利，如可转换工具、认股权证、远期股权购买合同或期权所产生的权利。确定潜在表决权是否给予其持有者权力时，需要考虑的因素如下：在分析控制时，仅考虑满足实质性权利要求的潜在表决权；投资方是否持有其他表决权或其他与被投资方相关的决策权，这些权利与投资方持有的潜在表决权结合后是否赋予投资方对被投资方的权力；潜在表决权工具的设立目的和设计及投资方参与被投资方的其他方式的设立目的和设计，包括分析相关工具与安排的条款和条件，以及投资方接受这些条款和条件的可能性、动机和原因。

情形二：持有被投资方半数以上投票权但无权力。

确定持有半数以上表决权的投资方是否拥有权力，关键在于该投资方是否拥有主导被投资方相关活动的现时能力。在被投资方相关活动被政府、法院、管理人、接管人、清算人或监管人等其他方主导时，投资方无法凭借其拥有的表决权主导被投资方的相关活动，因此投资方即使持有被投资方半数以上的表决权，也不拥有对被投资方的权力。投资方虽然持有被投资方半数以上的投票权，但当这些投票权不是实质性权利时，其并不拥有对被投资方的权力。

情形三：直接或间接结合，也只拥有半数或半数以下表决权，但仍然可以通过表决权判断拥有权力。

持有半数或半数以下表决权的投资方（或者虽持有半数以上表决权，但表决权比例仍不足以主导被投资方相关活动的投资方），应综合考虑下列事实和情况，以判断其持有的表决权与相关事实和情况相结合是否可以赋予投资方拥有对被投资方的权力：考虑投资方持有的表决权相对于其他投资方持有的表决权的份额大小及其他投资方持有表决权的分散程度；考虑与其他表决权持有人的协议；考虑其他合同安排产生的权利；其他因素等。

⑥ 权力源自合同安排。在某些情况下，某些主体的投资方对其的权力并非源自表决权，如证券化产品、资产支持融资工具、部分投资基金等结构化主体。结构化主体是指因其设计使在确定其控制方时不能将表决权或类似权利作为决定因素的主体，主导该主体相关活动的依据通常是合同安排或其他安排形式。

⑦ 权力与回报之间的联系。只有当投资方不仅拥有对被投资方的权力、通过参与被投资方的相关活动而享有可变回报，并且有能力运用对被投资方的权力来影响其回报金额时，投资方才控制被投资方。

3. 对被投资方可分割部分的控制应纳入合并范围

投资方通常应当对是否控制被投资方整体进行判断。但在少数情况下，如果有确凿证据表明同时满足下列条件并且符合相关法律法规规定的，投资方应当将被投资方的一部分视为被投资方可分割的部分，进而判断确实控制该部分（可分割部分）：其一，该部分资产是偿付该部分负债或该部分其他利益方的唯一来源，不能用于偿还该部分以外的被投资方的其他负债；其二，除与该部分相关的各方外，其他方不享有与该部分资产相关的权利，也不享有与该部分资产剩余现金流量相关的权利，即实质上该部分的所有资产、负债及其他相关权益均与被投资方的剩余部分相隔离。

4. 投资性主体是否纳入合并范围的界定

（1）投资性主体的确定条件。

同时满足如下三个条件时应确定为投资性主体：①该公司以向投资者提供投资管理服务为目的，从一个或多个投资者处获取资金；②该公司的唯一经营目的是通过资本增值、投资收益或两者兼有而让投资者获得回报；③该公司按照公允价值对几乎所有投资的业绩进行计量和评价。

（2）对投资性主体是否纳入合并范围需要区别对待。

如果母公司是投资性主体，应将为其投资活动提供相关服务的子公司纳入合并范围，其他子公司的投资应当按照公允价值计量且其变动计入当期损益。如果投资性主体的母公司本身不是投资性主体，应当将其控制的全部主体（包括那些通过投资性主体所间接控制的主体）纳入合并范围。具体情形如图7-2所示。

母公司应当将其全部子公司（包括母公司所控制的被投资单位可分割部分、结构化主体）纳入合并范围。但如果母公司是投资性主体，则只应将那些为投资性主体的投资活动提供相关服务的子公司纳入合并范围。

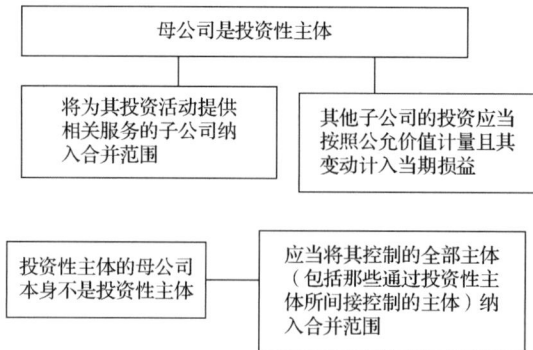

图 7-2　投资性主体是否纳入合并范围的判断决策图

5. 不纳入合并范围的情形

下列情况下，被投资单位不应当纳入母公司的合并范围。

（1）已宣告被清理整顿的原子公司，即在当期宣告被清理整顿的被投资单位，该被投资单位在上期是母公司的子公司。被投资单位实际上在当期已经由股东、董事或股东大会指定的人员组成的清算组或人民法院指定的有关人员组成的清算组进行日常管理，在清算期间，被投资单位不得开展与清算无关的经营活动，因此母公司不能再控制该被投资单位，不能将该被投资单位继续认定为母公司的子公司。

（2）已宣告破产的原子公司，即在当期宣告破产的被投资单位，该被投资单位在上期是母公司的子公司。被投资单位的日常管理已转交给由人民法院指定的管理人，母公司不能控制该被投资单位，不能将该被投资单位认定为母公司的子公司。

（3）母公司不能控制的其他被投资单位。母公司不能控制的其他被投资单位是指母公司不能控制的除上述情形以外的其他被投资单位，如联营企业、合营企业等。

6. 控制的持续评估

控制的评估是持续的，当环境或情况发生变化时，投资方需要评估控制的基本要素中的一个或多个是否发生了变化。如果有事实或情况表明控制的基本要素中的一个或多个发生了变化，则投资方应重新评估对被投资方是否具有控制。

四、合并财务报表的编制原则及程序

（一）合并财务报表的编制原则

合并财务报表作为财务报表必须符合财务报表编制的一般原则和基本要求，如真实可靠、内容完整，此外，还应遵循以下原则和要求。

1. 以个别财务报表为基础编制

合并财务报表并不是直接根据母公司和子公司的账簿编制的，而是利用母公司和子公司编制的反映各自财务状况和经营成果的财务报表提供的数据，通过合并财务报表的特有方法进行编制的。

2. 一体性原则

合并财务报表反映的是企业集团的财务状况和经营成果，编制合并财务报表时应当将母公司和所有子公司作为整体来看待，将其视为一个会计主体，母公司和子公司发生的经营活动都应当从企业集团这一整体的角度进行考虑。因此，在编制合并财务报表时，对于母公司和子公司、子公司相互之间发生的经济业务，应当视为同一会计主体之下的不同核算单位的内部业务。

3．重要性原则

与个别财务报表相比，合并财务报表涉及多个法人主体，涉及的经营活动的范围很广。母公司和子公司的经营活动往往跨越不同行业界限，有时母公司和子公司的经营活动甚至相差很大。合并财务报表要综合反映会计主体的财务情况，必然涉及重要性的判断问题。在编制合并财务报表时，必须强调重要性原则的运用。

（二）合并财务报表的编制程序

1．统一母公司和子公司的财务报表决算日、会计期间、会计政策、编报货币

（1）统一母公司和子公司的财务报表决算日、会计期间。

编制合并财务报表，要求子公司提供的个别财务报表的决算日和会计期间与母公司的保持一致，如果子公司实际执行的决算日和会计期间与母公司的不相同，需要进行相应的调整。对于境外子公司，由于受到当地法律限制，不能与境内母公司的财务报表决算日和会计期间保持一致的，可以要求其为编制合并财务报表单独编报个别财务报表。

（2）统一母公司和子公司的会计政策。

编制合并财务报表，要求子公司提供与母公司采用相同会计政策编制的个别财务报表，如果子公司实际执行的会计政策与母公司的不相同，需要进行相应的调整。

（3）统一母公司和子公司的编报货币。

编制合并财务报表，要求子公司提供与母公司采用相同货币编制的个别财务报表，如果子公司实际采用的编报货币与母公司的不相同，必须将个别财务报表折算为母公司所采用的记账本位币表述的财务报表。

2．设置合并工作底稿

合并工作底稿的作用是为合并财务报表的编制提供基础。在合并工作底稿时，对母公司和纳入合并范围的子公司的个别财务报表各项目的金额进行汇总和调整抵销处理，最终计算得出合并财务报表各项目的合并数。合并工作底稿的基本格式如表 7-1 所示。

表 7-1　合并工作底稿（简表）

项目	甲公司	丙公司	合计数	调整或抵销分录		少数股东权益	合并数
				借方	贷方		
（资产负债表项目）							
流动资产：							
货币资金							
……							
流动资产合计							
非流动资产：							
债权投资							
……							
非流动资产合计							

项目	甲公司	丙公司	合计数	调整或抵销分录 借方	调整或抵销分录 贷方	少数股东权益	合并数
资产合计							
流动负债：							
短期借款							
……							
流动负债合计							
非流动负债：							
长期借款							
……							
非流动负债合计							
负债合计							
股东权益：							
股本							
……							
股东权益合计							
少数股东权益							
负债和股东权益合计							
（利润表项目）							
营业收入							
营业成本							
……							
净利润							
（所有者权益类项目）							
年初未分配利润							
……							
年末未分配利润							

3. 将母公司、子公司个别财务报表数据录入合并工作底稿

将母公司、子公司个别资产负债表、利润表、现金流量表、所有者权益变动表各项目的数据录入合并工作底稿，并对母公司和子公司个别财务报表各项目的数据进行加总，计算得出个别资产负债表、利润表、现金流量表、所有者权益变动表各项目的合计金额。

4. 编制调整和抵销分录

（1）按公允价值对非同一控制下取得子公司的财务报表进行调整。

在非同一控制下取得子公司的财务报表的情况下，合并财务报表应当以子公司在合并日确认的公允价值为基础编制，为此母公司在编制合并财务报表时必须按照购买日子公司资产、负债的公允价值对其财务报表进行调整。

（2）母公司对子公司的长期股权投资项目应当调整为以权益法核算的金额。

在日常会计核算中，母公司对子公司的长期股权投资项目按成本法核算，但在编制合并财

务报表时，应先将母公司对子公司的长期股权投资调整为以权益法核算，再由母公司编制合并财务报表。

（3）编制抵销分录。

在合并工作底稿中编制抵销分录，将内部交易对合并财务报表有关项目的影响进行抵销处理。在合并工作底稿中编制调整分录和抵销分录时，借记或贷记的均为财务报表项目（资产负债表项目、利润表项目、现金流量表项目和所有者权益变动表项目），而不是具体的会计科目。

合并财务报表的抵销处理主要有两大类。

① 与编制合并资产负债表、合并利润表、合并所有者权益变动表有关的抵销处理。具体而言，包含三项抵销处理：一是由投资与被投资关系形成的抵销，包含长期股权投资项目与子公司所有者权益类项目的抵销及母公司对子公司、子公司相互之间持有对方长期股权投资的投资收益的抵销；二是由内部债权与债务关系形成的抵销，包含一般内部债权与债务的抵销、应付债券与（或其他）债权投资的抵销、内部应收账款和应付账款的抵销等；三是由内部销售业务形成的抵销，包含内部存货交易的抵销、内部固定资产交易的抵销、内部无形资产交易的抵销等。

② 与编制现金流量表有关的抵销处理。此类抵销处理是根据当期母公司与子公司及子公司相互之间发生的影响其现金流量增减变动的内部交易，编制相应的抵销分录，通过抵销分录将个别现金流量表中反复反映的现金流入量和现金流出量予以抵销。

5. 计算合并财务报表各项目的合并金额

在母公司和子公司个别财务报表各项目加总金额的基础上，分别计算出合并财务报表中各资产类项目、负债类项目、所有者权益类项目、收入类项目和费用类项目等的合并金额，计算方法如下。

（1）资产类项目和费用类项目。

资产类和费用类各项目，其合并金额根据该项目加总金额，加上该项目抵销分录有关的借方发生额，减去该项目抵销分录有关的贷方发生额计算确定。

（2）负债类项目、所有者权益类项目、收入类项目和有关所有者权益变动项目。

负债类项目、所有者权益类项目、收入类项目和有关所有者权益变动项目，其合并金额根据该项目加总金额，减去该项目抵销分录有关的借方发生额，加上该项目抵销分录有关的贷方发生额计算确定。

6. 填列合并财务报表

根据合并工作底稿中计算出的资产、负债、所有者权益、收入类、费用类及现金流量表中各项目的合并金额，填列生成正式的合并财务报表。

第二节　对子公司及母公司个别财务报表的调整

一、对子公司个别财务报表的调整

非同一控制下企业合并中取得的子公司应当根据母公司在购买日设置的备查簿中登记的该子公司有关可辨认资产、负债的公允价值，对子公司的个别报表进行调整，使子公司的个别财务报表反映为在购买日公允价值基础上确定的可辨认资产、负债等在本期资产负债表日应有的金额。假定购买日子公司资产和负债的公允价值与计税基础之间形成了暂时性差异，且符合确认递延所得税的条件时需要确认递延所得税。

（一）对子公司个别财务报表调整的基本原理

在非同一控制下取得子公司的财务报表的情况下，母公司编制购买日的合并财务报表时，需要按公允价值对非同一控制下取得子公司的财务报表进行调整，实际上相当于将各项资产、负债的公允价值变动进行入账，然后以购买日子公司各项资产、负债的公允价值为基础编制购买日的合并财务报表。

购买日合并财务报表中，子公司各项可辨认净资产按购买日公允价值报告，而购买日后每期末的合并资产负债表中，子公司可辨认净资产是以合并日公允价值为基础，再结合相关资产、负债报告期内的价值变动，对子公司个别财务报表账面价值进行调整的。这样处理使子公司净资产在合并财务报表中的报告，既保持了各期合并财务报表对子公司净资产报告价值的连续性，又维护了与相关会计准则对各项资产、负债后续计量规范的一致性。

（二）对子公司个别财务报表调整的合并处理

1. 购买日（控股权取得日）对子公司个别财务报表的调整

购买日（控股权取得日）对子公司个别报表的调整具体包括两项。

（1）确认购买日子公司资产、负债的评估增减值。

当子公司某项资产、负债出现评估增值或减值时，如存货、固定资产、无形资产发生评估增值，应收账款发生评估减值时做如下调整处理：借记"存货"账户，金额为评估增值；借记"固定资产""无形资产"账户，金额为评估增值；贷记"应收账款"账户，金额为评估减值；调整分录差额贷记或借记"资本公积"账户。

（2）确认购买日子公司资产、负债评估增减值产生的递延所得税影响。

当子公司某项资产、负债出现评估增值或减值时，如存货、固定资产、无形资产发生评估增值，应收账款发生评估减值，因调整后资产、负债的账面价值与其计税基础不同需要确认对递延所得税的影响，做出如下调整处理：借记"递延所得税资产"账户，金额为评估减值确认的递延所得税资产；贷记"递延所得税负债"账户，金额为评估增值确认的递延所得税负债；差额借记或贷记"资本公积"账户。

上述两项调整实际上相当于将各项资产、负债的公允价值变动模拟入账，然后以购买日子公司各项资产、负债的公允价值为基础编制合并财务报表。

2. 购买日后（控股权取得日后）对子公司个别财务报表的调整

购买日后（控股权取得日后）对子公司个别报表的调整情况按照时间节点不同分为购买日后第一年年末对子公司个别财务报表的调整和购买日后第二年年末及以后各年年末对子公司个别财务报表的调整两种情况。

（1）购买日后第一年年末对子公司个别财务报表的调整。

购买日后第一年年末对子公司个别财务报表的调整具体而言包含四步：第一步，确认购买日子公司资产、负债的评估增减值；第二步，确认购买日子公司资产、负债评估增减值产生的递延所得税影响；第三步，期末调整资产、负债的账面价值；第四步，确认调整资产、负债账面价值产生的递延所得税影响。

因为其中的第一步、第二步的调整处理在购买日（控股权取得日）对子公司个别报表的调整中做了详细介绍，此处重点介绍第三步、第四步的调整处理。

第三步的调整处理具体如下。购买日后第一年年末，如果子公司购买日评估增值的存货实现对外销售，需要做出如下调整处理：借记"营业成本"账户，金额为购买日评估增值的存货对外销售的金额，贷记"存货"账户。购买日评估增值的固定资产和无形资产需要补提折旧和摊销，需要做出如下调整处理：借记"管理费用"账户，金额为固定资产、无形资产补提折旧、摊销的金额，贷记"固定资产——累计折旧"账户，贷记"无形资产——累计摊销"账户。评估减值的应收账款按评估确认的金额收回时，需要做出如下调整处理：借记"应收账款"账户，金额为评估减值的应收账款按评估确认的金额收回受到的损失，贷记"信用减值损失"账户。

第四步的调整处理：因子公司调整后资产、负债的账面价值与其计税基础不同需要确认对递延所得税的影响。此时需要做出如下调整处理：借记"递延所得税负债"账户，金额为转回评估增值确认的递延所得税负债的金额；贷记"递延所得税资产"账户，金额为转回评估减值确认的递延所得税资产的金额；差额借或贷记"所得税费用"账户。

（2）购买日后第二年年末及以后各年年末对子公司个别财务报表的调整。

购买日后第二年年末及以后各年年末对子公司个别财务报表的调整具体而言也包含四步：第一步，确认购买日子公司资产、负债的评估增减值；第二步，确认购买日子公司资产、负债评估增减值产生的递延所得税影响；第三步，期末调整资产、负债的账面价值；第四步，确认调整资产、负债账面价值产生的递延所得税影响。

购买日后第二年年末及以后各年年末对子公司个别财务报表的调整处理与购买日后第一年年末对子公司个别财务报表的调整处理步骤均为四步，其中第一步、第二步的调整处理全部相同，其调整处理的不同之处体现在第三步和第四步上。购买日后第二年年末及以后各年年末与购买日后第一年年末对子公司个别财务报表的调整处理的不同之处在于需要按照时间节点不同区分以前年度和本年，分别对子公司资产、负债的账面价值及其产生的递延所得税影响做出调整处理。

因第一步、第二步已经在上面购买日（控股权取得日）对子公司个别财务报表的调整中做了详细介绍，所以此处重点介绍第三步和第四步的调整处理。

第三步的调整处理：子公司购买日后第二年年末及以后各年年末，如果购买日评估增值的存货对外销售、购买日评估增值的固定资产和无形资产需要补提折旧和摊销、评估减值的应收账款按评估确认的金额收回时，需要对子公司个别资产、负债的账面价值进行调整。此时需要区分以前年度和本年分别对子公司资产、负债的账面价值做出调整。

其一，对子公司以前年度资产、负债账面价值的调整处理：

借：年初未分配利润

    应收账款

  贷：固定资产——累计折旧

      无形资产——累计摊销

      存货

其二，对子公司本年度资产、负债账面价值的调整处理如下。

对子公司本年度资产、负债账面价值的调整处理是借记"管理费用"账户，金额为固定资产、无形资产本年补提折旧、摊销的金额；贷记"固定资产——累计折旧""无形资产——累计摊销"账户。

对以前年度资产、负债账面价值调整时涉及损益类项目时均调整年初未分配利润。而对本年度资产、负债账面价值调整时涉及损益类项目时则调整涉及的具体损益类项目。

第四步的调整处理：子公司因调整后资产、负债的账面价值与其计税基础不同需要确认对递延所得税的影响。此时需要区分以前年度和本年度分别确认对递延所得税的影响。

其一，确认以前年度对递延所得税影响的调整处理：

确认以前年度对递延所得税影响的调整处理为借记"递延所得税负债"账户，金额为转回评估增值确认的递延所得税负债的金额；贷记"递延所得税资产"账户，金额为转回评估减值确认的递延所得税资产的金额；差额贷或借记"年初未分配利润"账户。

其二，确认本年度对递延所得税影响的调整处理：

确认本年度对递延所得税影响的调整处理为借记"递延所得税负债"账户；贷记"所得税费用"账户。

【例 7-2】甲公司有关企业合并的资料如下。

2020 年 1 月 3 日，甲公司与乙公司签订购买乙公司持有的丙公司 80%股权的合同。合同规定：甲公司向乙公司定向发行 60 720 000 股本公司股票，以换取乙公司持有的丙公司 80%的股权。甲公司定向发行的股票按规定为每股 4 元，双方确定的评估基准日为 2020 年 5 月 30 日。合同经双方股东大会批准后生效。购买丙公司 80%股权时，甲公司与乙公司不存在关联方关系。

购买丙公司 80%股权的合同执行情况如下。

①2020 年 4 月 2 日，甲公司和乙公司分别召开股东大会，批准通过了该购买股权的合同。

②以丙公司 2020 年 5 月 30 日净资产评估值为基础，丙公司经评估确定 2020 年 5 月 30 日的可辨认净资产公允价值（不含递延所得税资产和负债）为 320 000 000 元。甲公司该并购事项于 2020 年 6 月 1 日经监管部门批准，作为对价定向发行的股票于 2020 年 6 月 30 日发行，当日收盘价为每股 5 元。

③甲公司和乙公司均于 2020 年 6 月 30 日办理完毕上述相关资产的产权转让手续。交易后乙公司持有甲公司在外发行的普通股股份的 3%。甲公司为定向增发普通股股票，支付券商佣金及手续费 3 000 000 元。为核查丙公司资产价值，支付资产评估费 500 000 元，以银行存款支付。

④甲公司于 2020 年 6 月 30 日对丙公司董事会进行改组，并取得控制权。

⑤丙公司 2020 年 6 月 30 日可辨认净资产的账面价值（不含递延所得税资产和负债）为 360 000 000 元，其中股本 130 000 000 元，资本公积 200 000 000 元，其他综合收益 20 000 000 元，盈余公积 1 000 000 元，未分配利润 9 000 000 元。丙公司可辨认资产、负债的公允价值（不含递延所得税资产和负债）为 381 000 000 元，与其账面价值仅有 4 项资产存在差异，具体情况如表 7-2 所示。

表7-2　购买日丙公司可辨认资产、负债账面价值与公允价值的差异表　　单位：元

项　目	账面价值	公允价值	评估增值
存货	110 000 000	120 000 000	10 000 000
应收账款	40 000 000	39 000 000	1 000 000
固定资产	5 000 000	9 000 000	4 000 000
无形资产	80 000 000	90 000 000	10 000 000
或有负债	—	2 000 000	2 000 000
合计	—	—	21 000 000

丙公司的固定资产未来仍可使用20年，预计净残值为0，采用年限平均法计提折旧。无形资产未来仍可使用10年，预计净残值为0，采用直线法摊销。丙公司的固定资产、无形资产均为管理使用；固定资产、无形资产的折旧（或摊销）年限、折旧（或摊销）方法及预计净残值均与税法规定的一致。购买日，丙公司资产和负债的公允价值与其计税基础之间形成的暂时性差异均符合确认递延所得税资产或递延所得税负债的条件，不考虑甲公司、丙公司除企业合并和编制合并财务报表之外的其他税费，两家公司适用的所得税税率均为25%。除非有特别说明，本案例中的资产和负债的账面价值与计税基础相同。至2020年年末，应收账款按购买日评估确认的金额收回，评估确认的坏账已核销；购买日发生的评估增值的存货，本年已全部对外销售；上述或有负债为丙公司因质量诉讼案件而形成的，因购买日丙公司未满足预计负债确认条件而未确认，年末丙公司败诉并支付赔款2 000 000元。税法规定该合并为免税合并。

2020年7月1日至12月31日，丙公司个别财务报表确认净利润30 000 000元，提取盈余公积3 000 000元；2020年宣告分派现金股利10 000 000元，丙公司其他权益工具投资公允价值变动增加4 000 000元，丙公司其他所有者权益变动1 000 000元。

2021年丙公司个别财务报表确认净利润50 000 000元，提取盈余公积5 000 000元；2021年宣告分派现金股利20 000 000元，丙公司其他权益工具投资公允价值变动减少800 000元。

分析：

（1）购买日2020年6月30日的会计处理。

①甲公司购买日（2020年6月30日）个别财务报表对丙公司投资的会计分录：

60 720 000×5=303 600 000（元）

60 720 000×4-3 000 000=239 880 000（元）

3 000 000+500 000=3 500 000（元）

借：长期股权投资　　　　　　　　　　　　　　　　　　303 600 000
　　管理费用　　　　　　　　　　　　　　　　　　　　　　500 000
　　　贷：股本　　　　　　　　　　　　　　　　　　　　60 720 000
　　　　资本公积　　　　　　　　　　　　　　　　　　239 880 000
　　　　银行存款　　　　　　　　　　　　　　　　　　　3 500 000

②甲公司合并报表在购买日（2020年6月30日）对丙公司个别财务报表的调整处理如下。

其一，确认购买日子公司资产、负债的评估增减值的会计处理：

借：存货　　　　　　　　　　　　　　　　　　　　　　10 000 000
　　固定资产　　　　　　　　　　　　　　　　　　　　　4 000 000

无形资产	10 000 000
贷：应收账款	1 000 000
预计负债	2 000 000
资本公积	21 000 000

其二，确认购买日子公司资产、负债评估增减值产生的递延所得税影响的会计处理：

$$3\ 000\ 000 \times 25\% = 750\ 000（元）$$

$$24\ 000\ 000 \times 25\% = 600\ 000（元）$$

借：递延所得税资产	750 000
资本公积（差额）	5 250 000
贷：递延所得税负债	6 000 000

③购买日合并中取得子公司可辨认净资产的公允价值

=381 000 000−21 000 000×25%=375 750 000（元）

或=360 000 000＋21 000 000×75%=375 750 000（元）

④合并商誉=303 600 000−375 750 000×80%=3 000 000（元）

（2）甲公司合并报表在购买日（2020 年 6 月 30 日）后第一年年末对丙公司个别财务报表的调整处理。

其一，确认购买日子公司资产、负债的评估增减值的调整处理：

借：存货	10 000 000
固定资产	4 000 000
无形资产	10 000 000
贷：应收账款	1 000 000
预计负债	2 000 000
资本公积	21 000 000

其二，确认购买日子公司资产、负债评估增减值产生的递延所得税影响的调整处理：

借：递延所得税资产	750 000
资本公积（差额）	5 250 000
贷：递延所得税负债	6 000 000

其三，期末调整资产、负债的账面价值的调整处理：

$$4\ 000\ 000 \div 20 \times 6 \div 12 = 100\ 000（元）$$

$$10\ 000\ 000 \div 10 \times 6 \div 12 = 500\ 000（元）$$

借：营业成本	10 000 000
应收账款	1 000 000
管理费用	600 000
预计负债	2 000 000
贷：存货	10 000 000
信用减值损失	1 000 000
固定资产	100 000

无形资产	500 000
营业外支出	2 000 000

其四，确认调整资产、负债账面价值产生的递延所得税影响的调整处理：

$$10\ 600\ 000 \times 25\% = 2\ 650\ 000$$

借：递延所得税负债	2 650 000
贷：递延所得税资产	750 000
所得税费用	1 900 000

（3）甲公司合并报表在购买日（2020 年 6 月 30 日）后第二年年末对丙公司个别财务报表的调整处理。

其一，确认购买日子公司资产、负债的评估增减值的调整处理：

借：存货	10 000 000
固定资产	4 000 000
无形资产	10 000 000
贷：应收账款	1 000 000
预计负债	2 000 000
资本公积	21 000 000

其二，确认购买日子公司资产、负债评估增减值产生的递延所得税影响的调整处理：

借：递延所得税资产	750 000
资本公积（差额）	5 250 000
贷：递延所得税负债	6 000 000

其三，期末调整资产、负债的账面价值的调整处理。

对以前年度资产、负债账面价值的调整：

借：年初未分配利润	7 600 000
应收账款	1 000 000
预计负债	2 000 000
贷：存货	10 000 000
固定资产	100 000
无形资产	500 000

对本年度资产、负债账面价值的调整：

$$4\ 000\ 000 \div 20 = 200\ 000（元）$$

$$10\ 000\ 000 \div 10 = 1\ 000\ 000（元）$$

借：管理费用	1 200 000
贷：固定资产——累计折旧	200 000
无形资产——累计摊销	1 000 000

其四，确认调整资产、负债账面价值产生的递延所得税影响的调整处理。

确认以前年度递延所得税影响：

借：递延所得税负债	2 650 000

贷：递延所得税资产	750 000
年初未分配利润	1 900 000

确认本年度递延所得税影响：

$$1\ 200\ 000×25\%=300\ 000（元）$$

借：递延所得税负债	300 000
贷：所得税费用	300 000

二、对母公司个别财务报表的调整

（一）对母公司个别财务报表中长期股权投资成本法调整为权益法的基本原理

在合并工作底稿中，将母公司对子公司的长期股权投资调整为以权益法核算时，应按照《企业会计准则第 2 号——长期股权投资》所规定的权益法进行调整。在确认应享有子公司净损益的份额时，对于属于非同一控制下的企业合并形成的长期股权投资，应当以备查簿中记录的子公司各项可辨认资产、负债及或有负债等在购买日的公允价值为基础，对该子公司的净利润进行调整后确认；对于属于同一控制下的企业合并形成的长期股权投资，可以直接以该子公司的净利润进行调整，但该子公司的会计政策或会计期间与母公司不一致的，仍需对净利润进行调整。

（二）对母公司个别财务报表成本法调整为权益法的处理

对母公司个别财务报表由成本法调整为权益法的处理有以下七个步骤。

1. 判断初始投资成本是否需要进行调整

> **✎ 小贴士**
>
> 　　**同一控制下与非同一控制下控股合并长期股权投资初始投资成本调整的不同之处**
>
> 　　与同一控制下的企业合并不同，如果母公司对子公司长期股权投资的初始投资成本大于合并中取得的子公司的可辨认净资产公允价值份额，其差额体现为合并财务报表中的商誉；如果母公司对子公司长期股权投资的初始投资成本小于合并中取得的子公司的可辨认净资产公允价值份额，其差额应计入合并利润表中，作为合并当期损益。但由于购买日不需要编制合并利润表，因此长期股权投资的初始投资成本小于合并中取得的子公司的可辨认净资产公允价值份额的差额应体现在合并资产负债表上，通过调整合并资产负债表的盈余公积和未分配利润来反映。也就是说，如果初始投资成本小于子公司的净资产公允价值份额时，非同一控制下控股合并调整分录为借记"长期股权投资"账户，贷记"营业外收入"账户；而同一控制下控股合并调整分录为借记"长期股权投资"账户，贷记"盈余公积"账户和"未分配利润"账户。

根据母公司长期股权投资初始投资成本与子公司的净资产公允价值份额的差额，判断确定是否进行调整。如果初始投资成本大于子公司的净资产公允价值份额，即差额大于 0 为商誉（控股合并时商誉列示在合并财务报表中），此时不需要调整长期股权投资。如果初始投资成本小于子公司的净资产公允价值份额，即差额小于 0，此时需要调整长期股权投资，调整分录为借记"长期股权投资"账户，贷记"营业外收入"账户。

2. 对于应享有的子公司当期实现净利润的份额进行调整

如果当期子公司实现净利润，则母公司需要根据其应享有的子公司当期调整后净利润的份额调增长期股权投资，并确认投资收益。调整分录：借记"长期股权投资"账户，金额为子公司调整后的净利润乘母公司持股比例的金额；贷记"投资收益"账户。

> **小贴士**
>
> **对于应享有的子公司当期实现净利润的份额进行调整时需要强调的注意点**
>
> 第一，在确认应享有的子公司当期实现净利润的份额时，对于属于非同一控制下的企业合并形成的长期股权投资，应当以备查簿中记录的子公司各项可辨认资产、负债及或有负债等在购买日的公允价值为基础，对该子公司的净利润进行调整后确认；对于属于同一控制下的企业合并形成的长期股权投资，可以直接以该子公司的净利润进行确认，但是该子公司的会计政策或会计期间与母公司不一致的，仍需要对净利润进行调整。
>
> 第二，此处对子公司净利润的调整与长期股权投资后续计量中采用的纯权益法不同，不考虑对未实现内部交易损益进行调整。

3. 按照应承担子公司当期发生的亏损份额进行调整

与当期子公司实现净利润的情形类似，当期子公司发生亏损也需要按照上述方法对子公司亏损进行调整。如果当期子公司发生亏损，则母公司需要根据其应承担子公司当期发生亏损的份额调减长期股权投资，并冲减投资收益。调整分录：借记"投资收益"账户；贷记"长期股权投资"或"长期应收款"或"预计负债"账户。此处的调整处理与长期股权投资后续计量以权益法进行核算时被投资企业发生巨额亏损，投资企业根据投资份额确认亏损的处理相类似。

4. 对于当期收到子公司分派的现金股利或净利润进行调整

对于子公司当期分派的现金股利或宣告分派的股利中母公司享有的份额，母公司应调整冲减长期股权投资的账面价值，同时调减投资收益。之所以调减投资收益是因为在成本法核算的情况下，母公司在当期财务报表中已经按子公司分派或宣告分配的股利确认了投资收益。

5. 对于子公司其他综合收益变动进行调整

如果子公司除净损益以外还存在其他综合收益变动，母公司仍然需要按照权益法对成本法核算的结果进行调整。调整分录：借或贷记"长期股权投资"账户；贷或借记"其他综合收益"账户。

6. 对于子公司除净损益以外所有者权益的其他变动进行调整

如果子公司除净损益以外还存在所有者权益的其他变动，母公司仍然需要按照权益法对成本法核算的结果进行调整。调整分录：借或贷记"长期股权投资"账户；贷或借记"资本公积"账户。

7. 在连续编制的情况下进行调整

应说明的是，本期合并财务报表中年初"所有者权益"各项目的金额应与上期合并财务报表中的期末"所有者权益"对应项目的金额一致，因此上期编制合并财务报表时涉及"股本（或实收资本）""资本公积""其他综合收益""盈余公积"等项目的，在本期编制合并财务报表调整分录和抵销分录时均应用"年初股本（或实收资本）""年初资本公积""年初其他综合收益"

"年初盈余公积"项目代替；对于上期编制调整和抵销分录时涉及利润表中的项目及所有者权益变动表"未分配利润"项目，在本期编制合并财务报表调整分录和抵销分录时均应用"年初未分配利润"项目代替。之所以如此调整是因为合并财务报表是以个别财务报表为基础进行编制的。

【例 7-3】 承接【例 7-2】资料，甲公司自购买日 2020 年 6 月 30 日至合并后 2020 年年末、2021 年年末在编制合并财务报表时将甲公司个别财务报表中长期股权投资按照成本法计算的金额调整为按照权益法计算。

分析：在合并工作底稿中，购买日（2020 年 6 月 30 日）对甲公司个别财务报表成本法调整为权益法的调整处理如下。

购买日仅涉及判断初始投资成本是否需要进行调整。

初始投资成本 303 600 000 元大于子公司净资产公允价值份额 300 600 000 元（375 750 000×80%），即差额 3 000 000 元为商誉（控股合并时商誉列示在合并财务报表中），此时不需要调整长期股权投资。

（1）在合并工作底稿中，购买日后第一年年末将甲公司个别财务报表中按照成本法计量的长期股权投资项目金额调整为按照权益法计量的金额，其调整处理如下。

其一，判断初始投资成本是否需要进行调整（无须调整，理由如上）。

其二，对应享有的子公司当期实现净利润的份额进行调整。

调整后丙公司 2020 年 12 月 31 日的净利润

=调整前（30 000 000）+对购买日评估差额的调整（-10 000 000-600 000+1 000 000+2 000 000+1 900 000）=24 300 000（元）

在调整子公司净利润时应立足重要性原则，不具有重要性的项目可不予调整。符合下列条件之一，投资企业可以以被投资单位的账面净利润为基础，计算确认投资损益，同时应在财务报表附注中说明不能按照准则规定进行核算的原因：①投资企业无法合理确定取得投资时被投资单位各项可辨认资产等的公允价值；②投资时被投资单位可辨认净资产的公允价值与其账面价值相比，两者之间的差额不具有重要性；③其他原因导致无法取得被投资单位的有关资料，不能按照准则中规定的原则对被投资单位的净损益进行调整。

根据子公司调整后的净利润，依据持股比例确认母公司应确认的投资收益：

$$24\,300\,000×80\%=19\,440\,000（元）$$

借：长期股权投资   19 440 000
  贷：投资收益   19 440 000

其三，按照应承担子公司当期发生的亏损份额进行调整。

根据案例资料，丙公司本年实现净利润，并未发生亏损，无须调整。

其四，对当期收到的子公司分派的现金股利或净利润进行调整。

当期丙公司分派现金股利 10 000 000 元，因此甲公司根据投资份额进行调整：

$$10\,000\,000×80\%=8\,000\,000（元）$$

借：投资收益   8 000 000
  贷：长期股权投资   8 000 000

其五，对于子公司其他综合收益变动进行调整。

当期丙公司其他综合收益增加 4 000 000 元，因此甲公司根据投资份额进行调整：

$$4\ 000\ 000 \times 80\% = 3\ 200\ 000（元）$$

借：长期股权投资　　　　　　　　　　　　　　　　　　　　　　3 200 000

　　贷：其他综合收益　　　　　　　　　　　　　　　　　　　　　　3 200 000

其六，对子公司除净损益以外所有者权益的其他变动进行调整。

当期丙公司其他所有者权益增加 1 000 000 元，因此甲公司根据投资份额进行调整：

$$1\ 000\ 000 \times 80\% = 800\ 000（元）$$

借：长期股权投资　　　　　　　　　　　　　　　　　　　　　　　800 000

　　贷：资本公积　　　　　　　　　　　　　　　　　　　　　　　　800 000

调整后甲公司 2020 年 12 月 31 日按权益法调整后的长期股权投资的账面价值

=303 600 000＋19 440 000－8 000 000＋3 200 000＋800 000=319 040 000（元）

（2）在合并工作底稿中，购买日后第二年年末对甲公司个别财务报表中长期股权投资按成本法计算的金额调整为按权益法计算金额的处理：在连续编制合并财务报表的情况下，既需要根据丙公司 2020 年所有者权益变动情况调整母公司上年长期股权投资及其他所有者权益类项目，又需要根据丙公司 2021 年所有者权益变动情况调整母公司本年长期股权投资及其他所有者权益类项目。

根据丙公司 2020 年所有者权益变动情况调整母公司上年长期股权投资及其他所有者权益类项目。

其一，判断初始投资成本是否需要进行调整（无须调整，理由如上）。

其二，对于应享有的子公司上年实现净利润的份额进行调整。

调整后丙公司 2020 年 12 月 31 日的净利润

=调整前（30 000 000）＋对购买日评估差额的调整（－10 000 000－600 000＋1 000 000＋

　2 000 000＋1 900 000）=24 300 000（元）

借：长期股权投资　　　　　　　　　　　　　　　　　　　　　19 440 000

　　贷：年初未分配利润　　　　　　　　　　　　　　　　　　　　19 440 000

其三，按照应承担子公司当期发生的亏损份额进行调整（丙公司上年实现净利润，上期未发生亏损，无须调整）。

其四，对上期收到的子公司分派的现金股利或净利润进行调整。

上期丙公司分派现金股利 10 000 000 元，因此甲公司根据投资份额进行调整：

借：年初未分配利润　　　　　　　　　　　　　　　　　　　　　8 000 000

　　贷：长期股权投资　　　　　　　　　　　　　　　　　　　　　8 000 000

其五，对子公司其他综合收益变动进行调整。

上期丙公司其他综合收益增加 4 000 000 元，因此甲公司根据投资份额进行调整：

借：长期股权投资　　　　　　　　　　　　　　　　　　　　　　3 200 000

　　贷：其他综合收益　　　　　　　　　　　　　　　　　　　　　3 200 000

其六，对子公司除净损益以外所有者权益的其他变动进行调整。

上期丙公司其他所有者权益增加 1 000 000 元，因此甲公司根据投资份额进行调整：

借：长期股权投资　　　　　　　　　　　　　　　　　　　　　800 000

　　贷：资本公积　　　　　　　　　　　　　　　　　　　　　　　800 000

根据丙公司 2020 年所有者权益变动情况调整母公司上年长期股权投资及其他所有者权益类项目时，涉及的损益类项目均调整为年初未分配利润。

（3）根据丙公司 2021 年所有者权益变动情况调整母公司本年长期股权投资及其他所有者权益类项目。

其一，判断初始投资成本是否需要进行调整（无须调整，理由如上）。

其二，对于应享有的子公司本期实现净利润的份额进行调整。

调整后丙公司 2021 年 12 月 31 日的净利润

=调整前（50 000 000）+对购买日评估差额的调整（-1 200 000+300 000）

=49 100 000（元）

$$49\ 100\ 000×80\%=39\ 280\ 000（元）$$

借：长期股权投资　　　　　　　　　　　　　　　　　　　　39 280 000

　　贷：投资收益　　　　　　　　　　　　　　　　　　　　　　39 280 000

其三，按照应承担子公司本期发生的亏损份额进行调整（丙公司本年实现净利润，当期未发生亏损，无须调整）。

其四，对本期收到的子公司分派的现金股利或净利润进行调整。

本期丙公司分派现金股利 20 000 000 元，因此甲公司根据投资份额进行调整：

$$20\ 000\ 000×80\%=16\ 000\ 000（元）$$

借：投资收益　　　　　　　　　　　　　　　　　　　　　　16 000 000

　　贷：长期股权投资　　　　　　　　　　　　　　　　　　　　16 000 000

其五，对子公司其他综合收益变动进行调整。

本期丙公司其他综合收益减少 800 000 元，因此甲公司根据投资份额进行调整：

$$800\ 000×80\%=640\ 000（元）$$

借：其他综合收益　　　　　　　　　　　　　　　　　　　　　640 000

　　贷：长期股权投资　　　　　　　　　　　　　　　　　　　　　640 000

其六，对子公司除净损益以外所有者权益的其他变动进行调整。

本期丙公司其他所有者权益无变动，因此甲公司无须调整。

调整后甲公司 2021 年 12 月 31 日按权益法调整后的长期股权投资的账面价值

=303 600 000+15 440 000+39 280 000-16 000 000-640 000=341 680 000（元）

（三）特殊情况抵销处理

1. 投资企业（母公司）与联营企业、合营企业未实现内部交易损益应进行抵销

如果编制合并报表时存在联营企业、合营企业且满足重要性要求，则投资企业与联营企业及合营企业之间发生的未实现内部交易损益需要按照持股比例计算，归属于投资企业的部分应当予以抵销，在此基础上确认投资损益。投资企业与被投资单位之间发生的内部交易损失，按照《企业会计准则第 8 号——资产减值》等规定属于资产减值损失的，应当全额确认。投资企

业对于纳入其合并范围的子公司与其联营企业及合营企业之间发生的内部交易损益，也应当按照上述原则进行抵销，在此基础上确认投资损益。对于联营企业或合营企业向投资企业出售资产的逆销，在该交易存在未实现内部交易损益的情况下（有关资产未对外部独立第三方出售），投资企业在采用权益法计算确认应享有联营企业或合营企业的投资损益时，应抵销该未实现内部交易损益的影响。当投资企业自其联营企业或合营企业购买资产时，在将该资产出售给外部独立第三方之前，不应确认联营企业或合营企业因该交易产生的损益中本企业应享有的部分。

（1）逆销的抵销。

因逆销产生的未实现内部交易损益，在未对外部独立第三方出售之前，体现在投资企业持有资产的账面价值当中。投资企业对外编制合并财务报表的，应在合并工作底稿中对长期股权投资及包含未实现内部交易损益的资产账面价值进行调整，抵销有关资产账面价值中包含的未实现内部交易损益，并相应调整对联营企业或合营企业的长期股权投资。在合并工作底稿中针对该逆销的抵销分录：借记"长期股权投资"账户，贷记"存货"账户，金额为未实现内部交易利润与投资企业持股比例之积。

（2）顺销的抵销。

对于投资企业向联营企业或合营企业出售资产的顺销，在该交易存在未实现内部交易损益的情况下，投资企业在采用权益法计算确认应享有联营企业或合营企业的投资损益时，应抵销该未实现内部交易损益的影响，同时调整对联营企业或合营企业长期股权投资的账面价值。在顺销中，投资企业投出资产或出售资产给其联营企业或合营企业产生的损益中，按照持股比例确定归属于本企业的部分不予确认。在合并工作底稿中针对该顺销的抵销分录：借记"营业收入"账户，金额为销售方售价乘投资方持股比例之积；贷记"营业成本"账户，金额为销售方成本乘投资方持股比例之积；差额贷或借记"投资收益"账户。

2. 合营方向合营企业投出或出售非货币性资产产生损益的处理

合营方向合营企业投出或出售非货币性资产的相关损益，个别财务报表应当按照以下原则处理。

（1）符合下列情况之一的，合营方不应确认该类交易的损益：与投出非货币性资产所有权有关的重大风险和报酬没有转移给合营企业；投出非货币性资产的损益无法可靠计量；投出非货币性资产交易不具有商业实质。

（2）合营方转移了与投出或出售非货币性资产所有权有关的重大风险和报酬并且投出或出售资产留给合营企业使用的，应在该项交易中确认归属于合营企业其他合营方的利得和损失。交易表明投出或出售的非货币性资产发生减值损失的，合营方应当全额确认该部分损失。

（3）在投出或出售非货币性资产的过程中，合营方除取得合营企业长期股权投资外还取得了其他货币性资产或非货币性资产，应当确认该项交易中与所取得其他货币性、非货币性资产相关的损益。

合营方向合营企业投出或出售非货币性资产且满足重要性要求，投资方按照持股比例计算应予抵销的未实现内部交易损益，在合并工作底稿中应在抵销相关收入、成本的同时，调整长期股权投资的账面价值。

第三节 由于投资与被投资关系形成的抵销

一、由于投资与被投资关系形成抵销的基本原理

母公司为取得对子公司的控股权进行股权初始投资时，母公司确认长期股权投资，子公司形成股本；股权投资后续期间，子公司宣布分配现金股利时，母公司确认投资收益。从企业集团的角度出发，这种股权投资引起的长期股权投资、股本、投资收益及利润分配等会计要素的变动，源于内部股权投资业务，站在编制合并财务报表的角度需要对其进行抵销处理，即编制合并资产负债表时，在母公司与子公司个别财务报表数据简单相加的基础上，应将母公司对子公司长期股权投资项目与子公司所有者权益类项目予以抵销。在子公司为全资子公司的情况下，母公司对子公司长期股权投资的金额和子公司所有者权益各项目的金额应当全额抵销。在子公司为非全资子公司的情况下，应当将母公司对子公司长期股权投资的金额与子公司所有者权益中母公司所享有的份额予以抵销。子公司所有者权益中不属于母公司的份额，在合并资产负债表中作为"少数股东权益"处理。母公司对子公司的长期股权投资与母公司在子公司所有者权益中所享有的份额的差额，应当在商誉项目列示。商誉发生减值的，应当按照经减值测试后的金额列示。

二、由于投资与被投资关系形成的抵销处理

由于投资与被投资关系形成的抵销具体如下：母公司长期股权投资项目与子公司所有者权益类项目的抵销；母公司对子公司、子公司相互之间持有对方长期股权投资的投资收益的抵销。

（一）母公司长期股权投资项目与子公司所有者权益类项目的抵销

在合并工作底稿中，对长期股权投资的金额由成本法调整为权益法后，长期股权投资的金额正好反映母公司在子公司所有者权益中所拥有的份额。编制合并财务报表时，应将母公司长期股权投资项目与子公司所有者权益类项目对合并财务报表的影响予以抵销。

母公司长期股权投资与子公司所有者权益类项目的抵销处理：借记"实收资本或股本""资本公积"（包含了有关资产、负债评估增减值并考虑所得税的影响）。"其他综合收益""盈余公积""年末未分配利润""商誉"账户，金额为长期股权投资金额大于享有子公司持续计算的可辨认净资产公允价值的份额；贷记"长期股权投资"账户，金额为母公司对子公司长期股权投资调整为权益法后的余额，"少数股东权益"账户，金额为除母公司外其他投资者在子公司所有者权益中所享有的份额。

小贴士

母公司长期股权投资项目与子公司所有者权益类项目抵销处理时需要注意的问题

第一，在同一控制下，还需要将被合并方在企业合并前实现的留存收益中归属于合并方的部分，自资本公积转入留存收益。

第二，子公司发行累积优先股等其他权益工具的，无论当期是否宣告发放其股利，在计算列报母公司合并利润表中的"归属于母公司股东的净利润"时，应扣除当期归属于除母公司之外的其他权益工具持有者的可累积分配股利，扣除金额应在"少数股东损益"项目列示；

子公司发行非累积优先股等其他权益工具的，在计算列报母公司合并利润表中的"归属于母公司股东的净利润"时，应扣除当期宣告发放的归属于除母公司之外的其他权益工具持有者的不可累积分配股利，扣除金额应在"少数股东损益"项目列示。子公司发行累积或非累积优先股等其他权益工具的，在资产负债表和股东权益变动表中的列报原则与利润表相同。

第三，在合并财务报表中，子公司少数股东分担的当期亏损超过了少数股东在该子公司期初所有者权益中所享有的份额的（发生超额亏损），其余额仍应当冲减少数股东权益，即少数股东权益可以出现负数。

（二）母公司对子公司、子公司相互之间持有对方长期股权投资的投资收益的抵销

在编制合并财务报表时，必须将对子公司的投资收益与子公司当年利润分配相抵销，使合并财务报表反映母公司股东权益的变动情况。从单一企业来看，当年实现的净利润加上年初未分配利润是企业利润分配的来源，企业对其进行分配，提取盈余公积、向股东分配股利及留待以后年度的未分配利润。而子公司当年实现的净利润，一部分属于母公司所有，即母公司的投资收益；另一部分属于少数股东所有，即少数股东收益。为了使合并财务报表反映母公司股东权益的变动情况即财务状况，则必须将母公司投资收益、少数股东收益和年初未分配利润与子公司当年利润分配及未分配利润相互抵销。在全资子公司的情况下，按权益法调整后的内部投资收益实际上就是子公司的全部净利润。假设子公司期初未分配利润为0，则子公司本期的净利润就是子公司本期可供分配的全部利润，母公司对子公司的长期股权投资按权益法调整后的投资收益正好与子公司的本年利润分配相抵销。在子公司为非全资子公司的情况下，子公司的本期净利润等于母公司本期对子公司的投资按权益法调整的投资收益与本期少数股东权益之和。假设子公司期初未分配利润为0，则母公司对子公司的长期股权投资的投资收益（按权益法调整后的）与少数股东收益之和正好与子公司的本年利润分配项目相抵销。

母公司对子公司、子公司相互之间持有对方长期股权投资的投资收益的抵销处理：

借：投资收益　　　　　　　　　　　　　　　　　　　　××××

　　少数股东损益　　　　　　　　　　　　　　　　　　××××

　　年初未分配利润　　　　　　　　　　　　　　　　　××××

　　贷：提取盈余公积　　　　　　　　　　　　　　　　　　××××

　　　　向股东分配利润　　　　　　　　　　　　　　　　　××××

　　　　年末未分配利润　　　　　　　　　　　　　　　　　××××

在首期编制合并财务报表时，已经将企业集团内部由于股权投资产生的母公司长期投资与子公司所有者权益、母公司投资收益与子公司利润分配项目及母公司与子公司之间的内部交易事项等进行了抵销，但是这种抵销仅仅是在合并工作底稿中进行的，并没有登记在企业集团母公司及各子公司的账簿之中。因而，这些企业集团在以后年度仍然是以没有反映抵销情况的账簿记录为依据编制个别财务报表的，而合并财务报表仍要根据这些个别财务报表编制，所以在第二期以及以后各期连续编制合并财务报表时，就不仅要考虑本年度企业集团内部新发生的股权投资事项、本年度利润分配及内部交易事项等对个别财务报表的影响，还要考虑以前年度企业集团内部股权投资交易或事项对个别财务报表所产生的影响。

【例7-4】承接【例7-2】、【例7-3】的资料。

分析

（1）甲公司购买日（2020年6月30日）由于投资与被投资关系形成的抵销处理。

在合并工作底稿中，购买日仅需要将母公司长期股权投资项目与子公司所有者权益类项目进行抵销处理。

借：股本		130 000 000
资本公积		215 750 000
其他综合收益		20 000 000
盈余公积		1 000 000
年末未分配利润		9 000 000
商誉		3 000 000
贷：长期股权投资		303 600 000
少数股东权益		75 150 000

（2）甲公司2020年年末（购买日后第一年年末）由于投资与被投资关系形成的抵销处理：购买日后第一年年末既需要将母公司长期股权投资项目与子公司所有者权益类项目进行抵销处理，又需要将母公司投资收益、少数股东权益和年初未分配利润与子公司当年利润分配及未分配利润相互抵销。

其一，母公司长期股权投资项目与子公司所有者权益类项目的抵销处理：

借：股本		130 000 000
资本公积		216 750 000
其他综合收益		24 000 000
盈余公积		4 000 000
年末未分配利润		20 300 000
商誉		3 000 000
贷：长期股权投资		319 040 000
少数股东权益		79 010 000

按购买日公允价值持续计算的2020年年末丙公司可辨认净资产的公允价值

=375 750 000+24 300 000-10 000 000+5 000 000=395 050 000（元）

其二，母公司对子公司、子公司相互之间持有对方长期股权投资的投资收益的抵销处理：

借：投资收益		19 440 000
少数股东损益		4 860 000
年初未分配利润		9 000 000
贷：提取盈余公积		3 000 000
向股东分配利润		10 000 000
年末未分配利润		20 300 000

（3）甲公司2021年年末（购买日后第二年年末）由于投资与被投资关系形成的抵销处理：

购买日后第二年年末既需要将母公司长期股权投资项目与子公司所有者权益类项目进行抵销处理，又需要将母公司投资收益、少数股东权益和年初未分配利润与子公司当年利润分配及未分配利润相互抵销。

其一，母公司长期股权投资项目与子公司所有者权益类项目的抵销处理：

借：股本　　　　　　　　　　　　　　　　　　　　　130 000 000

　　资本公积　　　　　　　　　　　　　　　　　　　216 750 000

　　其他综合收益　　　　　　　　　　　　　　　　　　23 200 000

　　盈余公积　　　　　　　　　　　　　　　　　　　　 9 000 000

　　年末未分配利润　　　　　　　　　　　　　　　　　44 400 000

　　商誉　　　　　　　　　　　　　　　　　　　　　　 3 000 000

　　　贷：长期股权投资　　　　　　　　　　　　　　　　　341 680 000

　　　　少数股东权益　　　　　　　　　　　　　　　　　 84 670 000

按购买日公允价值持续计算的2021年年末丙公司可辨认净资产的公允价值

＝395 050 000＋49 100 000−20 000 000−800 000＝423 350 000（元）

其二，母公司对子公司、子公司相互之间持有对方长期股权投资的投资收益的抵销处理：

借：投资收益　　　　　　　　　　　　　　　　　　　　39 280 000

　　少数股东损益　　　　　　　　　　　　　　　　　　 9 820 000

　　年初未分配利润　　　　　　　　　　　　　　　　　20 300 000

　　　贷：提取盈余公积　　　　　　　　　　　　　　　　　 5 000 000

　　　　向股东分配利润　　　　　　　　　　　　　　　　 20 000 000

　　　　年末未分配利润　　　　　　　　　　　　　　　　 44 400 000

第四节　由于内部债权与债务关系形成的抵销

一、由于内部债权与债务关系形成抵销的基本原理

母公司与子公司、子公司相互之间发生的债权和债务是指母公司与子公司、子公司相互之间发生的应收账款和应付账款、预付账款和预收账款（合同负债）、债权投资（其他债权投资）和应付债券等项目。对于发生的内部债权与债务，从债权人来看，在资产负债表中形成一项债权资产；而从债务方来看，形成负债；从企业集团整体角度来看，它仅是企业集团内部资金运动，既不增加企业集团的资产，又不增加负债。因此，在编制合并财务报表时需要将内部债权与债务予以抵销处理。

二、由于内部债权与债务关系形成的抵销处理

在母公司与子公司、子公司相互之间，由于销售商品、提供劳务及发生结算业务而产生的应收账款与应付账款、应收票据与应付票据、预付账款和预收账款（合同负债）、其他应收款和其他应付款、债权投资（其他债权投资）与应付债券等，表现在一方的个别财务报表中是负债，在另一方的个别财务报表中则是资产。但是，从企业集团的角度来看，这些事项只是内部资金运动，不会影响企业集团财务报表的资产负债状况。因此，在编制合并资产负债表时应将内部债权与债务予以抵销处理。

由于内部债权与债务关系形成的抵销具体如下：一是一般内部债权与债务的抵销；二是应付债券与债权投资（其他债权投资）的抵销；三是一般内部债权与债务的抵销特例，即内部应收账款和应付账款的抵销等。

（一）一般内部债权与债务的抵销

在合并工作底稿中，一般内部债权与债务的抵销处理：借记"应付票据"或"预收款项"或"合同负债"或"其他应付款"或"长期应付款"账户；贷记"应收票据"或"预付款项"或"其他应收款"或"长期应收款"账户。

（二）应付债券与债权投资（其他债权投资）的抵销

应付债券与债权投资（其他债权投资）的抵销处理：借记"应付债券"账户；贷记"债权投资"或"其他债权投资"账户。

应付债券与债权投资（其他债权投资）的抵销处理需要注意以下几点。

第一，在某些情况下，债券投资企业持有的企业集团内部成员企业的债券并不是从发行债券的企业直接购进的，而是在证券市场上从第三方手中购进的。在这种情况下，债券投资与发行债券企业的应付债券抵销时，可能会出现差额，应当计入合并利润表的投资收益或财务费用项目，此时有以下两种情况。

情况一：当应付债券的摊余成本大于债权投资的摊余成本时，差额贷记"财务费用"账户。此时抵销分录：借记"应付债券"（金额为个别报表的摊余成本）账户；贷记"债权投资"或"其他债权投资"账户（金额为个别报表的摊余成本）；差额贷记"财务费用"账户。

情况二：当应付债券的摊余成本小于债权投资的摊余成本时，差额借记"投资收益"账户。此时抵销分录：借记"应付债券"（金额为个别报表的摊余成本）账户；差额借记"投资收益"账户；贷记"债权投资"或"其他债权投资"账户（金额为个别报表的摊余成本）。

第二，如果债券分期付息，此时需要将一方的其他应付款与另一方的其他应收款进行抵销处理，同时将债券发行方费用化的债券利息财务费用（或者资本化的债券利息在建工程）与债券投资方的投资收益进行抵销处理。

在企业集团内部，如果母公司与子公司、子公司相互之间持有对方债券，则会产生内部利息收入和利息支出。一方面，发行债券的公司在计算利息支出时，将其作为财务费用（费用化处理）或者在建工程（资本化处理）并在其个别利润表中进行反映；另一方面，持有债券的公司购买债券时增加了本公司的长期债权投资，持有期所获得的利息收入则作为投资收益处理，并在其个别利润表中进行反映。在编制合并财务报表时，应当在抵销内部发行的应付债券等债权债务的同时，将内部应付债券相关的利息费用和相关的债券投资收益（利息收入）相互抵销。抵销分录：借记"其他应付款"账户，贷记"其他应收款"账户；借记"投资收益"账户，贷记"财务费用"或"在建工程"账户。

（三）内部应收账款和应付账款的抵销

在编制合并财务报表时随着内部应收账款和应付账款的抵销，也须将内部应收账款计提的坏账准备予以抵销。同时，因合并财务报表资产的账面价值与计税基础不同产生的递延所得税影响也应该一并处理。

1. 初次编制合并财务报表时应收账款与应付账款的抵销处理

在应收账款计提坏账准备的情况下，某一会计期间坏账准备的金额是以当期应收账款为基础计提的。在编制合并财务报表时，随着内部应收账款和应付账款的抵销，也须将内部应收账款计提的坏账准备予以抵销。内部应收账款和应付账款抵销时，抵销分录：借记"应付账款"账户，贷记"应收账款"账户。内部应收账款计提的坏账准备抵销时，抵销分录：借记"应收账款——坏账准备"账户，贷记"信用减值损失"账户。因抵销了内部应收账款计提的坏账准备，导致应收账款的账面价值大于计税基础，需要转回递延所得税资产，抵销分录：借记"所得税费用"账户，贷记"递延所得税资产"账户。

2. 连续编制合并财务报表时应收账款与应付账款的抵销处理

在首期编制合并财务报表时，对于企业集团内部的应收账款等计提的坏账准备已经予以抵销，坏账准备的抵销减少了资产减值损失，因此增加了合并后的净利润。当第二期编制合并财务报表时，合并所有者权益表中的期初未分配利润就应该是首期合并所有者权益变动表中的期末未分配利润。但是，在第二期编制合并财务报表时，仍然以母公司和子公司的个别财务报表为基础，而这些个别财务报表并没有反映首期抵销业务的影响。所以，在首期存在应收账款提取坏账准备的情况下，对于第二期以个别财务报表为基础编制的合并所有者权益表，其中的期初未分配利润必然与首期合并所有者权益变动表中的期末未分配利润之间产生差额。为了使二者数额一致，必须将首期抵销的内部应收账款计提的坏账准备对第二期期初未分配利润合并数额的影响予以抵销，调整第二期期初未分配利润的合并数额。为此而编制的抵销分录：借记"应收账款——坏账准备"账户，贷记"未分配利润——年初"账户。第三期及以后各期均是如此。

在连续编制合并财务报表进行抵销处理时，应按下列程序进行抵销。

第一，根据年末内部应收账款和应付账款金额抵销内部债权、债务的处理，抵销分录：借记"应付账款"（金额为含税金额）账户；贷记"应收账款"账户。

第二，根据年初内部应收账款金额，将上期资产信用减值损失中抵销的内部应收账款计提的坏账准备对本期期初未分配利润的影响予以抵销，即将年初内部应收账款计提的坏账准备予以抵销的处理。抵销分录：借记"应收账款——坏账准备"账户；贷记"年初未分配利润"账户。

第三，根据年初与年末内部应收账款的变化，由此确定本期个别财务报表中内部应收账款相对应的坏账准备增减变动的金额，将本期增加内部应收账款计提的坏账准备予以抵销。抵销分录：借记"应收账款——坏账准备"账户；贷记"信用减值损失"账户。如果本期减少内部应收账款计提的坏账准备，则抵销分录：借记"信用减值损失"账户，贷记"应收账款——坏账准备"账户。

需要注意的是，先抵销年初应收账款计提的坏账准备，再抵销本年增加或减少内部应收账款计提的坏账准备。

第四，如果需考虑所得税影响（冲减个别财务报表中确认的递延所得税资产），还需要抵销产生的递延所得税资产。

将年初内部应收账款计提坏账准备抵销而产生的递延所得税资产进行抵销：借记"年初未分配利润"（金额为截止上年年末累计冲减的坏账准备乘所得税税率之积）账户；贷记"递延所得税资产"账户。

将本年增加或减少内部应收账款计提坏账准备抵销而产生的递延所得税资产进行抵销：借或贷记"所得税费用"（金额为本期计提或冲减的坏账准备乘所得税税率之积）账户；贷或借记"递延所得税资产"账户。

【例7-5】A公司为母公司，B公司为其子公司，两公司所得税税率均为25%，税法规定计提的信用减值损失不得在税前扣除。假定A、B公司采用预期损失法计提坏账准备，计提比例为1%，有关资料如下：（1）2019年年初，A公司应收账款中没有对B公司的应收账款，2019年年末，A公司应收账款中对B公司的应收账款为10 000 000元（含增值税）；（2）2020年年末，A公司应收账款中对B公司的应收账款为40 000 000元（含增值税）。

分析：

（1）2019年年末由于内部债权与债务关系形成的抵销处理。

第一，根据年末内部应收账款和应付账款金额抵销内部债权、债务的处理。

借：应付账款　　　　　　　　　　　　　　　　　　　　　　　10 000 000

　　贷：应收账款　　　　　　　　　　　　　　　　　　　　　　10 000 000

第二，根据年初内部应收账款金额，将上期信用减值损失中抵销的内部应收账款计提的坏账准备对本期期初未分配利润的影响予以抵销，即将年初内部应收账款计提的坏账准备予以抵销。

2019年年初A公司应收账款中没有对B公司的应收账款，不存在年初内部应收账款计提的坏账准备，因此无须抵销。

第三，根据年初与年末内部应收账款的变化，由此确定本期个别财务报表中内部应收账款相对应的坏账准备增减变动的金额，将本年增加的内部应收账款计提的坏账准备予以抵销。

$$10\ 000\ 000 \times 1\% = 100\ 000（元）$$

借：应收账款——坏账准备　　　　　　　　　　　　　　　　　　100 000

　　贷：信用减值损失　　　　　　　　　　　　　　　　　　　　100 000

第四，如果需要考虑所得税影响，则需要抵销个别财务报表中确认的递延所得税资产。这时需要分两步进行考虑：首先，抵销截至上期期末累计冲减的坏账准备对递延所得税的影响；其次，抵销本期计提或冲减坏账准备对递延所得税的影响。

（2）将年初内部应收账款计提坏账准备抵销而产生的递延所得税资产进行抵销。

2019年年初A公司应收账款中没有对B公司的应收账款，不存在年初内部应收账款计提的坏账准备，因此无须抵销。

将本年增加或减少的内部应收账款计提的坏账准备抵销而产生的递延所得税资产进行抵销：

$$100\ 000 \times 25\% = 25\ 000（元）$$

借：所得税费用　　　　　　　　　　　　　　　　　　　　　　　25 000

　　贷：递延所得税资产　　　　　　　　　　　　　　　　　　　　25 000

2020年年末由于内部债权与债务关系形成抵销的相关会计处理。

第一，根据年末内部应收账款和应付账款金额抵销内部债权、债务的处理。

借：应付账款　　　　　　　　　　　　　　　　　　　　　　　40 000 000

　　贷：应收账款　　　　　　　　　　　　　　　　　　　　　　40 000 000

第二，根据年初内部应收账款金额，将上期信用减值损失中抵销的内部应收账款计提的坏账准备对本期期初未分配利润的影响予以抵销，即将年初内部应收账款计提的坏账准备予以抵销。

2019 年年末 A 公司应收账款中对 B 公司的应收账款为 10 000 000 元，计提的坏账准备为 100 000 元，因此需要将年初内部应收账款计提的坏账准备予以抵销。

借：应收账款——坏账准备　　　　　　　　　　　　　　　　100 000

　　贷：年初未分配利润　　　　　　　　　　　　　　　　　　　100 000

第三，根据年初与年末内部应收账款的变化，由此确定本期个别财务报表中内部应收账款相对应的坏账准备增减变动的金额，将本年增加的内部应收账款计提的坏账准备予以抵销。

40 000 000×1%-10 000 000×1%=300 000（元）

借：应收账款——坏账准备　　　　　　　　　　　　　　　　300 000

　　贷：信用减值损失　　　　　　　　　　　　　　　　　　　300 000

第四，如果需考虑所得税影响（冲减个别报表中确认的递延所得税资产），还需要抵销产生的递延所得税资产。

将年初内部应收账款计提坏账准备抵销而产生的递延所得税资产进行抵销：

2019 年年末 A 公司应收账款中有对 B 公司的应收账款为 10 000 000 元，存在年初内部应收账款计提的坏账准备 100 000 元，因此需要将年初内部应收账款计提坏账准备抵销而产生的递延所得税资产进行抵销。

借：年初未分配利润　　　　　　　　　　　　　　　　　　　25 000

　　贷：递延所得税资产　　　　　　　　　　　　　　　　　　25 000

将本年增加或减少的内部应收账款计提的坏账准备抵销而产生的递延所得税资产进行抵销处理：

300 000×25%=75 000（元）

借：所得税费用　　　　　　　　　　　　　　　　　　　　　75 000

　　贷：递延所得税资产　　　　　　　　　　　　　　　　　　75 000

第五节　由于内部销售业务形成的抵销

由于内部销售业务形成的抵销主要包括三类：一是内部存货交易的抵销；二是内部固定资产交易的抵销；三是内部无形资产交易的抵销等。

一、内部存货交易的抵销

（一）内部存货交易抵销的基本原理

内部存货交易一般会形成内部销售收入或内部销售成本。内部销售收入是指企业集团内部母公司与子公司、子公司相互之间发生购销活动产生的销售收入。内部销售成本是指企业集团内部母公司与子公司、子公司相互之间发生销售商品产生的销售成本。

发生的内部存货交易一般会出现以下三种情况。

1. 购买企业内部购进的商品当期全部实现对外销售

购买企业内部购进的商品当期全部实现对外销售，企业集团也实现了销售和利润，个别财务报表所确认的利润合计与合并财务报表应列报的利润应该是一致的，但是由于内部交易的销售方在发生内部交易时确认了销售收入和销售成本，而内部交易的购买方在对外销售时又确认了一次销售收入和销售成本，而对整个企业集团来说，实现的销售只是一次，应确认的销售收入只是内部交易的购买方在对外销售时所实现的销售收入，与之相匹配的销售成本应是内部交易的销售方所确认的销售成本，因此在这种情况下，需要将内部交易的销售方所确认的内部销售收入和内部交易的购买方所确认的内部销售成本予以抵销。

2. 购买企业内部购进的商品当期全部未实现对外销售

购买企业内部购进的商品当期全部未实现对外销售，对于销售方而言会在本期确认销售收入、结转销售成本、计算损益，并在其个别财务报表中反映；对于购买方而言因未对外销售仅表现为存货的增加。但站在企业集团的角度，实际上仅是商品的存放地点发生变动，并没有真正实现企业集团的对外销售，不应确认销售收入、结转销售成本、计算损益。从购买企业看，其支付的购货价款作为存货成本列示，但其中包含了销售企业未实现的内部销售损益，站在企业集团的角度应当进行抵销处理。

购买企业内部购进的商品作为固定资产使用时的抵销处理思路同上，先假设购买企业内部购进的固定资产当期全部实现对外销售，再将年末内部购进固定资产价值中包含的未实现内部销售利润进行抵销。

3. 购买企业内部购进的商品当期部分实现对外销售，部分未实现对外销售

这种情况是上述两种情况的组合，仍可以沿用上述抵销思路，先假设购买企业内部购进的商品当期全部实现对外销售，再将年末内部购进存货价值中包含的未实现内部销售利润进行抵销。

（二）内部存货交易的抵销处理

下面由易到难分析四种情况下的内部存货交易的抵销处理。

1. 不考虑所得税和存货跌价准备时当期内部购进商品并形成存货的抵销处理

在不考虑所得税、不考虑存货跌价准备的大前提下，当期内部购进商品并形成存货的抵销处理：先按照内部销售收入的金额，借记"营业收入"账户，贷记"营业成本"账户；再按照期末内部购进形成的存货价值中包含的未实现内部销售损益的金额，借记"营业成本"账户，贷记"存货"账户。

【例 7-6】甲公司是乙公司的母公司，2019 年甲公司出售库存商品给乙公司，售价 1 000 000 元（不含增值税），成本为 800 000 元（未减值）。至 2019 年 12 月 31 日，乙公司从甲公司购买的上述存货对外销售了 40%，售价为 500 000 元，假定不考虑所得税，并且期末存货未发生减值。

分析：2019 年末合并财务报表的抵销分录如下。

$$800\ 000×25\%×60\%=120\ 000（元）$$

借：营业收入	1 000 000	
贷：营业成本		1 000 000
借：营业成本	120 000	
贷：存货		120 000

其中，25% 为内部销售的毛利率，60% 为未实现对外销售的比例。

在甲公司 2019 年合并财务报表中，应抵销 1 000 000 元营业收入、880 000 元营业成本、120 000 元存货，应确认 500 000 元营业收入。

2. 不考虑所得税和存货跌价准备时连续编制合并财务报表时内部购进商品的抵销处理

在连续编制合并财务报表的情况下，必须先将上期抵销的存货价值中包含的未实现内部销售损益对本期期初未分配利润的影响予以抵销，调整本期期初未分配利润的金额；然后对本期内部购进存货进行抵销处理。其具体的抵销程序如下。

首先，将上期抵销的存货价值中包含的未实现内部销售损益对本期期初未分配利润的影响予以抵销，借记"年初未分配利润"账户，贷记"营业成本"账户。其次，本期发生内部购销活动，将内部销售收入、内部销售成本及内部购进存货中未实现内部销售损益予以抵销，即按照销售方内部销售收入的金额，借记"营业收入"账户，贷记"营业成本"账户。最后，将期末内部购进存货价值中包含的未实现内部销售损益予以抵销，借记"营业成本"账户，贷记"存货"账户。

【例7-7】A公司是B公司的母公司。2019年，A公司向B公司销售产品15 000 000元，A公司2019年销售毛利率为20%，销售成本为12 000 000元。B公司2019年将此商品实现对外销售收入18 000 000元，销售成本为12 600 000元；期末存货为12 400 000元（期初存货10 000 000+本期购进存货15 000 000−本期销售成本12 600 000），存货价值中包含的未实现内部销售损益为2 480 000元（12 400 000×20%）。

分析：A公司编制合并财务报表时应进行如下抵销处理。

首先，调整期初未分配利润金额的处理：

$$10\ 000\ 000×20\%=2\ 000\ 000（元）$$

借：年初未分配利润　　　　　　　　　　　　　　　　　　　2 000 000
　　贷：营业成本　　　　　　　　　　　　　　　　　　　　　　2 000 000

其次，抵销本期内部销售收入和内部销售成本的处理：

借：营业收入　　　　　　　　　　　　　　　　　　　　　　15 000 000
　　贷：营业成本　　　　　　　　　　　　　　　　　　　　　15 000 000

最后，抵销期末存货中包含的未实现内部销售损益的处理：

借：营业成本　　　　　　　　　　　　　　　　　　　　　　2 480 000
　　贷：存货　　　　　　　　　　　　　　　　　　　　　　　2 480 000

3. 考虑所得税、不考虑存货跌价准备时内部存货交易的抵销处理

如果考虑所得税影响，还必须在合并工作底稿中确认对递延所得税资产及所得税费用的影响，抵销处理具体分为下面五个步骤。

第一步，将上期抵销的存货价值中包含的未实现内部销售损益对年初未分配利润的影响进行抵销：借记"年初未分配利润"账户（金额为上期抵销的存货价值中包含的未实现内部销售利润）；贷记"营业成本"账户。第二步，将本期发生的内部购销业务形成的内部销售收入和内部销售成本予以抵销：借记"营业收入"账户（金额为本期发生内部购销活动产生的收入）；贷记"营业成本"账户。第三步，将年末内部购进存货价值中包含的未实现内部销售损益予以抵销：借记"营业成本"账户（金额为期末内部购进存货价值中包含的未实现内部销售利润）；贷记"存货"账户。第四步，如果需考虑所得税影响，还需要确认对递延所得税资产或递延所得税负债的影响：借记"递延所得税资产"账户（金额为上期结存存货中所含未实现内部销售利润乘所得税税率之积）；贷记"年初未分配利润"账户。借或贷记"递延所得税资产"账户（金

额为年末结存存货中所含未实现内部销售利润与年初结存存货中所含未实现内部销售利润的差额乘所得税税率之积）；贷或借记"所得税费用"账户。第五步，逆销情况下，在存货中包含的未实现内部销售损益中，将归属于少数股东的未实现内部销售损益分摊金额进行抵销：借记"少数股东权益"账户（金额为经前述调整后年初减少的净利润乘少数股东持股比例之积），贷记"年初未分配利润"账户；借记"少数股东权益"账户，贷记"少数股东损益"账户（金额为经前述调整后本期减少的净利润乘少数股东持股比例之积）。

4. 考虑所得税和存货跌价准备时内部存货交易的抵销处理

考虑存货跌价准备时企业集团内部存货交易的抵销处理，除考虑前面提及的抵销处理外，还需要以年末存货中所含未实现内部销售利润为限考虑下面的抵销处理。其一，抵销存货跌价准备期初数的处理：借记"存货——存货跌价准备"账户；贷记"年初未分配利润"账户。其二，抵销因本期销售存货结转的存货跌价准备的处理：借记"营业成本"账户；贷记"存货——存货跌价准备"账户。其三，抵销存货跌价准备期末数与上述余额的差额，但存货跌价准备的抵销以存货中未实现内部销售利润为限：借记"存货——存货跌价准备"账户；贷记"资产减值损失"账户，或做相反分录。其四，考虑跌价准备对所得税的影响：借记"年初未分配利润"账户，贷记"递延所得税资产"账户；借或贷记"所得税费用"账户；贷或借记"递延所得税资产"账户。

二、内部固定资产交易的抵销

内部固定资产交易是指企业集团内部发生的交易的一方与固定资产有关的购销业务。对于企业集团内部固定资产的交易，根据销售企业销售的是产品还是固定资产，可以将其划分为三种类型：第一种类型是企业集团内部企业将自身生产的产品销售给企业集团内的其他企业作为固定资产使用；第二种类型是企业集团内部企业将自身的固定资产出售给企业集团内的其他企业作为固定资产使用；第三种类型是企业集团内部企业将自身使用的固定资产出售给企业集团内的其他企业作为普通商品销售，这种类型的固定资产交易在企业集团内部发生得较少，一般情况下发生的金额也不大。以下着重讲解前面两种类型内部固定资产交易的抵销处理。

（一）内部固定资产交易抵销的基本原理

母公司与子公司之间发生固定资产交易，或者子公司之间发生固定资产交易，销售固定资产的企业其资产负债表中固定资产项目按减少后的数额列示，处置固定资产的净收益或净损失作为资产处置损益列示在利润表中；购入固定资产的企业则按购入价格作为固定资产增加列示在资产负债表中，按照相关规定将折旧分期计入成本或费用。从企业集团角度出发，企业集团内部的固定资产交易只是固定资产的内部调拨活动，使固定资产的使用地点发生了变化，既不能实现损益，又不会使固定资产的净值发生变化。对于整个企业集团来说，该项固定资产并未对外销售，故销售方所确认的处置固定资产的净损益是未实现的内部损益，必须予以抵销。

（二）内部固定资产交易的抵销处理

1. 首期内部固定资产交易的抵销处理

编制首期合并财务报表时，需要将期末固定资产原价中包含的未实现内部销售利润予以抵销，因此减少了合并后的净利润；将未实现内部销售利润计提的折旧予以抵销，因而减少了管理费用，增加了合并未分配利润；同时，将内部交易固定资产多计提的减值准备予以抵销，因此增加了合并未分配利润。具体的抵销处理如下。

其一，内部固定资产交易未实现内部损益的抵销处理：借记"营业收入"账户，金额为销售方售价；贷记"营业成本"账户，金额为销售方成本；贷记"固定资产——原价"账户，金额为内部销售利润。

如果是企业集团内部固定资产变卖交易，即一方销售固定资产，另一方购入后作为固定资产使用，则抵销处理：借或贷记"资产处置收益"账户；贷或借记"固定资产——原价"账户。

其二，当年计提的折旧中包含的未实现内部销售损益的抵销处理：借记"固定资产——累计折旧"账户，金额为以毛利为基数计算的当期多计提的折旧；贷记"管理费用"账户。

其三，考虑所得税影响时需要确认递延所得税资产的抵销处理：借记"递延所得税资产"账户，金额为抵销的未实现内部交易利润减去抵销的多计提的折旧的差额乘所得税税率之积；贷记"所得税费用"账户。

2. 连续编制合并财务报表时内部固定资产交易的抵销处理

当第二期编制合并财务报表时，合并所有者权益变动表中的期初未分配利润就应该是首期合并所有者权益变动表中的期末未分配利润。但是，在第二期编制合并财务报表时，仍然以母公司和子公司的个别财务报表为基础，而这些个别财务报表并没有反映首期抵销业务的影响。所以，在首期存在期末固定资产原价中包含未实现内部销售利润，以及首期对未实现内部销售利润计提折旧和内部交易固定资产计提减值准备的情况下，对于第二期以个别财务报表为基础编制的合并所有者权益变动表，其中的期初未分配利润必然与首期合并所有者权益变动表中的期末未分配利润之间产生差额。为了使二者数额一致，必须将首期抵销的未实现内部销售利润及抵销的就未实现内部销售利润计提的折旧、就内部固定资产交易计提的减值准备对第二期期初未分配利润合计数额的影响予以抵销，调整第二期期初未分配利润的合并数额。

第二期及以后各期编制合并财务报表时，具体的抵销处理如下。

第一，将内部固定资产交易中未实现的内部销售损益进行抵销，并调整年初未分配利润，抵销处理：借记"年初未分配利润"账户，金额为未实现的内部销售损益；贷记"固定资产——原价"账户。

第二，将以前会计期间内部固定资产交易多计提的累计折旧进行抵销，并调整年初未分配利润，抵销处理：借记"固定资产——累计折旧"账户，金额为以毛利为基数计算的截至以前年度累计多提的折旧；贷记"年初未分配利润"账户。

第三，将以前会计期间内部固定资产交易在本年多计提的累计折旧进行抵销，并调整管理费用，抵销处理：借记"固定资产——累计折旧"账户，金额为以毛利为基数计算的本年度多提的折旧；贷记"管理费用"账户。

第四，考虑所得税时确认递延所得税资产，抵销处理：借记"递延所得税资产"账户，金额为截至本年年末抵销的未实现内部交易利润及减去截至本年年末抵销的多计提的折旧差额乘所得税税率之积；差额借记"所得税费用"账户；贷记"年初未分配利润"账户，金额为上年金额。

3. 内部固定资产交易在清理期间的抵销处理

固定资产清理时可能出现下面三种情况：期满清理、超期清理和提前清理。编制合并财务报表时，应当根据具体情况进行抵销处理。

第一种情况：期满清理。

固定资产使用期限届满进行清理的期末，固定资产实体已不复存在，因此不存在未实现内部销售损益抵销问题。从整个企业集团来看，随着该固定资产的使用期限届满，其包含的未实现内部销售损益也转化为已实现利润，因此具体包含如下两项抵销处理。

其一，将已经清理的固定资产未实现内部销售损益与本年多计提的折旧进行抵销，抵销分录：借记"年初未分配利润"账户；贷记"管理费用"账户。其二，如果考虑所得税，确认对递延所得税资产的抵销。

第二种情况：超期清理。

对于超期使用后再进行清理的固定资产，由于清理当期其实物已不存在，不存在固定资产原价中包含未实现内部销售损益的抵销问题；同时该固定资产累计折旧也随着固定资产清理而转销，也不存在固定资产多计提折旧的抵销问题。因此，对于超期使用后再进行清理的固定资产不需要进行抵销处理。

第三种情况：提前清理。

固定资产实体已不复存在，因此不存在未实现内部销售损益抵销问题，但因为固定资产提前报废，固定资产原价中包含的未实现内部销售损益随着清理而成为实现的损益，具体包含如下四项抵销处理。

其一，将已经清理的固定资产原价中包含的未实现内部销售损益进行抵销，并调整年初未分配利润。抵销分录：借记"年初未分配利润"账户；贷记"营业外收入"（金额为毛利）或"资产处置收益"账户。

其二，将已经清理的以前会计期间的固定资产多计提的累计折旧进行抵销，并调整年初未分配利润。抵销分录：借记"营业外收入"或"资产处置收益"账户，金额为以毛利为基数计算的截至以前年度累计多计提的折旧；贷记"年初未分配利润"账户。

其三，将已经清理的以前会计期间清理的固定资产在本年多计提的累计折旧进行抵销，并调整管理费用。抵销分录：借记"营业外收入"（金额为截至当年累计多计提的折旧）或"资产处置收益"（金额为以毛利为基数计算的本年度多计提的折旧）账户；贷记"管理费用"账户。

其四，如果考虑所得税，确认递延所得税资产。抵销分录：借记"递延所得税资产"账户，金额为截至本年年末抵销的未实现内部交易利润减去截至本年年末抵销的多计提的折旧差额乘所得税税率之积；差额借记"所得税费用"账户；贷记"年初未分配利润"账户，金额为上年金额。

此时的抵销处理与连续编制合并财务报表时内部固定资产交易的抵销处理类似，区别在于前者的固定资产已经清理完毕，因而通过资产处置收益项目抵销，而后者的固定资产照常使用，则通过固定资产项目抵销。

【例 7-8】甲公司为乙公司的母公司。2019 年 3 月 30 日，甲公司向乙公司销售一项自产设备，售价为 5 000 000 元，成本为 3 000 000 元，未计提跌价准备。乙公司将其作为管理用固定资产核算并于当日投入使用，该设备的预计使用年限为 5 年，采用年限平均法计提折旧，预计净残值为 0。2019 年年末，该设备的可收回金额为 3 500 000 元。甲、乙公司适用的所得税税率均为 25%，不考虑其他因素。

分析：甲公司向乙公司销售设备属于内部交易，应进行抵销处理。

借：营业收入 5 000 000

　　贷：营业成本 3 000 000

　　　　固定资产——原价 2 000 000

当期应抵销固定资产折旧=2 000 000÷5×9÷12=300 000（元）

借：固定资产——累计折旧 300 000

　　贷：管理费用 300 000

乙公司个别财务报表中计提减值前该设备的账面价值

=5 000 000-5 000 000÷5×9÷12=4 250 000 元>可收回金额 3 500 000 元

应当计提减值=4 250 000-3 500 000=750 000（元）

确认递延所得税资产=750 000×25%=187 500（元）

合并财务报表计提减值前的账面价值

=3 000 000-3 000 000÷5×9÷12=2 550 000 元<可收回金额 3 500 000 元，未发生减值，因此应当抵销个别财务报表计提的减值准备：

借：固定资产——固定资产减值准备 750 000

　　贷：资产减值损失 750 000

该设备的计税基础=4 250 000 元

合并财务报表应确认递延所得税资产=（4 250 000-2 550 000）×25%=425 000（元）

因此合并财务报表中应确认的递延所得税资产=425 000-87 500=237 500（元）

借：递延所得税资产 237 500

　　贷：所得税费用 237 500

三、内部无形资产交易的抵销

内部无形资产交易是指企业集团内部发生的交易的一方涉及无形资产的交易，如企业集团内部某一成员企业将自身拥有的专利权、专有技术等转让、出售给其他成员企业作为无形资产继续使用。

（一）内部无形资产交易抵销的基本原理

母公司与子公司之间发生无形资产交易，或者子公司之间发生无形资产交易，销售无形资产的企业其资产负债表中无形资产项目按减少后的数额列示，处置无形资产的净收益或净损失作为资产处置损益列示在利润表中；购入无形资产的企业则按购入价格作为无形资产增加列示在资产负债表中，按照相关规定将摊销分期计入成本或费用。从企业集团角度出发，企业集团内部的无形资产交易只是无形资产的内部调拨活动，既不能实现损益，又不会使无形资产的净值发生变化。对于整个企业集团来说，该项无形资产并未对外销售，故销售方所确认的处置无形资产的净损益是未实现的内部损益，必须予以抵销。随着无形资产价值的摊销，无形资产价值中包含的未实现内部销售损益也随之计入当期费用，为此也必须对无形资产摊销计入的相关费用类项目进行抵销处理。

（二）内部无形资产交易的抵销处理

内部无形资产交易编制抵销分录的思路与内部固定资产交易的思路基本类似。

1. 当期内部无形资产交易的抵销处理

进行抵销处理时，按照内部交易时该无形资产账面价值中包含的未实现内部销售损益的数额，借记"资产处置收益"账户，贷记"无形资产"账户；同时按本期该无形资产摊销额中包含的未实现内部销售损益的数额，借记"无形资产——累计摊销"账户，贷记"管理费用"账户。

2. 持有期间内部无形资产交易的抵销处理

进行抵销处理时，按受让时该无形资产价值中包含的未实现内部销售损益的数额，借记"年初未分配利润"账户，贷记"无形资产"账户；按上期期末该内部交易无形资产累计摊销金额中包含的未实现内部销售损益的金额，借记"无形资产——累计摊销"账户，贷记"年初未分配利润"账户；按本期因该无形资产价值中包含未实现内部销售损益而多计算的摊销金额，借记"无形资产——累计摊销"账户，贷记"管理费用"账户；同时考虑所得税对递延所得税资产的影响。

3. 摊销完毕期间内部无形资产交易的抵销处理

从购买企业角度来看，该无形资产到期时，其账面价值已摊销完毕，包含的未实现内部销售损益已摊销完毕，无形资产账面价值经摊销后为0。对于出售企业而言，因无形资产实现的收益，计入转让当年的净损益。从整个企业集团来看，随着该无形资产的使用期限届满，其包含的未实现内部销售损益也转化为已实现损益。由于销售企业因该无形资产所实现的收益，作为年初未分配利润的一部分结转到购买企业该无形资产到期的会计期间。在该无形资产到期的会计期间，本期无形资产摊销额中仍然包含无形资产价值中包含的未实现内部销售损益的摊销额，仍须进行抵销处理。

母公司与子公司、子公司相互之间销售商品（或提供劳务，下同）或以其他方式形成的存货、固定资产、工程物资、在建工程、无形资产等所包含的未实现内部销售损益应当抵销，总结如下：第一，内部交易涉及的增值税是不能抵销的；第二，在内部交易购进资产过程中发生的运杂费和安装费等是不能抵销的；第三，对于内部交易，当月增加的固定资产当月不计提折旧，当月增加的无形资产当月开始摊销；第四，内部交易资产如果形成收益，第一年抵销分录中涉及递延所得税的一定是借记"递延所得税资产"账户，金额是抵销分录中的资产类项目贷方金额减去借方金额的差额乘所得税税率之积，第二年连续编制财务报表的时候也一样。

第六节　特殊交易在合并财务报表中的会计处理

一、追加投资的会计处理

（一）母公司购买子公司少数股权

母公司购买子公司少数股权时，在个别财务报表中按新增投资的公允价值确定新增投资的成本；合并财务报表中的商誉与新增投资前的商誉相同，母公司新取得的长期股权投资与按照新增持股比例计算应享有子公司自购买日（或合并日）开始持续计算的可辨认净资产份额之间的差额，应当调整合并财务报表中的资本公积（资本溢价或股本溢价），资本公积（资本溢价或股本溢价）余额不足冲减的，调整留存收益。

（二）投资方因追加投资等原因能够对非同一控制下的被投资方实施控制

投资方因追加投资等原因能够对非同一控制下的被投资单位实施控制的，按下列会计处理方法核算。

企业通过多次交易分步实现非同一控制下企业合并的，应先结合分步交易的各个步骤的协议条款，以及各个步骤中所分别取得的股权比例、取得对象、取得方式、取得时点及取得对价等信息来判断分步交易是否属于一揽子交易。准则规定，各项交易的条款、条件及经济影响符合以下一种或多种情况的，通常应将多次交易事项作为一揽子交易进行会计处理：①这些交易是同时或者是在考虑了彼此影响的情况下订立的；②这些交易整体才能达成一项完整的商业结果；③一项交易的发生取决于至少一项其他交易的发生；④一项交易单独看是不经济的，但是和其他交易一并考虑时是经济的。

如果分步取得子公司的股权直至取得控制权的各项交易属于一揽子交易，应当将各项交易作为一项取得子公司控制权的交易，并区分企业合并的类型进行会计处理。

如果不构成一揽子交易，在合并财务报表中，对于购买日之前持有的被购买方的股权，应当按照该股权在购买日的公允价值进行重新计量，公允价值与其账面价值的差额计入当期投资收益；购买日之前持有的被购买方的股权涉及权益法核算下的其他综合收益、其他所有者权益变动的，应当转为购买日所属当期收益，由于被投资方重新计量设定受益计划净负债或净资产变动而产生的其他综合收益及被投资方其他权益工具投资产生的其他综合收益除外。购买方应当在附注中披露其在购买日之前持有的被购买方的股权在购买日的公允价值，按照公允价值重新计量产生的相关利得或损失的金额。

（三）通过多次交易分步实现的同一控制下的企业合并

1. 个别财务报表的会计处理

如果不属于一揽子交易，在合并日，应按照以下步骤进行会计处理：在合并日，根据合并后应享有被合并方净资产在最终控制方合并财务报表中的账面价值的份额，加上原商誉，确定长期股权投资的初始投资成本。合并日长期股权投资的初始投资成本，与达到合并前的长期股权投资账面价值加上合并日进一步取得股份新支付对价的账面价值之和的差额，调整资本公积（资本溢价或股本溢价），资本公积不足冲减的，冲减留存收益。合并日之前持有的股权投资，因采用权益法核算或按照金融工具确认和计量准则核算而确认的其他综合收益、其他资本公积，暂不进行会计处理。

2. 合并财务报表的会计处理

对于分步实现的同一控制下的企业合并，根据企业合并准则，在编制合并财务报表时，应视同参与合并的各方在最终控制方开始控制时即以目前的状态存在进行调整，在编制比较报表时，以不早于合并方和被合并方同处于最终控制方的控制之下的时点为限，将被合并方的有关资产、负债并入合并方合并财务报表的比较报表中，并根据因合并而增加的净资产在比较报表中调整所有者权益项下的相关项目。

为避免对被合并方净资产的价值进行重复计算，合并方在取得被合并方控制权之前持有的股权投资，在取得原股权之日与合并方和被合并方同处于同一方最终控制之日孰晚日起至合并日之间已确认有关损益、其他综合收益及其他净资产变动，应分别冲减比较报表期间的期初留存收益或当期损益。

（四）本期增加子公司

编制合并资产负债表时，以本期取得的子公司在合并资产负债表日的资产负债表为基础编制。对于本期投资或追加投资取得的子公司，不需要调整合并资产负债表的期初数。但为了提高会计信息的可比性，应当在财务报表附注中披露本期取得的子公司对合并财务报表的财务状况的影响，即披露本期取得的子公司在购买日的资产和负债金额，包括流动资产、长期股权投资、固定资产、无形资产及其他资产和流动负债、长期负债等的金额。

编制合并利润表时，应当以本期取得的子公司自取得控制权日起至本期期末为会计期间的财务报表为基础编制，将本期取得的子公司自取得控制权日起至本期期末的收入、费用和利润通过合并，纳入合并财务报表之中。同时，为了提高会计信息的可比性，应在财务报表附注中披露本期取得的子公司对合并财务报表的经营成果的影响，以及对前期相关金额的影响，即披露本期取得的子公司自取得控制权日起至本期期末止的经营成果，包括营业收入、营业利润、利润总额、所得税费用和净利润等。

编制合并现金流量表时，应当将本期取得的子公司自取得控制权日起至本期期末止的现金流量的信息纳入合并现金流量表，并将取得子公司所支付的现金扣除子公司于购买日持有的现金及现金等价物后的净额，在有关投资活动类的"取得子公司及其他营业单位所支付的现金"项目中反映。

二、处置对子公司投资的会计处理

（一）在不丧失控制权的情况下处置部分对子公司的长期股权投资

母公司处置部分对子公司的长期股权投资但不丧失控制权的，应分个别财务报表和合并财务报表进行会计处理。个别财务报表的会计处理，参见长期股权投资准则的相关内容。合并财务报表中的会计处理：母公司在不丧失控制权的情况下处置部分对子公司的长期股权投资的，处置价款与处置长期股权投资相对应享有子公司自购买日或合并日开始持续计算的净资产份额之间的差额，调整资本公积（资本溢价或股本溢价），资本公积不足冲减的，调整留存收益。

（二）母公司因处置对子公司长期股权投资而丧失控制权

1. 一次交易处置子公司

母公司因处置部分股权投资或其他原因丧失了对原有子公司控制权的，在合并财务报表中，应当进行如下会计处理：终止确认长期股权投资、商誉等的账面价值，并终止确认少数股东权益（包括属于少数股东的其他综合收益）的账面价值。按照丧失控制权日的公允价值重新计量剩余股权，按剩余股权对被投资方的影响程度，将剩余股权作为长期股权投资或金融工具进行核算。处置股权取得的对价与剩余股权的公允价值之和，减去按原持股比例计算应享有原有子公司自购买日开始持续计算的净资产账面价值份额与商誉之和，形成的差额计入丧失控制权当期的投资收益。与原有子公司的长期股权投资相关的其他综合收益、其他所有者权益变动，应当在丧失控制权时转入当期损益，由于被投资方重新计量设定受益计划净负债或净资产变动而产生的其他综合收益及被投资方其他权益工具投资产生的其他综合收益除外。

2. 多次交易处置子公司

个别财务报表的会计处理：企业通过多次交易分步处置对子公司的长期股权投资直至丧失控制权的，如果上述交易属于一揽子交易，应当将各项交易作为一项处置对子公司的长期股权投资并丧失控制权的交易进行会计处理；但是，在丧失控制权之前每一次处置价款与所处置的股权对应的长期股权投资账面价值之间的差额，在合并财务报表中，应当先确认为其他综合收益，到丧失控制权时再一并转入丧失控制权的当期损益。

合并财务报表的会计处理：企业通过多次交易分步处置对子公司的长期股权投资直至丧失控制权的，在合并财务报表中，应先结合分步交易的各个步骤的协议条款，以及各个步骤中所分别取得的股权比例、取得对象、取得方式、取得时点及取得对价等信息来判断分步交易是否属于一揽子交易。如果分步交易不属于一揽子交易，则在丧失对子公司控制权以前的各项交易，应按照本章上述"母公司在不丧失控制权的情况下部分处置对子公司的长期股权投资"的有关规定进行会计处理。如果分步交易属于一揽子交易，则应将各项交易作为一项处置原有子公司并丧失控制权的交易进行会计处理。其中，对于丧失控制权之前的每一次交易，处置价款与处置投资对应的享有该子公司自购买日开始持续计算的净资产账面价值的份额之间的差额，在合并财务报表中应当计入其他综合收益，在丧失控制权时一并转入丧失控制权的当期损益。

（三）本期减少子公司

在本期出售转让子公司部分股份或全部股份，丧失对该子公司的控制权而使其成为非子公司的，应当将其排除在合并财务报表的合并范围之外。

在编制合并资产负债表时，不需要对非子公司的资产负债表进行合并。但为了提高会计信息的可比性，应当在财务报表附注中披露该子公司成为非子公司对合并财务报表财务状况及对前期相关金额的影响，即披露该子公司在丧失控制权日及该子公司在上年年末的资产和负债金额，具体包括流动资产、长期股权投资、固定资产、无形资产及其他资产和流动负债、长期负债等。

编制合并利润表时，则应当以该子公司期初至丧失控制权成为非子公司之日止的利润表为基础，将该子公司自期初至丧失控制权之日止的收入、费用、利润纳入合并利润表。同时，为提高会计信息的可比性，在财务报表附注中披露该子公司成为非子公司对合并财务报表的经营成果及对前期相关金额的影响，即披露该子公司自期初至丧失控制权日止的经营成果及上年度的经营成果，具体包括营业收入、营业利润、利润总额、所得税费用和净利润等。

在编制现金流量表时，应将该子公司自期初至丧失控制权之日止的现金流量信息纳入合并现金流量表，并将出售该子公司所收到的现金扣除子公司持有的现金和现金等价物及相关处置费用后的净额，在有关投资活动类的"处置子公司及其他营业单位所收到的现金"项目中反映。如果为负数，应在"支付其他与投资活动有关的现金"项目中反映。

三、因子公司的少数股东增资而稀释母公司拥有的股权比例的处理

子公司的其他股东对子公司进行增资，由此稀释了母公司对子公司的股权比例，在这种情况下，应当按照增资前的母公司股权比例计算其在增资前子公司账面净资产中的份额，该份额与增资后按母公司持股比例计算的在增资后子公司账面净资产份额之间的差额计入资本公积，

资本公积不足冲减的，调整留存收益。

四、交叉持股的合并处理

交叉持股是指在由母公司和子公司组成的企业集团中，母公司持有子公司一定比例的股权，能够对其实施控制，同时子公司也持有母公司一定比例的股权，即相互持有对方的股权。

母公司和子公司有交叉持股情形的，在编制合并财务报表时，对于母公司持有的子公司股权，与通常情况下母公司长期股权投资和子公司所有者权益的合并抵销处理相同。对于子公司持有的母公司股权，应当按照子公司取得母公司股权日所确认的长期股权投资的初始投资成本，将其转为合并财务报表中的库存股，作为所有者权益的减项，在合并资产负债表中所有者权益类项目下以"减：库存股"账户列示；对于子公司持有母公司股权所确认的投资收益（如利润分配或现金股利），应当进行抵销处理。子公司将所持有的母公司股权分类为以公允价值计量且其变动计入其他综合收益的金融资产的，按照公允价值计量，同时冲销子公司累计确认的公允价值变动。

子公司相互持有的长期股权投资，应当比照母公司和子公司交叉持股的抵销方法，将长期股权投资与其对应的子公司所有者权益中所享有的份额相互抵销。

第七节 合并现金流量表的编制

一、合并现金流量表概述

合并现金流量表是综合反映由母公司及子公司组成的企业集团在一定会计期间的现金流入、现金流出及现金流量增减变动情况的财务报表。合并现金流量表的编制原理与个别现金流量表是一致的。从理论上说，合并现金流量表的编制方法有两种。一种方法是以合并资产负债表和合并利润表为基础，采用与编制个别现金流量表相同的方法编制合并现金流量表。另一种方法则是以母公司和纳入合并范围的子公司的个别现金流量表为基础，采用与编制合并资产负债表、合并利润表及合并所有者权益表相同的原理、方法和程序来编制合并现金流量表。首先，编制合并工作底稿，将母公司与子公司个别现金流量表各项目的金额过入合并工作底稿；其次，根据当期母公司与子公司及子公司相互之间发生的影响其现金流量增减变动的经济业务，编制抵销分录，将个别现金流量表重复反映的现金流入量和现金流出量予以抵销；最后，计算出合并工作底稿中各现金流量项目的合计数，填列在合并现金流量表中。

二、编制合并现金流量表需要抵销的项目

在以母公司和子公司个别现金流量表为基础编制合并现金流量表时，需要进行抵销的内容主要如下。

（一）企业集团内部当期以现金投资或收购股权增加的投资所产生的现金流量的抵销处理

企业集团内部母公司与子公司或子公司相互之间以现金进行投资表现为母公司个别现金流量表中投资活动现金流出；子公司接受这一投资时，表现为子公司个别现金流量表中筹资活动现金流入。从企业集团的角度看，投资方现金流量表中投资所支付的现金与接受投资方现金流

量表中吸收投资所收到的现金属于企业集团内部现金的流转，不影响企业集团现金流量的增减变动。因此，在编制合并现金流量表时，应将投资方"取得子公司及其他营业单位支付的现金净额"项目与接受投资方"吸收投资所收到的现金"项目予以抵销。

（二）企业集团内部当期取得投资收益收到的现金与分配股利、利润或偿付利息支付的现金的抵销

企业集团内部母公司对子公司或子公司相互之间以现金进行长期股权投资或债权投资，在投资持有期间收到接受投资方分派的现金股利或债券利息，在投资方个别现金流量表作为取得投资收益收到的现金列示；接受投资方分派的现金股利或债券利息在其个别现金流量表中作为分配股利、利润或偿付利息所支付的现金列示。从企业集团角度看，投资方取得投资收益收到的现金与被投资方分配股利、利润或偿付利息所支付的现金同属集团内部分配事项所产生的现金划转，不会引起企业集团现金流量的变化。因此，在编制合并现金流量表时，应将二者予以抵销。

（三）企业集团内部当期销售商品所产生的现金流量的抵销处理

母公司与子公司及子公司相互之间当期销售商品，在销售方的个别现金流量表中作为销售商品、提供劳务收到的现金列示；在购买方的个别现金流量表中作为购买商品、接受劳务支付的现金列示。从企业集团的角度看，上述现金流转不会引起企业集团现金流量的增减变动。因此，在编制合并现金流量表时，应将销售方销售商品、接受劳务收到的现金项目和购买方购买商品、接受劳务支付的现金项目予以抵销。

（四）企业集团内部以现金结算债权与债务所产生的现金流量的抵销处理

母公司与子公司及子公司相互之间以现金结算应收账款、应付账款等债权与债务，在债权人个别现金流量表中作为收到其他与经营活动有关的现金列示；在债务人个别现金流量表中作为支付其他与经营活动有关的现金列示。从企业集团的角度看，该现金结算尽管对个别现金流量表产生了影响，但仅仅属于企业集团内部往来事项所产生的现金划转，不会引起企业集团现金流量的增减变动。因此，在编制合并现金流量表时，应将债权人收到的其他与经营活动有关的现金项目与债务人支付的其他与经营活动有关的现金项目予以抵销。借记支付的其他与经营活动有关的现金账户，贷记收到的其他与经营活动有关的现金账户。

（五）企业集团内部处置固定资产等收回的现金净额与购建固定资产等支付的现金的抵销处理

企业集团内部处置固定资产等收回的现金净额与购建固定资产等支付的现金的抵销处理原理与上述四种情况类似，需要将内部现金流入量和内部现金流出量进行抵销处理。

【例7-9】 A公司向B公司出售固定资产的价款600 000元全部收到，则A、B公司相应的会计处理如下。

A公司的会计处理：

借：银行存款600 000（处置固定资产、无形资产和其他长期资产收回的现金净额）

　　贷：固定资产清理　　　　　　　　　　　　　　　　　　　　　600 000

B公司的会计处理：

借：固定资产　　　　600 000

　　贷：银行存款　　　600 000（购建固定资产、无形资产和其他长期资产支付的现金）

分析：企业集团内部处置固定资产等收回的现金净额与购建固定资产等支付的现金的抵销处理。

借：购建固定资产、无形资产和其他长期资产支付的现金　　600 000
　　贷：处置固定资产、无形资产和其他长期资产收回的现金净额　　600 000

（六）企业集团内部之间与债券投资有关的现金流量的抵销处理

母公司与子公司及子公司相互之间的债券投资，在债券投资方的个别现金流量表中作为投资支付的现金列示；在债券发行方的个别现金流量表中作为吸收投资收到的现金列示。从企业集团的角度看，上述现金流转对企业集团现金流量不产生影响。因此，在编制合并现金流量表时，应将债券投资方的个别现金流量表中作为投资支付的现金项目与债券发行方的个别现金流量表中作为吸收投资收到的现金项目予以抵销。借记投资支付的现金账户，贷记吸收投资收到的现金账户。

三、合并现金流量表的特殊问题处理

合并现金流量表的特殊问题主要有以下几个。

其一，母公司持有子公司向其购买商品所开具的商业承兑汇票向商业银行申请贴现，母公司所取得现金在其个别现金流量表中反映为经营活动的现金流入，在将该内部商品购销活动所产生的债权与债务抵销后，母公司向商业银行申请贴现取得的现金在合并现金流量表中应重新归类为筹资活动的现金流量列示。

其二，在企业合并当期，母公司购买子公司及其他营业单位的支付对价中以现金支付的部分与子公司及其他营业单位在购买日持有的现金和现金等价物，分两种情况处理：子公司及其他营业单位在购买日持有的现金和现金等价物小于母公司支付对价中以现金支付的部分，按减去子公司及其他营业单位在购买日持有的现金和现金等价物后的净额在"取得子公司及其他营业单位支付的现金净额"项目中反映；反之，在"收到其他与投资活动有关的现金"项目中反映。

其三，在企业合并当期，母公司处置子公司及其他营业单位的收到对价中以现金收到的部分与子公司及其他营业单位在丧失控制权日持有的现金和现金等价物，分两种情况处理：子公司及其他营业单位在丧失控制权日持有的现金和现金等价物小于母公司收到对价中以现金收到的部分，按减去子公司及其他营业单位持有的现金和现金等价物后的净额在"处置子公司及其他营业单位收到的现金净额"项目中反映；反之，在"支付其他与投资活动有关的现金"项目中反映。

其四，因购买子公司的少数股权支付现金，母公司支付的现金在其个别现金流量表中反映为投资活动的现金流出，在合并现金流量表中应作为筹资活动的现金流出列示。

其五，因不丧失控制权处置子公司收到现金，母公司收到的现金在其个别现金流量表反映为投资活动的现金流入，在合并现金流量表中应作为筹资活动的现金流入列示。

四、合并现金流量表中有关少数股东权益项目的反映

合并现金流量表编制与个别现金流量表编制相比，一个特殊的问题就是在子公司为非全资

子公司的情况下，涉及子公司与其少数股东之间的现金流入和现金流出的处理问题。

对于子公司的少数股东增加在子公司中的权益性投资，在合并现金流量表中应当在"筹资活动产生的现金流量"之下的"吸收投资收到的现金"下的"其中：子公司吸收少数股东投资收到的现金"项目中反映。

对于子公司向少数股东支付的现金股利或利润，在合并现金流量表中应当在"筹资活动产生的现金流量"之下的"分配股利、利润或偿付利息支付的现金"下的"其中：子公司支付给少数股东的股利、利润"项目中反映。

对于子公司的少数股东依法抽回在子公司中的权益性投资，在合并现金流量表应当在"筹资活动产生的现金流量"下的"支付其他与筹资活动有关的现金"项目中反映。

本章小结

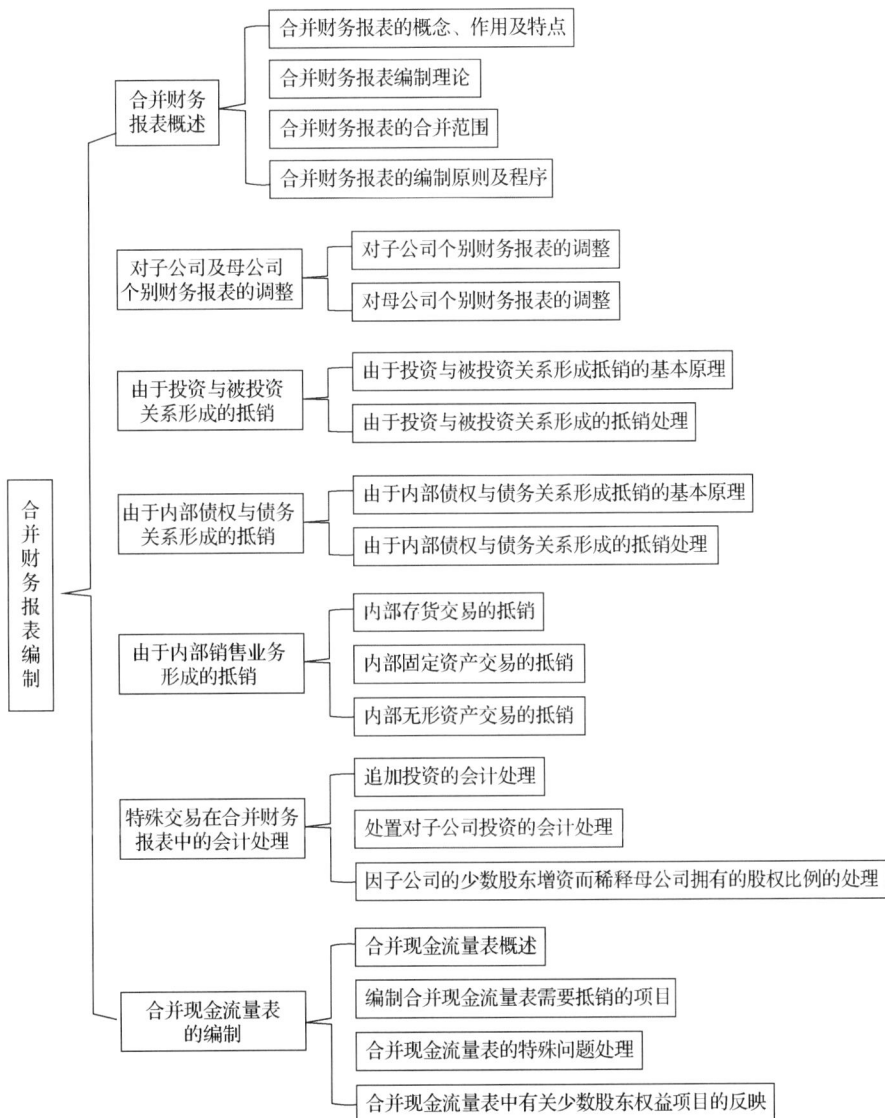

本章关键术语

合并财务报表；合并理论；控制；可变回报权力；实质性权利；保护性权利；结构化主体；调整分录；抵销分录；公允价值；未实现内部销售利润；内部债权；内部债务；内部存货交易；内部固定资产交易

本章思考题

1. 合并财务报表有哪些特点？
2. 简述母公司理论、实体理论及所有权理论的主要观点。
3. 什么是控制？它由哪些要素构成？对控制的评估为什么是持续的？
4. 请简述合并财务报表的编制程序。
5. 为什么编制合并财务报表时需要对子公司的个别财务报表进行调整？

本章练习题

习题一

情形一：A 公司和 B 公司分别持有被投资方 70% 和 30% 的表决权，除此之外，根据 A 公司和 B 公司签订的期权合同，B 公司可以在目前及未来两年内以固定价格购买 A 公司持有的被投资方 50% 的表决权。根据该价格，上述期权在目前及预计未来两年内都是深度价外期权（依据期权合约的条款设计，买方 B 公司到期行权的可能性极小），历史上，A 公司一直通过表决权主导被投资方的相关活动。

情形二：A 公司与其他两个投资方各自持有被投资方三分之一的表决权。除权益工具外，A 公司同时持有被投资方发行的可转换债券，这些可转换债券可以在目前及未来两年内的任何时间以固定价格转换为被投资方的普通股。按照该价格，目前该期权为价外期权，但非深度价外。被投资方的经营活动与 A 公司密切相关。如果可转换债券转换为普通股，A 公司将持有被投资方 60% 的表决权。

要求：针对上述两种情形，分别判断 A 公司是否拥有对被投资方的权力。

习题二

甲公司 2019 年发生如下交易或事项。

（1）1 月 1 日，甲公司定向发行自身普通股股票 20 000 000 股（每股面值 1 元，公允价值 20 元）取得乙公司 80% 的股权，能够对乙公司的财务和经营政策实施控制，股权登记手续于当日办理完毕。甲公司为定向增发普通股股票发生手续费 2 000 000 元。另发生与取得该股权投资相关的审计费 1 000 000 元。

当日，乙公司可辨认净资产的账面价值为 300 000 000 元，其中股本 80 000 000 元、资本公积 70 000 000 元、盈余公积 30 000 000 元、未分配利润 120 000 000 元；乙公司可辨认净资产的公允价值为 350 000 000 元。乙公司可辨认净资产公允价值与账面价值的差额由以下两项资产

所致:

①一批库存商品,成本为 70 000 000 元,未计提存货跌价准备,公允价值为 80 000 000 元;

②一项管理用固定资产,成本为 100 000 000 元,累计折旧 20 000 000 元,未计提减值准备,公允价值为 120 000 000 元。

上述商品于 2019 年 12 月 31 日前全部实现对外销售;上述固定资产预计自 2019 年 1 月 1 日起剩余使用年限为 10 年,预计净残值为 0,采用年限平均法计提折旧。

(2) 3 月 31 日,乙公司将其自行生产的成本为 10 000 000 元的存货以 20 000 000 元的价格销售给甲公司,款项尚未收到,甲公司取得后将其作为管理用固定资产并于当月投入使用,采用年限平均法计提折旧,预计尚可使用 5 年,预计净残值为 0。至当年年末该项固定资产尚未发生减值。

(3) 2019 年 12 月 31 日,乙公司应收账款的账面余额为 20 000 000 元,计提坏账准备 3 000 000 元,该应收账款系乙公司 3 月销售商品形成。

(4) 2019 年度乙公司实现的净利润为 80 000 000 元,提取盈余公积 8 000 000 元,因持有的以公允价值计量且其变动计入其他综合收益的债务工具的金融资产公允价值增加了 6 000 000 元。当年乙公司向股东分配现金股利 6 000 000 元,其中甲公司分得的现金股利为 4 800 000 元。

(5) 其他资料。

2019 年 1 月 1 日前,甲公司与乙公司不存在关联方关系。甲公司与乙公司均以公历年度作为会计年度,采用相同的会计政策。甲公司与乙公司适用的所得税税率均为 25%,不考虑其他相关税费。甲公司与乙公司均按当年实现净利润的 10% 计提法定盈余公积,不提取任意盈余公积。

要求:

(1) 计算甲公司取得乙公司 80% 股权的初始投资成本,并编制个别报表相关的会计分录。

(2) 计算甲公司在编制购买日合并财务报表时因购买乙公司的股权应确认的商誉。

(3) 编制购买日合并财务报表相应的调整与抵销分录。

(4) 编制 2019 年 12 月 31 日合并乙公司财务报表时相应的调整分录。

(5) 编制甲公司 2019 年 12 月 31 日合并乙公司财务报表时相应的抵销分录。

习题三

长江公司是甲公司的母公司,2019 年 6 月 30 日,长江公司向甲公司销售一件产品,销售价格为 10 000 000 元,增值税税额为 1 300 000 元,销售成本为 9 000 000 元(未计提存货跌价准备),相关款项已收存银行。甲公司将购入的该产品确认为管理用固定资产(增值税进项税额可抵扣),并于当日投入使用,预计使用年限为 10 年,预计净残值为 0,采用年限平均法计提折旧。长江公司与甲公司适用的所得税税率均为 25%,不考虑其他因素。

要求:

(1) 编制 2019 年年末合并财务报表的抵销分录。

(2) 在甲公司 2019 年合并财务报表中,应抵销多少资产处置收益? 应抵销多少管理费用? 应抵销多少固定资产? 应调增多少递延所得税资产?

习题四

甲公司及其子公司(乙公司)2017 年至 2019 年发生的有关交易或事项如下。

(1) 2017 年 12 月 25 日,甲公司与乙公司签订设备销售合同,将生产的一台 A 设备销售给乙公司，售价（不含增值税）为 8 000 000 元。2017 年 12 月 31 日甲公司按合同约定将 A 设备交付乙公司，并收取款项。A 设备成本为 6 000 000 元，未计提存货跌价准备。乙公司将购买的 A 设备作为管理用固定资产，并于交付当日投入使用，乙公司采用年限平均法计提折旧，预计 A 设备尚可使用 5 年，预计净残值为 0。

（2）2019 年 12 月 31 日，乙公司以 4 800 000 元（不含增值税）的价格将 A 设备出售给独立第三方，设备已经交付，款项已经收存银行。不考虑其他因素的影响。

要求：

（1）编制 2019 年年末合并财务报表的抵销分录。

（2）甲公司在 2019 年合并财务报表中因乙公司处置 A 设备确认的收益为多少万元？

第八章
衍生金融工具会计

学习目标

通过本章的学习，要求学生熟悉衍生金融工具的定义、分类、功能和风险等基本问题；掌握衍生金融工具的会计处理；了解我国会计准则关于金融工具的列报要求。能够处理衍生金融工具的会计问题，能够分析上市公司年报中关于衍生金融工具的披露内容，能够理解衍生金融工具存在的潜在风险。

思政课堂

党的十九大报告明确提出，深化金融体制改革，增强金融服务实体经济能力，提高直接融资比重，促进多层次资本市场健康发展。健全货币政策和宏观审慎政策双支柱调控框架，深化利率和汇率市场化改革。

衍生金融工具是传统金融工具的衍生品，在很大程度上丰富了金融市场的发展需求。衍生金融工具自身风险的隐蔽性及会计处理的特殊性使其很容易给企业乃至社会带来巨大的损失。因此，学习衍生金融工具的定义、分类、功能和风险等基本问题及掌握衍生金融工具的会计处理，对于防控我国金融风险显得尤为重要。

引导案例

1763 年，弗朗西斯·巴林爵士在伦敦创建了巴林银行，它是世界首家"商业银行"。里森于 1989 年 7 月 10 日正式到巴林银行工作。由于出色的工作能力，里森被视为期货与期权结算方面的专家。1992 年，巴林银行总部决定派年仅 28 岁的里森到新加坡国际金融交易所（SIMEX）工作，并出任总经理。里森通过一系列未授权的日经指数期货和期权交易，遭受了巨大损失，并将这些亏损隐藏在账号为"88888"的"错误账户"中。1995 年 1 月 18 日，日本神户大地震，其后数日东京日经指数大幅度下跌，里森方面遭受更大的损失。1 月 30 日，里森已买进了 3 万口日经指数期货，并卖空日本政府债券。2 月 10 日，里森以新加坡期货交易所交易史上创纪录的数量，已握有 5 500 口日经期货及 2 万口日本政府债券合约。1995 年

2月23日，在巴林期货的最后一日，里森对影响市场走向的努力彻底失败。日经股价收盘降至17 885点，而里森的日经期货多头风险部位已达6万余口合约；日本政府债券在价格一路上扬之际，其空头风险部位亦已达26 000口合约。里森给巴林银行所带来的损失，达到了86 000万英镑的高点，造成了巴林银行的终结。

尽管巴林银行倒闭案已经过去了将近30年，但是导致巴林银行倒闭的最根本原因——衍生金融工具的滥用仍值得我们思考。为此，本章主要阐述衍生金融工具的定义、会计处理方法及列报等问题。

第一节　衍生金融工具会计概述

一、衍生金融工具的定义

衍生金融工具是指属于金融工具准则范围并同时具备下列特征的金融工具或其他合同。

（1）其价值随特定利率、金融工具价格、商品价格、汇率、价格指数、费率指数、信用等级、信用指数或其他变量的变动而变动，变量为非金融变量（如特定区域的地震损失指数、特定城市的气温指数等）的，不应与合同的任何一方存在特定关系。巴林银行交易员里森购买的日经指数期货就是衍生金融工具。

（2）不要求初始净投资，或者与对市场因素变化预期有类似反应的其他合同相比，要求较少的初始净投资。企业从事衍生金融工具交易不要求初始净投资，通常指签订某项衍生金融工具合同时不需要支付现金。例如，某企业与其他企业签订一项将来买入债券的远期合同，就不需要在签订合同时支付将来购买债券所需的现金。但是，不要求初始净投资，并不排除企业按照约定的交易惯例或规则相应缴纳一笔保证金。缴纳保证金不构成一项企业解除负债的现时支付，因为保证金仅具有"保证"性质。如表8-1所示，上海期货交易所漂白硫酸盐针叶木浆期货合约中最低交易保证金为合约价值的4%。

表8-1　上海期货交易所漂白硫酸盐针叶木浆期货合约（修订版）

交易品种	漂白硫酸盐针叶木浆
交易单位	10吨/手
报价单位	元（人民币）/吨
最小变动价位	2元/吨
涨跌停板幅度	上一交易日结算价±3%
合约月份	1～12月
交易时间	上午9:00—11:30，下午1:30—3:00和交易所规定的其他交易时间
最后交易日	合约月份的15日（遇国家法定节假日顺延，春节月份等最后交易日交易所可另行调整并通知）
交割日期	最后交易日后连续三个工作日
交割品级	漂白硫酸盐针叶木浆，具体质量规定见附件
交割地点	交易所指定交割仓库

最低交易保证金	合约价值的 4%
交割方式	实物交割
交割单位	20 吨
交易代码	SP
上市交易所	上海期货交易所

资料来源：上海期货交易所。

在某些情况下，企业在从事衍生金融工具交易时也会遇到要求进行现金支付的情况，但该现金支付只是相对很少的初始净投资。例如，从市场上购入备兑认股权证，就需要先支付一笔款项。但相对于行权时购入相应股份所需支付的款项，此项支付往往是很小的，关于认股权证在后边章节有详细讲解。又如，企业进行货币互换时，通常需要在合同签订时支付以某种货币表示的一笔款项，但同时也会收到以另一种货币表示的"等值"的一笔款项，无论是从该企业的角度，还是从其对手（合同的另一方）的角度看，初始净投资均为 0。

（3）在未来某一日期结算。衍生金融工具在未来某一日期结算，表明衍生金融工具结算需要经历一段特定期间。衍生金融工具通常在未来某一特定日期结算，也可能在未来多个日期结算。例如，利率互换可能涉及合同到期前多个结算日期。另外，有些期权可能由于是价外期权而到期不行权，也是在未来日期结算的一种方式。远期合同是常见的衍生金融工具。

二、衍生金融工具的分类

（一）根据其据以衍生的基础工具分类

根据据以衍生的基础工具的不同，衍生金融工具一般可分为以下三类。

1. 股票衍生金融工具

股票衍生金融工具主要包括股票期货、股票期权、股指期货、股指期权及上述合同中的混合合同等。

2. 外汇衍生金融工具

外汇衍生金融工具主要包括远期外汇合约、外汇期货、外汇期权、货币互换合同等。

3. 利率衍生金融工具

利率衍生金融工具主要包括远期利率协议、利率期货、利率期权、利率互换合同及上述合同的混合合同等。

（二）根据风险与收益的对称性分类

根据交易双方风险与收益的对称性（或交易双方责权的对称性）不同，衍生金融工具一般可分为以下两类。

1. 风险和收益对称式衍生金融工具

风险和收益对称式衍生金融工具是指交易双方都必须于将来某一日按约定条件交易。属于这类的衍生金融工具主要包括各种远期合同（如远期外汇合约、远期利率协议等）、各种期货（如股票期货、股指期货、利率期货等）及互换合同（如货币互换合同、利率互换合同等）。

2. 风险和收益不对称式衍生金融工具

风险和收益不对称式衍生金融工具是指只有合同买方有权利选择是否履行合同的权利。属于这类的衍生金融工具主要包括期权合同（如股票期权、股指期权、利率期权等）及各种期权的变形（如可转换债券、利率上限、利率下限和认股权证等）。

（三）根据交易场所分类

根据交易场所的不同，衍生金融工具一般可分为以下两类。

1．场内交易衍生金融工具

场内交易衍生金融工具，也称交易所交易的衍生金融工具，包括期货合约、部分标准化的期权合约等。

2．场外交易衍生金融工具

场外交易衍生金融工具，也称柜台交易的衍生金融工具，包括远期合约、互换合约、大部分期权合约等。

（四）根据交易方法与特点分类

根据交易方法与特点的不同，衍生金融工具一般可分为以下四类。

1．金融远期

金融远期是指合约双方同意在未来日期按照合约规定交换金融资产的合约，合约一般规定交易的资产种类、日期、价格和数量，主要包括远期外汇合约、远期利率协议等。

2．金融期货

金融期货是指交易双方在有组织的交易所内以公开竞价的形式达成的，在未来特定时间交收标准数量特定金融工具的协议，主要包括利率期货、股指期货等。

3．金融期权

金融期权是指合约双方按约定价格，在约定日期内是否买卖某种金融工具达成的契约，主要包括股票期权、股指期权、利率期权等。

4．金融互换

金融互换是指当事人按照共同商定的条件，在预定的时间内交换一定支付款的金融交易，主要包括货币互换、利率互换等。

三、衍生金融工具的功能和风险

（一）衍生金融工具的功能

20 世纪 70 年代，维系全球经济的布雷顿森林货币体系瓦解以后，此后很长一段时间内，世界资本市场波动频繁，充满了不确定性，一时间，银行业被视为"没落行业"。而衍生金融工具的出现，为这一"没落行业"提供了生机。衍生金融工具的价值取决于作为标的物的基础金融工具的价值，这就决定了衍生金融工具必然具有规避作为标的物的基础金融工具的固有风险及利用基础金融工具本身价格的波动来投机套利两大功能。

1．规避风险的功能

衍生金融工具的主要功能是规避风险，即通过与被避险资产或负债价值变动相反的某些衍生金融工具进行对冲，为个人和企业提供价格、利率或汇率等方面的保护，以防范因标的资产或负债发生的负面变动而带来财务损失。例如，签订远期外汇合约以规避外币资产或负债因汇率变动而遭受的财务损失。

2. 投机套利的功能

在衍生金融工具的市场上，衍生金融工具的持有者并不都是套期保值者，有些持有者属于投机者。一般情况下，衍生金融工具市场中套期保值者的头寸并非都能恰好匹配对冲，这为衍生金融工具的投机套利提供了大量的机会。这些投机者并不需要直接拥有标的资产，他们只需预测价格可能的变动方向，并缴纳较少的交易保证金，便可以在变动结果与其预测趋势相一致时以小博大，获得高额的投机利润。

衍生金融工具的以上两大功能使其成为一把"双刃剑"，一方面，衍生金融工具作为风险管理的手段，如果使用得当，它可以很好地为企业规避风险，甚至可以为企业赚取高额利润；另一方面，衍生金融工具本身的不确定性和投机套利的功能使它在某些时候可能成为企业巨大的风险源，如果使用不当，则会使企业倾家荡产，巴林银行的破产就是很好的例证。

（二）衍生金融工具的风险

与衍生金融工具相关的风险主要包括以下六个方面。

1. 市场风险

市场风险是指标的物的价格、利率、汇率或相关权益朝不利方向变动可能造成的财务损失。市场风险包括以下三种类型：①货币风险，是指金融工具的价值因市场汇率变化而波动的风险；②公允价值利率风险，是指金融工具的价值因市场利率变化而波动的风险；③价格风险，是指金融工具的价值因市场价格变化而波动的风险，无论这种价格变化是由与某一特定工具或其发行者有关的因素所引起的，还是由影响市场交易的所有工具的因素所引起的。市场风险体现的不仅是潜在的损失，还包括潜在的利得。

对于期货和互换业务而言，市场风险是其基础价格或利率变动的风险；对于期权而言，市场风险还受基础价格波动幅度和期权行使期限的影响。而所有市场风险均受市场流动性及全球和地方性的政治、经济事件的影响。

2. 信用风险

信用风险是指金融工具的一方不能履行义务而导致另一方发生金融损失的风险，此类风险主要发生于场外交易。因为在场内交易中，买卖的交易由交易所经手，交易所既是买方的卖方，又是卖方的买方，加上交易所严密的市场组织体系、健全的保证金制度等，信用风险大为降低。

3. 流动性风险

流动性风险主要包括两个方面：①业务量流动风险，是指由于市场业务量不足以至于衍生金融工具用户无法平仓的风险；②资金流动风险，是指主体因难以筹集到相应的资金以履行与金融工具相关的承诺或在市场出现逆势时无法按时追加保证金的风险。流动性风险一般出现在新兴的衍生金融工具和场外交易市场。一般而言，成熟的衍生交易市场（如期权和期货等）规模较大、参与者多，因而流动性风险较小。

4. 现金流量利率风险

现金流量利率风险是指金融工具的未来现金流量因市场利率变化而波动的风险。例如，就浮动利率债务工具而言，这种波动会使金融工具的实际利率发生变化，且其公允价值不发生相应的变化。

5. 操作风险

操作风险是指因不适当的制度、不良的管理、欺诈或人为的错误造成的财务上可能损失的风险。拥有健全的内部控制制度和完善的操作程序，可以降低操作风险。

6. 法律风险

法律风险是指因法院、立法机关或主管机关的裁决，判定衍生金融工具的买卖或合同无效而造成的财务上损失的风险。为降低法律风险，应该保证由熟悉衍生金融工具的专家参与交易法规条例的制定，并尽力使法律能够跟上衍生金融工具发展的实际需要。

第二节 衍生金融工具会计处理

一、衍生金融工具的确认与计量

（一）衍生金融工具的确认

衍生金融工具代表的是签订远期合约的双方的权利和义务，从签约到履约有一个过程，所以衍生金融工具的确认包括初始确认、后续确认和终止确认。

衍生金融工具的确认除满足资产或负债的定义外，还要满足资产或负债的确认条件：与拟被确认的衍生金融工具有关的未来经济利益有可能流入或流出企业；拟被确认的衍生金融工具的成本或公允价值能够可靠地计量。

1. 初始确认

当且仅当成为衍生金融工具合同条款的一方时，企业应在其资产负债表上确认金融资产或金融负债。一般以签约时为初始确认时点。

2. 后续确认

已初始确认的衍生金融工具，从确认到未来交易发生之前，尽管不会发生实质性的变化，但在会计报表日由于利率、汇率、股价等相关方面发生了变化，从而会引起其公允价值的相应变化，且该变化能可靠计量时，有必要对其进行再确认。

3. 终止确认

终止确认是将以前已作为金融资产或金融负债确认的衍生金融工具从财务报表中消除。IASC（国际会计准则委员会）在讨论意见稿 ED48 中规定了终止确认的标准。①当且仅当对构成衍生金融工具的一部分的合同权利失去控制时，企业应终止确认该项衍生金融资产和该项衍生金融资产的一部分。如果企业行使了合同中规定的获利权利，这些权利逾期或企业放弃了这些权利，则表明企业对这些权利失去了控制。②当且仅当衍生金融负债（或金融负债的一部分）消除时（当合同中规定的义务解除、取消或逾期时），企业才能从资产负债表中将其剔除。

（二）衍生金融工具的计量

1. 初始计量

对于衍生金融工具，企业初始确认为金融资产或金融负债的，应当按照公允价值计量，相关交易费用应当直接计入当期损益。

2. 后续计量

衍生金融工具应该以公允价值进行后续计量，与衍生金融工具相关的初始交易费用及以后各期因衍生金融工具公允价值变动而产生的差异应该计入当期损益。

二、衍生金融工具设置的会计账户

（一）"衍生工具"账户

《企业会计准则第 22 号——金融工具确认和计量》第五条规定：衍生工具，是指属于本准则范围并同时具备下列特征的金融工具或其他合同：（一）其价值随特定利率、金融工具价格、商品价格、汇率、价格指数、费率指数、信用等级、信用指数或其他变量的变动而变动，变量为非金融变量的，该变量不应与合同的任何一方存在特定关系。（二）不要求初始净投资，或者与对市场因素变化预期有类似反应的其他合同相比，要求较少的初始净投资。（三）在未来某一日期结算。常见的衍生工具包括远期合同、期货合同、互换合同和期权合同等。

"衍生工具"账户属于资产和负债的共同类账户，既可以核算资产，又可以核算负债。该账户按衍生金融工具类别进行明细分类核算。企业取得或形成衍生金融工具时，按其公允价值，借记或贷记"衍生工具"账户。按发生的交易费用借记"投资收益"账户，按实际支付的金额贷记"银行存款""存放中央银行款项"等账户。资产负债表日，衍生金融工具的公允价值高于其账面余额的差额，借记"衍生工具"账户，贷记"公允价值变动损益"账户；公允价值低于其账面余额的差额，做相反的会计分录。衍生金融工具终止确认时，应借记或贷记本账户。本账户期末若为借方余额，反映企业衍生金融工具形成的资产的公允价值；本账户期末若为贷方余额，反映企业衍生金融工具形成的负债的公允价值。

（二）"公允价值变动损益"账户

"公允价值变动损益"账户核算企业交易性金融资产、交易性金融负债，以及采用公允价值模式计量的投资性房地产、衍生工具、套期保值业务中公允价值变动形成的应计入当期损益的利得或损失。资产负债表日，若衍生金融工具表现为金融资产，则其公允价值高于其账面余额的差额，借记"衍生工具"账户，贷记"公允价值变动损益"账户；公允价值低于其账面余额的差额，做相反的会计分录。资产负债表日，若衍生金融工具表现为金融负债，则金融负债公允价值高于其账面余额的差额，借记"公允价值变动损益"账户，贷记"衍生工具"账户；金融负债公允价值低于其账面价值的差额，做相反的会计分录。衍生工具履约和终止确认时，若该衍生工具表现为金融资产，应将实际收到的金额借记"银行存款"账户，按照衍生工具的账面价值贷记"衍生工具"账户，差额借记或贷记"投资收益"账户；同时，将原在"公允价值变动损益"中反映的衍生工具公允价值变动额转出，借记或贷记"公允价值变动损益"账户，贷记或借记"投资收益"账户。衍生工具履约和终止确认时，若该衍生工具表现为金融负债，应按金融负债的账面价值借记"衍生工具"账户，贷记"银行存款"账户，差额贷记或借记"投资收益"账户；同时，将原在"公允价值变动损益"中反映的衍生工具公允价值变动额转出，贷记或借记"公允价值变动损益"账户，借记或贷记"投资收益"账户。

三、主要衍生金融工具及其会计核算

（一）远期合同及其会计核算

远期合同是买卖双方分别承诺在将来某一特定时间购买和提供某种交易对象而达成的契约，前者处于多方地位，后者处于空方地位。远期合同是最简单的交易工具，具有如下特征：虽然交易对象的交割在未来进行，但交割价格是在合同中确定的。

在作为衍生金融工具的远期合同中，目前常见的是远期外汇合同。远期外汇合同是指客户与外汇经纪银行签订的由银行按照双方约定的汇率（远期汇率）在未来某一时期以一种货币兑换另一种货币的契约。本节主要以远期外汇合同为例阐述交易性衍生金融工具的会计处理。

远期外汇合同签订日，合同双方的权利和义务是对等的，其公允价值为 0。因此，远期外汇合同签订日双方会计上不做任何账务处理，只是在备查簿中做备查登记。随着汇率的变化，远期外汇合同表现为资产或负债时，再在报表编制日确认其作为资产或负债的公允价值。

【例 8-1】2021 年 2 月 1 日，A 公司与 B 公司签订了一项远期合同，A 公司向 B 公司购买其自身的股票，即以购买 A 公司自身股票为标的的远期合同。合同签订日为 2021 年 2 月 1 日，到期日为 2022 年 1 月 31 日，远期合同涉及的股票数量为 1 000 股，2021 年 2 月 1 日每股市价 100 元，2021 年 12 月 31 日每股市价为 110 元，2022 年 1 月 31 日每股市价为 106 元，2022 年 1 月 31 日的固定远期价格为 104 元，2021 年 2 月 1 日远期价格的现值为 100 元。为了简化说明，假定基础股票不发放股利，从而当远期合同的公允价值为 0 时，远期价格的现值与现货价格相等。另外，远期合同的公允价值是按照市场股票价格与固定远期价格的现值之间的差额计算的。基于 A 公司购买自身股票的远期合同将以现金净额进行结算，即在 2022 年 1 月 31 日对远期合同进行结算时，A 公司不会向 B 公司收取其自身的股票，而是根据结算当日 A 公司自身股票的市场价格与合同约定数量计算出应收 B 公司的现金金额，与合同约定的应付 B 公司的现金金额（根据合同结算价格与合同约定数量计算，即 104 000 元）进行比较，按照差额以收取或支付现金的方式对远期合同进行结算。

1. A 公司的会计处理

2021 年 2 月 1 日，签订合同时 A 公司股票每股价格为 100 元，固定远期价格现值为 100 元，即 2021 年 2 月 1 日远期合同的公允价值为 0（合同权利价值 100 000 元-合同义务价值 100 000 元）。远期合同的公允价值按照市场股票价格与固定远期价格的现值之间的差额计算。

因为衍生金融工具（远期合同）的公允价值为 0，且没有支付或收取现金，A 公司不需要进行会计处理。（尽管无须会计处理，但应明确该项衍生金融工具产生的合同权利或合同义务符合金融资产或金融负债的定义。）

2021 年 12 月 31 日，A 公司股票每股市场价格增加到 110 元，对 A 公司而言，远期合同的公允价值增加了 6 300 元。

$$合同权利价值=110×1\ 000=110\ 000（元）$$
$$合同义务价值=100\ 000+4\ 000÷12×11=103\ 700（元）$$
$$110\ 000-103700=6\ 300（元）$$

A 公司记录远期合同公允价值增加的会计处理：

借：衍生工具——远期合同   6 300

贷：公允价值变动损益 6 300

2022 年 1 月 31 日，A 公司股票每股市价减少至 106 元，对 A 公司而言远期合同的公允价值为 2 000 元（106×1 000−104×1 000）。

A 公司记录远期合同公允价值减少的会计处理：

借：公允价值变动损益 4 300

　　贷：衍生工具——远期合同 4 300

同一天，该项远期合同以现金净额结算，A 公司有权向 B 公司收取现金 106 000 元，同时有义务向 B 公司支付现金 104 000 元，因此 A 公司将收取 B 公司现金 2 000 元。

A 公司记录远期合同结算的会计处理：

借：现金 2 000

　　贷：衍生工具——远期合同 2 000

借：公允价值变动损益 2 000

　　贷：投资收益 2 000

2. B 公司的会计处理

2021 年 2 月 1 日，因为衍生金融工具（远期合同）的公允价值为 0，且没有支付或收取现金，B 公司不需要进行会计处理（同 A 公司一样）。

2021 年 12 月 31 日，与 A 公司相反，对 B 公司而言，2021 年 12 月 31 日远期合同的公允价值减少了 6 300 元。

B 公司记录远期合同公允价值减少的会计处理：

借：公允价值变动损益 6 300

　　贷：衍生工具——远期合同 6 300

2021 年 1 月 31 日，B 公司记录远期合同公允价值增加的会计处理：

借：衍生工具——远期合同 4 300

　　贷：公允价值变动损益 4 300

B 公司记录远期合同结算的会计处理：

借：衍生工具——远期合同 2 000

　　贷：现金 2 000

借：投资收益 2 000

　　贷：公允价值变动损益 2 000

（二）金融期货及其会计核算

金融期货是买卖双方在有组织的交易所内，以公开竞价的方式达成协议，约定在未来某一特定的时间交割标准数量特定金融工具的交易方式。金融期货最早以外汇期货的形式诞生于 1972 年美国芝加哥国际货币市场，它标志着现代金融创新的开始。

小贴士

芝加哥国际货币市场

芝加哥国际货币市场是最早的有形货币期货市场，成立于 1972 年 5 月。其在芝加哥商业交易所正式成立国际货币市场分部，推出了七种外汇期货合约之后，揭开了期货市场创新发展的序幕。从 1976 年以来，外汇期货市场迅速发展，交易量增长了数十倍。1978 年，纽约商品交易所也增加了外汇期货业务，1979 年，纽约证券交易所亦宣布，设立一个新的交易所来专门从事外币和金融期货。1981 年 2 月，芝加哥商业交易所首次开设了欧洲美元期货交易市场。随后，澳大利亚、加拿大、荷兰、新加坡等国家和地区也开设了外汇期货交易市场，从此外汇期货市场蓬勃发展起来。

金融期货与金融远期都是签订远期交易协议、约定以一定价格到期交割一定数量金融工具的衍生金融工具。但与金融远期相比，金融期货有着自身的特点。

（1）金融期货集中在交易所内进行，一般不容许场外交易。交易所为金融期货提供交易场所和必需的设备，同时制定一系列规章、制度，保证市场的规范和秩序，并最大限度地控制期货风险，使参与交易者可以在有序、公平、集中的市场上平等竞价、买卖合约。

（2）金融期货的交易对象是标准化合约。期货合约中交易的金融工具的类别、数量、交割期等细则均有固定档次的不同规格，将这种标准化合约作为一种特定商品进行买卖，双方只需就合约中金融工具的远期交割价格（一般理解为合约价值）达成协议，简化了交易手续，减少了交易成本，使期货交易简单易行。

（3）金融期货实行保证金制度。期货交易者在立仓时必须缴纳一定的初始保证金，多为所买卖合约价值的 5%～10%，并需在持仓期间维持一定的履约保证金水平，以为其所买卖的合约提供一种财力保证。

（4）金融期货实行保证金的盯市。每日交易结束后，交易所即对会员的持仓量按当日合约市价进行计算，将每日市价变动引起的盈亏计入保证金账户。当会员保证金账户余额超出维持的保证金水平时，会员可将多余的部分提出自用，当账户余额低于维持保证金水平时，会员必须补足。这种盯市不仅发生在交易所与会员之间，也发生在经纪人与客户之间，它给交易者带来一个余额不断变动的保证金账户和一系列未实现的期货交易盈亏。

（5）金融期货最终实际交割比例很小。进入金融期货市场，一般不是为了让渡或取得某项金融工具的使用权或所有权，而是为了避免价格风险或进行投机，由于期货合约到期前的对冲十分方便，金融期货多以平仓作为交易的结束，而不是交割。

可见，金融期货是以立仓、持仓、平仓为过程，以合约保证金为中心，以避险和投机为目的的交易方式。沪深 300 股指期货合约样表如表 8-2 所示。

表 8-2　沪深 300 股指期货合约样表

合约标的	沪深 300 指数
合约乘数	每点 300 元
报价单位	指数点
最小变动价位	0.2 点
合约月份	当月、下月及随后两个季月
交易时间	上午：9:30—11:30，下午：13:00—15:00
最低交易保证金	合约价值的 8%
最后交易日	合约到期月份的第三个周五，遇国家法定假日顺延
交割日期	同最后交易日
交割方式	现金交割

交易代码	IF
上市交易所	中国金融期货交易
每日价格最大波动限制	上一个交易日结算价的+10%

【例8-2】根据中国金融期货交易所（中金所）金融期货交易细则、结算细则等有关规定，将推出沪深300指数期货合约，沪深300合约价值乘数为每点300元，最低保证金比例为10%。交易手续费为交易金额的万分之三。假设某投资者2021年8月30日在指数4 850点时购入一手指数合约，8月31日股指期货下降1%，9月1日该投资者在此指数水平下卖出股指合约平仓。

（1）2021年8月30日开仓时，缴纳保证金145 500元（4 850×300×10%），手续费436.5元（4 850×300×0.000 3）。会计分录如下：

借：财务费用　　　　　　　　　　　　　　　　　　436.5
　　贷：银行存款　　　　　　　　　　　　　　　　　　　436.5
借：衍生工具——股指期货合同　　　　　　　　　　145 500
　　贷：银行存款　　　　　　　　　　　　　　　　　　　145 500

（2）由于是多头，2021年8月31日股指期货下降1%，该投资者发生亏损，需要按交易所要求补缴保证金。

亏损额：4 850×1%×300=14 550（元）

补交额：4 850×99%×300×10%-（145 500-14 550）=13 095（元）

借：公允价值变动损益　　　　　　　　　　　　　　14 550
　　贷：衍生工具——股指期货合同　　　　　　　　　　　14 550
借：衍生工具——股指期货合同　　　　　　　　　　13 095
　　贷：银行存款　　　　　　　　　　　　　　　　　　　13 095

在2021年8月31日编制的资产负债表中，"衍生工具——股指期货合同"账户借方余额为144 045元（145 500-14 550+13 095）作为资产列示于资产负债表的"其他流动资产"账户中。

（3）2021年9月1日平仓并缴纳平仓手续费，手续费金额为432.135元（4 850×99%×300×0.000 3）。

借：银行存款　　　　　　　　　　　　　　　　　　144 045
　　贷：衍生工具——股指期货合同　　　　　　　　　　　144 045
借：投资收益　　　　　　　　　　　　　　　　　　14 550
　　贷：公允价值变动损益　　　　　　　　　　　　　　　14 550
借：财务费用　　　　　　　　　　　　　　　　　　432.135
　　贷：银行存款　　　　　　　　　　　　　　　　　　　432.135

（三）金融期权及其会计核算

金融期权在进行会计处理时，只有当期权合约被指定为有效套期工具时，才有必要将期权的内在价值和时间价值分开核算。在其他情况下，期权合约在资产负债表上都是按照整体公允价值报告的，并且整体公允价值的变动应计入当期损益。

期权合约是指约定买方有权在将来的某一时间以特定价格买入或卖出约定标的物的标准化合约。该合同赋予合同持有人在某指定日期（或该日期之前任何时间）以预先约定的价格买进或卖出一定数量的标的物的权利，但合同持有人并不因此而负有买入或卖出标的物的义务。授权合同持有人买入标的物的期权称为看涨期权，又称买权、买入期权。授权合同持有人卖出标的物的期权称为看跌期权，又称卖权、卖出期权。

金融期权的会计处理可以分为以下几个步骤。

（1）交易日应当按照金融期权的公允价值入账，会计处理如下：

借：衍生工具 ××××（支付的期权费）

　　投资收益 ××××（支付的交易费用）

　　贷：银行存款 ××××（实际支付的金额）

（2）资产负债表日应当按照公允价值计量其期权合约，并将公允价值变动计入当期损益，会计处理如下：

借：衍生工具 ××××

　　贷：公允价值变动损益 ××××

或做相反分录：

借：公允价值变动损益 ××××

　　贷：衍生工具 ××××

（3）行权时，按照取得资产的公允价值，借记相应的资产类账户；按期权的账面价值，贷记"衍生工具"账户，按两者之间的差额贷记"银行存款"账户。同时，将该期权合约自取得以来的公允价值变动的净额转出至投资收益。

若期权到期放弃行权时：

借：投资收益 ××××（期权的账面价值）

　　贷：衍生工具 ××××

借：公允价值变动损益（期权合约自取得以来的公允价值变动的净额） ××××

　　贷：投资收益 ××××

或做相反分录。

【例8-3】A公司于2020年1月3日签订了一项购入150 000美元债券期货的三个月的美式看涨期权合约，并向立权的经纪公司交付3 000美元的权利金。如果不考虑货币时间价值，预期该债券期货将上涨到153 000美元。假设1月31日该债券期货市场价值上涨到155 000美元，相应的期权公允价值将上涨至5 000美元。2月25日，A公司预测债券期货的涨幅已经达到了极限，决定按照5 200美元的价格转让此项期权合约，手续费假设为100美元。A公司的会计处理如下。

2020年1月3日初始确认的会计处理：

借：衍生工具——买入期权 USD3 000

　　贷：银行存款 USD3 000

2020年1月31日后续确认，确认此项债券期货期权合约公允价值变动的会计处理：

借：衍生工具——买入期权 USD2 000

　　贷：公允价值变动损益 USD2 000

2020年2月25日终止确认，转让并终止确认此项债券期货期权合约的会计处理：

借：银行存款 USD5 100

财务费用	USD100
贷：衍生工具——买入期权	USD5 000
投资收益	USD200

【例8-4】A公司于2018年12月1日以每份1元的价格，购入1 000 000份某证券公司发行的基于中原股份公司股票的存续期尚有10个月的百慕大式备兑认沽权证。该权证的行权价格为8元，结算方式为证券给付，行权期限为2019年8月1日至9月30日。A公司并未持有中原股份公司的股票。

2018年12月31日，该权证的市价为1.5元，中原股份公司的股票收盘价为7元。

2019年5月初，中原股份公司接连发布重大利好消息，股价持续攀升，认沽权证应声下跌。

2019年6月30日，该权证的市价为0.6元，中原股份公司的股票收盘价为8.3元。

2019年9月30日，权证到期，中原股份公司的股票收盘价为13元，该投资公司放弃行权。

A公司相关会计分录如下。

（1）2018年12月1日购入认沽权证时：

借：衍生工具——认沽权证　　　　　　　　　　　　　　　1 000 000
　　贷：银行存款　　　　　　　　　　　　　　　　　　　　　　1 000 000

（2）2018年12月31日（资产负债表日）记录认沽权证公允价值变动形成的利得：

借：衍生工具——认沽权证　　　　　　　　　　　　　　　　500 000
　　贷：公允价值变动损益　　　　　　　　　　　　　　　　　　500 000

（3）2019年6月30日（资产负债表日）记录认沽权证公允价值变动形成的利得：

借：公允价值变动损益　　　　　　　　　　　　　　　　　　900 000
　　贷：衍生工具——认沽权证　　　　　　　　　　　　　　　　900 000

（4）2019年9月30日权证到期放弃行权时：

借：投资收益　　　　　　　　　　　　　　　　　　　　　　600 000
　　贷：衍生工具——认沽权证　　　　　　　　　　　　　　　　600 000

同时，将原记载的公允价值变动部分转出：

借：投资收益　　　　　　　　　　　　　　　　　　　　　　400 000
　　贷：公允价值变动损益　　　　　　　　　　　　　　　　　　400 000

（四）金融互换及其会计核算

1. 金融互换的定义

金融互换是指两个或两个以上当事人按共同商定的条件，在金融市场上进行不同金融工具的交换，从而在一定时间内互相发生一系列款项收付的金融交易。用来交换的金融工具可以是不同的货币，也可以是利率不同的同种货币。

金融互换产生的原因：为了规避因利率、汇率变动而可能造成的风险损失；通过利率和货币的互换尽量降低筹资成本。所以，金融互换被认为是20世纪80年代最重要的金融创新工具之一。目前，金融互换主要有货币互换和利率互换两种。

2. 金融互换的会计处理

（1）货币互换及其会计处理。

货币互换是指交易一方将以一种货币表示的债券还本付息义务与对方以另一种货币表示的

债券还本付息义务相交换。世界上第一笔正式的货币互换是 1981 年 8 月美国所罗门兄弟公司为世界银行与美国国际商业机器公司安排的互换。

按交易形式的不同，货币互换分为固定利率对固定利率、固定利率对浮动利率及浮动利率对浮动利率三种，其中固定利率对固定利率的货币互换为基本的互换形式。

货币互换交易的进行，需要先存在两个在期限和金额上具有共同利益且货币需求相反的伙伴，互换程序如下。

① 以约定的协议汇价进行有关本金的互换。

② 每年或半年以约定的利率为基础进行利息支付的互换。

③ 协议到期时，以预先商定的协议汇价将原本金换回。

【例 8-5】假如美国 A 公司为其德国的子公司的资本支出融资。该项目的经济寿命为 5 年，项目成本为 40 000 000 欧元。A 公司在现行汇率 1 欧元=1.30 美元下，可选择在美国资本市场以 8%的利率发行 5 年期债券，融资 52 000 000 美元；也可在国际债券市场上以 7%的利率发行欧元面值的欧洲债券，直接筹集到 40 000 000 欧元。

与此同时，一家具有同等信誉度的德国 B 公司存在与 A 公司相反的融资需求。B 公司在美国的子公司需要筹资 52 000 000 美元来为 5 年期的资本支出融资。B 公司可选择在德国债券市场上以 6%的固定利率融资 40 000 000 欧元；也可在美国市场上发行债券，因公司不是很知名，借款成本将会是 9%的固定利率。公司 A 和公司 B 的借款利率如表 8-3 所示，即期汇率变动情况如表 8-4 所示。

表 8-3　货币互换的借款利率

	美元	欧元
公司 A	8%	7%
公司 B	9%	6%

表 8-4　即期汇率变动情况

第 N 年年末	当日即期汇率	即期汇率变动额
0	1.3	—
1	1.7333	0.4333
2	1.7333	0
3	1.7333	0
4	1.7333	0
5	1.3245	−0.4088

一家熟悉 A、B 两家公司的互换银行为他们安排了货币互换，降低了融资成本，同时锁定了汇率。依据比较优势理论，A 公司应在美国借美元，而 B 公司则在德国借欧元；然后再通过互换银行进行贷款本金互换。每年的利息两公司通过互换银行汇寄支付。互换银行是一个独立的金融中介机构，其按美元 Libor（伦敦同业拆借利率）平价，以 8.15%（6.10%）的利率为 5 年期美元（欧元）货币互换定价。

货币互换会计处理涉及以下关键问题。

（1）关于汇率的选择。按照国际惯例，在外币互换的初始确认和终止确认时，合约双方应该按照互换合约中双方锁定的汇率进行折算，因而互换在一定程度上可以使互换双方的互换本金免受汇率变动的影响。另外，在互换外币的持有过程中，无论是外币本金还是外币利息，都应该进行折算，折算汇率一般选择即期汇率。

（2）关于利率的选择。一般情况下，互换本金的利息应该按照互换合约中约定的利率计算，因而互换在一定程度上可以规避市场利率变动的风险。

（3）关于互换货币持有利得的处理。在互换外币持有过程中，受汇率变动的影响，互换外币的价值必然会发生波动，按照国际惯例变动损益应该直接计入当期损益。由于货币互换属于衍生金融工具，因此根据我国《会计准则第22号——金融工具的确认和计量》的规定，应该通过"衍生工具——金融互换"账户进行核算。在互换货币持有过程中的外币折算损益可以通过"汇兑损益"账户进行核算。A公司的货币互换业务的会计处理如下。

A公司会计分录（全额互付）。

第1年年初收到40 000 000欧元的会计处理：

借：银行存款（欧元）　　　　　　　　　　　　　　　USD52 000 000
　　贷：现金　　　　　　　　　　　　　　　　　　　　　USD52 000 000

第1年年末确认互换合同公允价值，并收支利息及中介费的会计处理：

美元利息=52 000 000×8%=USD4 160 000

欧元利息=€40 000 000×6.1%×1.7333=USD4 229 252

借：公允价值变动损益　　　　　　　　　　　　　　　USD17 332 000
　　贷：衍生工具——互换合同　　　　　　　　　　　　　USD17 332 000

借：现金　　　　　　　　　　　　　　　　　　　　　USD4 160 000
　　财务费用　　　　　　　　　　　　　　　　　　　　USD69 252
　　贷：银行存款（欧元）　　　　　　　　　　　　　　　USD4 229 252

第2年年末确认互换合同公允价值，并收支利息及中介费的会计处理：

借：现金　　　　　　　　　　　　　　　　　　　　　USD4 160 000
　　财务费用　　　　　　　　　　　　　　　　　　　　USD69 252
　　贷：银行存款（欧元）　　　　　　　　　　　　　　　USD4 229 252

第3年年末确认互换合同公允价值，并收支利息及中介费的会计处理：

借：现金　　　　　　　　　　　　　　　　　　　　　USD4 160 000
　　财务费用　　　　　　　　　　　　　　　　　　　　USD69 252
　　贷：银行存款（欧元）　　　　　　　　　　　　　　　USD4 229 252

第4年年末确认互换合同公允价值，并收支利息及中介费的会计处理：

借：现金　　　　　　　　　　　　　　　　　　　　　USD4 160 000
　　财务费用　　　　　　　　　　　　　　　　　　　　USD69 252
　　贷：银行存款（欧元）　　　　　　　　　　　　　　　USD4 229 252

第5年年末确认互换合同公允价值，并收回本金、利息及中介费的会计处理：

美元本息=USD52 000 000+USD4 160 000=USD56 160 000

欧元本息=（€40 000 000+€40 000 000×6.1%）×1.3245=USD56 211 780

借：衍生工具——互换合同　　　　　　　　　　　　　USD16 352 000

贷：公允价值变动损益		USD16 352 000
借：现金		USD56 160 000
财务费用		USD51780
贷：银行存款（欧元）		USD56 211 780

（2）利率互换及其会计处理。

利率互换是双方在同一债务币种的情况下，互相交换不同形式利率（固定利率和浮动利率）的一种预约业务。与货币互换的不同之处在于，利率互换是在同一种货币间进行的，并且利率互换不进行本金互换，只是在各期互换以不同利率计算的利息差额，即由应付利息多的一方付给另一方利息净差额，故一般采用净额支付的方法来结算。由于没有期初及最后的本金互换，所以利率互换的现金流动只发生在付息日。因为是净额清算，所以现金流动是单向的。

按利率的性质划分，利率互换有固定利率与浮动利率互换、浮动利率与浮动利率互换、固定利率与固定利率互换三种。其中，固定利率与浮动利率互换是标准型利率互换，其特点是交易一方将其浮动利率债务下的利息支付与对方固定利率债务下的利息支付相交换，两种债务均用同种货币表示。人们之所以会采用利率互换，是为了使现金的流入和流出更好地相匹配，或为了节约成本。目前，我国已开展了人民币利率互换业务。

【例 8-6】假设 2019 年 1 月 1 日 A 公司决定买入"按浮动利率支付，固定利率收入"的利率互换，期限是 2 年，名义本金额是 10 000 000 美元。在这一互换下，每个日历季度的最后一天，A 公司会收到银行按固定利率 6.5% 计算的 3 个月的固定利息，同时支付按"Libor+25 个基点"的浮动利率计算的浮动利息。Libor 在每个日历季度开始日复位。2019 年 1 月 1 日，Libor 是 6.25%。在假设收益率曲线水平的情况下，A 公司在互换期限内的现金流及互换公允价值如表 8-5 所示。

表 8-5　A 公司在互换期限内的现金流及互换公允价值

季度末日期	浮动利率：Libor+25 个基点	固定利率：6.5%与浮动利率的差别	下季度收取（支付）的现金	还要支付的季度数	按"Libor+25 个基点"贴现的净现值（互换合约公允价值）	利率互换公允价值变动金额
2019.01.01	6.50%	0	0	8	0	0
2019.03.31	6.55%	（0.05%）	USD1 250	7	USD8 204	USD8 204
2019.06.30	6.75%	（0.25%）	USD6 250	6	USD35 381	USD27 177
2019.09.30	7.00%	（0.50%）	USD12 500	5	USD59 348	USD23 967
2019.12.31	6.85%	（0.35%）	USD8 750	4	USD33 551	USD25 797
2020.03.31	6.70%	（0.20%）	USD5 000	3	USD14 511	USD19 040
2020.06.30	6.95%	（0.45%）	USD11 250	2	USD21 926	USD7 415
2020.09.30	7.15%	（0.65%）	USD16 250	1	USD15 964	USD5 962
2020.12.31	NA	NA	0	0	0	USD15 964

在计算利率互换合约的公允价值时，假设现行浮动利率将在剩余的互换期间保持不变，下个利息交换日应收或应付的现金金额也是以后各个利息交换日应收或应付的金额。例如，2019年 6 月 30 日的"Libor+25 个基点"是 6.75%，净支付是 6 250 美元；假定剩下的 5 次支付额也

均是 6 250 美元；按 6.75%的进行年金现值折现计算，即 6 250 美元×年金现值系数（6.75%/4，6），则此时利率互换价值是 35 381 美元。

根据表 8-5，A 公司在互换期间利率互换合约的相关会计处理如下。

（1）2019 年 1 月 1 日，按公允价值确认利率互换合约并记录互换损失的会计处理：

借：公允价值变动损益　　　　　　　　　　　　　　　　　　USD8 204

　　贷：衍生工具——利率互换　　　　　　　　　　　　　　　　USD8 204

（2）2019 年 3 月 31 日，根据利率互换合约支付的现金的会计处理：

借：财务费用　　　　　　　　　　　　　　　　　　　　　　USD1 250

　　贷：银行存款　　　　　　　　　　　　　　　　　　　　　USD1 250

（3）2019 年 6 月 30 日，根据利率互换合约支付的现金并记录互换合约公允价值变动的会计处理：

借：财务费用　　　　　　　　　　　　　　　　　　　　　　USD6 250

　　贷：银行存款　　　　　　　　　　　　　　　　　　　　　USD6 250

借：公允价值变动损益　　　　　　　　　　　　　　　　　　USD27 177

　　贷：衍生工具——利率互换　　　　　　　　　　　　　　　USD27 177

（4）2019 年 9 月 30 日，根据利率互换合约支付的现金并记录互换合约公允价值变动的会计处理：

借：财务费用　　　　　　　　　　　　　　　　　　　　　　USD12 500

　　贷：银行存款　　　　　　　　　　　　　　　　　　　　　USD12 500

借：公允价值变动损益　　　　　　　　　　　　　　　　　　USD23 967

　　贷：衍生工具——利率互换　　　　　　　　　　　　　　　USD23 967

（5）2019 年 12 月 31 日，根据利率互换合约支付的现金并记录互换合约公允价值变动的会计处理：

借：财务费用　　　　　　　　　　　　　　　　　　　　　　USD8 750

　　贷：银行存款　　　　　　　　　　　　　　　　　　　　　USD8 750

借：衍生工具——利率互换　　　　　　　　　　　　　　　　USD2 5797

　　贷：公允价值变动损益　　　　　　　　　　　　　　　　　USD25 797

（6）2020 年 3 月 31 日，根据利率互换合约支付的现金并记录互换合约公允价值变动的会计处理：

借：财务费用　　　　　　　　　　　　　　　　　　　　　　USD5 000

　　贷：银行存款　　　　　　　　　　　　　　　　　　　　　USD5 000

借：衍生工具——利率互换　　　　　　　　　　　　　　　　USD19 040

　　贷：公允价值变动损益　　　　　　　　　　　　　　　　　USD19 040

（7）2020 年 6 月 30 日，根据利率互换合约支付的现金并记录互换合约公允价值变动的会计处理：

借：财务费用　　　　　　　　　　　　　　　　　　　　　　USD11 250

　　贷：银行存款　　　　　　　　　　　　　　　　　　　　　USD11 250

  借：公允价值变动损益   USD7 415

   贷：衍生工具——利率互换   USD7 415

  （8）2020 年 9 月 30 日，根据利率互换合约支付现金并记录互换合约公允价值变动，合同到期的会计处理：

  借：财务费用   USD16 250

   贷：银行存款   USD16 250

  借：衍生工具——利率互换   USD5 962

   贷：公允价值变动损益   USD5 962

四、衍生金融工具信息披露

  衍生金融工具交易错综复杂，仅靠表内用抽象的货币化的信息无法满足信息使用者对衍生金融工具交易情况的了解。因此，还必须通过报表附注或补充资料进行表外披露。表外披露的翔实信息不仅是对表内列报的补充，还包括一些具有独立价值的战略性和政策性的重要资料。对此，我国《企业会计准则第 37 号——金融工具列报》对衍生金融工具的披露做了详细规定，要求披露的内容包括衍生金融工具的类别和性质、进行会计确认和计量的政策、未来风险预测（包括市场风险、信息风险、流动风险、结算风险等）及管理当局的风险控制政策、企业用来确定衍生金融工具公允价值的方法或手段、公允价值的估值技术及运用假设、这些假设的敏感性等。

本章小结

衍生金融工具会计
- 衍生金融工具会计概述
  - 衍生金融工具的定义
  - 衍生金融工具的分类
  - 衍生金融工具的功能和风险
- 衍生金融工具会计处理
  - 衍生金融工具的确认与计量
  - 衍生金融工具设置的会计账户
  - 主要衍生金融工具及其会计核算
  - 衍生金融工具信息披露

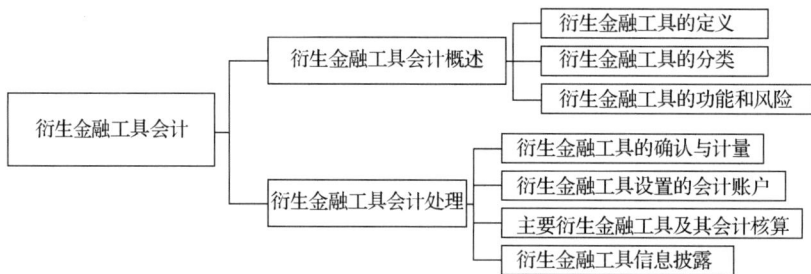

本章关键术语

  衍生工具；Libor（伦敦同业拆借利率）；远期外汇合同；金融互换；货币互换；利率互换

本章思考题

  1. 请分析衍生金融工具的功能。

  2. 与衍生金融工具相关的风险主要包括哪几个方面？

  3. 什么是货币互换？请说明货币互换的程序。

本章练习题

假设甲公司决定买入"按浮动利率支付，固定利率收入"的利率互换，期限是 2 年，名义本金额是 10 000 000 美元。在这一互换下，每个日历季度的最后一天，甲公司会收到银行按固定利率 6%计算的 3 个月的固定利息，同时支付按"Libor+25 个基点"的浮动利率计算的浮动利息。Libor 在每个日历季度开始日复位。假设第一年第一季度初 Libor 是 5.75%。在假设收益率曲线水平的情况下，甲公司在互换期限内的现金流及互换公允价值如表 8-6 所示。

要求：根据表 8-6 完成甲公司在互换期间利率互换合约的相关会计处理。

表 8-6 甲公司在互换期限内的现金流及互换公允价值

季度末日期	浮动利率：Libor+25个基点	固定利率：6.0%与浮动利率的差别	下季度收取（支付）的现金（美元）	还要支付的季度数	按"Libor+25个基点"贴现的净现值（互换合约公允价值）（美元）	利率互换公允价值变动金额（美元）
2019.01.01	6.00%	0	0	8	0	0
2019.03.31	6.15%	（0.15%）	USD3 750	7	USD24 645	USD24 645
2019.06.30	6.30%	（0.30%）	USD7 500	6	USD42 000	USD17 355
2019.09.30	6.45%	（0.45%）	USD11 250	5	USD53 475	USD11 475
2019.12.31	6.60%	（0.60%）	USD15 000	4	USD57 145	USD3 670
2020.03.31	6.45%	（0.45%）	USD11 250	3	USD32 512	USD24 633
2020.06.30	6.30%	（0.30%）	USD7 500	2	USD14 625	USD17 877
2020.09.30	6.15%	（0.15%）	USD3 750	1	USD3 676	USD10 949
2020.12.31	NA	NA	0	0	0	USD3 676

第九章

物价变动会计

学习目标

本章主要阐述了物价变动对传统财务会计的影响，物价变动会计的模式及其会计核算。通过本章的学习，要求学生理解物价变动对传统财务会计的影响，掌握物价变动会计模式的会计核算。

思政课堂

习近平在中共中央政治局就维护国家金融安全的第四十次集体学习中指出："发展金融业需要学习借鉴外国有益经验，但必须立足国情，从我国实际出发，准确把握我国金融发展特点和规律，不能照抄照搬。"

新冠肺炎疫情爆发以来，世界各国实施了规模巨大的财政刺激政策和宽松货币政策，通胀率均超过疫情前水平。我国深化对国际国内金融形势的认识，正确把握金融本质，坚守币值稳定目标，实施稳健货币政策，努力使物价维持在合理区间内。物价变动会计的目的就是反映或消除物价变动对会计信息的影响，在全球结构性通货膨胀的情况下，物价变动会计有利于真实反映企业的财务状况和经营成果，实现资本保全和可持续发展。

引导案例

20 世纪 70 年代，世界各国普遍受到通货膨胀的冲击，很多国家采用了通货膨胀会计。澳大利亚、新西兰两国实行通货膨胀会计的实践较早，是通货膨胀会计的积极开拓者。20 世纪 70 年代后期，澳大利亚由于职工工资增长过快（20%左右）导致通货膨胀持续高涨，通货膨胀率最高达到 16%，至 20 世纪 80 年代初期仍在 9%左右。通货膨胀对企业的资产、费用、收益等造成了较大影响，由于传统历史成本会计信息不能反映物价变动情况，使企业处于十分不利的状态。为此，澳大利亚企业界开始关注通货膨胀对会计报表所产生的影响，并呼吁政府在 1974 年设立了一个通货膨胀会计委员会，专门研究通货膨胀情况下的税收问题。

与此同时，澳大利亚的两个会计专业团体，即澳大利亚特许会计师协会和澳大利亚会计师联合会，以及由这两个组织联合倡议成立的澳大利亚会计研究基金会，开始研究通货膨胀会计问题，经过数次修订之后，于1982年公布了一份有关现时成本会计的建议准则。自此之后，现时成本会计陆续在私营企业、股份制企业乃至国有企业中推行。稍后，新西兰也开始推行。

20世纪80年代中后期，澳大利亚、新西兰重塑金融体系，实行以控制货币发行量为主要内容的货币政策，通货膨胀治理取得显著成效，之后的十几年，澳大利亚的通货膨胀率一般都在3%左右，新西兰的更低。由于通货膨胀对企业会计信息的影响越来越小，企业开始只使用以传统历史成本计价的会计报表。

资料来源：江志平. 澳大利亚、新西兰实行通货膨胀会计的启示.

江苏统计，1997（5）：29-31。

案例思考题：

通货膨胀给传统历史成本会计带来了什么冲击？如何影响企业的资产、负债、收入、费用、利润？应该采用什么方法消除或降低通货膨胀对会计信息的影响，为会计信息使用者提供更为客观真实的信息呢？

第一节　物价变动会计概述

随着社会经济的发展，全球各个经济体的物价水平总体上呈逐步上升趋势。物价持续快速上涨必然导致通货膨胀，导致生产材料、劳务等各种生产要素成本的快速上涨，不仅威胁企业的有效管理和持久发展，而且使采用历史成本编制的财务报表不能够准确地反映企业财务状况和经营成果，不能为企业财务报告使用者提供做出决策的相关信息，无法实现财务报告的目的。物价变动会计就是利用一定的物价资料，对企业传统的会计报表和会计模式进行调整和修正，以反映或消除物价变动对会计信息的影响所采用的会计程序和方法，力求真实反映企业的财务状况和经营成果。

一、物价变动及其原因

物价是商品的市场交易价格。从本质上讲，商品的价值决定价格，价格是商品价值的货币表现。马克思主义政治经济学认为，价值是凝结在商品中的无差别的一般人类劳动，决定商品价值的是社会必要劳动时间。劳动生产率的变化、技术进步都会使生产商品的社会必要劳动时间发生变化，商品价值和价格随之发生变动。商品价值的这种变化是绝对价值的变化。

货币出现之前，商品价值由商品的交换价值体现；货币出现之后，商品价格是商品价值的货币表现，货币所表现的价值是商品的相对价值。货币价值的变动会引起商品相对价值的变动，进而引起商品价格的变动。当商品价值和货币价值同时等比例、同方向变动时，商品价格不变；货币价值不变而商品价值提高，或者商品价值不变而货币价值降低，商品价格就会上涨；货币价值不变而商品价值降低，或者商品价值不变而货币价值提高，商品价格就会下跌。在商品绝对价值不变的情况下，一国或地区货币发行和流通数量的变化会引起商品相对价值的变动，进而引起商品价格的变动，若是投入流通的货币数量大大超过流通中的货币需求量，货币价值急剧降低，物价就会迅速上涨。除此之外，市场供求关系、市场竞争强度等社会因素也会引起部分商品价格的暂时变动。

在理解物价变动概念时需要注意以下三个方面的问题：物价变动是特定物价的变动（一种或几种商品的价格变动）还是一般物价水平的变动（物价水平的普遍涨跌）；物价变动是暂时的还是持续的；物价变动的方向是上涨还是下跌。一般物价水平持续的、超过一定幅度的上涨就是通货膨胀；相反，一般物价水平持续的、超过一定幅度的下跌则是通货紧缩。在现实经济中，物价水平一直呈上涨趋势，则可能产生通货膨胀。

二、物价变动会计及其产生

鉴于物价变动对传统财务会计理论和实务的冲击，人们提出了物价变动会计。物价变动会计是利用一定的物价资料，对企业传统的会计报表和会计模式进行调整和修正，以反映或消除物价变动对会计信息的影响所采用的会计程序和方法。物价变动按方向分为物价上涨和物价下跌两种情况，随着社会经济的发展，虽然个别商品的价格有所下跌，但绝大多数商品的价格在持续上涨。因此，物价变动会计也可以称为通货膨胀会计。

物价变动会计的研究始于西方国家。最早提出物价变动会计的是美国的会计学家 H.W.Sweeney，其在 1936 年出版的《稳定币值会计》一书中首次提出在会计确认、计量与报告中要考虑到币值变动的影响，认为应当使用等值美元来调整传统的财务报表上的美元。1940 年，佩顿和利特尔顿在合著的《公司会计准则绪论》中，提出了把入账的记录成本按货币购买力换算为等值美元作为财务报表的补充资料，受到会计理论和实务界的广泛重视。

第二次世界大战后，资本主义国家的物价普遍上涨，促使会计界进一步研究如何在会计处理中消除物价变动的影响。例如，美国注册会计师协会下属的会计程序委员会，在 20 世纪 40 年代中期至 50 年代末，连续提出几份关于物价变动和折旧调整等问题的《会计研究公报》，主张按固定资产的历史成本计提旧费用，但在基本报表之外，应采用报表附注和明细附表的形式，补充揭示企业是否有足够的能力按现行成本重置那些需要更新替换的设备。1963 年，美国注册会计师协会的会计研究部发表了第 6 号会计研究文集《报告物价水平变动的财务影响》，强烈主张企业财务报表应按一般物价水平调整和重新表达。一些欧洲国家（如荷兰、芬兰等），由于物价上涨幅度较大，不得不开始在会计实务中推行重置成本模式。

20 世纪 70 年代，整个资本主义世界处于持续滞胀阶段，大部分国家的通货膨胀率都达到或超过两位数，严重削弱了财务报告和财务信息的有用性。这一环境变化促使人们更深入地研究关于物价变动的处理，并且相应形成物价变动会计或通货膨胀会计这一新分支。实务中一些主要西方国家相继要求在财务报表中正式提供有关物价变动调整的信息。

三、物价变动会计模式

（一）物价变动会计的理论基础

物价变动会计产生的外在条件是物价持续地剧烈变动，而资本保全和收益真实是物价变动会计产生的内在原因。资本保全和收益真实是相辅相成的一个问题的两个方面，企业一定时期的收入与应保全的资本之间的差额就是收益。由此可见，企业收益的计算是以资本保全为前提的，资本保全是物价变动会计的理论基础。如何理解并计量资本已经完整无损地获得补偿成为资本保全理论的核心问题，围绕这个问题，形成了财务资本保全和实物资本保全两种不同的资本保全理论。

1. 财务资本保全理论

财务资本概念将资本视为所有者投入企业的货币或投入的购买力，它等同于企业的净资产，即以货币数量表示的所有者权益。财务资本保全理论认为，企业所要保全的资本是所有者投入企业的货币或投入的购买力，只有企业当期期末净资产金额扣除当期所有者资本净投入后大于期初净资产金额的剩余才形成收益。

企业收益=（期末净资产-所有者的当期投资+所有者的当期分配）-期初净资产

财务资本保全理论的计量属性可以是历史成本，也可以是现行成本；计量单位可以是名义货币单位，也可以是不变币值货币单位。

2. 实物资本保全理论

实物资本概念将资本视为所有者投入企业的实物生产能力或经营能力，或取得这种能力所需的经济资源或资金，它等同于以实物量或货币量表示的生产能力或经营能力。根据实物资本保全理论，企业要保全的资本是企业原有的以现时成本计量的生产能力或经营能力。只有当期期末实际生产能力或经营能力超出当期期初实际生产能力或经营能力，在扣除当期所有者资本净投入后的部分才是企业收益。

企业收益=（期末实际生产能力所需资金-所有者的当期投资+所有者分配）

-期初实际生产能力所需资金

实物资本保全理论的计量属性要求采用重置成本等能表现现行价值的计量属性；计量单位可以是名义货币单位，也可以是不变币值货币单位。

（二）物价变动会计的基本模式

会计模式是计量单位和计量属性的有机结合。计量单位是计量时所需要采用的尺度，会计采用货币作为计量单位。传统财务会计通常采用名义货币作为计量单位，不考虑由物价变动造成的货币实际购买力的变动。与名义货币相对应的是不变币值货币，也就是具有相同购买力的货币单位。计量属性是指被计量对象的特征或外在表现形式，如历史成本、现行成本、重置成本、公允价值、可变现净值等。会计计量单位和计量属性的不同结合，就构成了不同的会计模式，具体如表9-1所示。

表9-1　四种会计模式

计量单位	计量属性	
	历史成本	现行成本
名义货币	历史成本会计	现行成本会计
不变币值货币	一般物价水平会计	现行成本/不变币值会计

上述四种会计模式中，一般物价水平会计、现行成本会计、现行成本/不变币值会计属于物价变动会计的三种模式。不同会计模式又体现了不同的资本保全理论，会计模式与资本保全理

论的对应关系如表 9-2 所示。

表 9-2　会计模式与资本保全理论的对应关系

会计模式	理论基础	保全资本
历史成本会计 （传统财务会计）	财务资本保全理论	所有者投入企业的名义货币数额
一般物价水平会计 （物价变动会计）	财务资本保全理论	所有者投入企业的货币实际购买力
现行成本会计 （物价变动会计）	实物资本保全理论	所有者投入企业的以名义货币计量的经营能力
现行成本/不变币值会计 （物价变动会计）	实物资本保全理论	所有者投入企业的以不变币值货币计量的经营能力

（三）物价变动会计模式的应用

《企业会计准则——基本准则》规定，企业对会计要素进行计量时一般应当采用历史成本，采用重置成本、可变现净值、现值、公允价值计量的应当保证所确定的会计要素金额能够取得并可靠计量。这说明我国的会计核算主要采用历史成本原则，还没有建立有关物价变动会计的具体准则。但是，对于实际中存在的物价变动问题，我国会计准则和其他有关规章制度中存在相关应对物价变动的方法。例如，固定资产符合有关规定的可以采用加速折旧法；在物价上涨的情况下对存货采用后进先出法；对处于恶性通货膨胀经济中的境外经营的财务报表，应当对资产负债表项目运用一般物价指数予以重述，对利润表项目运用一般物价指数变动予以重述，再按照最近资产负债表日的即期汇率进行折算，当境外经营不再处于恶性通货膨胀经济中时，应当停止重述，按照停止之日的价格水平重述的财务报表进行折算。

小贴士

西方国家物价变动会计的应用情况

经济发达国家和地区普遍建立了物价变动会计制度，通常以传统的历史成本报表为基本财务报表，将按现行成本调整的报表作为补充财务报表。发展中国家建立物价变动会计制度的比较少，通常以传统的历史成本报表为基本财务报表，将按一般物价水平调整的报表作为补充财务报表，如巴西、智利、阿根廷等国家。

第二节　一般物价水平会计

一、一般物价水平会计的概念与特点

（一）一般物价水平会计的概念

一般物价水平会计模式即历史成本/不变币值会计模式，是在不改变传统会计历史成本计量属性的基础上，以币值固定、购买力相等的实际货币计量单位取代名义货币计量单位的会计模式，也称为一般购买力会计。

一般物价水平会计以传统财务会计编制的会计报表为基础，利用一般物价指数资料，将历

史成本模式下的会计报表信息统一调整为按本期平均币值货币计算的会计数据，借以反映和消除物价变动对传统历史成本会计报表的影响，按货币在资产负债表日的购买力反映企业的财务状况和经营成果。

（二）一般物价水平会计的特点

1. 根据一般物价水平的变动对以历史成本为基础的财务报表进行重新表述

在物价普遍持续变动的情况下，不同时期的货币具有不同的购买力。在一般物价水平会计模式下，日常会计处理与历史成本会计模式的会计处理相同，物价变动不通过账户反映，而是按传统财务会计方法编制财务报表以后，再采用报告日的货币购买力——一般物价指数或报告期内的平均物价指数对财务报表项目进行调整，即按当前的货币购买力将以历史成本为计量属性、以名义货币为计量单位的财务报表项目调整为不变币值货币额，重新编制财务报表，以实现对企业财务状况、经营成果的重新表述，消除通货膨胀的影响。

2. 需要计算并确认货币性项目的购买力损益

在物价普遍持续变动的情况下，虽然货币性项目的金额没有发生改变，但是实际购买力却发生了变化。通货膨胀时期，持有的货币性资产因物价上涨而购买力下降，给企业带来损失；持有的货币性负债因物价上涨使企业可以用购买力下降的货币偿还以前的债务，给企业带来收益。通货紧缩时期，持有的货币性资产因物价下跌将给企业带来购买力利得，货币性负债将给企业带来购买力损失。因此，在一般物价水平会计模式下，需要计算并确认货币性项目的购买力损益。

二、一般物价水平会计的会计处理程序和方法

一般物价水平会计的会计处理程序主要是在期末根据一般物价变动指数和传统会计报表数据，重新编制按一般物价指数反映的会计报表，会计处理程序如图 9-1 所示。

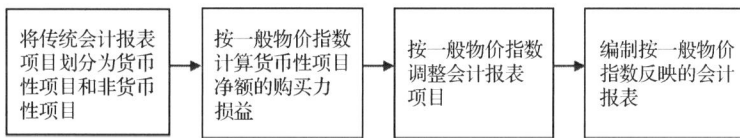

图 9-1 一般物价水平会计的会计处理程序

（一）货币性项目和非货币性项目的划分

货币性项目与非货币性项目均受物价变动的影响，但表现形式不同，所采用的调整方式也不同。所以，在编制一般物价水平的会计报表前必须将资产负债表项目划分为货币性项目与非货币性项目。

1. 货币性项目

货币性项目是指金额固定或以货币直接反映，金额不因通货膨胀而发生变动、但其实际购买力却发生变化的资产类和负债类项目，包括货币性资产、货币性负债两类。

货币性资产包括各项货币资金、应收账款、应收票据、收取固定利息或股利的交易性金融资产、按固定合同加工的存货等。货币性负债包括应付账款、应付票据、应付职工薪酬、应付

股利、应付公司债券本息、短期借款和长期借款等。

货币性项目的金额固定不变，但是在物价变动的情况下会发生购买力损益。通货膨胀造成货币购买力下降，货币性资产带来购买力损失，货币性负债产生收益；通货紧缩则使货币购买力提高，货币性资产会产生收益，货币性负债会带来损失。

2. 非货币性项目

非货币性项目是指货币性项目以外的、不受物价变动影响的资产类、负债类和所有者权益类项目。非货币性项目是在物价变动的情况下，金额随一般物价水平的上升而增加、随一般物价水平的下降而减少的资产类和负债类项目，包括非货币性资产和非货币性负债两类。

非货币性资产主要有存货、预付账款、长期股权投资、固定资产、无形资产等。非货币性负债主要有预收账款、递延收入、所有者权益等。在物价变动的情况下，非货币性项目不会发生购买力损益，但是其金额应按一般物价指数变动的幅度进行调整。

货币性项目与非货币性项目的具体划分如表 9-3 所示。

表 9-3　货币性项目与非货币性项目的具体划分

资产	货币性	非货币	负债和所有者权益	货币性	非货币性
货币资金	√		短期借款	√	
交易性金融资产	√		应付票据	√	
应收票据	√		应付账款	√	
应收账款	√		预收账款		√
预付账款		√	应付股利	√	
其他应收款	√		应交税费	√	
存货		√	其他应付款	√	
债券投资	√		应付职工薪酬	√	
长期股权投资		√	一年内到期的长期负债	√	
固定资产原价		√	长期借款	√	
累计折旧		√	应付债券	√	
在建工程		√	长期应付款	√	
固定资产清理		√	预计负债	√	
无形资产		√	股本		√
商誉		√	资本公积		√
长期待摊费用		√	盈余公积		√
			未分配利润		√

实际上，很多情况下要将一个企业的所有资产类、负债类项目划分为货币性项目或非货币性项目是很困难的，绝对的分类很可能带有很大的主观性，这也是运用一般物价水平会计的主要障碍。

（二）一般物价指数的选择

一般物价指数的选择是一般物价水平会计的一个关键问题，主要应考虑选择哪一种物价指数、选择采用何时的物价指数两个问题。

物价指数一般有城市消费物价指数、批发物价指数、国民生产总值折算价格指数等。我国度量物价水平变动的物价指数主要有全国居民消费价格总指数、全国零售价格指数、全国服务项目价格指数、农业生产资料价格指数等。应用一般物价水平会计时，西方一些国家均使用消费品物价指数。

采用何时的物价指数是指以什么时点的货币为不变币值货币，把货币性项目的名义货币额调整为不变币值货币额。一般以重编报表当年的货币为不变币值货币，可使用年初物价指数、年均物价指数、年末物价指数等。实务中，通常对资产负债表项目以年末物价指数确定的年末货币作为不变币值货币，利润表项目以年均物价指数确定的年末货币作为不变币值货币。

（三）货币性项目净额购买力损益的计算

货币性项目净额购买力损益的计算方法有两种：一是分别计算货币性资产、货币性负债的购买力损益，两者相抵确定净损益；二是将货币性资产与货币性负债余额相抵，然后按货币性项目净额计算购买力损益。

无论采用哪一种方法计算货币性项目净额购买力损益都需要确定换算系数，即年末一般物价指数/年初或年均一般物价指数，以此将货币性资产、货币性负债或货币性项目净额的名义货币额换算为不变币值货币额，具体如表9-4所示。

表9-4 货币性项目净额购买力损益计算表

项目	名义货币额	调整系数	不变币值货币额
货币性项目净额年初数	A	D	$F=A \times D$
货币性项目净额年内变动数	B	E	$G=B \times E$
货币性项目净额期末数	C	1	C
货币性项目净额购买力损益	货币性项目净额购买力损益=$F+G-C$ 1. 若（$F+G$）>C，为购买力损失 2. 若（$F+G$）<C，为购买力利得		

其中，货币性项目净额年内变动数是指货币性资产年内变动数与货币性负债年内变动数的差额。对货币性项目净额年内变动数进行调整时，如果是年度内均衡发生的业务用年均一般物价指数，否则应该采用业务发生时的一般物价指数。

（四）资产负债表项目的调整

1. 资产负债表货币性项目的调整

$$年初数的调整系数 = \frac{年末一般物价指数}{年初一般物价指数}$$

$$年末数的调整系数 = \frac{年末一般物价指数}{年末一般物价指数} = 1$$

2. 资产负债表非货币性项目（留存收益项目除外）的调整

$$年初数的调整系数 = \frac{年末一般物价指数}{取得、形成时或年均一般物价指数}$$

$$年末数的调整系数 = \frac{年末一般物价指数}{取得、形成时或年均一般物价指数}$$

（五）留存收益项目的调整

调整数=（调整后资产−调整后负债）−调整后股本−调整后资本公积

（六）利润表项目的调整

1. 发生额项目（折旧费用、营业成本项目除外）的调整

$$调整系数 = \frac{年末一般物价指数}{年均一般物价指数}$$

2. 折旧费用项目的调整

$$调整系数 = \frac{年末一般物价指数}{取得、形成时或年均一般物价指数}$$

3. 营业成本项目的调整

营业成本＝资产负债表存货项目调整后的年初数＋存货本年增加数的调整数
－资产负债表存货项目调整后的年末数

4. 利润分配项目的调整

$$调整系数 = \frac{年末一般物价指数}{分配时一般物价指数}$$

三、一般物价水平会计示例

【例 9-1】××公司的基本资料如下。

（1）2020 年度资产负债表、利润表及与货币性项目变动有关的业务明细表分别如表 9-5、表 9-6、表 9-7 所示。

表 9-5　资产负债表

编制单位：××公司　　　　　　　　　2020 年 12 月 31 日　　　　　　　　　单位：元

资产	2019.12.31	2020.12.31	负债和所有者权益	2019.12.31	2020.12.31
货币性资产	500 000	750 000	货币性负债	430 000	930 000
存货	2 400 000	3 600 000	股本	9 700 000	9 700 000
固定资产	9 000 000	9 000 000	资本公积	870 000	870 000
减：累计折旧	300 000	600 000	留存收益	600 000	1 250 000
资产总计	11 600 000	1 2750 000	负债和所有者权益总计	11 600 000	12 750 000

表 9-6　利润表

编制单位：××公司　　　　　　　　　2020 年度　　　　　　　　　单位：元

项目	金额
营业收入	7 200 000
减：营业成本（折旧费用除外）	4 800 000
期间费用（折旧费用除外）	800 000
折旧费用	300 000
利润总额	1 300 000
减：所得税费用	350 000
净利润	950 000
加：年初留存收益	600 000
减：应付股利	300 000
年末留存收益	1 250 000

表 9-7　与货币性项目变动有关的业务明细表　　　　　单位：元

项目		货币性资产	货币性负债
年初数（2019.12.31）		500 000	430 000
年内变动数	销货	7 200 000	
	购货	5 500 000	500 000
	期间费用（折旧费用除外）	800 000	
	所得税费用等	350 000	
	分配股利	300 000	
	小计	250 000	500 000
年末数（2020.12.31）		750 000	930 000

（2）以 2020 年年末物价指数确定的年末货币作为不变币值货币。

（3）2020 年年初存货购于 2019 年年末；固定资产购于 2019 年年初；股本、资本公积年初数形成于 2019 年年初。

（4）销售收入、购货与期间费用都是在年度内均匀发生的。

（5）股利支付发生在 2020 年 6 月 30 日。

（6）一般物价指数如下。

2019 年 01 月 01 日：100。

2019 年 12 月 31 日：120。

2020 年 06 月 30 日：125。

2020 年 12 月 31 日：150。

2020 年全年平均：125。

根据上述资料，采用一般物价水平会计模式的基本程序如下。

（一）计算货币性项目净额购买力损益

货币性项目净额购买力损益计算表如表 9-8 所示。

表 9-8　货币性项目净额购买力损益计算表　　　　　单位：元

项目	名义货币额	调整系数	不变币值货币额
货币性项目净额年初数	70 000	150÷120	87 500
货币性项目净额年内变动数	−250 000	150÷125	−300 000
货币性项目净额期末数	−180 000	150÷150	−180 000
货币性项目净额购买力损失	−32 500		

（二）分别调整货币性项目和非货币项目

货币性项目和非货币性项目调整表（期初余额调整）如表 9-9 所示。

表 9-9　货币性项目和非货币性项目调整表（期初余额调整）　　　　　单位：元

项目	期初余额调整（2019.12.31）		
	调整前	调整系数	调整后
货币性资产	500 000	150÷120	625 000
存货	2 400 000	150÷100	3 600 000
固定资产	9 000 000	150÷100	13 500 000

续表

项目	期初余额调整（2019.12.31）		
	调整前	调整系数	调整后
减：累计折旧	300 000	150÷100	450 000
调整后资产总计	11 600 000		17 275 000
货币性负债	430 000	150÷120	537 500
股本	9 700 000	150÷100	14 550 000
资本公积	870 000	150÷100	1 305 000
留存收益	600 000		882 500
调整后负债和所有者权益总计	11 600 000		17 275 000

注：调整后留存收益=（调整后资产−调整后负债）−调整后股本−调整后资本公积

货币性项目和非货币性项目调整表（期末余额调整）如表 9-10 所示。

表 9-10 货币性项目和非货币性项目调整表（期末余额调整）　　　　　单位：元

项目	期末余额调整（2020.12.31）		
	调整前	调整系数	调整后
货币性资产	750 000	150÷150	750 000
存货	3 600 000	150÷125	4 320 000
固定资产	9 000 000	150÷100	13 500 000
减：累计折旧	600 000	150÷100	900 000
调整后资产总计	12 750 000		17 670 000
货币性负债	930 000	150÷150	930 000
股本	9 700 000	150÷100	14 550 000
资本公积	870 000	150÷100	1 305 000
留存收益	1 250 000		885 000
调整后负债和所有者权益总计	12 750 000		17 670 000

（三）调整利润表项目

利润表项目调整表如表 9-11 所示。

表 9-11 利润表项目调整表　　　　　单位：元

项目	调整前	调整系数	调整后
营业收入	7 200 000	150÷125	8 640 000
期初存货	2 400 000	150÷100	3 600 000
加：本期购货	6 000 000	150÷125	7 200 000
减：期末存货	3 600 000	150÷125	4 320 000
营业成本	4 800 000		6 480 000
期间费用（折旧费用除外）	800 000	150÷125	960 000
折旧费用	300 000	150÷100	450 000
所得税费用	350 000	150÷125	420 000
应付股利	300 000	150÷125	360 000

（四）重编资产负债表、利润表

资产负债表及利润表分别如表 9-12、表 9-13 所示。

表 9-12 资产负债表

编制单位：××公司 　　　　　　　　2020 年 12 月 31 日 　　　　　　　　单位：元

资产	2019.12.31	2020.12.31	负债和所有者权益	2019.12.31	2020.12.31
货币性资产	625 000	750 000	货币性负债	537 500	930 000
存货	3 600 000	4 320 000	股本	14 550 000	14 550 000
固定资产	13 500 000	13 500 000	资本公积	1 305 000	1 305 000
减：累计折旧	450 000	900 000	留存收益	882 500	885 000
资产总计	17 275 000	17 670 000	负债和所有者权益总计	17 275 000	17 670 000

表 9-13 利润表

编制单位：××公司 　　　　　　　　2020 年度 　　　　　　　　单位：元

项目	金额
营业收入	8 640 000
减：营业成本	6 480 000
期间费用（折旧费用除外）	960 000
折旧费用	450 000
利润总额	750 000
减：所得税费用	420 000
不包含一般购买力损益的净利润	330 000
减：货币性项目净额购买力损失	−32 500
不变币值净收益	362 500
加：年初留存收益	882 500
减：应付股利	360 000
年末留存收益	885 000

四、一般物价水平会计的评价

（一）一般物价水平会计的优点

第一，一般物价水平会计不改变传统财务会计的历史成本计量属性，不变动会计账簿的记录，只是按一般物价指数对历史成本会计报表的数字进行调整。对于报表编制者来说，这种方法简便易行；对于报表使用者来说，产生的结果容易理解。

第二，按照一般物价指数调整历史成本会计报表数据后，克服了历史成本会计报表计量属性不稳定的弊病，增强了同一企业不同时期会计报表的可比性。

第三，由于所有企业采用相同的由政府公布的一般物价指数对历史成本会计报表数据进行调整，调整结果具有客观性、可验证性，便于审计监督，增强了不同企业之间会计报表的可比性。

（二）一般物价水平会计的缺点

第一，一般物价水平会计假定所有企业的资产和成本、同一企业所有的所有资产和成本都受到一般物价变动的影响，这与事实不符。企业的资产和成本更多的是受个别物价变动的影响，一般物价水平会计只是对交易和事项进行重新表述,而不是对交易和事项重新计量,难以确切反映企业各类资产价值的实际变化。

第二,货币性和非货币性项目的划分具有较大的主观随意性,降低了财务报表的可比性。

第三,一般物价水平会计只是对历史成本会计报表的数据进行重新表述,除了改变计量单位,并不能克服历史成本会计的所有缺陷。

第三节　现行成本会计

一、现行成本会计的概念与特点

(一)现行成本会计的概念

现行成本会计为现行成本/名义货币会计模式的简称,是一种不改变传统财务会计的名义货币计量单位而改变其计量属性,以现行成本取代历史成本的会计模式,即以资产的现行成本作为计量属性,不考虑币值的变动,以消除物价变动对企业财务状况和经营成果的影响。

(二)现行成本会计的特点

1. 以现行成本作为计量属性

在现行成本会计模式下,对于企业的各项资产类、负债类、收入类与费用类项目,分别使用当期适合于它们的个别物价指数或现行价值进行重新计量,反映资产价值的实际变化,能够提供比历史成本会计更具客观性的会计信息。

2. 确定企业收益

在现行成本会计模式下,一方面,按现时价格水平反映的营业收入与按现行价值标准确认的成本、费用相配比,反映了企业的真实收益;另一方面,根据物价变动,按现行成本对非货币性资产进行重新计量,从而形成非货币性资产历史成本与现行成本之间的差额,产生资产持有损益,并将该持有损益计入当期损益或所有者权益,实现实物资本保全。所以,在现行成本会计模式下,企业的收益由营业收益和资产持有收益构成。

二、现行成本会计的会计处理程序和方法

现行成本会计有期末一次调整法和日常核算法两种会计处理程序。期末一次调整法是在会计期末一次性重估各种非货币性资产的现行成本,进而确定各种资产的持有损益,并重新编制会计报表,具体如图 9-2 所示。

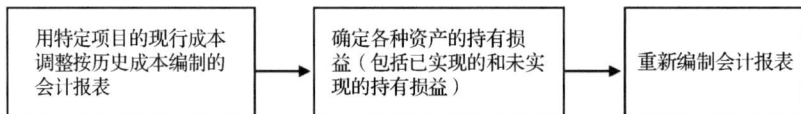

图 9-2　现行成本会计的会计处理程序(期末一次调整法)

日常核算法是按照传统财务会计模式进行日常核算的同时,再另外设置一套账簿按照现行成本进行日常核算,具体如图 9-3 所示。

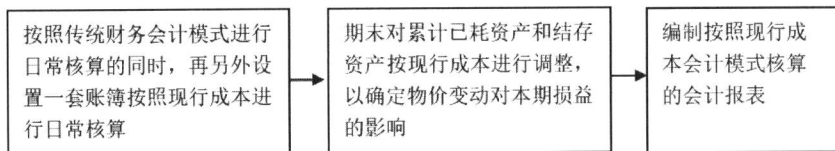

图 9-3 现行成本会计的会计处理程序（日常核算法）

下面以期末一次调整法说明现行成本会计的会计处理程序和方法。

（一）确定各种资产的现行成本

现行成本是一种现行价值，体现现行价值的计量属性很多，如重置成本、再生产成本、可变现净值、未来现金流量净现值、可收回金额等。由于企业持有资产的目的主要在于使用而非出售变现，所以现行成本一般不用可变现净值；如不考虑可收回额因素，重置成本或生产成本就是现行成本。

重置成本是指在当前市场条件下，按现行价格购置与现有资产相同或相似资产需支付的现金及现金等价物，一般可以采用发票价格、供货方的价目表或报价单上标注的价格，或者是能反映现行成本的标准制造成本等。在最近没有发生交易、没有价目表可查或者价目表已不适用的情况下，一般可用个别物价指数计算个别项目的现行成本。

（二）用现行成本调整财务报表数据

1. 资产负债表项目的调整

资产负债表中的货币性项目、无形资产及所有者权益类项目（留存收益除外）不受特定物价变动的影响，其年初（末）的历史成本就是其年初（末）的现行成本，所以不必予以调整。而各项实物资产项目、累计折旧项目及留存收益项目则需要根据现行价值对年初数、年末数进行调整。

（1）实物资产项目（累计折旧项目除外）的调整。

某项实物资产按现行成本表示的年初数 = 年初实物量 × 年末单位现行成本

$$= 年初历史成本 \times \frac{年末物价指数}{年初物价指数}$$

某项实物资产按现行成本表示的年末数 = 年末实物量 × 年末单位现行成本

$$= 年末历史成本 \times \frac{年末物价指数}{取得时的物价指数}$$

（2）累计折旧项目的调整。

$$累计折旧调整后的年初数 = 至年初累计已使用年限 \times \frac{按现行成本表示的固定资产原值年初数}{预计使用年限}$$

$$累计折旧调整后的年末数 = 至年末累计已使用年限 \times \frac{按现行成本表示的固定资产原值年末数}{预计使用年限}$$

$$= 累计折旧调整后的年初数 + \frac{按现行成本表示的固定资产原值（年初数+年末数）}{2 \times 预计使用年限}$$

（3）留存收益项目的现行价值根据上述项目调整后的结果进行推算。

现行成本留存收益 = 现行成本资产总额 - 现行成本负债总额 - 股本和资本公积历史成本

2. 利润表项目的调整

利润表中的营业收入、销售费用和管理费用等期间费用、所得税费用等项目，历史成本就代表了当期的现行成本，故不需要进行调整。但是，营业成本和折旧费用则需要进行调整，其计算公式如下。

$$按现行成本表示的本年营业成本 = 存货年末单位现行成本 \times 当年销售量$$

$$按现行成本表示的本年折旧费用 = \frac{按现行成本表示的固定资产原值（年初数+年末数）}{2 \times 预计使用年限}$$

（三）实物资产持有损益的确认与计量

实物资产持有损益又称持产损益，是指由物价变动形成的实物资产历史成本与现行成本之间的差额。现行成本大于历史成本会产生实物资产持有利得，简称持产利得；现行成本小于历史成本则会形成实物资产持有损失，简称持产损失。

持产损益分为已实现持产损益和未实现持产损益两类。已实现持产损益是指已经销售或已经转换了的资产现行成本与历史成本之间的差额，存货的已实现持产损益与销货有关，固定资产的已实现持产损益与折旧费用有关。未实现持产损益是指期末企业持有的实物资产现行成本与历史成本之间的差额。

1. 存货当年持产利得的计算

$$已实现持产利得 = 按现行成本表示的营业成本 - 按历史成本表示的营业成本$$

$$未实现持产利得 = （按现行成本表示的年末存货数 - 按历史成本表示的年末存货数）$$
$$- （按现行成本表示的年初存货数 - 按历史成本表示的年初存货数）$$

2. 固定资产当年持产利得的计算

$$已实现持产利得 = 按现行成本计算的折旧费用 - 按历史成本计算的折旧费用$$

$$未实现持产利得 = （按现行成本表示的年末固定资产净值 - 按历史成本表示的年末固定资产净值）$$
$$- （按现行成本表示的年初固定资产净值 - 按历史成本表示的年初固定资产净值）$$

（四）编制按现行成本计价的会计报表

确定各种资产现行成本并计算持有损益后，就可重新编制以现行成本为基础的会计报表。

三、现行成本会计示例

【例9-2】资料见【例9-1】的表9-5、表9-6、表9-7，另补充资料如下。

（1）存货：2019年年末现行成本为3 000 000元，2020年年末现行成本为4 500 000元。

（2）固定资产预计可使用年限为30年，采用直线法计提折旧，无净残值。2019年年末现行完全重置成本为10 800 000元，净值为9 800 000元；2020年年末现行完全重置成本为12 000 000元，净值为10 000 000元。

（3）按照现行成本计价的营业成本为5 200 000元。

根据上述资料，采用现行成本会计模式的基本程序如下。

（一）按现行成本数据调整资产负债表数据

将资产负债表中各项目的历史成本数据调整成现行成本数据。调整时需要把资产负债表项目区分为货币性项目和非货币性项目，因为货币性项目是按固定金额表述的，期初账面金额反映了期初现行成本，期末账面金额也反映了期末账面金额，故不需要调整；而非货币性项目的购置日期与资产负债表日一般已经相距一段时间，历史成本与现行成本往往不一致，故需要将历史成本调整为现行成本。在按照现行成本调整资产负债表时，实收资本、资本公积仍然按照历史成本表述，只有这样才能将经营收益和资产现行成本持有损益累计在留存收益。

资产负债表项目调整一览表如表 9-14 所示。

表 9-14　资产负债表项目调整一览表　　　　　　　　　　　　单位：元

项目	期初余额调整（2019.12.31）		期末余额调整（2020.12.31）	
	调整前	调整后	调整前	调整后
货币性资产	500 000	500 000	750 000	750 000
存货	2 400 000	3 000 000	3 600 000	4 500 000
固定资产	9 000 000	10 800 000	9 000 000	12 000 000
减：累计折旧	300 000	360 000	600 000	740 000
固定资产净值	8 700 000	9 800 000	8 400 000	10 000 000
调整后资产总计	11 600 000	13 300 000	12 750 000	15 250 000
货币性负债	430 000	430 000	930 000	930 000
股本	9 700 000	9 700 000	9 700 000	9 700 000
资本公积	870 000	870 000	870 000	870 000
留存收益	600 000	2 300 000	1 250 000	3 750 000
调整后负债和所有者权益总计	11 600 000	13 300 000	12 750 000	15 250 000

调整说明：

2019 年 12 月 31 日的留存收益=13 300 000−430 000−9 700 000−870 000=2 300 000（元）

2020 年 12 月 31 日的留存收益=15 250 000−930 000−9 700 000−870 000=3 750 000（元）

2019 年 12 月 31 日的累计折旧= 10 800 000÷30×1 = 360 000（元）

2020 年 12 月 31 日的累计折旧=360 000+（10 800 000+12 000 000）÷2÷30=740 000（元）

（二）按现行成本调整利润表

利润表项目调整一览表如表 9-15 所示。

表 9-15　利润表项目调整一览表　　　　　　　　　　　　单位：元

项目	调整前	调整后
营业收入	7 200 000	7 200 000
营业成本	4 800 000	5 200 000
期间费用（折旧费用除外）	800 000	800 000
折旧费用	300 000	380 000
所得税费用	350 000	350 000
现金股利	300 000	300 000

调整说明：

折旧费用=（10 800 000+12 000 000）÷2÷30= 380 000（元）

（三）确定现行成本下的持产损益

持产损益计算表如表 9-16 所示。

表 9-16　持产损益计算表　　　　　　　　　　　　　　　　　单位：元

项目	现行成本	历史成本	持产利得
存货			
2019.12.31	3 000 000	2 400 000	600 000
2020.12.31	4 500 000	3 600 000	900 000
营业成本	5 200 000	4 800 000	400 000
固定资产净额			
2019.12.31	9 800 000	8 700 000	1 100 000
2020.12.31	10 000 000	8 400 000	1 600 000
折旧费用	380 000	300 000	80 000
未实现持产利得	存货	固定资产	合计
2019.12.31	600 000	1 100 000	1 700 000
2020.12.31	900 000	1 600 000	2 500 000
未实现持产利得的增加（减少）	300 000	500 000	800 000
已实现持产利得	400 000	80 000	480 000
本年持有资产现行成本的增加（减少）	700 000	580 000	1 280 000

（四）编制现行成本会计模式下的财务报表

现行成本会计模式下的资产负债表及利润表分别如表 9-17、表 9-18 所示。

表 9-17　资产负债表

编制单位：××公司　　　　　　　　　2020 年 12 月 31 日　　　　　　　　　　单位：元

项目	2019.12.31	2020.12.31
货币性资产	500 000	750 000
存货	3 000 000	4 500 000
累计折旧	360 000	740 000
固定资产净值	9 800 000	10 000 000
调整后资产总计	13 300 000	15 250 000
货币性负债	430 000	930 000
股本	9 700 000	9 700 000
资本公积	870 000	870 000
留存收益	2 300 000	3 750 000
调整后负债和所有者权益总计	13 300 000	15 250 000

表 9-18　利润表

编制单位：××公司　　　　　　　　2020 年度（以现行成本为基础）　　　　　　单位：元

项目	金额
营业收入	7 200 000
减：营业成本	5 200 000
期间费用（折旧费用除外）	800 000
折旧费用	380 000
利润总额	820 000

续表

项目	金额
减：所得税费用	350 000
现行成本下的营业收益	470 000
已实现持产利得	480 000
已实现收益	950 000
未实现持产利得	800 000
现行成本净收益	1 750 000
加：年初留存收益	2 300 000
可供分配的利润	4 050 000
减：应付股利	300 000
年末留存收益	3 750 000

四、现行成本会计的评价

（一）现行成本会计的优点

现行成本会计在消除个别物价变动的影响方面起着重要作用，主要优点体现在以下几个方面。

第一，现行成本会计使在不同时间按不同计价基础取得相同资产的不同企业都按现行成本计价，实现了同一资产在不同企业及不同时期的可比性，产生的会计信息更具决策相关性。

第二，现行成本会计将用现行成本重新计量的营业成本和折旧费用与按现行价格确认的营业收入相配比，提供了企业实际经营业绩的近似值，避免了按历史成本计量造成的虚假收益情况，消除了个别物价变动对收益计量的影响，提高了会计信息的客观性和相关性。

第三，现行成本会计用现行成本弥补企业所耗资产的价值可以确保已耗资产的收回，维持企业的资本和再生产能力，有助于企业资本的保持。

（二）现行成本会计的缺点

现行成本会计也存在一些缺点，具体包括以下几点。

第一，现行成本会计的应用依赖于现行成本，但是现行成本的确定需要大量的物价资料，特定资产的必要物价指数资料也并不一定能够取得，应用起来有一定难度，不符合信息披露应该遵循的成本效益原则。

第二，现行成本会计需要对各种资产的现行成本进行估计，现行成本的估计主要依赖于管理层或会计人员的主观估计，容易受制于人的主观意志，也加大了审计工作的难度和成本，管理上有一定难度。

第三，现行成本会计未考虑货币性项目净额购买力变动对会计信息的影响，不能反映物价变动带来的货币性项目净额购买力的变动情况，对会计信息的真实性产生不利影响。

第四节 现行成本/不变币值会计

一、现行成本/不变币值会计的概念与特点

（一）现行成本/不变币值会计的概念

现行成本/不变币值会计模式是一般物价水平会计模式（只消除一般物价水平变动对传统财

务会计信息的影响）与现行成本会计模式（只消除个别物价变动对传统财务会计信息的影响）的有机结合。它是以现行成本为计量属性、以不变币值货币为计量单位，试图全面消除物价变动影响的会计模式。

（二）现行成本/不变币值会计的特点

现行成本/不变币值会计模式与传统财务会计模式、一般物价水平会计模式、现行成本会计模式相比，具有以下几个特点。

1. 既改变计量属性，又改变计量单位

现行成本/不变币值会计模式是一般物价水平会计模式与现行成本会计模式的结合，故在计量属性上用现行成本取代历史成本，在计量单位上以不变币值货币取代名义货币。

2. 既确认非货币性项目的持有损益，又确认货币性项目净额购买力损益

现行成本/不变币值会计模式是一般物价水平会计模式与现行成本会计模式的结合，故既确认非货币性项目的持有损益，又确认货币性项目净额购买力损益，两者的计算结果分别与现行成本会计模式和一般物价水平会计模式下资产持有损益和货币性项目净额购买力损益的计算结果相同。不同的是要对非货币性资产的持有损益进行分解，在最终编制的现行成本/不变币值财务报表中，非货币性资产的持有损益要被区分为一般物价水平变动影响的金额和个别物价水平变动影响的金额两部分。

二、现行成本/不变币值会计的会计处理程序和方法

如果日常会计核算是以历史成本会计模式为基础进行的，期末现行成本/不变币值会计要对历史成本财务报表进行两次调整：把历史成本数据按现行成本重新计量，并确认资产持有损益；把名义货币计量的资料按一般物价水平重新表述，并确认货币性项目净额购买力损益。

调整的具体程序：首先，按现行成本调整历史成本会计报表，并确定资产持有损益，编制现行成本会计模式下的会计报表；然后，按一般物价水平对现行成本会计模式下的会计报表数据进行调整，确定货币性项目净额购买力损益；最后，确定个别物价水平变动超过一般物价水平变动对资产持有损益的影响数，编制现行成本/不变币值会计报表。会计处理程序如图 9-4 所示。

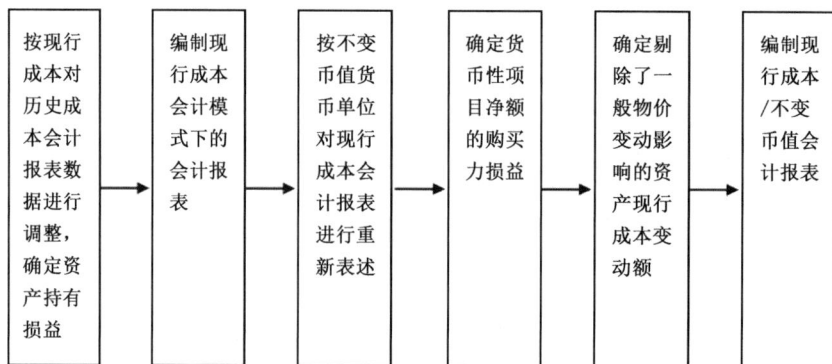

图 9-4　现行成本/不变币值会计的会计处理程序

三、现行成本/不变币值会计示例

【例9-3】资料：××公司 2020 年 12 月 31 日的资产负债表（简表）及 2020 年度的利润表分别如表 9-19、表 9-20 所示。

表 9-19　资产负债表（简表）

编制单位：××公司　　　　　2020 年 12 月 31 日（以历史成本为基础）　　　　　单位：万元

项目	2019.12.31	2020.12.31
资产：		
货币资金	10 000	15 000
应收账款	150 000	165 000
存货	450 000	460 000
土地	500 000	500 000
固定资产净值	500 000	470 000
资产总计	1 610 000	1 610 000
负债：		
流动负债（货币性）	310 000	300 000
非流动负债（货币性）	420 000	400 000
负债合计	730 000	700 000
所有者权益：		
普通股	800 000	800 000
留存收益	80 000	110 000
所有者权益合计	880 000	910 000
负债和所有者权益总计	1 610 000	1 610 000

表 9-20　利润表

编制单位：××公司　　　　　2020 年度（以历史成本为基础）　　　　　单位：万元

项目	金额
销售收入	2 000 000
销货成本	1 390 000
年初存货	450 000
本年购进	1 400 000
年末存货	460 000
销售毛利	610 000
销售和管理费用（折旧费用除外）	80 000
折旧费用	30 000
税前利润	500 000
所得税费用	100 000
税后利润	400 000
期初留存收益	80 000
本期可供分配的利润	480 000
现金股利	370 000
期末留存收益	110 000

1. 该公司的现行成本资料

（1）2019 年 12 月 31 日的存货现行重置成本为 560 000 万元，2020 年 12 月 31 日的现行重置成本为 600 000 万元。

（2）2019 年 12 月 31 日的固定资产现行完全重置成本为 1 200 000 万元，净值为 800 000 万元，2020 年 12 月 31 日的现行完全重置成本为 1 500 000 万元，净值为 860 000 万元。

（3）2019 年 12 月 31 日的土地使用权现行重置成本为 950 000 万元，2020 年 12 月 31 日的现行重置成本为 10 800 000 万元。

（4）以现行成本为基础的销货成本为 1 600 000 万元。

（5）销售收入、销售和管理费用（折旧费用除外）、所得税费用、现金股利都是按发生日现行成本表述的，假定以现行成本为基础的金额与以历史成本为基础的金额是相同的。

2. 其他有关资料

（1）物价指数如下。

2015 年 01 月 01 日（开始营业）：100。

2019 年 12 月 31 日：180。

2020 年 12 月 31 日：200。

2019 全年平均：170。

2020 全年平均：190。

2019 年 11—12 月平均：175。

2020 年 11—12 月平均：195。

（2）存货按照先进先出法计价，期末存货购于每年 11 至 12 月份。

（3）固定资产、土地均于开业时购置，固定资产预计使用年限为 20 年，以直线法计提折旧，净残值为 0。

（4）普通股均于开业时发行。

（5）假定销售收入、购货成本、销售和管理费用（折旧费用除外）和所得税费用年内均匀发生。

（6）现金股利的分配时间为 2020 年 12 月 31 日。

（7）不变购买力为年末不变币值货币。

根据上述资料，采用现行成本/不变币值会计模式的基本程序如下。

（一）按照现行成本数据调整财务报表数据

资产负债表项目调整一览表及利润表调整一览表分别如表 9-21、表 9-22 所示。

表 9-21　资产负债表项目调整一览表　　　　　　　　　　　　单位：万元

项目	2019.12.31	2020.12.31
货币资金	10 000	15 000
应收账款	150 000	165 000
存货	560 000	600 000
土地	950 000	1 080 000
固定资产净值	800 000	860 000
流动负债（货币性）	310 000	300 000
非流动负债（货币性）	420 000	400 000
普通股	800 000	800 000

表 9-22 利润表调整一览表 单位：万元

项目	金额
销售收入	2 000 000
销货成本	1 600 000
销售和管理费用（折旧费用除外）	80 000
折旧费用	67 500
所得税费用	100 000
现金股利	370 000

（二）确定现行成本变动额（持有损益）

资产持有利得计算表及资产持有利得划分表分别如表 9-23、表 9-24 所示。

表 9-23 资产持有利得计算表

2020 年度 单位：万元

项目	现行成本	历史成本	持产利得
存货			
2019.12.31	560 000	450 000	110 000
2020.12.31	600 000	460 000	140 000
销货成本	1 600 000	1 390 000	210 000
固定资产净值			
2019.12.31	800 000	500 000	300 000
2020.12.31	860 000	470 000	390 000
折旧费用	67 500	30 000	37 500
土地			
2019.12.31	950 000	500 000	450 000
2020.12.31	1 080 000	500 000	580 000

表 9-24 资产持有利得划分表

2020 年度 单位：万元

项目	存货	固定资产	土地	合计
未实现持产利得				
2019.12.31	110 000	300 000	450 000	860 000
2020.12.31	140 000	390 000	580 000	1 110 000
未实现持产利得的增加（减少）	30 000	90 000	130 000	250 000
已实现持产利得	210 000	37 500	0	247 500
本年持有资产现行成本的增加（减少）	240 000	127 500	130 000	497 500

（三）编制现行成本会计模式下的财务报表

现行成本会计模式下的资产负债表、利润表分别如表 9-25、表 9-26 所示。

表 9-25 资产负债表

编制单位：××公司　　　　　　　　2020 年 12 月 31 日（以现行成本为基础）　　　　　　　　单位：万元

项目	2019.12.31	2020.12.31
资产：		
货币资金	10 000	15 000
应收账款	150 000	165 000
存货	560 000	600 000
土地	950 000	1 080 000
固定资产净值	800 000	860 000
资产总计	2 470 000	2 720 000
负债：		
流动负债（货币性）	310 000	300 000
非流动负债（货币性）	420 000	400 000
负债合计	730 000	700 000
所有者权益：		
普通股	800 000	800 000
留存收益	940 000	1 220 000
所有者权益合计	1 740 000	2 020 000
负债和所有者权益总计	2 470 000	2 720 000

表 9-26 利润表

编制单位：××公司　　　　　　　　2020 年度（以现行成本为基础）　　　　　　　　单位：万元

项目	金额
销售收入	2 000 000
销货成本	1 600 000
销售毛利	400 000
销售和管理费用（折旧费用除外）	80 000
折旧费用	67 500
税前利润	252 500
所得税费用	100 000
现行成本经营收益	152 500
已实现实物资产持有利得（损失）	247 500
已实现收益	400 000
未实现实物资产持有利得（损失）	250 000
现行成本净收益	650 000
期初留存收益	940 000
本期可供分配的利润	1 590 000
现金股利	370 000
期末留存收益	1 220 000

（四）按照现行成本/不变购买力调整资产负债表项目

1. 期初余额换算表（2019.12.31）

现行成本/不变币值的资产负债表项目换算表如表 9-27 所示。

表 9-27　现行成本/不变币值的资产负债表项目换算表

编制单位：××公司　　　　　　　　　2019 年 12 月 31 日　　　　　　　　　单位：万元

项目	调整前	调整系数	调整后
资产：			
货币资金	10 000	200÷180	11 111
应收账款	150 000	200÷180	166 667
存货	560 000	200÷180	622 222
土地	950 000	200÷180	1 055 556
固定资产净值	800 000	200÷180	888 889
资产总计	2 470 000		2 744 444
负债：			
流动负债（货币性）	310 000	200÷180	344 444
非流动负债（货币性）	420 000	200÷180	466 667
负债合计	730 000		811 111
所有者权益：			
普通股	800 000	200÷100	1 600 000
留存收益	940 000		333 333
所有者权益合计	1 740 000		1 933 333
负债和所有者权益总计	2 470 000		2 744 444

2. 期末余额换算表（2020.12.31）

现行成本/不变币值的资产负债表项目换算表如表 9-28 所示。

表 9-28　现行成本/不变币值的资产负债表项目换算表

编制单位：××公司　　　　　　　　　2020 年 12 月 31 日　　　　　　　　　单位：万元

项目	调整前	调整系数	调整后
资产：			
货币资金	15 000	200÷200	15 000
应收账款	165 000	200÷200	165 000
存货	600 000	200÷200	600 000
土地	1 080 000	200÷200	1 080 000
固定资产净值	860 000	200÷200	860 000
资产总计	2 720 000		2 720 000
负债：			
流动负债（货币性）	300 000	200÷200	300 000
非流动负债（货币性）	400 000	200÷200	400 000
负债合计	700 000		700 000
所有者权益：			
普通股	800 000	200÷100	1 600 000
留存收益	1 220 000		420 000

续表

项目	调整前	调整系数	调整后
所有者权益合计	2 020 000		2 020 000
负债和所有者权益总计	2 720 000		2 720 000

（五）按照现行成本/不变购买力调整利润表项目

利润表项目调整表如表 9-29 所示。

表 9-29　利润表项目调整表

编制单位：××公司　　　　　　　2020 年度　　　　　　　单位：万元

项目	调整前	调整系数	调整后
销售收入	2 000 000	200÷190	2 105 263
销货成本	1 600 000	200÷190	1 684 211
销售和管理费用（折旧费用除外）	80 000	200÷190	84 211
折旧费用	67 500	200÷190	71 053
所得税费用	100 000	200÷190	105 263
现金股利	370 000	200÷200	370 000

（六）确定货币性项目净额购买力损益

货币性项目净额购买力损益计算表如表 9-30 所示。

表 9-30　货币性项目净额购买力损益计算表

编制单位：××公司　　　　　　　2020 年度　　　　　　　单位：万元

项目	调整前	调整系数	调整后
期初货币性资产	160 000	200÷180	177 778
期初货币性负债	730 000	200÷180	811 111
期初货币性项目净额	−570 000		−633 333
加：本期销售收入	2 000 000	200÷190	2 105 263
减：本期购货成本	1 400 000	200÷190	1 473 684
销售和管理费用（折旧费用除外）	80 000	200÷190	84 211
所得税费用	100 000	200÷190	105 263
现金股利	370 000	200÷200	370 000
期末货币性项目净额	−520 000		−561 228
货币性项目净额购买力利得（损失）	41 228		

（七）确定剔除了一般物价水平变动影响的资产现行成本变动额

持产利得（损失）计算表如表 9-31 所示。

表 9-31　持产利得（损失）计算表

编制单位：××公司　　　　　　　2020 年度　　　　　　　单位：万元

项目	现行成本/名义货币	历史成本/名义货币	持产利得/损失
存货			
2019.12.31	560 000	450 000	110 000
2020.12.31	600 000	460 000	140 000

续表

项目	现行成本/名义货币	历史成本/名义货币	持产利得/损失
销货成本	1 600 000	1 390 000	210 000
存货现行成本的增加（减少）	240 000		
固定资产净值			
2019.12.31	800 000	500 000	300 000
2020.12.31	860 000	470 000	390 000
折旧费用	67 500	30 000	37 500
固定资产现行成本的增加（减少）	127 500		
土地			
2019.12.31	950 000	500 000	450 000
2020.12.31	1 080 000	500 000	580 000
土地现行成本的增加	130 000		

现行成本/不变币值资产持有损益计算表如表 9-32 所示。

表 9-32 现行成本/不变币值资产持有损益计算表

编制单位：××公司 　　　　　　　　2020 年度 　　　　　　　　单位：万元

项目	现行成本/不变币值	历史成本/不变币值	持有损益
存货			
2019.12.31	622 222	514 286	107 937
2020.12.31	600 000	471 795	128 205
销货成本	1 684 211	1 516 175	168 035
存货现行成本的增加（减少）	188 304		
固定资产净值			
2019.12.31	888 889	1 000 000	-111 111
2020.12.31	860 000	940 000	-80 000
折旧费用	71 053	60 000	11 053
固定资产现行成本的增加（减少）	4 2164		
土地			
2019.12.31	1 055 556	1 000 000	55 556
2020.12.31	1 080 000	1 000 000	80 000
土地现行成本的增加	24 444		

注：上述现行成本/不变币值、历史成本/不变币值计算过程中使用的物价调整系数为无限小数，为保证数据的相对准确性，表中列示的结果为调整后四舍五入的数据，与表中所列示的个别数据有细微差异。

持产利得划分表如表 9-33 所示。

表 9-33 持产利得划分表

编制单位：××公司 　　　　　　　　2020 年度 　　　　　　　　单位：万元

项目	存货	固定资产（净额）	土地	合计
未实现持产利得				
2019.12.31	107 937	-111 111	55 556	52 381

续表

项目	存货	固定资产（净额）	土地	合计
2020.12.31	128 205	−80 000	80 000	128 205
未实现持产利得的增加（减少）	20 269	31 111	24 444	75 824
已实现持产利得	168 035	11053	0	179 088
本年年持有资产现行成本的增加（减少）	188 304	42 164	24 444	254 912

注：本表中所有的数据均为先采用原始数据计算后的结果再进行四舍五入保留的整数，因此会与先四舍五入再计算的结果有细微差异。但是，这样处理能够保持数据的相对准确性，以及报表项目数据之间的平衡，下表同。

剔除了一般物价水平变动影响的资产现行成本调整项目表如表 9-34 所示。

表 9-34　剔除了一般物价水平变动影响的资产现行成本调整项目表

编制单位：××公司　　　　　　　　2020 年 12 月 31 日　　　　　　　　单位：万元

项目	现行成本/名义货币	通货膨胀因素	现行成本/不变币值
现行成本的增加（减少）			
存货	240 000	51 696	188 304
固定资产	127 500	85 336	42 164
土地	130 000	105 556	24 444
合计	497 500	242 588	254 912

（八）编制现行成本/不变币值会计下的资产负债表及利润表

现行成本/不变币值会计下的资产负债表及利润表分别如表 9-35、表 9-36 所示。

表 9-35　资产负债表

编制单位：××公司　　　2020 年 12 月 31 日（以现行成本/不变币值为基础）　　　单位：万元

项目	2019.12.31	2020.12.31
资产：		
货币资金	11 111	15 000
应收账款	166 667	165 000
存货	622 222	600 000
土地	1 055 556	1 080 000
固定资产净值	888 889	860 000
资产总计	2 744 444	2 720 000
负债：		
流动负债（货币性）	344 444	300 000
非流动负债（货币性）	466 667	400 000
负债合计	811 111	700 000
所有者权益：		
普通股	1 600 000	1 600 000
留存收益	333 333	420 000
所有者权益合计	1 933 333	2 020 000
负债和所有者权益总计	2 744 444	2 720 000

表 9-36 利润表

编制单位：××公司　　　　　　2020 年度（以现行成本/不变币值为基础）　　　　　　单位：万元

项目	金额
营业收入	2 105 263
减：营业成本	1 684 211
销售毛利	421 053
管理费用	84 211
折旧费用	71 053
利润总额	265 789
减：所得税费用	105 263
现行成本下的营业收益	160 526
已实现资产持有利得（扣除通货膨胀）	179 088
已实现收益	339 614
未实现资产持有利得（扣除通货膨胀）	75 824
货币性项目上的购买力利得	41 228
现行成本净收益	456 667
加：年初留存收益	333 333
可供分配的利润	790 000
减：应付股利	370 000
年末留存收益	420 000

四、现行成本/不变币值会计的评价

现行成本/不变币值会计同时具有一般物价水平会计和现行成本会计的优点和缺点。除此之外，相比一般物价水平会计与现行成本会计，现行成本/不变币值会计还具有以下优缺点。

现行成本/不变币值会计的主要优点是能够更全面地消除物价变动对会计信息的影响，既提供了反映一般物价水平变动对货币性项目影响的信息（货币性项目净额购买力损益），又提供了剔除一般物价变动影响的个别物价变动信息（持产损益），在一定程度上增加了会计信息决策的相关性和可比性。但是，现行成本/不变币值会计模式作为两种会计模式的结合体，缺点就是实际操作难度大，会计信息的生成成本高。

第五节　物价变动会计与公允价值会计

一、公允价值与公允价值会计

（一）公允价值

1. 公允价值的概念

《企业会计准则第 39 号——公允价值计量》规定，公允价值，是指市场参与者在计量日发生的有序交易中，出售一项资产所能收到或者转移一项负债所需支付的价格。其中，有序交易是指在计量日前一段时期内相关资产或负债具有惯常市场活动的交易。企业以公允价值计量相

关资产或负债，应当假定出售资产或者转移负债的有序交易在相关资产或负债的主要市场（最大和交易活跃程度最高的市场）进行；不存在主要市场的，应当假定该交易在相关资产或负债的最有利市场（在考虑交易费用和运输费用后，能够以最高金额出售相关资产或者以最低金额转移相关负债的市场）进行。

由此可见，公允价值的本质是基于市场信息对交易或报告时的资产或负债价值的认定，其中包含了物价变动的结果。

2. 公允价值的估值技术

《企业会计准则第 39 号——公允价值计量》规定，企业以公允价值计量相关资产或负债的，应当采用在当前情况下适用并且有足够可利用数据和其他信息支持的估值技术，估计在计量日市场条件下市场参与者在有序交易中出售一项资产或者转移一项负债的价格。

企业可以使用的估值技术主要包括市场法、收益法和成本法。市场法是利用相同或类似的资产、负债或资产和负债组合的价格及其他相关市场交易信息进行估值的技术。收益法是将未来金额转换成单一现值的估值技术。成本法是反映当前要求重置相关资产服务能力所需金额（通常指现行重置成本）的估值技术。

3. 公允价值的层次

《企业会计准则第 39 号——公允价值计量》规定，企业在使用估值技术估计相关资产或负债的价值时，应当优先使用相关可观察输入值，只有在相关可观察输入值无法取得或取得不切实可行的情况下，才可以使用不可观察输入值。

企业应当将公允价值计量所使用的输入值划分为三个层次，首先使用第一层次输入值，其次使用第二层次输入值，最后使用第三层次输入值。其中，第一层次输入值是在计量日能够取得的相同资产或负债在活跃市场（相关资产或负债的交易量和交易频率足以持续提供定价信息的市场）上未经调整的报价。第二层次输入值是除第一层次输入值外相关资产或负债直接或间接可观察的输入值。第三层次输入值是相关资产或负债的不可观察输入值。

（二）公允价值会计

公允价值会计是在不考虑货币购买力变化的货币单位（名义货币）情况下，按照熟悉情况的交易双方自愿进行资产交换或负债清偿的金额确认、计量和报告企业财务状况、经营成果的会计模式。

二、公允价值会计和物价变动会计的比较

（一）会计确认的比较

会计确认是对会计主体发生的经济事项，按照一定的标准进行客观认定，将其列入资产、负债、所有者权益、收入、费用、利润等会计要素，在账簿上正式加以记录并列入会计报表的会计行为。公允价值会计与物价变动会计在会计确认基础、确认标准、确认要素方面既有相同点，又有不同点。

第一，公允价值会计与物价变动会计的确认基础都是权责发生制，以实现收入和费用的期间合理配比，为财务报告使用者提供对决策有用的信息。但是，公允价值会计在会计期间的任

何时点都以公允价值确认物价变动；物价变动会计一般在期末确认，无法反映会计期间物价变动给会计信息带来的影响。

第二，公允价值会计与物价变动会计对于由物价变动引起的资产、负债价值变动和损益影响的确认不同。一般物价变动会计需要将资产负债表项目区分为货币性项目和非货币性项目，确认由物价变动造成的货币性项目净额购买力损益；现行成本会计将由物价变动造成的非货币性项目账面金额的变动额确认为持产损益（包括已实现持产损益和未实现持产损益）；现行成本/不变币值会计则既确认货币性项目净额购买力损益，又确认持产损益。公允价值会计在这两个方面没有反映，对于完全运用公允价值计量的交易性金融资产和负债等项目的公允价值变动直接确认为资产或负债的账面价值，并确认为公允价值变动损益或资本公积；对于不完全使用公允价值计量的非货币性项目，将由物价变化导致价值减少的部分计提资产减值准备，同时确认为资产减值损失（符合资产减值的项目包括存货、固定资产、长期股权投资等资产），对于价值增加部分则不进行确认，没有消除物价变动对货币性项目的影响。

（二）会计计量与核算的比较

从计量单位上来看，公允价值会计计量单位主要是名义货币；物价变动会计不仅有名义货币，还有不变币值货币。一般物价水平会计和现行成本/不变币值会计的计量单位是不变币值货币；现行成本会计的计量单位是名义货币。

从计量属性上来看，公允价值会计的计量属性是公允价值，而公允价值是一种复合计量属性，历史成本、现行成本、可变现净值、现行市场价格和未来现金流量现值均属于公允价值的范畴。物价变动会计的计量属性是历史成本和现行成本，包括采用历史成本计量属性的一般物价水平会计和采用现行成本计量属性的现行成本会计、现行成本/不变币值会计。公允价值会计与现行成本会计较为相似。

（三）会计报告的比较

一般物价水平会计将资产负债表项目区分为货币性项目和非货币性项目，采用一般物价指数调整货币性项目净额购买力损益，故需要编制货币性项目净额购买力损益表；现行成本会计需要将物价变动造成的非货币性项目账面金额的变动额确认为持产损益，故需要编制持产损益表；而现行成本/不变币值会计则既要编制货币性项目净额购买力损益表，又要编制持产损益表。同时，上述三种物价变动会计模式还需要根据物价变动的具体影响调整资产负债表项目和利润表项目的报告金额。

公允价值会计在整个会计期间内对会计要素的计量是以公允价值变动为基础的，账面价值反映的就是会计要素当前的公允价值。对于完全运用公允价值计量的交易性金融资产和负债等项目的公允价值变动，直接确认为资产或负债的账面价值的增减，计入公允价值变动损益或资本公积；对于不完全使用公允价值计量的非货币性项目，将由物价变化导致价值减少的部分计提资产减值准备，同时确认为资产减值损失，并分别调整资产负债表、利润表的报告金额，无须单独编制相关损益表。

本章小结

```
                        ┌─ 物价变动会计概述 ─┬─ 物价变动及其原因
                        │                   ├─ 物价变动会计及其产生
                        │                   └─ 物价变动会计模式
                        │
                        │                   ┌─ 一般物价水平会计的概念与特点
                        ├─ 一般物价水平会计 ─┼─ 一般物价水平会计的会计处理程序和方法
                        │                   ├─ 一般物价水平会计示例
                        │                   └─ 一般物价水平会计的评价
  物                    │
  价                    │                   ┌─ 现行成本会计的概念与特点
  变                    ├─ 现行成本会计 ────┼─ 现行成本会计的会计处理程序和方法
  动                    │                   ├─ 现行成本会计示例
  会                    │                   └─ 现行成本会计的评价
  计                    │
                        │                   ┌─ 现行成本/不变币值会计的概念与特点
                        ├─ 现行成本/不变币 ─┼─ 现行成本/不变币值会计的会计处理程序和方法
                        │   值会计          ├─ 现行成本/不变币值会计示例
                        │                   └─ 现行成本/不变币值会计的评价
                        │
                        └─ 物价变动会计与公 ─┬─ 公允价值与公允价值会计
                            允价值会计       └─ 公允价值会计和物价变动会计的比较
```

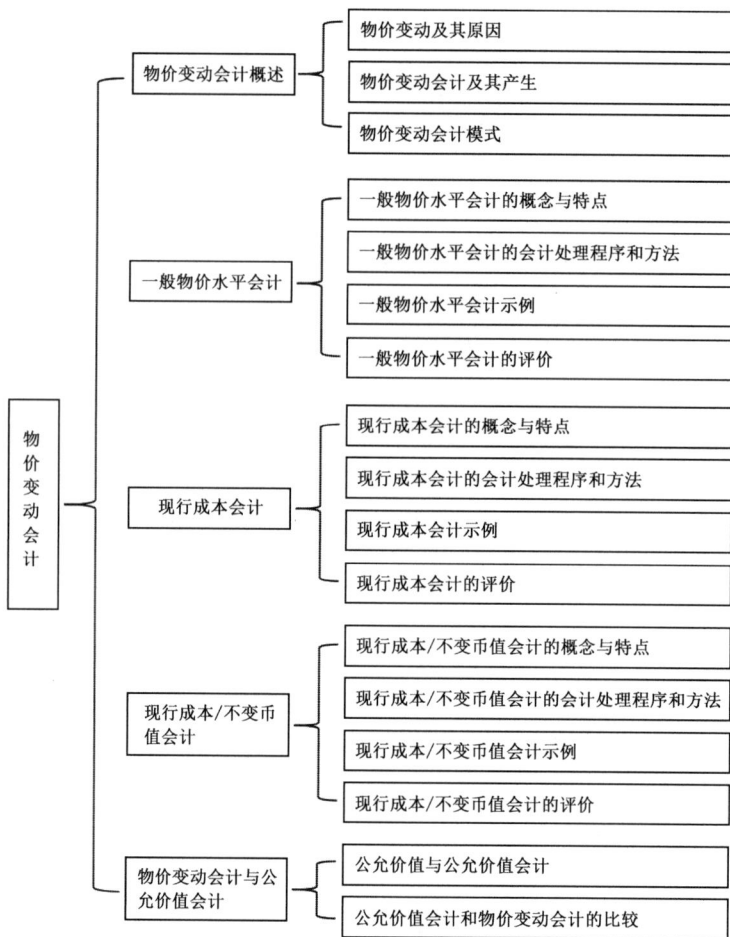

本章关键术语

物价变动；资本保全；财务资本保全；实物资产保全；一般物价水平会计；现行成本会计；持产损益

本章思考题

1. 如何理解物价变动会计的理论基础？
2. 什么是货币性项目的购买力损益？
3. 什么是持产损益？

本章练习题

习题一

××公司于 2019 年 12 月 31 日以 10 000 000 元/吨的价格购入 A 商品 50 吨，2020 年 7 月 31 日以 11 000 000 元/吨的价格再次购入该商品 50 吨，上述购入的商品均用于销售，一直持有至 2020 年 12 月 31 日。2020 年 12 月 31 日又以 12 000 000 元/吨的价格购入该商品 100 吨，同日以 13 000 000 元/吨售出 100 吨该商品。

要求：

（1）采用传统财务会计模式确定该公司上述 A 商品购销业务的利润（存货发出采用先进先出法）。

（2）采用现行成本会计模式确定该公司上述 A 商品购销业务的利润。

（3）解释两种会计模式下上述商品购销业务利润存在差异的原因。

习题二

××公司 2020 年年初的货币性资产为 20 000 000 元，货币性负债为 15 000 000 元。在该年度，货币性收入为 50 000 000 元，货币性支出为 40 000 000 元。2020 年年初的一般物价指数为 120，年末的一般物价指数为 150，平均物价指数为 125。

要求：试计算该年度货币性项目净额购买力损益。

习题三

××公司 2020 年年末按历史成本编制的财务报表的相关数据如下。

存货：年初数 10 000 万元；年末数 13 000 万元。

固定资产净值：年初数 45 000 万元；年末数 42 000 万元。

销货成本（折旧费用除外）：34 000 万元。

2020 年年末，相关的现行成本资料如下。

存货：年初数 12 000 万元；年末数 18 000 万元。

固定资产净值：年初数 60 000 万元；年末数 90 000 万元。

销货成本（折旧费用除外）：40 000 万元。

以现行成本为基础应计提的折旧为 6 000 万元。

要求：根据以上资料，计算该公司持产损益（包括已实现持产损益和未实现持产损益）。

第十章

企业清算与重组会计

学习目标

本章阐述了企业清算与重组会计的基本理论与方法，具体包括普通清算、破产清算和企业重组的会计核算方法及相关报表的编制方法。通过本章的学习，要求学生了解企业清算与重组的相关程序，理解企业清算与重组涉及的会计事项，掌握普通清算、破产清算、企业重组的会计核算方法和相关报表的编制方法。

思政课堂

党的十九大报告提出，推动经济发展质量变革、效率变革、动力变革，提高全要素生产率，着力加快建设实体经济、科技创新、现代金融、人力资源协同发展的产业体系，这为更好地推进产业结构优化升级指明了方向。在推进产业结构优化升级的进程中，需要"做减法"，坚决淘汰落后产能、落后工艺、落后产品，大力破除无效供给、有效化解过剩产能，为优质供给提供充足的市场空间，推进新型工业化进程。

产业结构优化升级促使企业实施兼并重组，兼并重组必然涉及企业清算，清算与重组会计可以有效地监督企业兼并与重组过程中涉及的经济活动，对相关事项进行计量、记录和报告，以保证企业兼并与重组的顺利进行。

引导案例

长航凤凰股份有限公司（以下简称"长航凤凰"）系上市公司，是长江及沿海干散货航运主要企业之一。自 2008 年全球金融危机以来，受财务费用负担沉重、航运运价长期低迷等因素影响，长航凤凰逐步陷入困境。截至 2013 年 6 月 30 日，长航凤凰合并报表项下的负债总额达 58.6 亿元，净资产为-9.2 亿元，严重资不抵债。经债权人申请进入破产重整程序。

由于无外部重组方参与长航凤凰破产重整，如何通过长航凤凰自身筹集足够资产以提高普通债权清偿比例，促使普通债权人支持重整是重整工作有序推进的重点。为解决偿债资金筹集的问题，经过武汉中级人民法院与管理人多番论证，最终制定了以公司账面的货币资金、处置剥离亏损资产的变现资金、追收的应收账款公开处置，以及出资人权益调整和股票公开竞价处置等多种渠道的资金筹集方案。

实践证明，上述资金筹集方案具有可行性。通过资产公开处置、出资人权益调整和股票公开竞价处置，长航凤凰不但清偿了全部债务；同时，由于股票公开竞价处置产生溢价，公司在重整程序中依法获得了约 7000 万元的资金，用于补充公司现金流。2014 年年底净资产约 1.2 亿元、营业利润约 2.24 亿元，成功实现扭亏为盈，公司于 2015 年 12 月 18 日恢复上市。

借助于破产重整程序，长航凤凰摆脱了以往依赖国有股东财务资助、以"堵窟窿"的方式挽救困境企业的传统做法，以市场化方式成功剥离亏损资产，调整了自身资产和业务结构，优化了商业模式，全面实施了以去杠杆为目标的债务重组，最终从根本上改善了公司的资产及负债结构，增强了持续经营及盈利能力，彻底摆脱了经营及债务困境。

资料来源：不良资产频道（微信公众号）. 中国企业破产重组的 20 个典型案例。

✎ **案例思考题：**

企业陷入财务危机时是不是只能进行破产清算，有没有可能与债务人达成和解协议、进行重整呢？

🧩 第一节　清算会计概述

企业可能因为无法实现经营目的、合并或分立、违反法律法规、破产等终止经营，进行清算。清算期间，持续经营假设不再适用，无论是资产计价、债务清偿，还是财务报告的编制都与传统财务会计存在重大不同，需要以适用于非持续经营状态的清算与重组会计对企业的经济活动进行计量、记录和报告。

一、企业清算的原因

企业清算是指企业按章程规定解散及由于破产或其他原因终止经营后，对企业财产、债权、债务进行全面清查，并收取债权、清偿债务和分配剩余财产的经济活动。清算是企业终止阶段需要履行的法律行为，旨在停止企业经营活动，清理债权、债务，注销企业资格。

企业清算的原因有很多，主要包括以下几点：企业章程规定的营业期限届满或规定的其他解散事由的出现；股东会或股东大会决议解散；因公司合并或分立需要解散；依法被吊销营业执照、责令关闭或者被撤销；公司经营管理发生严重困难，继续存续会使股东利益受到重大损失，通过其他途径不能解决的，持有公司全部股份表决权百分之十以上的股东，也可以请求人民法院解散公司。

二、企业清算的种类

（一）非破产清算和破产清算

按照清算原因，企业清算划分为非破产清算和破产清算。企业章程规定的营业期限届满或规定的其他解散事由出现、股东会或股东大会决议解散、因公司合并或者分立需要解散等原因导致的企业清算属于非破产清算。如果企业经营管理发生严重困难，出现财务危机，导致不能清偿到期债务被依法宣告破产，依据破产法律制度实施的企业清算是破产清算。

（二）自愿清算和强制清算

按照清算意愿，企业清算分为自愿清算和强制清算。自愿清算是指企业或其所有者自愿终止企业而进行的清算，这种清算可以不按法律规定处理企业财产。强制清算是指按照法定程序要求终止企业经营而进行的清算，又称为法定清算。

（三）普通清算和特别清算

按照清算法律程序，企业清算分为普通清算和特别清算。普通清算是指按法律规定的一般程序进行的企业清算，法院和债权人不干预清算过程，清算结束后债权人和所有者可以得到企业剩余财产。特别清算是指清算的结果是资不抵债，需要按《中华人民共和国企业破产法》（以下简称《破产法》）进行破产处理，所有者一般不能分得企业剩余财产。特别清算不能由企业自行组织，而是由法院直接出面干预并进行监督，又称为破产清算。

三、清算会计工作的内容

清算会计是对终止经营、进行解散的企业的各项清算业务进行反映和监督，向有关债权人、股东及政府主管部门披露其财务状况、清算过程和结果等会计信息的专门会计。按照清算程序，清算会计工作主要包括以下内容。

（一）进行财产清查，编制资产负债表

资产负债表是企业进行财产、债权、债务清查的重要依据，企业应该采用各种清查方法，对财产、债权、债务进行全面清查，并且将清查结果与有关凭证、账簿和报表进行核对，在保证账实、账证、账账、账表相符的基础上，编制各项资产、债权、债务明细表和资产负债表，以明晰企业财务状况。

（二）核算和监督清算费用的支付

清算费用是指清算过程中所发生的各项费用支出，主要包括清算组人员工资、办公费、公告费、差旅费、诉讼费、审计费、公证费、财产评估和变现费用等。清算会计应监督各项清算费用的合理开支，并保证其得以从清算财产中优先支付。

（三）核算和监督债权的收回和债务的偿还

清算会计应该及时反映清算期间债权的收回，对于确实无法收回的债权，报经批准后作为坏账损失予以核销；各项债务应该按照法律法规规定的日期通知债权人办理债权登记，并及时反映各项债务的偿还。

（四）核算和监督清算损益

清算损益是指企业清算过程中发生的清算收益与清算损失、清算费用相抵后的余额。清算收益大于清算损失、清算费用的部分为清算净收益，反之为清算净损失。

清算会计应该在清算程序终了时将清算期间的全部收益与清算损失、清算费用相抵减，确定清算净收益或净损失，如为清算净收益，依照税法规定弥补以前年度亏损后的余额视为利润，需要缴纳所得税。

（五）核算和监督剩余财产的分配

清算会计应该正确核算企业清偿债务后可供分配的剩余财产，并且依照法律法规、公司章程等规定的分配方法，核算和监督剩余财产的分配。

（六）编制清算会计报表

清算会计应在清算程序终了后，按照相关规定编制清算会计报表，主要包括清算资产负债表、清算损益表和债务清偿表，以全面、系统地反映清算过程和结果。

四、企业清算会计的特点

清算会计作为财务会计的一个分支，是专门对清算期间企业的财务信息进行记录、核算和报告的会计管理活动。由于清算会计服务于企业终止经营阶段，在会计对象、会计目标、会计假设、会计基本原则等方面都有别于传统财务会计，有其自身的特点。

（一）清算会计不再适用传统财务会计的部分基本假设

传统财务会计的四个基本假设（会计主体、会计分期、持续经营和货币计量）是进行会计核算的基本前提，也是会计政策选择和会计估计的重要基础。企业进入清算程序以后，这些会计假设赖以存在的条件发生了变化，导致传统财务会计的一些基本假设对清算会计不再适用。除继续遵循货币计量的假设之外，清算会计不仅在会计主体上有别于传统财务会计，还否定了传统财务会计的持续经营假设和会计分期假设。

1. 会计主体假设的改变

在正常经营的情况下，传统财务会计的会计主体是企业本身；进入清算程序后，普通清算中，企业仍是独立主体，清算组仅是代理机构，会计主体仍然是企业，但是在破产清算中，企业被宣告破产后便失去了法人资格，由破产管理人接管清算事务，会计主体由企业变为破产管理人。

2. 持续经营假设的否定

进入清算程序意味着企业已经无法以现在的状态和规模持续地经营下去，持续经营假设便不再成立，代之以终止经营假设。在终止经营假设的基础上，清算会计采用了一系列有别于持续经营假设的会计处理方法、计量基础和报告形式。

3. 会计分期假设的否定

进入清算程序后，持续经营假设不复存在，也就没有必要分期核算企业的经营成果、分期编制财务报告。所以，清算会计不再以会计年度作为会计核算期间，而是以清算业务完成实际耗用的时间作为会计周期，变成了单周期核算活动。

（二）清算会计目标不同于传统财务会计目标

传统财务会计是确认、记录和报告企业在持续经营情况下的正常经营活动，反映企业财务状况、经营成果和现金流量的会计程序和方法，主要目标是为股东、债权人等利益相关者提供决策需要的相关信息。进入清算程序后，企业正常的生产经营活动已经停止，清算业务的主要活动是财产清理变现、债务清偿和剩余财产的分配等，主要目标是反映清算过程中的企业财务状况，以反映企业清算财产变现、债务清偿、资金流转和清算损益等方面的情况。

（三）清算会计不再适用传统财务会计的部分会计原则

虽然清算会计依旧遵循传统财务会计核算的大部分原则，如客观性、可比性、及时性等原则，但是进入清算程序后，企业会计核算的假设发生了变化，使历史成本、权责发生制等原则不再适用，代之以可变现净值计价、收付实现制等原则。

1．以可变现净值作为计量属性

传统财务会计的计量属性包括历史成本、重置成本、可变现净值、现值、公允价值等，企业在将符合确认条件的会计要素登记入账并列报于会计报表及其附注时，应当按照规定的会计计量属性进行计量，确定其入账金额。进入清算程序后，企业终止正常的经营活动，清算的目的是将财产变现以偿还债务、分配剩余财产，所以清算会计必须以能反映清算价值的可变现净值作为计量基础。

2．以收付实现制作为会计核算的基础

进入清算程序后，持续经营和会计分期假设不复存在，传统财务会计的权责发生制也就失去了存在的前提，代之以收付实现制，以实际收付款项为基础确认清算收入和费用，以便于企业清算财产的变现、债务偿还和剩余财产的分配。

3．只遵循收益性支出原则

在持续经营假设下，传统财务会计为正确计算当期收益，企业的各项支出应该依据支出产生的效益是否与本年度有关划分为收益性支出和资本性支出，收益性支出费用化计入当期损益，资本性支出资本化计入资产价值。进入清算程序后，经营活动终止，企业持有财产的目的非经营使用，而是变现还债，所有支出均为实现财产变现、债务清偿和剩余财产的分配，故资本性支出原则不再适用，企业进行会计核算时只遵循收益性支出原则，发生的各项支出均作为清算期间的收益性支出。

（四）清算会计的报表种类与传统财务会计不同

根据我国现行会计制度的规定，在持续经营的情况下，企业应该对外提供反映企业某一特定日期的财务状况和某一会计期间的经营成果、现金流量等会计信息的文件，主要包括资产负债表、利润表、现金流量表、所有者权益变动表等会计报表及其附注和其他应当在财务会计报告中披露的相关信息与资料。企业清算的目的是清算财产的变现、债务清偿和剩余财产的分配，通常需要提供清算资产负债表、债权及债务清单、变现偿债报表和清算损益报表等。

第二节　普通清算会计

普通清算是指按法律规定的一般程序进行的企业清算，法院和债权人不干预清算过程，清算结束后债权人和所有者可以得到企业剩余财产。企业因章程规定的营业期限届满或其他解散事由出现，股东会或股东大会决议解散，因公司合并或分立需要解散，依法被吊销营业执照、责令关闭或者被撤销等原因进行的清算通常为普通清算。

一、普通清算的程序

（一）成立清算组

企业终止经营时应当在规定的期限内成立清算组。清算组即清算机构，是企业终止经营时执行清算事务并代表企业行使职权的权力组织。根据《中华人民共和国公司法》的规定，公司应当在解散事由出现之日起 15 日内成立清算组，有限责任公司的清算组由股东组成，股份有限责任公司的清算组由董事或股东大会确定的人员组成。逾期不成立清算组进行清算的，债权人可以申请人民法院指定有关人员组成清算组进行清算。人民法院应当受理该申请，并及时组织清算组进行清算。

清算组在清算期间的职权主要如下：清理公司财产，分别编制资产负债表和财产清单；通知债权人并公告；处理与清算有关的公司未了结的业务；清缴所欠税款及清算过程中产生的税款；清理债权、债务；处理公司清偿债务后的剩余财产；代表公司参与民事诉讼活动。

（二）组织清算

清算组应当自成立之日起 10 日内通知债权人，并于 60 日内在报纸上公告。债权人应当自接到通知书之日起 30 日内，未接到通知书的自公告之日起 45 日内，向清算组申报其债权。债权人申报债权，应当说明债权的有关事项，并提供证明材料。清算组应当对债权进行登记。申报债权期间，清算组不得对债权人进行清偿。

清算组在清理公司财产、编制资产负债表和财产清单后，应当制定清算方案，并报股东会、股东大会或者人民法院确认。公司财产在分别支付清算费用、职工工资、社会保险费用和法定补偿金，缴纳所欠税款，清偿公司债务后的剩余财产，有限责任公司按照股东的出资比例分配，股份有限公司按照股东持有的股份比例分配。

清算组在清理公司财产、编制资产负债表和财产清单后，发现公司财产不足以清偿债务的，应当依法向人民法院申请宣告破产。公司经人民法院裁定宣告破产后，清算组应当将清算事务移交给人民法院，按照《破产法》相关规定进行破产清算。

（三）编制清算报告

清算结束后，清算组应编制清算报告并编制清算期内的收支报表和各种财务账册，报股东会、股东大会或者人民法院确认，并报送公司登记机关，申请注销公司登记，办理注销登记并公告公司终止经营。

二、普通清算会计的处理内容与账户设置

（一）会计处理内容

在普通清算过程中，企业进行会计处理的内容：编制清算日的资产负债表；核算清算费用；核算变卖财产物资的损益；核算收回的债权和清偿的债务；弥补以前年度亏损；核算剩余股东权益；编制清算费用表、清算利润表和清算结束日的资产负债表；返还各类所有者的权益。

（二）会计账户设置

企业终止经营进入清算期后，应当设置"清算费用""清算损益"两个账户单独核算清算过程中发生的各项清算费用和损益。存在土地转让业务的企业还应设置"土地转让收益"账户。

"清算费用"账户核算清算期间发生的清算组人员的工资、办公费、公告费、差旅费、诉讼费、审计费、公证费、财产评估和变现费用等。

"清算损益"账户核算清算期间所发生的收益或损失。清算收益是企业清算过程中所取得的全部收益，主要如下：清算过程中处理没有完结的经营业务取得的经营收益，如销售库存的产成品、半成品等取得的收入；财产变现取得变现收益（变现收入大于账面价值的差额）；对不需要变现财产进行估价形成的估价收益（估价大于账面价值的差额）；盘盈财产的变现收益；无法

偿付或无须偿付的债务。清算损失则与上述清算收益相对，分别为经营损失、财产变现损失、财产估价损失、财产盘亏损失、无法收回债权造成的坏账损失。

"土地转让收益"账户核算清算企业转让土地使用权取得的收入、与转让土地使用权有关的成本和税费，如应交的有关税金、支付的土地评估费用等。

三、普通清算会计处理综合案例

【例10-1】假设××有限责任公司于2011年2月1日开业，按照公司章程规定经营期限为10年，2021年1月31日终止营业。2021年1月31日，经股东大会讨论，一致决定终止经营，即日起办理清算，清算期限为2021年2月1日至6月30日。企业所得税税率为25%。

清算期间发生的会计事项如下。

（1）共发生各种清算费用2 000 000元，包括清算人员薪酬500 000元、公告费20 000元、审计费用600 000元、法律咨询费用150 000元、财产评估费用109 000元、诉讼费200 000元、办公费400 000元、利息费用21 000元。

（2）财产物资变卖情况如下：原材料账面价值为1 000 000元，出售价为1 300 000元；在产品账面价值为2 500 000元，出售价为2 300 000元；低值易耗品账面价值为750 000元，出售价为600 000元；产成品账面价值为3 000 000元，出售价为3 500 000元；固定资产变卖获得收入2 600 000元。

（3）债权、债务清理情况如下：收回应收票据500 000元，收回应收账款4 000 000元，500 000元无法收回；归还银行短期借款400 000元（应支付利息1 000元，已列入清算费用），偿还应付票据300 000元，偿还应付账款400 000元，归还长期借款5 000 000元（支付利息20 000元，已列入清算费用）。

（4）清算终了时，按照股东的出资比例分配剩余财产。

根据上述资料，该公司清算过程中的账务处理如下。

（1）编制清算日的资产负债表，如表10-1所示。

表10-1　资产负债表

编制单位：××企业　　　　　　　　　　　2021年1月31日　　　　　　　　　　　单位：元

资产	期末余额	负债和所有者权益	期末余额
货币资金	3 000 000	短期借款	400 000
应收票据	500 000	应付票据	300 000
应收账款	4 500 000	应付账款	400 000
减：坏账准备	300 000	流动负债合计	1 100 000
应收账款净额	4 200 000	长期借款	5 000 000
存货	7 250 000	负债合计	6 100 000
流动资产合计	14 950 000	普通股（50万股）	5 000 000
固定资产原值	4 300 000	资本公积	2 600 000
减：累计折旧	1 600 000	盈余公积	4 000 000
固定资产净值	2 700 000	未分配利润	250 000
长期待摊费用	300 000	所有者权益合计	11 850 000
非流动资产合计	3 000 000		
资产总计	17 950 000	负债和所有者权益总计	17 950 000

（2）支付清算费用的会计处理：

借：清算费用		2 000 000
贷：银行存款		2 000 000

（3）变卖存货的会计处理：

借：银行存款		4 800 000
贷：原材料		1 000 000
库存商品		3 000 000
清算损益		800 000
借：银行存款		2 900 000
清算损益		350 000
贷：生产成本		2 500 000
低值易耗品		750 000

（4）变卖固定资产的会计处理：

借：银行存款		2 600 000
累计折旧		1 600 000
清算损益		100 000
贷：固定资产		4 300 000

（5）转销长期待摊费用的会计处理：

借：清算损益		300 000
贷：长期待摊费用		300 000

（6）收回应收票据的会计处理：

借：银行存款		500 000
贷：应收票据		500 000

（7）收回应收账款并转销坏账准备的会计处理：

借：银行存款		4 000 000
坏账准备		300 000
清算损益		200 000
贷：应收账款		4 500 000

（8）归还银行长、短期借款的会计处理：

借：短期借款		400 000
贷：银行存款		400 000
借：长期借款		5 000 000
贷：银行存款		5 000 000

（9）归还应付票据和应付账款的会计处理：

借：应付票据		300 000
贷：银行存款		300 000
借：应付账款		400 000
贷：银行存款		400 000

（10）将清算费用转入清算损益的会计处理：

借：清算损益   2 000 000

  贷：清算费用   2 000 000

（11）将清算损益结转到利润分配（清算净损失）的会计处理：

借：利润分配   2 850 000

  贷：清算损益   2 850 000

（12）编制清算费用表、清算利润表、清算结束日资产负债表，分别如表 10-2、表 10-3、表 10-4 所示。

表 10-2 清算费用表

编制单位：××企业   2021 年 6 月 30 日   单位：元

费用类项目	金额
清算人员薪酬	500 000
公告费用	20 000
审计费用	600 000
法律咨询费用	150 000
财产评估费用	109 000
诉讼费	200 000
办公费	400 000
利息费用	21 000
合计	2 000 000

表 10-3 清算利润表

编制单位：××企业   2021 年 2 月 1 日至 2021 年 6 月 30 日   单位：元

清算收益	金额
存货变卖溢价收入	800 000
清算费用与损失	
清算费用	2 000 000
应收账款坏账损失	200 000
存货变卖折价损失	350 000
固定资产变卖损失	100 000
摊销长期待摊费用	300 000
清算净损益	−2 150 000

表 10-4 清算结束日资产负债表

编制单位：××企业   2021 年 6 月 30 日   单位：元

资产	期末余额	负债和所有者权益	期末余额
货币资金	9 700 000	普通股（50 万股）	5 000 000
		资本公积	2 600 000
		盈余公积	4 000 000
		未分配利润	−1 900 000
		所有者权益合计	9 700 000
资产总计	9 700 000	负债和所有者权益总计	9 700 000

（13）分配剩余财产的会计处理：

借：股本——普通股 5 000 000

资本公积 2 600 000

盈余公积 4 000 000

贷：银行存款 9 700 000

利润分配——未分配利润 1 900 000

第三节 破产清算会计

破产是在债务人不能清偿到期债务，并且资产不足以清偿全部债务或者明显缺乏清偿能力的情况下，由法院主持强制执行其全部财产，公平清偿全体债权人的法律制度，目的在于通过破产程序使全体债权人公平受偿，保护债权人的合法权益。

一、破产清算的程序

（一）破产申请的提出与受理

破产申请的提出和受理标志着破产程序的开始。按照我国《破产法》的规定，破产申请可以由债权人提出，也可以由债务人提出，具体包括以下三种情形。

（1）企业法人不能清偿到期债务，并且资产不足以清偿全部债务或者明显缺乏清偿能力的，债务人可以向人民法院提出重整、和解或者破产清算申请。

（2）债务人不能清偿到期债务，债权人可以向人民法院提出对债务人进行重整或者破产清算的申请。

（3）企业法人已解散但未清算或者未清算完毕，资产不足以清偿债务的，依法负有清算责任的人应当向人民法院申请破产清算。

债权人提出破产申请的，人民法院应当自收到申请之日起5日内通知债务人。债务人对申请有异议的，应当自收到人民法院的通知之日起7日内向人民法院提出。人民法院应当自异议期满之日起10日内裁定是否受理。除上述情形外，人民法院应当自收到破产申请之日起15日内裁定是否受理。若存在特殊情况需要延长前述规定的裁定受理期限的，经上一级人民法院批准，可以延长15日。

人民法院受理破产申请的，应当自裁定做出之日起5日内送达申请人。债权人提出申请的，人民法院应当自裁定做出之日起5日内送达债务人。债务人应当自裁定送达之日起15日内，向人民法院提交财产状况说明、债务清册、债权清册、有关财务会计报告及职工工资的支付和社会保险费用的缴纳情况。人民法院应当自裁定受理破产申请之日起25日内通知已知债权人，并予以公告。

人民法院裁定不受理破产申请的，应当自裁定做出之日起5日内送达申请人并说明理由。申请人对裁定不服的，可以自裁定送达之日起10日内向上一级人民法院提起上诉。

（二）指定管理人

人民法院裁定受理破产申请的，应当同时指定管理人，由管理人负责处理破产清算事宜。债权人会议认为管理人不能依法、公正执行职务或者有其他不能胜任职务情形的，可以申请人民法院予以更换。管理人没有正当理由不得辞去职务，管理人辞去职务应当经人民法院许可。

管理人可以由有关部门、机构的人员组成的清算组或者依法设立的律师事务所、会计师事务所、破产清算事务所等社会中介机构担任。管理人应当勤勉尽责，认真履行法定职责。

（三）债权申报

人民法院受理破产申请后，应当确定债权人申报债权的期限。债权申报期限自人民法院发布受理破产申请公告之日起计算，最短不得少于 30 日，最长不得超过 3 个月。

债权人应当在人民法院确定的债权申报期限内向管理人申报债权。在人民法院确定的债权申报期限内，债权人未申报债权的，可以在破产财产最后分配前补充申报；但是，此前已进行的分配不再对其补充分配。管理人收到债权申报材料后应当登记造册，对申报的债权进行审查后编制债权表，并提交第一次债权人会议核查。

（四）召开债权人会议

人民法院受理破产申请后应召开债权人会议。债权人会议由依法申报债权的债权人组成，债权人会议成员享有表决权，但有财产担保的债权人未放弃优先受偿权利的，对通过和解协议和通过破产财产的分配方案的事项不享有表决权。

债权人会议设主席一人，由人民法院在有表决权的债权人中指定，债权人会议主席主持债权人会议。第一次债权人会议由人民法院召集，自债权申报期限届满之日起 15 日内召开。以后的债权人会议，在人民法院认为必要时，或者管理人、债权人委员会、占债权总额四分之一以上的债权人向债权人会议主席提议时召开。召开债权人会议，管理人应当提前 15 日通知已知的债权人。

（五）重整

依照《破产法》规定，债务人或者债权人可以直接向人民法院申请对债务人进行重整。债权人申请对债务人进行破产清算的，在人民法院受理破产申请后、宣告债务人破产前，债务人或者出资额占债务人注册资本十分之一以上的出资人，可以向人民法院申请重整。人民法院经审查认为重整申请符合《破产法》规定的，应当裁定债务人重整，并予以公告。

债务人或者管理人应当自人民法院裁定债务人重整之日起 6 个月内，同时向人民法院和债权人会议提交重整计划草案。人民法院应当自收到重整计划草案之日起 30 日内召开债权人会议，债权人依照债权分类，分组对重整计划草案进行表决，各表决组均通过重整计划草案时重整计划即为通过。重整计划通过之日起 10 日内，债务人或者管理人应当向人民法院提出批准重整计划的申请。人民法院经审查认为符合《破产法》规定的，应当自收到申请之日起 30 日内裁定批准，终止重整程序，并予以公告。人民法院裁定批准重整计划后，已接管财产和营业事务的管理人应当向债务人移交财产和营业事务，由债务人负责执行重整计划。债务人不能执行或者不执行重整计划的，人民法院经管理人或者利害关系人请求，应当裁定终止重整计划的执行，并宣告债务人破产。

（六）和解

依照《破产法》规定，债务人可以直接向人民法院申请和解，也可以在人民法院受理破产申请后、宣告债务人破产前，向人民法院申请和解。债务人申请和解，应当提出和解协议草案。

人民法院经审查认为和解申请符合《破产法》规定的，应当裁定和解，予以公告，并召集债权人会议讨论和解协议草案。债权人会议通过和解协议草案的，由人民法院裁定认可，终止破产程序，并予以公告。和解协议草案经债权人会议表决未获得通过，或者已经债权人会议通过但未获得人民法院认可的，人民法院应当裁定终止和解程序，并宣告债务人破产。

（七）破产宣告与清算

人民法院依法规定宣告债务人破产的，应当自裁定做出之日起 5 日内送达债务人和管理人，自裁定做出之日起 10 日内通知已知债权人，并予以公告。

债务人被宣告破产后，债务人财产称为破产财产，人民法院受理破产申请时对债务人享有的债权称为破产债权。管理人应当及时拟订破产财产变价方案，提交债权人会议讨论。变价出售破产财产应当通过拍卖进行，债权人会议另有决议的除外。

破产财产在优先清偿破产费用和共益债务后，依照下列顺序清偿：破产人所欠职工的工资和医疗、伤残补助、抚恤费用，所欠的应当划入职工个人账户的基本养老保险、基本医疗保险费用，以及法律、行政法规规定应当支付给职工的补偿金；破产人欠缴的除前项规定以外的社会保险费用和破产人所欠税款；普通破产债权。破产财产不足以清偿同一顺序的清偿要求的，按照比例分配。

（八）破产程序的终结

根据我国《破产法》的规定，破产程序的终结方式有三种情况：一是因和解、重整程序顺利完成而终结；二是因债务人的破产财产不足以清偿破产费用而终结；三是因破产财产分配完毕而终结。管理人应当自破产程序终结之日起 10 日内，持人民法院终结破产程序的裁定，向破产人的原登记机关办理注销登记。

二、破产清算会计事项

为规范企业破产清算的会计处理，向人民法院和债权人会议等提供企业破产清算期间的相关财务信息，根据《中华人民共和国会计法》《破产法》及其相关规定，财政部于 2016 年 12 月 20 日发布了《企业破产清算有关会计处理规定》，对经法院宣告破产处于破产清算期间的企业法人的会计处理做出了详细规定。

根据该规定，企业法人破产清算过程中的会计事项主要包括：设置会计账户，建立新的账户体系；结转破产宣告日账户余额；调整破产宣告日账户余额；进行财产清查，并编制清查后的财产盘点表和资产负债表；核算和监督破产财产的处置；核算和监督清算费用的支付；核算和监督破产财产的分配；编制清算会计报表。

三、破产清算会计的会计处理

（一）账户设置

经法院裁定破产企业的会计档案等财务资料由破产管理人接管的，破产管理人应当在企业被法院宣告破产后比照原有资产类、负债类会计账户，根据实际情况设置相关账户，并增设相关负债类、清算净值类和清算损益类等会计账户。破产企业还可以根据实际需要，在一级账户下自行设置明细账户。破产企业可根据具体情况予以增设、减少或合并相关账户。

1. 负债类账户

根据《企业破产清算有关会计处理规定》，破产清算企业应该设置"应付破产费用""应付共益债务"账户，其中"应付破产费用"账户核算破产企业在破产清算期间发生的《破产法》

规定的各类破产费用，"应付共益债务"账户核算破产企业在破产清算期间发生的《破产法》规定的各类共益债务。共益债务是指在人民法院受理破产申请后，为全体债权人的共同利益而管理、变卖和分配破产财产而负担的债务，主要包括因管理人或者债务人（破产企业）请求对方当事人履行双方均未履行完毕的合同所产生的债务、债务人财产受无因管理所产生的债务、因债务人不当得利所产生的债务、为债务人继续营业而应当支付的劳动报酬和社会保险费用及由此产生的其他债务、管理人或者相关人员执行职务致人损害所产生的债务，以及债务人财产致人损害所产生的债务。

2. 清算净值类账户

根据《企业破产清算有关会计处理规定》，破产清算企业应该设置"清算净值"账户核算破产企业在破产报表日结转的清算净损益账户余额。破产企业资产与负债的差额，也在本账户核算。

3. 清算损益类账户

根据《企业破产清算有关会计处理规定》，破产清算企业应该设置的清算损益类账户和核算内容具体如下。

（1）"资产处置净损益"账户：核算破产企业在破产清算期间处置破产资产产生的、扣除相关处置费用后的净损益。

（2）"债务清偿净损益"账户：核算破产企业在破产清算期间清偿债务产生的净损益。

（3）"破产资产和负债净值变动净损益"账户：核算破产企业在破产清算期间按照破产资产清算净值调整资产账面价值，以及按照破产债务清偿价值调整负债账面价值产生的净损益。

（4）"其他收益"账户：核算除资产处置、债务清偿以外，在破产清算期间发生的其他收益。

（5）"破产费用"账户：核算破产企业破产清算期间发生的《破产法》规定的各项破产费用，主要包括破产案件的诉讼费用，管理、变价和分配债务人资产的费用，管理人执行职务的费用、报酬和聘用工作人员的费用等，应按发生的各项费用设置明细账户。

（6）"共益债务支出"账户：核算破产企业破产清算期间发生的《破产法》规定的共益债务相关的各项支出。

（7）"其他费用"账户：核算破产企业破产清算期间发生的除破产费用和共益债务支出之外的各项其他费用。

（8）"所得税费用"账户：核算破产企业破产清算期间发生的企业所得税费用。

（9）"清算净损益"账户：核算破产企业破产清算期间结转的上述各类清算损益类账户余额。

（二）账务处理

1. 破产宣告日余额结转

根据《企业破产清算有关会计处理规定》，人民法院宣告企业破产时应当根据破产企业移交的账户余额表，将部分会计账户的相关余额转入以下新账户，并编制新的账户余额表，具体如下。

（1）原"应付账款""其他应付款"等账户中属于《破产法》所规定的破产费用的余额，转入"应付破产费用"账户。

（2）原"应付账款""其他应付款"等账户中属于《破产法》所规定的共益债务的余额，转入"应付共益债务"账户。

（3）原"商誉""长期待摊费用""递延所得税资产""递延所得税负债""递延收益""股本""资本公积""盈余公积""其他综合收益""未分配利润"等账户的余额，转入"清算净值"账户。

2. 破产宣告日余额调整

根据《企业破产清算有关会计处理规定》，破产企业会计确认、计量和报告以非持续经营为前提，破产企业被法院宣告破产的，应当按照破产资产清算净值对破产宣告日的资产进行初始确认计量，按照破产债务清偿价值对破产宣告日的负债进行初始确认计量，相关差额直接计入清算净值。因此，破产企业应该在破产宣告日对有关资产类和负债类账户余额进行调整。

（1）资产类账户余额的调整：破产企业应当对拥有的各类资产（包括原账面价值为0的已提足折旧的固定资产、已摊销完毕的无形资产等）登记造册，估计其破产资产清算净值，按照其破产资产清算净值对各资产类账户余额进行调整，并相应调整"清算净值"账户余额。破产资产清算净值是指在破产清算的特定环境下和规定时限内，最可能的变现价值扣除相关的处置税费后的净额。最可能的变现价值应当为公开拍卖的变现价值，但是债权人会议另有决议或国家规定不能拍卖或限制转让的资产除外；债权人会议另有决议的，最可能的变现价值应当为其决议的处置方式下的变现价值；按照国家规定不能拍卖或限制转让的，应当将按照国家规定的方式处理后的所得作为变现价值。

（2）负债类账户余额的调整：破产企业应当对各类负债进行核查，按照破产债务清偿价值计量。破产债务清偿价值是指在不考虑破产企业的实际清偿能力和折现等因素的情况下，破产企业按照相关法律规定或合同约定应当偿付的金额。

3. 处置破产资产

根据《企业破产清算有关会计处理规定》，破产清算期间发生资产处置的，破产企业应当终止确认相关被处置资产，并将处置所得金额与被处置资产的账面价值的差额扣除直接相关的处置费用后，计入资产处置净损益。

（1）收回应收票据、应收款项类债权、应收款项类投资，按照收回的款项，借记"库存现金""银行存款"等账户；按照应收款项类债权或应收款项类投资的账面价值，贷记相关资产类账户；按其差额，借记或贷记"资产处置净损益"账户。

（2）出售各类投资，按照收到的款项，借记"库存现金""银行存款"等账户；按照相关投资的账面价值，贷记相关资产类账户；按其差额，借记或贷记"资产处置净损益"账户。

（3）出售存货、投资性房地产、固定资产及在建工程等实物资产，按照收到的款项，借记"库存现金""银行存款"等账户；按照实物资产的账面价值，贷记相关资产类账户，按应当缴纳的税费贷记"应交税费"账户；按上述各科目发生额的差额，借记或贷记"资产处置净损益"账户。

（4）出售无形资产，按照收到的款项，借记"库存现金""银行存款"等账户；按照无形资产的账面价值，贷记"无形资产"账户，按应当缴纳的税费贷记"应交税费"账户；按上述各账户发生额的差额，借记或贷记"资产处置净损益"账户。

（5）划拨土地使用权被国家收回，国家给予一定补偿的，按照收到的补偿金额，借记"库存现金""银行存款"等账户；贷记"其他收益"账户。

（6）处置破产资产发生的各类评估、变价、拍卖等费用，按照发生的金额，借记"破产费用"账户；贷记"库存现金""银行存款""应付破产费用"等账户。

4. 清偿债务

根据《企业破产清算有关会计处理规定》，破产清算期间发生债务清偿的，破产企业应当按照偿付金额，终止确认相应部分的负债。在偿付义务完全解除时，破产企业应当终止确认该负债的剩余账面价值，同时确认清算损益。

（1）清偿破产费用和共益债务，按照相关已确认负债的账面价值，借记"应付破产费用""应付共益债务"等账户；按照实际支付的金额，贷记"库存现金""银行存款"等账户；按其差额，借记或贷记"破产费用""共益债务支出"账户。

（2）按照经批准的职工安置方案，支付的所欠职工的工资和医疗、伤残补助、抚恤费用，应当划入职工个人账户的基本养老保险、基本医疗保险费用和其他社会保险费用，以及法律、行政法规规定应当支付给职工的补偿金，按照相关账面价值借记"应付职工薪酬"等账户；按照实际支付的金额，贷记"库存现金""银行存款"等账户；按其差额，借记或贷记"债务清偿净损益"账户。

（3）支付所欠税款，按照相关账面价值，借记"应交税费"等账户；按照实际支付的金额，贷记"库存现金""银行存款"等账户；按其差额，借记或贷记"债务清偿净损益"账户。

（4）清偿破产债务，按照实际支付的金额，借记相关负债类账户，贷记"库存现金""银行存款"等账户。破产企业以非货币性资产清偿债务的，按照清偿的价值借记相关负债类账户；按照非货币性资产的账面价值，贷记相关资产类账户；按其差额，借记或贷记"债务清偿净损益"账户。债权人依法行使抵销权的，按照经法院确认的抵销金额，借记相关负债类账户；贷记相关资产类账户；按其差额，借记或贷记"债务清偿净损益"账户。

5. 其他账务处理

除上述基本账务处理外，破产企业在破产清算期间还有可能发生的业务及账务处理如下。

（1）破产清算期间通过清查、盘点等方式取得的未入账资产，应当按照取得日的破产资产清算净值，借记相关资产类账户；贷记"其他收益"账户。

（2）破产清算期间通过债权人申报发现的未入账债务，应当按照破产债务清偿价值确定计量金额，借记"其他费用"账户；贷记相关负债类账户。

（3）编制破产清算期间的财务报表时，应当对所有资产类项目按其于破产报表日的破产资产清算净值重新计量，借记或贷记相关资产类账户，贷记或借记"破产资产和负债净值变动净损益"账户；应当对所有负债类项目按照破产债务清偿价值重新计量，借记或贷记相关负债类账户，贷记或借记"破产资产和负债净值变动净损益"账户。

（4）破产清算期间作为买入方继续履行尚未履行完毕的合同的，按照收到资产的破产资产清算净值，借记相关资产类账户，按照相应的增值税进项税额，借记"应交税费"账户；按照应支付或已支付的款项，贷记"库存现金"、"银行存款"、"应付共益债务"或"预付款项"等账户；按照上述各账户的差额，借记"其他费用"或贷记"其他收益"账户。企业作为卖出方继续履行尚未履行完毕的合同的，按照应收或已收的金额，借记"库存现金""银行存款""应收账款"等账户；按照转让的资产账面价值，贷记相关资产类账户，按照应缴纳相关税费，贷记"应交税费"账户；按照上述各科目的差额，借记"其他费用"账户或贷记"其他收益"账户。

（5）破产企业发生《破产法》第四章相关事实，破产管理人依法追回相关破产资产的，按照追回资产的破产资产清算净值，借记相关资产类账户；贷记"其他收益"账户。

（6）收到的利息、股利、租金等孳息，借记"库存现金""银行存款"等账户；贷记"其他收益"账户。

（7）破产清算终结日，剩余破产债务不再清偿的，按照其账面价值，借记相关负债类账户；贷记"其他收益"账户。

（8）编制破产清算期间的财务报表时有已实现的应纳税所得额的，考虑可以抵扣的金额后，应当据此提存应交所得税，借记"所得税费用"账户；贷记"应交税费"账户。

（9）编制破产清算期间的财务报表时，应当将"资产处置净损益""债务清偿净损益""破产资产和负债净值变动净损益""其他收益""破产费用""共益债务支出""其他费用""所得税费用"账户余额结转至"清算净损益"账户，并将"清算净损益"账户余额转入"清算净值"账户。

（三）清算财务报告的列报

根据《企业破产清算有关会计处理规定》，破产企业应当编制清算财务报表，向人民法院、债权人会议等报表使用者反映破产企业在破产清算过程中的财务状况、清算损益、现金流量变动和债务偿付状况。

破产企业的财务报表包括清算资产负债表、清算损益表、清算现金流量表、债务清偿表及相关附注。人民法院宣告企业破产的，破产企业应当以破产宣告日为破产报表日编制清算资产负债表及相关附注。人民法院或债权人会议等要求提供清算财务报表的，破产企业应当根据其要求提供清算财务报表的时点确定破产报表日，编制清算资产负债表、清算损益表、清算现金流量表、债务清偿表及相关附注。向人民法院申请裁定破产终结的，破产企业应当编制清算损益表、债务清偿表及相关附注。

1. 清算资产负债表及其附注

清算资产负债表反映破产企业在破产报表日破产资产的清算净值，以及负债的破产债务清偿净值。资产类项目和负债类项目的差额在清算资产负债表中作为清算净值列示。

清算资产负债表具体格式如表 10-5 所示。

表 10-5　清算资产负债表

会清 01 表

编制单位：××企业　　　　　　　　　　　__年__月__日　　　　　　　　　　　单位：元

资产	行次	期末数	负债及清算净值	行次	期末数
货币资金			负债：		
应收票据			借款		
应收账款			应付票据		
其他应收款			应付账款		
预付款项			预收款项		
存货			其他应收款		
金融资产投资			应付债券		
长期股权投资			应付破产费用		

续表

资产	行次	期末数	负债及清算净值	行次	期末数
投资性房地产			应付共益债务		
固定资产			应付职工薪酬		
在建工程			应交税费		
无形资产			……		
……			负债合计		
			清算净值：		
			清算净值		
资产总计			负债及清算净值总计		

清算资产负债表列示的项目不区分流动性和非流动性。其中，"应收账款"或"其他应收款"项目应分别根据"应收账款""其他应收款"的账户余额填列，"长期应收款"账户余额应根据上述两项目分析填列；"借款"项目应根据"短期借款"和"长期借款"账户余额合计数填列；"应付账款""其他应付款"项目应分别根据"应付账款""其他应付款"的账户余额填列，"长期应付款"账户余额应根据上述两项目分析填列；"金融资产投资"项目应根据"以公允价值计量且其变动计入当期损益的金融资产""持有至到期投资"和"可供出售金融资产"的账户余额合计数填列；"清算净值"项目反映破产企业于破产报表日的清算净值，根据"清算净值"账户余额填列。

破产企业应当在清算资产负债表附注中，披露以下信息：区分是否用作担保，分别披露破产资产的明细信息；依法追回的账外资产、取回的质物和留置物等明细信息，如追回或取回有关资产的时间、有关资产的名称、破产资产清算净值等；经法院确认及未经法院确认的债务的明细信息，如债务项目名称及有关金额等；应付职工薪酬的明细信息，如所欠职工的工资和医疗、伤残补助、抚恤费用，所欠的应当划入职工个人账户的基本养老保险、基本医疗保险费用，以及法律、行政法规规定应当支付给职工的补偿金。

2. 清算损益表及其附注

清算损益表反映破产企业在破产清算期间发生的各项收益、费用。清算损益表至少应当单独列示反映下列信息的项目：资产处置净收益（损失）、债务清偿净收益（损失）、破产资产和负债净值变动净收益（损失）、破产费用、共益债务支出、其他费用所得税费用等。

清算损益表具体格式如表 10-6 所示。

表 10-6　清算损益表

会清 02 表

编制单位：××企业　　　　　__年__月__日至 __年__月__日　　　　　单位：元

项目	行次	本期数	累计数
一、清算收益（清算损失以"-"号表示）			
（一）资产处置净收益（净损失以"-"号表示）			
（二）债务清偿净收益（净损失以"-"号表示）			
（三）破产资产和负债净值变动净收益（净损失以"-"号表示）			
（四）其他收益			
小计			

项目	行次	本期数	累计数
二、清算费用			
（一）破产费用（以"–"号表示）			
（二）共益债务支出（以"–"号表示）			
（三）其他费用（以"–"号表示）			
（四）所得税费用（以"–"号表示）			
小计			
三、清算净收益（清算净损失以"–"号表示）			

清算损益表中的本期数反映破产企业从上一破产报表日至本破产报表日期间有关项目的发生额，累计数反映破产企业从被法院宣告破产之日至本破产报表日期间有关项目的发生额。"资产处置净收益"项目根据"资产处置净损益"账户的发生额填列，如为净损失则以"–"号表示。"债务清偿净收益"项目根据"债务清偿净损益"账户的发生额填列，如为净损失则以"–"号表示。"破产资产和负债净值变动净收益"项目根据"破产资产和负债净值变动净损益"账户的发生额填列，如为净损失则以"–"号表示。"清算净收益"项目根据"清算净损益"账户的发生额填列，如为清算净损失则以"–"号表示。"清算净收益"项目金额应当为清算收益与清算费用之和。

破产企业应当在清算损益表附注中披露如下信息：资产处置损益的明细信息，包括资产性质、处置收入、处置费用及处置净收益；破产费用的明细信息，包括费用性质、金额等；共益债务支出的明细信息，包括具体项目、金额等。

3. 清算现金流量表及其附注

清算现金流量表反映破产企业在破产清算期间货币资金余额的变动情况。清算现金流量表应当采用直接法编制，至少应当单独列示反映下列信息的项目：处置资产收到的现金净额、清偿债务支付的现金、支付破产费用的现金、支付共益债务的现金、支付所得税费用的现金等。

清算现金流量表具体格式如表 10-7 所示。

表 10-7　清算现金流量表

会清 03 表

编制单位：××企业　　　　　　　　　__年__月__日至__年__月__口　　　　　　　　　单位：元

项目	行次	本期数	累计数
一、期初货币资金余额			
二、清算现金流入			
（一）处置资产收到的现金净额			
（二）收到的其他现金			
清算现金流入小计			
三、清算现金流出			
（一）清偿债务支付的现金			
（二）支付破产费用的现金			
（三）支付共益债务的现金			
（四）支付所得税费用的现金			
（五）支付的其他现金			
清算现金流出小计			
四、期末货币资金余额			

清算现金流量表应当根据货币资金账户的变动额分析填列。本期数反映破产企业从上一破产报表日至本破产报表日期间有关项目的发生额，累计数反映破产企业从被法院宣告破产之日至本破产报表日期间有关项目的发生额。

破产企业应当在清算现金流量表附注中披露期末货币资金账户余额中已经提存用于向特定债权人分配或向国家缴纳税款的金额。

4. 债务清偿表及其附注

债务清偿表反映破产企业在破产清算期间发生的债务清偿情况。债务清偿表应当根据《破产法》规定的债务清偿顺序，按照各项债务的明细单独列示。债务清偿表中列示的各项债务至少应当反映经法院确认的债务金额、清偿比例、实际清偿金额、已清偿金额、尚未清偿金额等信息。

债务清偿表具体格式如表 10-8 所示。

表 10-8 债务清偿表

会清 04 表

编制单位：××企业　　　　　　　　　　__年__月__日　　　　　　　　　　单位：元

债务项目	行次	期末数	经法院确认的债务金额	清偿比例	实际清偿金额	已清偿金额	尚未清偿金额
		①	②	③	④=②×③	⑤	⑥=④-⑤
有担保的债务：							
××银行							
××企业							
……							
小计							
普通债务：							
第一顺序：劳动债务							
其中：应付职工薪酬							
……							
……							
第二顺序：国家税款债务							
其中：应交税费							
……							
……							
第三顺序：普通债务							
其中：借款							
——××银行							
——××企业							
应付债务工具							
——××银行							
——××企业							
应付票据							
应付账款							
——××银行							

续表

债务项目	行次	期末数	经法院确认的债务金额	清偿比例	实际清偿金额	已清偿金额	尚未清偿金额
——××企业							
小计							
合计							

债务清偿表应按有担保的债务和普通债务分类设项。期末数为负债按照破产债务清偿价值确定的金额。经法院确认的债务金额为经债权人申报并由法院确认的金额；未经确认的债务，无须填写该金额。清偿比例为根据《破产法》的规定，当破产资产不足以清偿同一顺序的清偿要求时，按比例进行分配时所采用的比例。

四、破产清算会计处理综合案例

【例 10-2】××公司由于经营管理不善，连年亏损导致资不抵债，经股东大会讨论决定申请破产，人民法院于 2021 年 4 月 25 日裁定进行破产清算。清算期限为 2021 年 5 月 1 日至 10 月 31 日。

2021 年 5 月 15 日，经过财产清查的必要手续后，该公司编制的资产负债表（简表）如表 10-9 所示。

表 10-9 资产负债表（简表）

编制单位：××公司　　　　　　　　　2021 年 05 月 15 日　　　　　　　　　单位：万元

资产	金额	负债和所有者权益	金额
货币资金	5 000	短期借款	10 000
交易性金融资产	14 000	应付账款	120 000
应收账款	55 000	应付票据	60 000
存货	95 000	应付职工薪酬	31 000
长期待摊费用	6 000	应交税费	5 000
固定资产	120 000	其他应付款	14 000
无形资产	15 000	长期借款	80 000
		股本	200 000
		资本公积	120 000
		盈余公积	80 000
		未分配利润	-410 000
资产总计	310 000	负债和所有者权益总计	310 000

此外，该公司还按照规定编制了自年初起至破产日的利润表、账户余额表等，在人民法院指定破产管理人后向管理人办理了会计档案移交手续（由于破产企业在破产日前的会计处理和会计报表编制与持续经营条件下的相同，故此不再赘述和列示）。

清算过程中发生的事项具体如下。

（1）破产宣告日，该公司经过分析认为应付账款中有 30 000 万元、其他应付账款中有 2 000 万元属于共益债务；应收账款预计能够收回 50 000 万元，存货预计变现净值为 90 000 万元，固定资产包括设备和房屋，其中设备预计变现净值为 10 000 万元，房屋预计变现净值为 100 000 万元；无形资产为一项专利技术，由于其性质特殊，只能为该公司所用，预计无法转让变现。

（2）确认公司职工遣散安置费 20 000 万元。

（3）实物资产出售变现情况如下：存货全部出售获得价款 86 000 万元（不含增值税），增值税税率为 13%，款项已收存银行；设备变现净值 8 000 万元（不含增值税），增值税税率为 13%，款项已收存银行；房屋变现净值 110 000 万元（不含增值税），增值税税率为 13%，款项已收存银行。

（4）出售交易性资产获得银行存款 15 000 万元。

（5）收回应收账款 48 000 万元，剩余 2 000 万元无法收回。

（6）支付清算期间管理人薪酬 300 万元，诉讼费 100 万元，审计评估费 50 万元，同时支付财产保管费 16 万元，设备设施维护费 34 万元。

（7）发生其他共益债务 500 万元。

（8）用银行存款支付共益债务。

（9）其他情况：借款中的 20 000 万元为建设银行的担保借款，应付票据中应付甲公司的票据 30 000 万元为担保债权。其余借款、应付账款均为普通债务。

根据上述资料，企业清算过程的账务处理如下。

（一）破产宣告日余额结转

（1）结转部分应付账款、其他应付款至共益债务的会计处理：

借：应付账款	30 000
其他应付款	2 000
贷：应付共益债务	32 000

（2）将所有者权益类项目账户余额转入清算净值的会计处理：

借：股本	200 000
资本公积	120 000
盈余公积	80 000
清算净值	10 000
贷：利润分配——未分配利润	410 000

（二）破产宣告日余额调整

（1）按照资产清算净值对破产宣告日的资产余额进行调整的会计处理：

借：破产资产和破产负债净值变动净损益	35 000
贷：存货	5 000
应收账款	5 000
固定资产	10 000
无形资产	15 000

（2）将长期待摊费用转入破产资产和破产负债净值变动净损益的会计处理：

| 借：破产资产和破产负债净值变动净损益 | 6 000 |
| 　　贷：长期待摊费用 | 6 000 |

（3）将破产资产和破产负债净值变动净损益转入清算净值的会计处理：

借：清算净值　　　　　　　　　　　　　　　　　　　　41 000

　　贷：破产资产和破产负债净值变动净损益　　　　　　　41 000

（三）编制清算资产负债表

清算资产负债表如表 10-10 所示。

表 10-10　清算资产负债表

会清 01 表

编制单位：××公司　　　　　　　　2021 年 05 月 15 日　　　　　　　　单位：万元

资产	金额	负债和所有者权益	金额
货币资金	5 000	借款	90 000
金融资产投资	14 000	应付账款	90 000
应收账款	50 000	应付票据	60 000
存货	90 000	应付职工薪酬	31 000
固定资产	110 000	应交税费	5 000
		其他应付款	12 000
		应付共益债务	32 000
		负债合计	320 000
		清算净值：	−51 000
		清算净值	−51 000
资产总计	269 000	负债和所有者权益总计	269 000

（四）资产变现、清算业务的会计处理

（1）确认职工遣散费的会计处理：

借：其他费用　　　　　　　　　　　　　　　　　　　20 000

　　贷：应付职工薪酬　　　　　　　　　　　　　　　　20 000

（2）出售存货，款项收存银行的会计处理：

借：银行存款　　　　　　　　　　　　　　　　　　　97 180

　　资产处置净损益　　　　　　　　　　　　　　　　　4 000

　　贷：库存商品　　　　　　　　　　　　　　　　　　90 000

　　　　应交税费　　　　　　　　　　　　　　　　　　11 180

（3）出售设备，款项收存银行的会计处理：

借：银行存款　　　　　　　　　　　　　　　　　　　9 040

　　资产处置净损益　　　　　　　　　　　　　　　　　2 000

　　贷：固定资产——设备　　　　　　　　　　　　　　10 000

　　　　应交税费　　　　　　　　　　　　　　　　　　1 040

（4）出售房屋，款项收存银行的会计处理：

借：银行存款　　　　　　　　　　　　　　　　　　　124 300

　　贷：固定资产——房屋　　　　　　　　　　　　　　100 000

　　　　应交税费　　　　　　　　　　　　　　　　　　14 300

资产处置净损益	10 000

（5）处置交易性金融资产，款项收存银行的会计处理：

借：银行存款	15 000
贷：金融资产投资	14 000
资产处置净损益	1 000

（6）收回应收账款的会计处理：

借：银行存款	48 000
资产处置净损益	2 000
贷：应收账款	50 000

（7）支付清算期间管理人薪酬、诉讼费、审计评估费、财产保管费、设备设施维护费的会计处理：

借：其他费用	50
破产费用	450
贷：银行存款	500

（8）确认其他共益债务的会计处理：

借：共益债务支出	500
贷：应付共益债务	500

（9）以银行存款支付共益债务的会计处理：

借：应付共益债务	32 500
贷：银行存款	32 500

（10）以银行存款支付建设银行担保借款和甲公司的担保票据的会计处理：

借：借款——建设银行	20 000
应付票据——甲公司	30 000
贷：银行存款	50 000

（11）支付职工薪酬的会计处理：

借：应付职工薪酬	51 000
贷：银行存款	51 000

（12）缴纳税费的会计处理：

借：应交税费	31 520
贷：银行存款	31 520

（13）偿还债务的会计处理：

该公司资产变现完毕后共有货币资金 298 520 万元，优先支付清算期间管理人薪酬、诉讼费、审计评估费、财产保管费、设备设施维护费，偿还共益债务、建设银行担保借款和甲公司的担保票据，支付职工薪酬，缴纳税费等优先债务 165 520 万元，剩余货币资金 133 000 万元。

该公司目前尚未偿还的普通债务包括：借款 70 000 万元、应付账款 90 000 万元、其他应付款 12 000 万元，应付票据 30 000 万元，共计 202 000 万元。

清偿比例=133 000÷202 000×100%≈65.84%

借：借款 70 000
　　应付账款 90 000
　　其他应付款 12 000
　　应付票据 30 000
　　　贷：银行存款 133 000
　　　　债务清偿净损益 69 000

（14）将清算期间的资产处置净损益、债务清偿净损益、破产费用、其他费用、共益债务支出结转至清算净损益的会计处理：

借：债务清偿净损益 69 000
　　　贷：清算净损益 69 000
借：清算净损益 17 500
　　资产处置净损益 3 000
　　　贷：破产费用 450
　　　　其他费用 20 050
借：清算净损益 500
　　　贷：共益债务支出 500

（15）将清算净损益结转至清算净值的会计处理：

借：清算净损益 51 000
　　　贷：清算净值 51 000

（五）编制清算损益表、清算现金流量表、债务清偿表

假定破产程序终结时间为 2021 年 10 月 15 日，清算损益表、清算现金流量表、债务清偿表分别如表 10-11、表 10-12、表 10-13 所示。

表 10-11　清算损益表

会清 02 表

编制单位：××公司　　　　　2021 年 05 月 15 日至 2021 年 10 月 15 日　　　　　单位：万元

项目	行次	本期数	累计数
一、清算收益（清算损失以"–"号表示）	1		
（一）资产处置净收益（净损失以"–"号表示）	2	3 000	
（二）债务清偿净收益（净损失以"–"号表示）	3	69 000	
（三）破产资产和负债净值变动净收益（净损失以"–"号表示）	4	−41 000	
（四）其他收益	5		
小计	6	31000	
二、清算费用	7		
（一）破产费用（以"–"号表示）	8	−450	
（二）共益债务支出（以"–"号表示）	9	−32500	
（三）其他费用（以"–"号表示）	10	−20050	
（四）所得税费用（以"–"号表示）	11		
小计	12	−53000	
三、清算净收益（清算净损失以"–"号表示）	13	−22000	

表 10-12 清算现金流量表

会清 03 表

编制单位：××公司　　　　　　2021 年 05 月 15 日至 2021 年 10 月 15 日　　　　　　单位：万元

项目	行次	本期数	累计数
一、期初货币资金余额	1	5 000	
二、清算现金流入	2		
（一）处置资产收到的现金净额	3	293 520	
（二）收到的其他现金	4		
清算现金流入小计	5	293 520	
三、清算现金流出	6		
（一）清偿债务支付的现金	7	183 000	
（二）支付破产费用的现金	8	450	
（三）支付共益债务的现金	9	32 500	
（四）支付所得税费用的现金	10		
（五）支付的其他现金	11	82 570	
清算现金流出小计	12	298 520	
四、期末货币资金余额	13	0	

表 10-13 债务清偿表

会清 04 表

编制单位：××公司　　　　　　2021 年 10 月 15 日　　　　　　单位：万元

债务项目	行次	期末数	经法院确认债务的金额	清偿比例	实际清偿金额	已清偿金额	尚未清偿金额
		①	②	③	④＝②×③	⑤	⑥＝④-⑤
有担保的债务：	1						
建设银行	2	20 000	20 000	100%	20 000	20 000	0
甲企业	3	30 000	30 000	100%	30 000	30 000	0
……	4						
小计	5	50 000	50 000	100%	50 000	50 000	0
普通债务：	6						
第一顺序：劳动债务	7						
其中：应付职工薪酬	8	51 000	51 000	100%	51 000	51 000	0
……	9						
……	10						
第二顺序：国家税款债务	11						
其中：应交税费	12	31 520	31 520	100%	31 520	31 520	0
……	13						
……	14						
第三顺序：普通债务	15						
其中：借款	16						

续表

债务项目	行次	期末数	经法院确认债务的金额	清偿比例	实际清偿金额	已清偿金额	尚未清偿金额
——××银行	17	70 000	70 000	65.84%	46 089	46 089	0
——××企业	18						
应付债务工具	19						
——××银行	20						
——××企业	21						
应付票据	22	30 000	30 000	65.84%	19 753	19 753	0
应付账款	23						
——××银行	24						
——××企业	25	102 000	102 000	65.84%	67 158	67 158	0
小计	26	284 520	284 520		215 520	215 520	0
合计	27	334 520	334 520		265 520	265 520	0

注：表中显示的清偿比例 65.84%是四舍五入后的数据。为保持数据的准确性和逻辑上的一致性，在计算实际清偿金额和已清偿金额时采用的清偿比例=133 000÷202 000×100%，表中显示的结果为计算后四舍五入保留的整数。这样处理使得以偿还的借款、应付账款、应付票据和其他应付款刚好等于清算后的剩余现金 133 000 元。

破产财产分配完毕，由管理人提请人民法院终结破产程序。破产程序终结后，未得到清偿的债权不再清偿，除非破产企业出现：隐匿、私分或者无偿转让财产；非正常压价出售财产；对原来没有财产担保的债务提供财产担保；对未到期的债务提前清偿；放弃自己的债权。若破产企业有上述这些行为之一的，自破产程序终结之日起一年内被查出的，由人民法院追回财产，并按规定偿还债务人。

第四节　企业重组会计

一、企业重组的概念

企业重组是通过一定的法律程序改变企业的资本结构，合理解决所欠债权人的债务，以使企业摆脱面临的财务困难并继续经营的方式。

我国有关法规对企业重组尚无明确定义。美国颇有影响的《柯勒会计师词典》对此有三种解释：一是一家公司或集团公司财务结构发生重大变化，从而使股东和债权人的利益有所变更；二是管理人员的重大调整或变动；三是经营方针或生产方法或交易方法的重大变动。对照上述解释，企业收购兼并、国企改制、原集体所有制的乡镇企业改组为经营者控股经营的民营企业、企业因经营管理不善导致更换大股东和管理层等均属于企业重组行为。

企业重组与企业破产有许多相同之处，但也有本质区别。相同之处在于两者在法律程序上都受《破产法》的约束、必须向法院提出申请、由债务人指定或法院指定或债权人选举的受托人负责进行。区别在于，企业重组仍然是在持续经营假设的基础上进行的，企业重组的目的不是终止经营活动。

企业重组与债务重组既有联系又有区别。债务重组是企业重组的组成部分，是企业重组的重要内容，但从法律角度来看两者之间存在一定的区别。企业重组的涉及面较广，既涉及公司债权人，又涉及公司股东；而债务重组仅涉及部分债权人。因此，企业重组需得到公司大多数债权人的同意，债务重组只需经无财产担保债权人中的大多数人同意。

企业重组与资产重组也有区别。资产重组是指通过不同法人主体的法人财产权、出资人所有权及债权人会议进行的符合资本最大增值目的的相互调整与改变，是实业资本、金融资本、产权资本的重新组合。企业重组只是对一家企业的资本结构和债务关系进行重新调整。

二、企业重组的程序

（一）提出重组申请

重组之前，企业必须向人民法院提出申请。通常重组申请应满足一定的法定条件，我国尚未有明确规定。一般来说，企业向法院申请重组时必须阐明企业重组的必要性，以及不采用债务重组的原因。

（二）组成债权人委员会

人民法院批准企业重组申请后，将任命由企业无财产担保的债权人组成债权人委员会，由债权人委员会监督和参与企业重组过程。如果人民法院允许，企业管理当局可以继续控制企业资产并主持经营活动。一般情况下，人民法院可任命受托人来取代公司管理当局，行使管理当局的职权。

（三）制订重组计划

重组计划由行使管理职权的受托人或公司管理当局制订，提请人民法院审查批准。重组计划涉及债权人和股东的权益，因此重组计划必须对债务人对公司财产的保留、财产向其他主体的转移、债务人与其他主体的合并、财产的出售或分配、有价证券的发行或者现有证券的更换等事项做出明确规定。

（四）执行重组计划

企业重组计划经人民法院批准后，受托人应将其分发给所有涉及的债权人、股东，并由受托人负责实施。重组计划对企业本身、全体债权人和股东及根据计划发行有价证券取得企业财产的企业均有约束力。

三、企业重组会计处理综合案例

【例 10-3】××企业的基本资料如下。

（1）该企业 2021 年 3 月 31 日的资产负债表如表 10-14 所示。

表 10-14 资产负债表

编制单位：××企业　　　　　　　　　　2021 年 3 月 31 日　　　　　　　　　　单位：万元

资产	期末余额	负债和所有者权益	期末余额
流动资产		流动负债	
货币资金	3 000	短期借款	1 800
应收票据	4 000	应付票据	9 000

续表

资产	期末余额	负债和所有者权益	期末余额
应收账款	20 000	应付账款	35 000
存货	28 000	应付职工薪酬	400
流动资产合计	55 000	应交税费	300
固定资产	50 000	流动负债合计	46 500
长期待摊费用	2 000	长期借款	40 000
非流动资产合计	52 000	负债合计	86 500
		普通股	100 000
		资本公积	45 000
		盈余公积	25 000
		未分配利润	−149 500
		所有者权益合计	20 500
资产总计	107 000	负债和所有者权益总计	107 000

（2）企业重组情况如下。

2021 年 3 月 31 日，该企业在同债权人协商后决定向法院提出重组申请。重组计划经公司股东大会及全体无财产担保的债权人认可并经过法院批准，重组期限为 2021 年 4 月 1 日至 2021 年 6 月 30 日。

重组计划的主要内容如下。

① 将 1 500 万元现金存入托管人的银行账户，用以偿付有优先清偿权的债务（应付职工薪酬 400 万元、应交税费 300 万元）和支付重组费用。

② 修改公司的章程，向新股东 B 发行面值为 1 元的普通股 10 000 万股（每股市价 10 元），新发行的普通股将以 2∶1 的比例替换股东 A 持有的面值为 2 元的普通股 5 000 万股。

③ 将有账户担保应付票据中的 6 000 万元延期至 2022 年 6 月 30 日，并将票面利率由原来的 5% 提高至 6%。

④ 增发 300 万股新股（每股面值 1 元，市价 10 元）替换应付供应商的总额为 3 000 万元的无财产担保应付票据。

⑤ 经和债权人协商，将到期的无担保应付账款 15 000 万元更换为应付票据（利率为 6%），票据到期日为 2022 年 6 月 30 日。

⑥ 支付重组费用 500 万元。

企业重组账务处理如下。

（1）将托管现金存入托管人账户的会计处理：

借：托管现金　　　　　　　　　　　　　　　　　　　　　　　1 500
　　贷：银行存款　　　　　　　　　　　　　　　　　　　　　　　　　1 500

（2）托管人偿付有优先权负债的会计处理：

借：应付职工薪酬　　　　　　　　　　　　　　　　　　　　　　400
　　应交税费　　　　　　　　　　　　　　　　　　　　　　　　300
　　贷：托管现金　　　　　　　　　　　　　　　　　　　　　　　　　700

（3）增发新股，更换流通在外的普通股的会计处理：

借：股本——普通股（面值 1 元，A 股东）　　　　　　　　100 000

　　贷：股本——普通股（面值 2 元，B 股东）　　　　　　　　　　　10 000

　　　　资本公积——股本溢价　　　　　　　　　　　　　　　　　90 000

（4）有财产担保应付票据的延期的会计处理：

借：应付票据（利率 5%）　　　　　　　　　　　　　　　　6 000

　　贷：应付票据（利率 6%）　　　　　　　　　　　　　　　　　6 000

（5）发行新股更换无财产担保的应付票据的会计处理：

借：应付票据　　　　　　　　　　　　　　　　　　　　　3 000

　　贷：股本——普通股（面值 1 元）　　　　　　　　　　　　　300

　　　　资本公积——股本溢价　　　　　　　　　　　　　　　2 700

（6）用票据替代应付账款的会计处理：

借：应付账款（到期）　　　　　　　　　　　　　　　　　15 000

　　贷：应付票据（利率 6%）　　　　　　　　　　　　　　　　15 000

（7）支付重组费用的会计处理：

借：重组费用　　　　　　　　　　　　　　　　　　　　　500

　　贷：托管现金　　　　　　　　　　　　　　　　　　　　　　500

（8）结转重组损益的会计处理：

借：利润分配　　　　　　　　　　　　　　　　　　　　　500

　　贷：重组费用　　　　　　　　　　　　　　　　　　　　　　500

（9）将剩余托管现金从托管人账户转入企业的会计处理：

借：银行存款　　　　　　　　　　　　　　　　　　　　　300

　　贷：托管现金　　　　　　　　　　　　　　　　　　　　　　300

（10）编制重组后的资产负债表如表 10-15 所示。

表 10-15　资产负债表

编制单位：×企业　　　　　　　　　　2021 年 6 月 30 日　　　　　　　　　　单位：万元

资产	期末余额	负债和所有者权益	期末余额
流动资产		流动负债	
货币资金	1 800	短期借款	1 800
应收票据	4 000	应付票据	21 000
应收账款	20 000	应付账款	20 000
存货	28 000	流动负债合计	42 800
流动资产合计	53 800	长期借款	40 000
固定资产	50 000	负债合计	82 800
长期待摊费用	2 000	普通股（面值 1 元）	10 300
非流动资产合计	52 000	资本公积	137 700
		盈余公积	25 000
		未分配利润	-150 000
		所有者权益合计	23 000
资产总计	105 800	负债和所有者权益总计	105 800

本章小结

```
                          ┌── 清算会计概述 ──┬── 企业清算的原因
                          │                  ├── 企业清算的种类
                          │                  ├── 清算会计工作的内容
                          │                  └── 企业清算会计的特点
                          │
                          ├── 普通清算会计 ──┬── 普通清算的程序
  企                      │                  ├── 普通清算会计的处理内容与账户设置
  业                      │                  └── 普通清算会计处理综合案例
  清                      │
  算 ─────────────────────┤
  与                      ├── 破产清算会计 ──┬── 破产清算的程序
  重                      │                  ├── 破产清算会计事项
  组                      │                  ├── 破产清算会计的会计处理
  会                      │                  └── 破产清算会计处理综合案例
  计                      │
                          └── 企业重组会计 ──┬── 企业重组的概念
                                             ├── 企业重组的程序
                                             └── 企业重组会计处理综合案例
```

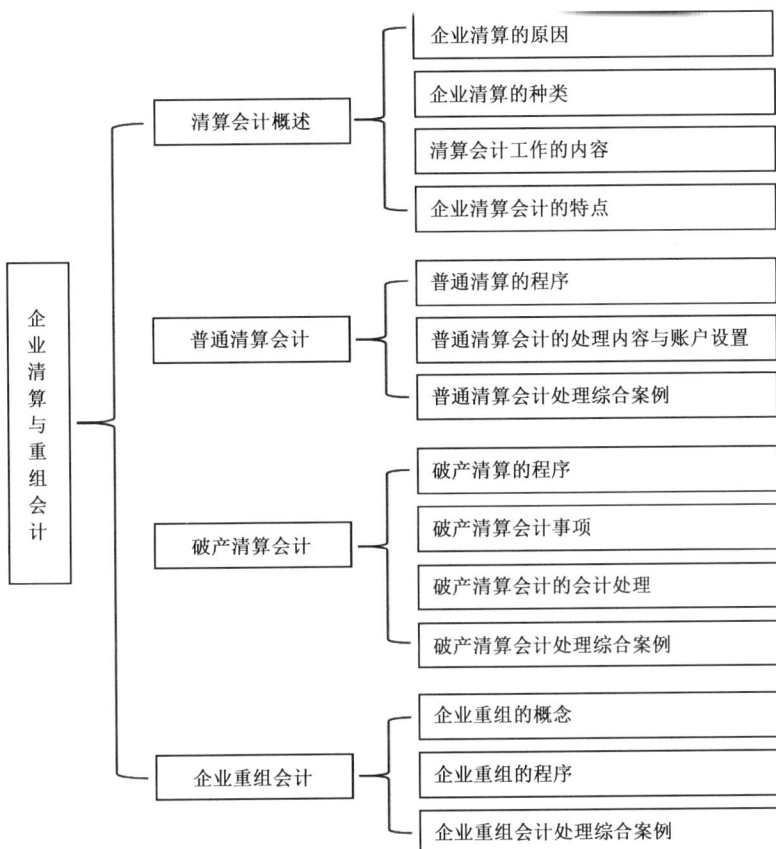

本章关键术语

非持续经营；普通清算；破产清算；清算会计；重组会计；清算损益

本章思考题

1. 什么是企业清算？有哪些种类？
2. 企业清算会计有什么特点？
3. 普通清算与破产清算的会计处理有什么区别？

本章练习题

习题一

某企业进行普通清算，如数收回应收账款 100 万元；变卖存货取得收入 113 万元（其中增值税为 13 万元），该批存货的账面价值为 150 万元；变卖一块土地的使用权取得收入 800 万元，该土地账面价值为 450 万元，应缴纳相关税费 60 万元；支付清算费用 20 万元。

请根据对上述清算会计事项进行相关的账务处理，并计算清算损益。

习题二

某企业因经营管理不善导致严重亏损，不能清偿到期债务，于 2021 年 5 月 5 日被人民法院宣告破产。法院指定管理人接管企业。

清算期间发生如下事项。

（1）确认职工遣散费 1 000 万元。

（2）管理人对该企业的财产清查结果如下：发现库存商品短缺 300 万元，注销无实际价值的商标权 600 万元，转销长期待摊费用 400 万元。

（3）管理人对应收债权的收回情况如下：收回应收账款 2 000 万元存入银行，应收账款账面价值为 2 200 万元；收回其他应收款 500 万元存入银行，其他应收款账面价值为 550 万元。

（4）管理人的资产处置活动：变卖各种原材料取得收入 1 800 万元（不含增值税，增值税税率为 13%），原材料账面价值为 2 000 万元；变卖库存商品取得收入 3 000 万元（不含增值税，增值税税率为 13%），库存商品账面价值为 2 800 万元；处置各项固定资产共计取得价款 5 000 万元，固定资产账面价值为 9 000 万元，累计折旧 2 000 万元；处置在建工程取得价款 1 000 万元，在建工程账面价值为 1 200 万元。

（5）支付清算期间管理人薪酬 200 万元、诉讼费 50 万元、审计评估费 50 万元。

（6）该企业优先支付所欠职工工资和各项税费、抵押债权后，由于剩余财产不足以清偿各项普通债务，该企业按照比例（60%）清偿各项普通债务，其中借款 5 000 万元，应付账款 3 000 万元，其他应付款 2 000 万元。

请根据上述资料编制该企业破产清算期间的相关会计分录。

第十一章
独资与合伙企业会计

学习目标

本章要求理解独资企业、合伙企业的概念及特征，独资企业、合伙企业的特点，掌握独资企业的账户设置、财务报告的种类与编制方法，以及合伙企业的设立与经营、合伙权益的变动、合伙企业的解散与清算、合伙企业的公司化重组等经济活动的基本内容。

思政课堂

党的十九大报告指出，深化国有企业改革，发展混合所有制经济，培育具有全球竞争力的世界一流企业。全面实施市场准入负面清单制度，清理废除妨碍统一市场和公平竞争的各种规定和做法，支持民营企业发展，激发各类市场主体活力。

中小型企业作为市场经济的主体，在我国社会经济生活中发挥着重要作用。于是，为了解决中小型企业组织形式单一的问题，我国政府愈发重视对独资企业与合伙企业发展的支持与鼓励。独资与合伙企业会计能够规范其会计核算，推动其健康发展。

引导案例

李某于 2021 年 5 月成立了一家个人独资企业。同年 8 月，该企业与甲公司签订了一份原材料的买卖合同，根据合同，该企业应于同年 10 月支付给甲公司一笔货款 10 万元，该企业一直未支付该款项。2022 年 1 月，由于受新冠肺炎疫情的冲击，李某的企业严重亏损，将仅有的 2 万元资产支付给甲公司后，该企业解散。若未来甲公司起诉李某，要求李某以个人财产偿还剩余的 8 万元债务。那么，李某是否应承担该偿还责任？

第一节　独资企业会计

一、独资企业概述

（一）独资企业的概念

独资企业是由一个自然人出资经营，出资者对企业债务承担无限责任的一种企业组织形式。

《中华人民共和国个人独资企业法》规定，个人独资企业是指在中国境内设立的，由一个自然人投资，财产为投资人个人所有，投资人以其个人财产对企业债务承担无限责任的经营实体。

（二）独资企业的特点

（1）独资企业的投资人是一个自然人，与国家主体和法人完全不同，也与两个以上合伙人出资设立的合伙企业有本质区别。

（2）由于独资企业与其投资人的民事人格不可分割，且投资人唯一，企业会因其死亡或不愿持续经营而进入清算环节。

（3）独资企业无须缴纳企业所得税，但投资者个人需要对所取得的生产经营所得上缴个人所得税。

（4）独资企业不是一个独立的法律个体，所有财产和负担的债务在法律上仍归投资人所有。由此，投资人对企业的全部财产和经营收益享有所有权和支配权，相应地对企业的债务也承担无限清偿责任。也就是说，企业资产一旦不足以偿还对外的债务，则由投资人用其在独资企业以外的个人财产继续偿还。但就会计角度，独资企业与业主本身是不同的会计主体，不能因为业主承担无限责任，而混淆企业与业主个人的财务处理。

（三）独资企业的优缺点

1. 独资企业的优点

首先，独资企业这种组织形式简单、易于设立，不需要具备较多的条件和办理复杂的手续，且不需要大量资本，即可向有关机构申请。其次，投资人的权利与利润不会分散。原因在于独资企业的经营管理权与决策权集中于投资人一人，他人无权分享利润也无义务负担债务。

2. 独资企业的缺点

首先，独资企业具有经营责任无限的缺点，即投资人负有无限清偿责任。投资人需要对企业全部债务承担全部清偿责任，而不以其出资或拥有的特定财产数额为限度。相较于普通组织形式的企业，投资人个人及家庭的投资风险远高于一般股东。这往往使投资人在经营上更趋于保守战略，缺乏开拓创新精神，终会限制自身发展，错失盈利机会。其次，独资企业的初始投资额度有限。由于独资企业投资人只有一人，其能出资的额度有限，这也限制了企业后续的发展规模及速度。最后，独资企业不易转让出售。独资企业的全部资产为投资人个人或家庭所拥有。当企业终止经营时，投资人如果想要将其转售出去，只有将资产全数卖给他人，或逐项出售，而不能像股份有限公司那样以股东直接出售股权的方式转让出售，加之独资企业的财产杂乱、陈旧，资产较难变现，所以独资企业很难转让出售。

（四）独资企业在我国的地位与作用

1988 年颁布的《中华人民共和国私营企业暂行条例》中以法律性质的政府行政条例形式确立了独资等私营企业在我国经济中的合法地位，个人独资企业至此成为国家认可的独立从事经济活动的企业组织形式。1999 年 8 月 30 日，《中华人民共和国个人独资企业法》的颁布重新定义了个人独资企业，补充完善了其设立、事务管理、解散与清算、法律责任等条款，为独资企业走向正轨奠定了法律基础。近年来，我国政府针对独资企业不断放宽经济政策，表明其已认识到独资企业的经营对我国经济发展的促进作用，并十分重视对独资企业发展的支持与鼓励。

个人独资企业在我国经济发展中起到了重要的作用。首先，在法律许可的范围内，向社会供给产品并为社会公众提供所需服务，丰富人们日益增长的物质、精神需求，繁荣经济，满足社会多样化需要。其次，独资企业的设立为我国的闲置劳动力提供了较丰富的就业机会，减轻了政府部门有关劳动力就业的压力，为社会稳定承担了企业应尽的责任。再次，独资企业的发展还能为我国财政提供数目可观的税收收入，从而对减轻财政负担有　定的积极作用。最后，独资企业设立程序简便，出资方式灵活，能够拓展投资渠道，广泛吸收社会资金。

二、独资企业的会计核算

独资企业的资产、负债、收入及费用的会计处理，与一般公司组织形式的企业的会计核算方式相似，区别主要在于有关所有者权益的会计处理。

（一）独资企业的权益账户

独资企业经营所需要的资本基本上来自唯一投资人，即业主的投资，对外举债只是少数。业主对独资企业的债务需要承担无限清偿责任，法律对业主个人投入资本或撤出资本没有过多限制，对独资企业的利润分配的限制也甚少。因此，独资企业的所有者权益类项目没有必要像普通公司那样进行详细分类。在独资企业的账簿中，不设置股本、留存收益和股利分配等账户，而是设置"业主资本"和"业主提款"账户。

1. "业主资本"账户

"业主资本"账户反映业主投资的增减变动情况。贷方反映业主的原始投资、增加的投资及由经营净收益转入的数额；借方反映业主提款的数额和由经营净损失转入的数额。该账户的期末余额在贷方，表示业主投资于独资企业资本的实存数额。

2. "业主提款"账户

"业主提款"账户反映独资企业暂时性的资本变化。借方反映业主提用独资企业的现金或其他资产；期末结账时，将"业主提款"账户的余额转入"业主资本"账户。业主提款虽然会使业主在独资企业的权益减少，但并非独资企业的费用，只表示独资企业的资产转移到业主个人。

（二）独资企业的结账程序

独资企业的资产、负债及收入和费用的会计处理，与一般公司组织形式的企业的会计核算方式相似，个同的主要是有关所有者权益类项目的会计处理。独资企业在期末结清各收入类与费用类账户的结账程序方面，与一般公司组织形式的企业基本相同，不同的只是独资企业的经营净收益或净损失不能转入"留存收益"账户，而应转入"业主资本"账户。

【例 11-1】2019 年 7 月 31 日，王先生创办了一家独资企业——荣辉餐饮企业。下面是其创办后至年末所发生的业务。

（1）7 月 31 日，王先生个人投资 200 000 元现金创办一个独资企业。

（2）8 月 2 日，用 50 000 元现金购入各种厨具及清洁用具。

（3）8 月 20 日，用现金支付材料采购费用 8 000 元。

（4）9 月 30 日，当月营业收入为 80 000 元。

（5）12 月 31 日，用现金支付员工薪资 36 000 元。

（6）12 月 31 日，计提用具设备等折旧 3 000 元。

（7）12 月 31 日，王先生提款 1 000 元以作私用。

分析：

（1）2019 年 7 月 31 日投资创办企业时的会计处理：

借：现金	200 000	
贷：业主资本		200 000

（2）8 月 2 日购买厨具及清洁用具时的会计处理：

借：固定资产	50 000	
贷：现金		50 000

（3）8 月 20 日采购材料时的会计处理：

借：原材料	8 000	
贷：现金		8 000

（4）9 月 30 日营业收入的会计处理：

借：现金	80 000	
贷：主营业务收入		80 000

（5）12 月 31 日支付员工薪资的会计处理：

借：销售费用	36 000	
贷：现金		36 000

（6）12 月 31 日计提用具设备等折旧的会计处理：

借：折旧费用	3 000	
贷：累计折旧		3 000

（7）12 月 31 日王先生提款的会计处理：

借：业主提款	1 000	
贷：现金		1 000

（8）12 月 31 日结清各收入类与费用类账户的会计处理：

借：主营业务收入	80 000	
贷：折旧费用		3 000
销售费用		36 000
业主资本		41 000

（9）12 月 31 日结清“业主提款”账户的会计处理：

借：业主资本	1 000	
贷：业主提款		1 000

三、独资企业的财务报告

独资企业定期编制的财务报告，可如实反映企业的财务状况和经营成果。业务较简单、生产经营规模较小的独资企业，可于每年年终编制年度报告；而业务较繁忙、生产经营规模较大的独资企业，则可编制月度报告、季度报告、年中报告，以及年度报告。独资企业财务报告与一般公司组织形式的企业的财务报告相比，有其不同之处：一般公司组织形式的企业的财务报告主要反映企业的财务状况和经营成果，并为企业外部与内部的报告使用者提供与其决策相关及对其决策有用的信息，因此企业通常应编制供报告使用者使用的中期及年度财务报告；而独资企业的财务报告主要是为满足业主、债权人和税务机关三类使用者的信息使用需求，因此一般不对外公开。

独资企业的财务报告主要包括资产负债表和利润表，以及业主资本表。至于是否编制现金流量表，应视独资企业的规模及管理需要而定。为了方便财务报告的编制，财务人员可以先编制工作底稿。

（一）独资企业的工作底稿

独资企业的工作底稿与一般公司组织形式的企业的工作底稿基本相同，唯一不同的是独资企业的工作底稿没有留存收益专栏。通常只使用利润表和资产负债表两个专栏或者再加上业主资本表专栏就可以完成独资企业的工作底稿，荣辉餐饮企业的工作底稿如表11-1所示。

表 11-1 荣辉餐饮企业的工作底稿

账户名称	试算表		利润表		业主资本表		资产负债表	
	借方	贷方	借方	贷方	借方	贷方	借方	贷方
现金	185 000						185 000	
原材料	8 000						8 000	
固定资产	50 000						50 000	
累计折旧		3 000						3 000
业主资本（期初数）		200 000				200 000		
业主提款	1 000				1 000			
主营业务收入		80 000		80 000				
销售费用	36 000		36 000					
折旧费用	3 000		3 000					
合计	283 000	283 000	39 000	80 000				
净收益			41 000			41 000		
合计								
业主资本（期末数）					240 000			240 000
合计							243 000	243 000

表11-1中，利润表专栏借贷方合计数之差即本期经营净收益或净损失，应列入利润表专栏的借方或贷方，以及业主资本表专栏的贷方或借方，以便计算出业主资本的期末余额，并同时将业主资本的期末余额列入业主资本表专栏的贷方和资产负债表专栏的贷方。最后汇总各个专栏的借方和贷方合计数，完成工作底稿的编制工作。

（二）独资企业的利润表

独资企业的利润表结构与一般公司组织形式的企业的利润表结构基本一致。独资企业的利润表不再细分主营业务、其他业务和营业外收支等项目，而是要统一计入营业收入、营业成本与营业费用项目中。根据表11-1编制的荣辉餐饮企业的利润表如表11-2所示。

表 11-2　荣辉餐饮企业的利润表

项目	金额/元
主营业务收入	80 000
减：营业费用	
销售费用	36 000
折旧费用	3 000
净收益	41 000

需要注意的是，表 11-2 没有列示所得税费用。从所得税的角度来看，独资企业不是一个独立存在的纳税主体。独资企业的业主应将其所有来自企业的经营所得或损失与来自其他方面的所得或损失合并申报个人所得税。

（三）独资企业的资产负债表

独资企业的资产负债表，除业主权益部分以外，与一般公司组织形式的企业的资产负债表基本一致。独资企业的资产负债表只要用一个总括的数字来列示业主的资本即可，不需要像一般公司那样分别列示股本和留存收益的数额。根据业主权理论，该权益表现为业主对独资企业的所有权，如果业主非常关心其资本及增减变动情况，也可编制业主资本增减明细表，以反映业主资本增减变动的原因及结果；如果独资企业的经营规模较大、业务比较复杂，还需编制现金流量表用以反映企业现金流量增减变动的情况。

因为对业主的投资或撤资没有严格的限制，除债权人外也没有其他优先求索权，再加上独资企业的业主对企业的债务承担无限责任，所以在独资企业的资产负债表上进一步区分所有者权益的各个项目没有意义。根据表 11-1 编制的荣辉餐饮企业的资产负债表如表 11-3 所示。

表 11-3　荣辉餐饮企业的资产负债表

项目	金额/元	项目	金额/元
现金	185 000	累计折旧	3 000
固定资产	50 000	业主资本	240 000
原材料	8 000		
合计	243 000	合计	243 000

（四）独资企业的业主资本表

独资企业一般不编制现金流量表。当业主非常重视其资本的增减变动时，需要编制一张反映业主权益变动的业主资本表。

根据表 11-1 编制的荣辉餐饮企业的业主资本表如表 11-4 所示。

表 11-4　荣辉餐饮企业的业主资本表

2019 年 12 月 31 日

项目	金额/元
业主资本（期初）	200 000
加：本期净收益	41 000
减：业主提款	1 000
业主资本（期末）	240 000

四、独资企业的解散与清算

（一）独资企业的解散

根据《中华人民共和国个人独资企业法》的规定，个人独资企业有下列情形之一时，应当解散。

（1）投资人决定解散。若个人独资企业属于季节性经营的，经营目的已实现；或者投资者无力经营又不愿雇请他人经营管理；或者经济状况和经营条件变得对投资人不利；或者经营规模扩大后需要建立有限责任公司或其他经营组织等，投资人可自行决定解散个人独资企业。

（2）投资人死亡或者被宣告死亡，无继承人或者继承人决定放弃继承。

（3）被依法吊销营业执照。

（4）法律、行政法规规定的其他情形。

以上第一、第二种情形属于自愿解散，第三种情形属于强制解散，第四种属于兜底条款。个人独资企业由自然人出资设立，因此与其他企业的解散条件相比，要简单一些。

（二）独资企业的清算

独资企业的清算是指依法对宣布解散的个人独资企业的财产进行清理，并清偿债务的行为。

1. 清算的一般程序

（1）确定清算人，可由投资人自行担任清算人，或由人民法院指定清算人。

（2）清算人通知债权人或发出公告，请债权人申报债权。

（3）登记债权人债权。

（4）清理财产，编制财务清单。

（5）按法律规定顺序清偿债务。

（6）分配剩余财产。

2. 债务清偿顺序

（1）所欠职工工资和社会保障费用。

（2）所欠税款。

（3）其他债务。

3. 清算责任

个人独资企业财产不足以清偿债务的，投资人应以其个人的其他财产予以清偿。但《中华人民共和国民事诉讼法》规定，应当保留投资人及其家属的生活必需费用。

4. 注销登记

个人独资企业的清算工作结束后，清算人应做好下面两项工作：编制清算报告；向登记机关办理注销登记。只有办理注销登记后，个人独资企业的解散与清算才算完结，企业才宣告结束。

第二节 合伙企业会计

一、合伙企业概述

（一）合伙企业的概念

合伙企业属于我国现代企业制度的多种组织形式中的一种。根据《中华人民共和国合伙企业法》的规定，合伙企业是指自然人、法人和其他组织依法在我国境内设立的普通合伙企业和有限合伙企业。按照合伙人对合伙企业的责任，合伙企业可分为普通合伙企业和有限合伙企业，其中普通合伙企业又包含特殊的普通合伙企业。普通合伙企业由普通合伙人组成，合伙人对合伙企业的债务承担无限连带责任。有限合伙企业由普通合伙人和有限合伙人组成，普通合伙人对合伙企业的债务承担无限连带责任，有限合伙人以其认缴的出资额为限对合伙企业的债务承担责任。

（二）合伙企业的特点

合伙企业与其他组织形式的企业相比，具有以下五个特点。

1. 经营期有限

合伙企业的设立条件较低，设立程序较容易，费用较低，且较容易解散。合伙人签订合伙协议，即宣告合伙企业成立。新合伙人的加入，旧合伙人的退伙、死亡、自愿清算、破产清算等均可造成原合伙企业的解散和新合伙企业的成立。

2. 责任无限

合伙人对其合伙企业的债务承担无限连带责任。

普通合伙企业的合伙人均为普通合伙人，对合伙企业的债务承担无限连带责任。例如，甲、乙、丙三人成立的合伙企业破产了，当甲、乙已无个人财产可以用来抵偿企业所欠债务时，虽然丙已依约还清其应分摊的债务，但仍有义务用其个人财产为甲、乙两人付清所欠的应分摊的合伙债务，当然此时丙对甲、乙拥有财产追索权。

有限合伙企业由普通合伙人和有限合伙人组成，即合伙企业中至少有一个合伙人要对企业的债务负无限连带责任，而其他合伙人只能以其认缴的出资额为限对债务承担责任，因而这类合伙人一般不直接参与企业的日常经营管理活动。

3. 共同出资，财产共有

当各合伙人将其资本投入合伙企业后，即失去了独立拥有该资本的权利，而是由全体合伙人共同拥有，即合伙人不能对某项特定的资产提出要求，也不能单独占有与该资产相关的收益。

4. 共同经营，相互代理

在合伙企业的日常经营活动中，所需做的各种决定由所有合伙人共同商议，每个合伙人均有执行和监督的权利。合伙人可以推举负责人。而负责人和其他人所做的全部经营活动，由全体合伙人共同承担民事责任。换言之，每个合伙人代表合伙企业所发生的经济行为对所有合伙人均有约束力。因此，合伙人之间较易发生纠纷。

《中华人民共和国合伙企业法》规定，有限合伙人不执行合伙事务，不得对外代表有限合伙企业。

5. 共享收益，共担风险

合伙人共同拥有合伙企业净资产的所有权。合伙企业在生产经营中所取得、积累的财产归合伙人共有，合伙企业的合伙人可平均或按出资比例，亦可按其他比例来分享利润；如有亏损则亦由合伙人共同承担。关于损益分配的比例如何确定，会在合伙企业的设立与经营部分进行详细讲解。

（三）合伙协议

合伙企业并非为一个合伙人所拥有，因此各个合伙人的责任和权利必须划分明确。为避免合伙人之间产生纠纷，《中华人民共和国合伙企业法》规定，在合伙企业成立时，合伙人应先订立书面合伙协议。合伙人共同签订的合伙协议是合伙企业得以建立和存在的基础，并且订立合伙协议，应当遵循自愿、平等、公平、诚实信用的原则。合伙协议的性质与公司章程相同，对所有合伙人均具有约束力。

根据《中华人民共和国合伙企业法》的规定，合伙协议应当载明下列事项：

（1）合伙企业的名称和主要经营场所的地点；

（2）合伙目的和合伙经营范围；

（3）合伙人的姓名或者名称、住所；

（4）合伙人的出资方式、数额和缴付期限；

（5）利润分配、亏损分担方式；

（6）合伙事务的执行；

（7）入伙与退伙；

（8）争议解决办法；

（9）合伙企业的解散与清算；

（10）违约责任。

合伙协议经全体合伙人签名、盖章后生效。合伙人依照合伙协议各自拥有其自身权利、承担其自身责任。经全体合伙人协商一致后，可以修改或者补充合伙协议。对合伙企业的会计处理直接受到合伙协议的内容和有关合伙法规的影响。

（四）账户的设置

合伙企业作为一个会计主体，其会计核算也应遵循企业会计准则的规定，并采用基本相同的程序和方法。合伙企业日常发生的经济业务及对这些业务的会计处理与一般公司组织形式的企业基本类似，所不同的主要是所有者权益类项目的会计核算。合伙企业的会计账户设置如下。

1. "合伙人资本"账户

"合伙人资本"账户反映合伙人相对不变的永久性资本及其增减数。该账户相当于"实收资本"账户所不同的是，"合伙人资本"账户除记载各合伙人的原始投资额、追加投资额及减少投资额外，还应记录由损益汇总账户分配结转的各合伙人应分享的合伙企业收益额，或应分担的合伙企业损失额。合伙人的初始投资、明确的增资记入该账户的贷方，合伙人明确的减资记入该账户的借方，贷方余额表示合伙人投入企业的资本额。为反映各个合伙人对企业的投资情况，"合伙人资本"账户应根据合伙人姓名设置明细账户，进行明细核算。

合伙企业由投入资本引起的各种增值可直接记入"合伙人资本"账户，合伙企业实现的利润应通过提款或追加投资的方式全部分给合伙人。由于合伙人对合伙企业的债务承担无限连带责任，《中华人民共和国合伙企业法》对合伙人个人投入资本或撤出资本，除规定要经过全体合伙人同意外未加其他约束，因此合伙企业应通过协议规定减资条件和提用资产的限额，以防止合伙人任意减少投资或任意提用合伙企业资产，保证合伙企业的正常经营。

2. "合伙人往来"账户

"合伙人往来"账户反映合伙人日常经营过程中合伙人权益的增减变动。该账户属于所有者权益类账户。合伙人从合伙企业的提款数、取用商品数、合伙企业为合伙人代付款项、合伙人向合伙企业借款数、合伙人应分摊的亏损、转增资本等记入该账户的借方；合伙人本期应分得的利润、合伙企业代合伙人收取的款项等记入该账户的贷方。该账户的余额若在贷方，表示合伙企业应付合伙人的款项；若在借方，表示合伙企业应向合伙人收取的款项。该账户也应按合伙人的姓名设置明细账户。

3. "合伙人借款"和"合伙人贷款"账户

"合伙人借款"和"合伙人贷款"账户用来核算合伙人从合伙企业提取的金额巨大且有意偿还的款项及合伙人以贷款的方式向合伙企业临时提供的资金，前者为合伙企业的资产，后者则为合伙企业的负债。虽然合伙人对合伙企业的债务负无限责任，合伙人的债权也没有优先求偿权，但从会计角度讲，应当区分合伙人对合伙企业的债权、债务与外界对合伙企业的债权、债务，并区分合伙人对合伙企业的贷款与合伙人的投资。

4. "损益汇总"账户

"损益汇总"账户反映合伙企业损益的形成、利润的分配或亏损的弥补。贷方登记从有关收入账户转入的数额及亏损的弥补，借方登记从有关成本、费用、税金等账户转入的数额及利润的分配。该账户期末结转"合伙人往来"账户后一般应无余额。

合伙企业会计中，不设置所得税账户。根据《中华人民共和国合伙企业法》的规定，合伙企业的生产经营所得和其他所得，按照国家有关税收规定，由合伙人分别缴纳个人所得税。

合伙企业的合伙人共享收益、共担风险。合伙人从合伙企业获得的利息、工资、奖金等都属于利润分配的内容，不应记入有关费用账户，而应通过损益汇总账户进行核算。合伙企业向合伙人分配利息、工资、奖金、利润等，应借记"损益汇总"账户，贷记"合伙人往来"账户。合伙企业的亏损由合伙人共同承担，其会计处理为借记"合伙人往来"账户，贷记"损益汇总"账户。

合伙人取用合伙企业的商品自用，不能算作企业的销售，而应算作企业存货的减少。合伙企业的财产归全体合伙人所有，合伙人从合伙企业取用商品只是减少了企业的财产，增加了合伙企业与合伙人个人之间的往来，商品所有权上的主要风险和报酬并未转移。根据收入准则，不能作为收入处理；根据配比原则，也不能结转成本。根据《中华人民共和国增值税暂行条例实施细则》的规定，单位或个体经营者将自产或委托加工的货物用于非应税项目视同销售货物，因此合伙人从企业取用的商品应缴纳增值税。合伙人从合伙企业取用商品的会计处理，借记"合伙人往来"账户，贷记"库存商品"账户，贷记"应交税金——应交增值税"（按售价核算）账户。

二、合伙企业的设立与经营

（一）合伙企业的设立

1. 合伙企业的设立条件

设立合伙企业，应当具备下列条件：有两个以上合伙人，合伙人为自然人的，应当具有完全民事行为能力；有书面合伙协议；有合伙人认缴或者实际缴付的出资；有合伙企业的名称和生产经营场所；法律、行政法规规定的其他条件。

2. 合伙企业的设立流程

设立合伙企业，应当具备法定的条件，并向企业登记机关提交登记申请书、合伙协议书、合伙人身份证明等文件。法律、行政法规规定须报经有关部门审批的，应当在申请设立时提交批准文件。合伙企业的营业执照签发日期为合伙企业成立日期。合伙企业领取营业执照前，合伙人不得以合伙企业的名义从事合伙业务。

3. 合伙人的出资方式

合伙企业成立时，根据合伙协议规定，合伙人应当向企业提供货币、实物资产，也可以将知识产权、土地使用权或其他财产权利作为初始投资。但用货币以外的资产出资时，需要评估作价，可以由全体合伙人协商确定，也可以由全体合伙人委托法定评估机构进行评估。合伙人以劳务出资的（有限合伙人不得以劳务出资），其评估办法由全体合伙人协商确定，并在合伙协议中载明。因为合伙人的资产一经投入，就为全体合伙人共有，在日后的经营中或清算时，使用或处置该项资产产生的损益，将按损益分配率分配给各合伙人。所以，低估资产价值将损害该投资者的权益，高估资产价值则会损害其他合伙人的权益。因此，非货币性资产应按合伙人同意的投入日的公允价值入账。

《中华人民共和国合伙企业法》规定了合伙人可以以劳务出资，但并未明确劳务出资的确切含义和估价办法。在这种情况下，可用以下三种方式确认投资额：第一种，对企业建立有突出贡献的合伙企业发起人，在合伙企业筹建期间所提供的各种劳务，经全体合伙人同意后，可记入开办费，作为该合伙人的投资；第二种，对具有特殊知识、技能或声誉，能使合伙企业获得更大利益的合伙人，可通过合伙人协商，采用红利的方式让给该合伙人部分资本，以作为劳务的价值，或者可用商誉的方式确认该合伙人的劳务投资；第三种，对会计师事务所、律师事务所和医师诊所等组织，采用人力资源会计理论，确认各合伙人的人力资本，个人能力突出的合伙人享有较高的人力资本数额。既投入货币等物力资本，又参与合伙企业经营的合伙人，其资本总额为物力资本与人力资本（或劳务资本）之和。人力资本与物力资本在收益分配中享有同等的权利。

4. 合伙企业的会计处理

一般情况下，对合伙人的出资额按其实际投入额（包括公允价值或协商价格）计价入账。但由于合伙人的出资额与其所享有的权益份额不一定相等，此时需要采用红利法或商誉法进行处理。

【例 11-2】假设甲和乙两人合伙开店，各自投入的资产及其公允价值如表 11-5 所示。

表 11-5　甲、乙投入资产及其公允价值　　　　　　　单位：元

项目	甲	乙	金额
现金	10 000	20 000	30 000
存货	0	20 000	20 000
固定资产	20 000	30 000	50 000
合计	30 000	70 000	100 000

（1）按实际投入额入账。

若甲和乙协议各自的权益份额与其出资额一致，合伙人投入资本应按实际投入额入账。会计分录如下：

借：现金　　　　　　　　　　　　　　　　　　　　　　　30 000
　　存货　　　　　　　　　　　　　　　　　　　　　　　20 000
　　固定资产　　　　　　　　　　　　　　　　　　　　　50 000
　　贷：合伙人资本——甲　　　　　　　　　　　　　　　　　　30 000
　　　　　　　　　——乙　　　　　　　　　　　　　　　　　　70 000

（2）红利法。

甲和乙的出资额虽不同，但若其合伙协议中约定二人享有相等的权益份额，则甲的实际出资额低于其所享有的权益额的差额部分由乙来补贴，即乙让渡给甲 20 000 元的红利，这样使双方的权益份额达到合伙协议中的约定数，甲对合伙企业资产所享有的权益大于其实际投入数。会计分录如下：

借：现金　　　　　　　　　　　　　　　　　　　　　　　30 000
　　存货　　　　　　　　　　　　　　　　　　　　　　　20 000
　　固定资产　　　　　　　　　　　　　　　　　　　　　50 000
　　贷：合伙人资本——甲　　　　　　　　　　　　　　　　　　50 000
　　　　　　　　　——乙　　　　　　　　　　　　　　　　　　50 000

若采用红利法，可能会遇到来自让渡红利方的阻力。

（3）商誉法。

若甲的入伙可以为合伙企业带来专业技术、稳定的客户、良好的声誉等，乙可能会同意甲对合伙企业除投入有限资产外还有无形资产，将甲在合伙企业中所享有的权益额与实际投入的有限资产价值的差额作为商誉估计入账。这样，不但调整了甲的资本额，也调整了企业的资产总额，却不会减少乙的资本额。会计分录如下：

借：现金　　　　　　　　　　　　　　　　　　　　　　　30 000
　　存货　　　　　　　　　　　　　　　　　　　　　　　20 000
　　固定资产　　　　　　　　　　　　　　　　　　　　　50 000
　　商誉　　　　　　　　　　　　　　　　　　　　　　　40 000
　　贷：合伙人资本——甲　　　　　　　　　　　　　　　　　　70 000
　　　　　　　　　——乙　　　　　　　　　　　　　　　　　　70 000

（二）合伙企业的经营

1. 合伙人往来

在合伙企业的日常经营过程中，可能会发生一些合伙人与合伙企业的经济往来，如合伙人取用企业商品、合伙人预提工资等，这些经济往来都会引起合伙人权益的暂时性变动。

与公司不同，合伙人按周或按月从预计可分得的合伙利润中提取适当的金额，视为工资。合伙人提款时记入"合伙人往来"账户，待期末将余额转至"合伙人资本"账户。这样处理便于了解各合伙人在一定期间的提款情况，便于与合伙协议中的提款限额相比较，以及时地进行财务方面的控制。

【例 11-3】甲和乙每月各从合伙企业提款 1 000 元，取用商品 500 元，则其会计分录如下。

借：合伙人往来——甲　　　　　　　　　　　　　　　　　　　　1 500

　　　　　　——乙　　　　　　　　　　　　　　　　　　　　1 500

　　贷：现金　　　　　　　　　　　　　　　　　　　　　　　　　　2 000

　　　　存货　　　　　　　　　　　　　　　　　　　　　　　　　　1 000

年末，将"合伙人往来"账户余额结转到"合伙人资本"账户中去，其会计分录如下。

借：合伙人资本——甲　　　　　　　　　　　　　　　　　　　　1 500

　　　　　　——乙　　　　　　　　　　　　　　　　　　　　1 500

　　贷：合伙人往来——甲　　　　　　　　　　　　　　　　　　　1 500

　　　　　　　——乙　　　　　　　　　　　　　　　　　　　1 500

2. 合伙企业经营成果的分配

合伙企业以合伙人共同营利为目的，在创业经营后，其业务成果无论是盈利还是亏损，均应由合伙人共同享有或分摊。合伙协议中通常要明确规定损益分配的方法和比例。与一般公司组织形式的企业不同的是，损益分配的比例不要求与各合伙人的出资比例保持一致。例如，甲的出资额占合伙人资本的 60%，而乙占 40%，但两人可以协议约定各占 50%的收益拥有权。这种灵活的分配方式是由合伙企业人的合伙性质和出资方式所决定的。

由于合伙人的人数不止一个人，合伙企业通常都在合伙协议中约定净收益或净损失分配的比例，以共同遵守，这个比例称为损益分配率。按照《中华人民共和国合伙企业法》的规定，合伙协议未约定损益分配率或者约定不明确的，由全体合伙人协商决定；协商不成的，由合伙人按照实缴出资比例进行分配与承担；无法确定出资比例的，由全部合伙人平均分配与承担。由于合伙企业的收益不仅与合伙人的资本相关，还包括许多其他因素，因而在分配时首先要考虑风险因素和发展因素，按照公司中盈余公积的提取方式，在合伙企业中，按（税后）净收益的一定比例分别提取风险基金和发展基金。风险基金为承担债务人无限清偿责任的风险做准备，发展基金用于合伙企业扩大生产经营规模。其次，收益的剩余部分在合伙人之间的分配应考虑劳务价值、资本价值和业主风险报酬。最简便的分配方法是按固定比例分配，但是在每个合伙人向企业提供劳务量和资本量悬殊的情况下，就会显得不太合理。因此，合伙企业损益的分配有以下几种方式：直接按固定比例分配；先分配工资报酬，再按固定比例分配剩余收益；先分配资本报酬，再按固定比例分配剩余收益；先分配工资报酬和资本报酬，再按固定比例分配剩余收益。

（1）固定比例分配法。

固定比例分配法是指各合伙人的损益分配比例按一个约定的固定比例在合伙协议中加以明确规定的一种损益分配方法。此方法适用于提供高级专业性服务的合伙企业，如律师事务所、会计师事务所或医师诊所等，因为影响此类企业经营成果的主要因素并非资本额的多少，而是合伙人的个人专业技术水平、声望和承担风险的能力等。

【例 11-4】假设某企业由合伙人甲、乙、丙三人组成。根据合伙协议的规定，企业净收益按固定比例分配，甲 20%，乙 30%，丙 50%。当年净收益为 100 000 元，分配如下。

甲：100 000×20%=20 000（元）

乙：100 000×30%=30 000（元）

丙：100 000×50%=50 000（元）

据此做损益分配的会计分录：

借：损益汇总   100 000

    贷：合伙人资本——甲   20 000

        ——乙   30 000

        ——丙   50 000

以下不同的损益分配方法只影响分配的金额，但会计处理是相同的。

（2）平均分配法。

平均分配法是将合伙企业每年实现的净损益平均分配给各合伙人的一种损益分配方法。这种方法计算最为简便，但没有考虑到各合伙人对于合伙企业的贡献大小，所以分配结果往往有失公正。

（3）资本比例分配法。

资本比例分配法是指以合伙人的投资多少为依据来计算损益分配比例的一种损益分配方法。因为合伙人资本账户的余额可能会有增减变动，所以资本比例分配法又可分为按期初资本比例分配、按期末资本比例分配和按平均资本比例分配三种。一般为避免发生争议，合伙协议中应事先明确对投资和提用的限制。在计算分配比例前，应先将"合伙人往来"账户余额结转计入资本。这种方法适用于资本对经营成果起主要作用，而各合伙人承担的经营管理任务和风险大致相当的企业。

【例 11-5】假设某企业各合伙人甲、乙、丙的"合伙人资本"账户的期初余额分别为 50 000 元、70 000 元和 80 000 元，合计为 200 000 元。若各合伙人往来按合伙协议限制均衡发生，均为 30 000 元。其中，7 月 1 日甲追加投入 30 000 元，8 月 1 日丙撤回资本 20 000 元，11 月 1 日乙追加投入现金 10 000 元。全年净利润为 130 000 元。

（1）按期初资本比例分配。

按此法分配损益，各合伙人的所得如下。

甲：130 000×5÷20=32 500（元）

乙：130 000×7÷20=45 500（元）

丙：130 000×8÷20=52 000（元）

这种方法不考虑各合伙人在当期实际投资额的增减，所以一般适用于投资变化不大或对合伙人投入和撤回资本额有严格限制的企业。

（2）按期末资本余额比例分配。

期末各合伙人的资本余额如下。

甲：50 000-30 000+30 000=50 000（元）

乙：70 000-30 000+10 000=50 000（元）

丙：80 000-30 000-20 000=30 000（元）

期末合伙企业资本总额：50 000+50 000+30 000=130 000（元）

按此法分配损益，各合伙人的所得如下：

甲：130 000×50 000÷130 000=50 000（元）

乙：130 000×50 000÷130 000=50 000（元）

丙：130 000×30 000÷130 000=30 000（元）

这种方法没有考虑期初资本的比例，虽然考虑了合伙人资本账户与合伙人往来账户在年度内的增减变动情况，但没有考虑资本增减的期限对企业实际使用资本产生的影响，只以资本变动结果作为分配依据，这会影响分配结果的合理性。

（3）按平均资本比例分配。

若年度内资本变动比较均衡，可以采用简单的以期初资本与期末资本余额的平均数作为损益分配的依据；若年度内各合伙人资本变动不均衡，则应以时间（月或日）作为权数，经过加权平均后计算各合伙人的平均资本额，然后按平均资本比例分配损益。

各合伙人加权平均资本额如下。

甲：50 000-30 000÷2+30 000×6÷12=50 000（元）

乙：70 000-30 000÷2+10 000×5÷12≈59 167（元）

丙：80 000-30 000÷2-20 000×2÷12≈61 667（元）

平均资本合计：50 000+59 167+61 667=170 834（元）

按此法分配损益，各合伙人的所得如下：

甲：130 000×50 000÷170 834≈38 049（元）

乙：130 000×59 167÷170 834≈45 024（元）

丙：130 000×61 667÷170 834≈46 927（元）

这种方法克服了前述两种方法的缺陷，比较适用于各合伙人的投资额常有变动的企业，投资变动越频繁，计算起来越烦琐。

（4）工资或利息补贴后余额比例分配法。

这种分配方法综合考虑了合伙人的劳动报酬、投资报酬和风险报酬，根据各合伙人对企业的贡献大小核定一个工资额，根据各合伙人投入资本的数额参照市场利率计算其个人应得资本利息，将净收益扣除前二者之后的余额按合伙协议约定的比例进行分配。相对而言，这种方法综合考虑了各种主要影响损益的因素，分配结果比较合理，但计算较烦琐。在现实中，这种方法可部分使用，如只计算工资，剩余部分按约定比例分配；或只计算利息，剩余部分按约定比例分配。

假设合伙协议约定，期末净收益先分配甲、乙、丙三个合伙人的工资，分别为15 000 元、20 000 元、18 000 元，然后根据期初资本余额按10%的年利率分配利息，剩余部分按照3∶4∶3的比例分配。

各合伙人的利息分别如下。

甲：50 000×10%=5 000（元）

乙：70 000×10%=7 000（元）

丙：80 000×10%=8 000（元）

扣除工资和利息后，剩余损益部分：

130 000-（15 000+20 000+18 000）-（5 000+7 000 +8 000）=57 000（元）

各合伙人分配剩余部分所得如下。

甲：57 000×3÷10=17 100（元）

乙：57 000×4÷10=22 800（元）

丙：57 000×3÷10=17 100（元）

各合伙人损益分配所得如下。

甲：15 000+5 000+17 100=37 100（元）

乙：20 000+7 000+22 800=49 800（元）

丙：18 000+8 000+17 100=43 100（元）

三、合伙权益的变动

（一）新合伙人入伙

合伙企业成立后，非经合伙人全体同意，不得允许他人加入为合伙人。加入为合伙人者，对其加入前合伙企业所负的债务，与其他合伙人负同等责任。具体的入伙方法有两种：向原合伙人购买合伙权或向合伙企业投入新的资本。

1. 购买合伙权

在征得原合伙人的一致同意后，新合伙人可以直接向现有合伙企业的合伙人付款购买合伙权。新合伙人可以向一位原合伙人购买，也可以向一位以上原合伙人购买。不管是以什么方式，合伙企业的会计处理都是将新合伙人购入的合伙权份额相应的金额从原合伙人的资本账户转入新合伙人的资本账户。在合伙权转让的过程中，实际交易的价款可能与新合伙人所享有的合伙权不一致，但这是新合伙人与原合伙人之间的私人交易，不是与合伙企业的对公交易。这种交易既不会引起合伙企业资产与负债的增减变化，也不会使合伙人权益总额发生变化，仅仅是合伙人资本账户的明细账户的记录发生变化。

【例 11-6】接【例 11-5】，假如新合伙人丁以现金 30 000 元分别购买了甲和乙各 10 000 元的合伙权，相应的会计分录如下：

借：合伙人资本——甲   10 000

           ——乙   10 000

    贷：合伙人资本——丁   20 000

合伙人丁多付的 10 000 元在甲和乙之间如何进行分配，取决于合伙人甲和乙私人之间的协商结果。

如果合伙权的转让发生在原合伙人之间，则其会计处理与以上新合伙人购买合伙权是相同的，仅仅调整合伙人资本账户中的明细账户即可。

2. 投入新资本

新合伙人不通过向原合伙人购买合伙权而是以投入新资本的方式入伙，在这种情况下，原合伙人的资本额不会因此而减少，合伙企业的资本规模随着资产的增加而扩大。新合伙人的加入标志着原合伙关系的终止和新合伙关系的建立。在签订新的合伙协议的基础上，全体合伙人要就新合伙人的投资额及相关事项进行协商，并应当对企业的资产进行重新评估，将各项资产的账面价值调整为公允价值。

根据协商结果，最终新合伙人所取得的合伙权可能会出现三种情况：新合伙人所取得的合伙权等于其投资额；新合伙人所取得的合伙权小于其投资额；新合伙人所取得的合伙权大于其投资额。下面将分别举例对三种情况进行说明。

（1）新合伙人所取得的合伙权等于其投资额。

在新合伙人向企业投入资本时，如果原合伙人认为这时企业的资产不存在被低估或高估的现象，则新合伙人可以直接按照实际的投资额来计算其在合伙企业的合伙权。而如果此时合伙企业的资产没有按公允价值反映，企业就必须先对全部资产和负债进行评估，评估损益须在原合伙人之间进行分配，并相应调整原合伙人资本账户的余额，然后按照调整后的资本总额计算新合伙人应取得的合伙权。

【例 11-7】某合伙企业原有甲合伙人资本 100 000 元，乙合伙人资本 50 000 元，合伙人甲和乙的损益分配比例为 2 : 1。现在有丙拟以现金加入，并由此取得 20% 的合伙权。

丙应当投入的现金数额为 37 500 元 [（100 000+50 000）÷80%×20%]，资本投入时的会计分录如下：

借：现金   37 500

  贷：合伙人资本——丙   37 500

（2）新合伙人所取得的合伙权小于其投资额。

当新的合伙人提出加入合伙企业时，合伙企业可能已经经营较长时期，并且具有相当的获利能力。这时原合伙人就可能要求新合伙人付出较高的投资额而取得低于其投资额的合伙权，而新合伙人为加入这一有较高盈利水平的企业，通常也会同意这一条件。

对于新合伙人实际投资额高于其按合伙权比例所确认的资本额的差额部分，一般有两种会计处理方式，即红利法和商誉法。

① 红利法即要求新合伙人投入较多的资金，但取得较低的合伙权，其差额计入原合伙人的资本账户，这一处理可视为新合伙人送给原合伙人的一份礼物，故称为红利法。

【例 11-8】根据【例 11-7】的资料，在丙提出入伙的情况下，原合伙人要求丙投入 40 000 元并取得 20% 的合伙权。其应做的会计分录如下：

$$（100\ 000+50\ 000+40\ 000）×20\%=38\ 000（元）$$

$$（40\ 000-38\ 000）×2÷3≈1333（元）$$

$$（40\ 000-38\ 000）×1÷3≈667（元）$$

借：现金   40 000

  贷：合伙人资本——丙   38 000

      ——甲   1 333

      ——乙   667

② 商誉法即在新合伙人入伙时，先确认合伙企业的一项新的资产——商誉，将其入账的同时，按原合伙人损益分配的比例分别记入原合伙人资本账户，在此基础上按照调整后的合伙企业资本总额要求新合伙人投入资本。

【例 11-9】如果在【例 11-7】中，在丙提出入伙的情况下，原合伙人甲和乙经过协商后认为应当确认合伙企业有商誉 30 000 元，并要求新合伙人丙投入现金 60 000 元，由此允许丙拥有 20% 的合伙权，丙同意并投入现金。会计分录如下：

借：商誉   30 000

  贷：合伙人资本——甲   20 000

——乙	10 000
借：现金	60 000
贷：合伙人资本——丙	60 000

（3）新合伙人所取得的合伙权大于其投资额。

当合伙企业急需增加资金或新合伙人具有独特的技术和管理才能时，合伙企业便希望争取新合伙人入伙。因此，原合伙人会以较优惠的条件吸收新合伙人，于是新合伙人可以投入较低的资金而取得较高的合伙权，其差额可视为原合伙人给新合伙人的额外补贴。这种情况下的会计处理也有红利法和商誉法两种处理方式。

① 红利法即新合伙人投入较低的资金取得较高的合伙权，其差额由原合伙人分担，可视为原合伙人送给新合伙人的红利。

【例 11-10】在【例 11-7】中，由于新合伙人丙拥有独特的技术与管理才能，因此合伙人甲和乙同意丙投入现金 25 500 元并取得 20%的合伙权。其会计分录如下：

$$（37\ 500-25\ 500）×2÷3=8\ 000（元）$$
$$（37\ 500-25\ 500）×1÷3=4\ 000（元）$$

借：现金	25 500
合伙人资本——甲	8 000
——乙	4 000
贷：合伙人资本——丙	37 500

② 商誉法即给予新合伙人高于其实际投资额的合伙权，将高出的部分作为商誉入账。

【例 11-11】在例【11-7】中，由于新合伙人丙拥有独特的技术与管理才能，能给合伙企业带来较好的声誉，因此合伙人甲和乙承认新合伙人丙有商誉 12 000 元，丙除商誉价值外，其余投入现金，并取得 20%的合伙权。会计分录如下：

借：现金	25 500
商誉	12 000
贷：合伙人资本——丙	37 500

（二）合伙人退伙

1. 退伙与相关法律规定

退伙是指合伙人与其他合伙人脱离合伙关系，丧失其合伙人资格。退伙的方式一般是合伙人将其合伙权转让给新合伙人或现有其他合伙人（按法律规定，现有其他合伙人有优先购买权），并从合伙企业撤出资本。因此，这里的退伙仅限于撤出资本的情况，但前提条件是合伙人按合伙协议的约定有权退伙，只能收回其权益的账面价值，无权分离商誉；如果是因违反合伙协议而给其他合伙人造成损失的，则应承担赔偿责任。

《中华人民共和国合伙企业法》按发生的原因对退伙做了不同的规定，区分为可以退伙、当然退伙和除名退伙。

（1）合伙协议约定合伙期限的，在合伙企业存续期间，有下列情形之一的，合伙人可以退伙：

① 合伙协议约定的退伙事由出现；

② 经全体合伙人一致同意；

③ 发生合伙人难以继续参加合伙的事由;

④ 其他合伙人严重违反合伙协议约定的义务。

（2）合伙人有下列情形之一的，符合当然退伙的情况:

① 作为合伙人的自然人死亡或者被依法宣告死亡;

② 个人丧失偿债能力;

③ 作为合伙人的法人或者其他组织依法被吊销营业执照、责令关闭、撤销，或者被宣告破产;

④ 法律规定或者合伙协议约定合伙人必须具有相关资格而丧失该资格;

⑤ 合伙人在合伙企业中的全部财产份额被人民法院强制执行。

合伙人被依法认定为无民事行为能力人或限制民事行为能力人的，经其他合伙人一致同意，可以依法转为有限合伙人，普通合伙企业依法转为有限合伙企业。其他合伙人未能一致同意的，该无民事行为能力人或限制民事行为能力的合伙人退伙。

（3）合伙人有下列情形之一的，经其他合伙人一致同意，可以决议将其除名:

①未履行出资义务;

②因故意或者重大过失给合伙企业造成损失;

③执行合伙事务时有不正当行为;

④发生合伙协议约定的事由。

2. 退伙的会计处理

合伙人退伙的，其他合伙人应当与退伙人按照退伙时的合伙企业财产状况进行结算，退还退伙人的财产份额，退伙时有未了结的合伙企业事务的，待该事务了结后进行结算。退伙人在合伙企业中财产份额的退还办法，由合伙协议约定或由全体合伙人决定，可以退还货币，也可以退还实物，一般以合伙企业的现金抵还，不得请求返还生产资料或其他固定资产。《中华人民共和国合伙企业法》规定，退伙人对基于其退伙前的原因发生的合伙企业债务，承担无限连带责任。退伙人的损益分配，应以当时合伙财产扣减合伙债务之后的剩余为限，当合伙财产不足以清偿合伙债务时，退伙人也应分担其损失。

合伙人退伙时，会计上应将其资本账户结清。退还给退伙人的资本通常可能出现以下三种不同的情况: 按账面数退还资本、退还资本高于账面数或者退还资本低于账面数。

（1）按账面数退还资本。

如果企业的获利能力属于正常水平，资产的重置成本也没有明显变化，一般可按账面数退还资本。

【例 11-12】假设某企业在改组前已将损益分配完毕，合伙人甲、乙、丙三人的资本余额分别为 15 000 元、20 000 元和 45 000 元，其损益分配比例为 2∶3∶5，若甲提出退伙，其他合伙人同意其以账面数撤出资本，会计分录如下:

借: 合伙人资本——甲　　　　　　　　　　　　　　　　　　　　15 000

　　贷: 现金　　　　　　　　　　　　　　　　　　　　　　　　　　　15 000

（2）退还资本高于账面数。

如果企业的获利能力高于一般水平或是资产的账面计价偏低，退伙人就会要求得到适当的补偿，因此往往按高于账面的数额退还资本。超出部分应由其他合伙人分担或调整企业资产价值，其会计处理可采用红利法和商誉法两种处理方法。

① 红利法。

【例 11-13】在【例 11-12】中，若甲退出时企业给其支付 20 000 元，高于其资本账面数 15 000 元，超出部分为 5 000 元，其中由乙分担 1 875 元（5 000×3÷8），由丙分担 3 125 元（5 000×5÷8）。会计分录如下：

借：合伙人资本——甲	15 000
——乙	1 875
——丙	3 125
贷：现金	20 000

② 商誉法。在退伙时，商誉法还可采用确认全部商誉和确认退伙人部分商誉这两种处理方法。

确认全部商誉是根据支付给退伙人的数额超出其账面数额的部分及其损益分配比例倒算出的合伙企业全部商誉，然后按损益分配比例增加合伙人的资本。

【例 11-14】接【例 11-13】，商誉为 25 000 元（5 000÷2÷10）。

各合伙人的资本增加如下。

甲：25 000×2÷10=5 000（元）

乙：25 000×3÷10=7 500（元）

丙：25 000×5÷10=12 500（元）

会计分录如下：

借：商誉	25 000
贷：合伙人资本——甲	5 000
——乙	7 500
——丙	12 500
借：合伙人资本——甲	20 000
贷：现金	20 000

确认退伙人部分商誉是指直接将超过资本账面数额的部分确认为商誉，即只调增退伙人的资本。

【例 11-15】接【例 11-9】，会计分录如下：

借：商誉	5 000
贷：合伙人资本——甲	5 000
借：合伙人资本——甲	20 000
贷：现金	20 000

有观点认为，上述两种方法中确认部分商誉的做法较为合理。在合伙企业，商誉的存在与否往往与合伙人个人有着密切的关系，而仅仅从某一合伙人退伙这一事项中推断出整个合伙企业的商誉未必合理。也有观点认为，确认部分商誉只重估合伙资产中退伙人所享有的部分，而不重估其余合伙人的资本权益，未必合理。

（3）退还资本低于账面数。

如果合伙企业的获利能力低于一般水平或是资产的账面计价偏高或因个人原因急需资金，

退伙人一般会同意收回较少的现款而与企业脱离关系，从而企业可以按低于账面的数额退还其资本，而这一差额应由其余合伙人按损益分配比例分享，这种情况下，一般采用红利法进行会计处理。

【例 11-16】若【例 11-9】中，企业以 10 000 元现金退给合伙人甲作为退还资本，则差额 5 000 元由乙和丙两位合伙人按其损益分配比例 3∶5 分享，转入其资本账户。其中，乙分得 1 875 元（5 000×3÷8），丙分得 3 125 元（5 000×5÷8），会计分录如下：

```
借：合伙人资本——甲                                    15 000
    贷：现金                                          10 000
        合伙人资本——乙                                1 875
                ——丙                                3 125
```

四、合伙企业的解散与清算

（一）合伙企业的解散

《中华人民共和国合伙企业法》规定，合伙企业有下列情形之一的，应当解散：

（1）合伙期限届满，合伙人决定不再经营；

（2）合伙协议约定的解散事由出现；

（3）全体合伙人决定解散；

（4）合伙人已不具备法定人数满 30 天；

（5）合伙协议约定的合伙目的已经实现或者无法实现；

（6）依法被吊销营业执照、责令关闭或者被撤销；

（7）法律、行政法规规定的其他原因。

（二）合伙企业的清算

1. 清算的定义和总原则

合伙企业的清算是指合伙企业解散时，将企业的全部资产进行变卖，并将变卖所得在债权人和合伙人之间进行分配的一系列过程。这一过程可以通过一次性变卖完成，也可能延续很长时间，通过多次变卖完成。

清算的总原则：先将资产变现损益按损益分配比例（合伙协议中另有规定的除外）在合伙人之间进行分配，并过入各合伙人的资本账户，此时的资本账户余额是清算的基础。不过，在向各合伙人支付款项之前，必须先全额偿还合伙企业的对外债务。如果资产变现所得不足以全额偿还合伙企业的债务，则合伙企业的债权人可向所有有清偿能力的合伙人索赔，而不管该合伙人的资本账户余额是否为贷方余额。

2. 清算的基本原则

为了进行有序和合法的清算，还必须掌握一些清算的基本原则。

（1）合伙企业的债务清偿顺序。

合伙企业财产在支付清算费用后，按下列顺序清偿：

① 合伙企业所欠职工的工资、社会保险费用和法定补偿金；

② 合伙企业所欠税款；

③ 合伙企业的债务；

④ 返还合伙人的出资。

小贴士

国际机构相关规定

美国的《统一合伙条法》规定，合伙企业的资产应按下列先后顺序，在债权人和合伙人之间进行分配：

（1）全额偿还合伙企业的外部债权人；

（2）偿还合伙人的债权（合伙人向合伙企业提供的贷款）；

（3）偿付合伙人资本账户贷方余额部分。

合伙企业财产按上述顺序清偿后仍有剩余的，按照合伙协议的约定处理；合伙协议未约定或者约定不明确的，由合伙人协商决定；协商不成的，由合伙人按照实缴出资比例分配；无法确定出资比例的，由合伙人平均分配。

合伙企业清算时，其全部财产不足以清偿其债务的，各合伙人应当承担无限连带清偿责任，由各合伙人按合伙协议中约定的损益分配比例，用其在合伙企业出资以外的财产清偿不足的部分。如果合伙人由于承担连带清偿责任，所清偿数额超过其应承担的数额时，有权向其他合伙人追偿。

清算结束后，应当编制清算报告，经全体合伙人签名、盖章后，在15日内向企业登记机关报送清算报告，办理合伙企业注销登记。

合伙企业注销后，原普通合伙人对合伙企业存续期间的债务仍应承担连带责任，债权人在5年内未向债务人提出偿债要求的，该责任灭失。

需要说明的是，尽管在法律上，合伙人债权比合伙人资本账户余额有优先权，但是在实际运用中，由于存在抵销权利这一法律条文，这种优先权并不存在。这一法律条文的作用就在于将合伙人贷款账户的贷方余额和其资本账户余额相合并，在进行资产余额分配时同时处理。如果不存在这一法律条文，就有可能出现这样一种情形，即合伙企业向合伙人偿还所欠贷款的同时，该合伙人的资本账户余额为借方余额，而借方余额必须由该合伙人以其个人资产进行抵补。这样就会导致合伙企业一方面向合伙人分配资产（偿还贷款），一方面又试图从合伙人处收回资产（抵补借方余额），而这一点往往是很难做到的。抵销权利这一条款通过将合伙人债权和合伙人资本余额进行合并，解决了这一问题。所以，在本章此后的说明中，合伙人的债权不单独在资产清算表中列示。但是，在会计分录的处理上，仍应单独说明。

（2）合伙人资本余额为借方余额时的账务处理。

合伙人资本余额为借方余额，则该合伙人必须向合伙企业交付资产（以借方余额为限）。不过，如果合伙人因各种原因无钱支付，则此借方余额将被视为合伙企业的变现损失，由其他合伙人按照损益分配比例进行分担。例如，假设合伙人甲、乙、丙的损益分配比例为 5：3：2。如果合伙人丙的资本余额为借方余额，但丙无法进行抵补，则该借方余额由甲和乙以 5：3 的比例分摊。当然，合伙人甲和乙此后有权向合伙人丙索要分摊的损失。

（3）合伙企业和合伙人资不抵债时的资产分配原则。

当合伙企业和一个或更多的合伙人资不抵债时，资产分配原则规定如下。

① 合伙企业的资产应优先用于偿还合伙企业的债务，如此后有余额，才可用于偿还合伙人的私人债务，当然只限于合伙人在合伙企业里的权益部分。

② 合伙人的个人资产应优先用于偿还个人债务，如此后有余额，才能用于偿还合伙企业的债务，如此后仍有余额，则可用于抵补合伙人的资本借方余额。

3. 清算步骤

合伙企业的清算就是出售所有资产，收回全部债权，偿还全部债务，将剩余现金在合伙人之间分配的过程，具体可分为以下几个步骤：

（1）出售非现金资产；

（2）收回债权、清偿债务；

（3）计算并分配清算损益；

（4）分配剩余现金。

其中，在清偿合伙企业债务时，通常应先偿付欠合伙人以外的债务，然后偿付欠合伙人的债务；合伙企业的清算损益应按损益分配比例，在各合伙人之间进行分配。

（三）合伙企业的清算方式

合伙企业的清算一般根据清算所需时间的长短可分为一次分配清算法和分次分配清算法两种，其会计处理也各不相同，但都要设置"清算损益"账户来反映清算过程中发生的清算费用和资产变现及债权、债务清理损益，其余额应按损益分配比例分配转入"合伙人资本"账户。

1. 一次分配清算法

一次分配清算法，也称一次总付清算法，是指合伙企业将全部非现金资产出售变现，并收回债权、清偿全部债务后，将剩余资产一次性分配给各合伙人的清算办法。此法要求合伙企业的资产能在较短时间内变现，在将所有非现金资产变现之前或将发生的全部损失和清算费用全部计入清理损益之前，不得分配资产给合伙人。

【例 11-17】假设某合伙企业有甲、乙和丙三个合伙人，按合伙协议约定，三人的损益分配比例为 5：3：2。该企业决定本月底进行清算，清算前的简化资产负债表如表 11-6 所示。

表 11-6　简化资产负债表　　　　　　　　　　　　　　　　　　单位：元

资产	金额	负债合伙人资本	金额
现金	30 000	负债	250 000
		应付合伙人贷款——乙	30 000
其他资产	430 000	合伙人资本——甲	110 000
		——乙	40 000
		——丙	30 000
合计	460 000	合计	460 000

各有关清算的事项及会计处理如下：

（1）该企业出售和拍卖其全部非现金资产，共得现金 280 000 元，企业遭受 150 000 元的损失。

借：现金　　　　　　　　　　　　　　　　　　　　　　　　280 000

　　清算损益　　　　　　　　　　　　　　　　　　　　　　150 000

贷：其他资产 430 000

（2）偿还负债。该企业将全部非现金资产变现后，共得现金 310 000 元（280 000+30 000），将其中 250 000 元用于清偿负债。

借：负债 250 000
　　贷：现金 250 000

（3）支付清算费用。该企业在清算期间发生的 10 000 元清算费用，全部用现金支付。

借：清算损益 10 000
　　贷：现金 10 000

（4）分配清算损益。该企业共发生清算损失 160 000 元（150 000+10 000），按合伙人协议中约定的 5∶3∶2 的损益比例分配给三个合伙人。各合伙人的分配结果如下。

甲：160 000×5÷10 = 80 000（元）

乙：160 000×3÷10 = 48 000（元）

丙：160 000×2÷10 = 32 000（元）

会计分录如下：

借：合伙人资本——甲 80 000
　　　　　　　——乙 48 000
　　　　　　　——丙 32 000
　　贷：清算损益 160 000

该企业在分配清算损失后，乙出现资本赤字的情况，必须从其贷款中冲抵 8 000 元（48 000-40 000）。

合伙人丙也出现资本赤字的情况，但无贷款可抵。

借：应付合伙人贷款——乙 8 000
　　贷：合伙人资本——乙 8 000

（5）分配剩余财产。该企业还有剩余现金 50 000 元（310 000-250 000-10 000），在三个合伙人之间进行分配。三个合伙人中，甲的资本尚有 30 000 元（110 000-80 000），乙的贷款尚有 22 000 元（30 000-8 000），而丙的资本则亏损 2 000 元（30 000-32 000），丙应补付合伙企业 2 000 元的现金。若丙无偿债能力，确实不能立刻补足这笔现金，其资本账户余额则作为损失，由甲和乙按损益分配比例分担，但在清算结束后，甲和乙享有对丙的追偿权。

假设丙确实无偿债能力，甲和乙分担其亏损额。

甲：2 000×5÷8 = 1 250（元）

乙：2 000×3÷8 = 750（元）

则甲和乙分别分得现金如下。

甲：30 000 - 1 250 = 28 750（元）

乙：22 000 - 750 = 21 250（元）

会计分录如下：

借：合伙人资本——甲 1 250

```
        应付合伙人贷款——乙                                    750
          贷：合伙人资本——丙                                        2 000
    借·合伙人资本——甲                                     28 750
        应付合伙人贷款——乙                                   21 250
          贷：现金                                                   50 000
```

2. 分次分配清算法

有些情况下，合伙企业的整个清算程序的延续时间较长，有必要分次分批进行资产变现和债务清偿，并在所有债务清偿完毕后，分次向合伙人分配剩余现金。

由于合伙企业的各合伙人的资本余额比通常与损益分配比例不一致，使用分次分配清算法时必须考虑一个安全清偿问题，也就是分配给合伙人的现金不会因为以后出现借方资本余额而被要求退还给合伙企业。如果出现这种情况而合伙人拒绝退还，则会令其他合伙人承担不必要的损失。为此，应在每次分配余额前编制安全清偿表或在所有分配前预先制订现金分配计划，其总原则是在偿还全部负债之后至整个清算过程结束之前的时期内，按承担损失的能力强弱，顺次地对合伙人分配现金，也就是对承担损失能力较强的合伙人较早分配现金，而对承担损失能力较差的合伙人较晚再进行分配甚至不分配。

（1）安全清偿表。

出于稳健原则考虑，当各合伙人的资本余额比与损益分配比例不一致时，为避免超额分配，应在每次向合伙人分配现金前编制安全清偿表，直到各合伙人的资本余额比与损益分配比例相同，就可直接按损益分配比例进行分配。安全清偿表的编制基础如下。

① 将所有可能的费用估计在内，并将这些费用对合伙企业资本的影响在合伙人之间按损益分配比例进行分摊。

② 假设所有非现金资产的未来变现价值为 0，并将此视为实际损失在合伙人之间分摊。

③ 上述这些费用和损失在合伙人之间的分摊可能会引起有些合伙人的资本账户出现借方余额，假设这些借方余额都无法由相应的合伙人进行抵补，即所有合伙人本身都资不抵债。

因此，这些推定的资本账户借方余额就得按损益分配比例在那些资本余额为贷方余额的合伙人之间进行分摊。当所有估计的费用、变现损失和借方余额都已分摊完毕后，就可按此时的资本账户贷方余额为准在合伙人之间安全地进行资产分配。

每次向合伙人分配现金前都得编制安全清偿表，这些安全清偿表和分次清算表相对应。分次清算表总括了清算过程中实际的账务处理过程。

【例 11-18】假定有一家合伙企业准备进行清算，其清算前的资产变现情况如表 11-7 所示。合伙人甲、乙和丙的损益分配比例为 2∶2∶1。

表 11-7　合伙企业资产变现情况表　　　　　　　　　　　　　　单位：元

变现日期	账面价值	销售价格	损益
7 月 1 日	60 000	40 000	（20 000）
7 月 12 日	30 000	15 000	（15 000）
7 月 23 日	30 000	44 000	14 000

清算费用估计为 10 000 元，经合伙人同意，预留 10 000 元。偿还债务后，向合伙人分配现金日期为 7 月 9 日、7 月 21 日、8 月 2 日。总清算费用为 8 000 元，于 7 月 18 日支付。

据此，该合伙企业的分次清算表和安全清偿表分别如表 11-8 和表 11-9 所示。

表 11-8　分次清算表　　　　　　　　　　单位：元

项目	现金	非现金资产	负债	资本余额		
				合伙人甲	合伙人乙	合伙人丙
清算前余额	10 000	120 000	30 000	30 000	55 000	15 000
7 月 1 日的资产变现	40 000	（60 000）		（8 000）	（8 000）	（4 000）
余额	50 000	60 000	30 000	22 000	47 000	11 000
清偿债务	（30 000）		（30 000）			
余额	20 000	60 000	0	22 000	47 000	11 000
7 月 9 日付现（见清偿表）	（10 000）				（10 000）	
余额	10 000	60 000	0	22 000	37 000	11 000
7 月 12 日的资产变现	15 000	（30 000）		（6 000）	（6 000）	（3 000）
7 月 18 日支付清算费用	（8 000）			（3 200）	（3 200）	（1 600）
余额	17 000	30 000	0	12 800	27 800	6 400
7 月 21 日付现（见清偿表）	（17 000）			（800）	（15 800）	（400）
余额	0	30 000	0	12 000	12 000	6 000
7 月 23 日的资产变现	44 000	（30 000）		5 600	5 600	2 800
余额	44 000	0	0	17 600	17 600	8 800
8 月 2 日付现（无须清偿表）	44 000			17 600	17 600	8 800
余额	0	0	0	0	0	0

表 11-9　安全清偿表　　　　　　　　　　单位：元

项目	合伙人甲	合伙人乙	合伙人丙
损益分配比例	2	2	1
7 月 9 日付现			
付现前的资本余额	22 000	47 000	11 000
预留的清算费用 10 000 元	（4 000）	（4 000）	（2 000）
余额	18 000	43 000	9 000
非现金资产的变现损失 60 000 元	（24 000）	（24 000）	（12 000）
余额	（6 000）	19 000	（3 000）
借方资本余额的分摊（由乙承担）	6 000	（9 000）	3 000
安全付现	0	10 000	0
7 月 21 日付现			
付现前的资本余额	12 800	27 800	6 400
非现金资产的变现损失 30 000 元	（12 000）	（12 000）	（6 000）
余额	800	15 800	400
安全付现	800	15 800	400

表 11-8 中，在 8 月 2 日向各合伙人分配现金时，由于合伙人的资本余额比等于损益分配比例，因此不再需要编制安全清偿表，而是直接按损益分配比例进行分配。

据表 11-8 的分次清算表做如下分录。

（1）7 月 1 日变现资产 60 000 元，收款 40 000 元，变现损失 20 000 元：

借：现金		40 000
合伙人资本——甲		8 000
——乙		8 000
——丙		4 000
贷：非现金资产		60 000

按我国的会计惯例，在处理合伙企业清算业务时，要使用"清算损益"账户，上述会计事项做如下两步分录。

第一步：反映资产变现。

借：现金		40 000
清算损益		20 000
贷：非现金资产		60 000

第二步：分配清算损益。

借：合伙人资本——甲		8 000
——乙		8 000
——丙		4 000
贷：清算损益		20 000

（2）合伙企业偿付债务：

借：合伙企业债务		30 000
贷：现金		30 000

（3）7 月 9 日，合伙企业优先向合伙人乙支付 10 000 元：

借：合伙人资本——乙		10 000
贷：现金		10 000

（4）7 月 12 日变现资产 30 000 元，收款 15 000 元，变现损失 15 000 元：

借：现金		15 000
合伙人资本——甲		6 000
——乙		6 000
——丙		3 000
贷：非现金资产		30 000

（5）7 月 18 日，支付清算费用 8 000 元：

借：合伙人资本——甲		3 200
——乙		3 200
——丙		1 600
贷：非现金资产		8 000

对此事项，在我国一般做如下会计处理：

借：清算损益   8 000
  贷：现金   8 000

借：合伙人资本——甲   3 200
      ——乙   3 200
      ——丙   1 600
  贷：清算损益   8 000

（6）7月21日付现，可分配给合伙人甲800元，乙15 800元，丙400元：

借：合伙人资本——甲   800
      ——乙   15 800
      ——丙   400
  贷：现金   17 000

（7）7月23日变现资产30 000元，收款44 000元，变现额外收益14 000元：

借：现金   44 000
  贷：非现金资产   30 000
    合伙人资本——甲   5 600
        ——乙   5 600
        ——丙   2 800

（8）8月2日付现：

借：合伙人资本——甲   17 600
      ——乙   17 600
      ——丙   8 800
  贷：现金   44 000

（2）现金分配计划。

由于每次向合伙人分配现金前均须编制安全清偿表，非常烦琐并且效率低，更何况该方法也不能预计各合伙人将在何时可以分得现金。因此，通过在清算程序开始前编制现金分配计划的方法可以弥补编制安全清偿表的不足。

现金分配计划有两种，出发点不同，结果却相同：方法一的出发点在于让所有的合伙人有相等的承担损失的能力；方法二的出发点在于让各合伙人的资本余额比等于损益分配比例。不过在后面的说明中可以发现，如果合伙人有相等的承担损失的能力，则资本余额比等于损益分配比例，所以说这两种方法殊途同归。

和安全清偿表一样，现金分配计划将所有的费用、变现损失估计在内，并且让最有能力承担损失的合伙人优先取得余额分配。编制现金分配计划的基本程序如下。

① 按损益分配比例将所有预计会发生的债务和清算费用分配给各合伙人的资本账户。

② 以此时的资本余额为准计算各合伙人在其各自的资本余额出现借方余额前可承担的最大变现损失。

正如上述安全清偿表一样，在假定所有非现金资产全被视为合伙企业的变现损失并在合伙人之间进行分摊后，资本余额仍为贷方余额的合伙人应被视为最有能力承担损失的人。因此，该合伙人应先取得余额分配。

合伙人在其各自的资本余额出现借方余额前可承担的最大变现损失可按如下公式计算：

$$承担损失的能力＝合伙人的资本余额÷合伙人的损益分配百分比$$

现金分配计划是以承担损失的能力为标准来决定余额分配的先后顺序的，而不是以向合伙人分配资产的数额为标准的。因此，编制现金分配计划的具体步骤可概括如下。

① 计算各合伙人承担损失的能力。

② 按各合伙人的承担损失能力的大小排序。

③ 计算为了使排序第一的合伙人与排序第二的合伙人有相同的承担损失的能力，应向排序第一的合伙人分配的数额。该数额即可向排序第一的合伙人优先分配的安全数额。

④ 计算应给上述通过分配已具备相同的承担损失的能力的几个合伙人分配资产的数额，以便其承担损失的能力与排序在其后的合伙人相等。

⑤ 继续步骤④，直至所有合伙人都具有相同的承担损失的能力。

⑥ 当所有合伙人都具有相同的承担损失的能力，则可按合伙人的损益分配比例进行资产分配。

【例 11-19】假设合伙企业的资本情况如表 11-10 所示。

表 11-10　合伙企业的资本情况　　　　单位：元

项目	合伙人甲	合伙人乙	合伙人丙
损益分配百分比	30%	50%	20%
资本余额	66 000	90 000	28 000
合伙企业的负债为 40 000 元			
预计总的清算费用为 20 000 元			

第一步：编制现金分配计划付款计算表，如表 11-11 所示，计算应向承担损失能力较大的合伙人付款的金额。

表 11-11　现金分配计划付款计算表　　　　单位：元

序号	项目	资本余额			承担损失的能力		
		甲	乙	丙	甲	乙	丙
（1）	损益分配百分比	30%	50%	20%			
	资本余额	66 000	90 000	28 000			
	分配预计的清算费用	（6 000）	（10 000）	（4 000）			
（2）	余额	60 000	80 000	24 000			
	承担损失的能力[（2）÷（1）]				200 000	160 000	120 000
（3）	为使排序第一和第二的合伙人有相等的承担损失的能力，需减少的金额				（40 000）		
	新的承担损失的能力值				160 000	160 000	120 000

续表

序号	项目	资本余额			承担损失的能力		
		甲	乙	丙	甲	乙	丙
（4）	需减少的资本额[（3）×（1）]	（12 000）					
（5）	新的资本余额[（2）－（4）]	48 000	80 000	24 000			
（6）	为使合伙人有相等的承担损失的能力，需减少的金额				（40 000）	（40 000）	
	新的承担损失的能力值				120 000	120 000	120 000
（7）	需减少的资本额[（6）×（1）]	（12 000）	（20 000）				
（8）	新的资本余额[（5）－（7）]	36 000	60 000	24 000			

当所有合伙人具有相等的承担损失的能力时，按合伙人的损益分配比例分配资产。

第二步：编制现金分配计划表，如表 11-12 所示。

表 11-12　现金分配计划表　　　　　　　　　　　　　　单位：元

分配层次	待分配现金	偿债	预计清算费用	合伙人甲	合伙人乙	合伙人丙
Ⅰ	40 000	40 000				
Ⅱ	20 000		20 000			
Ⅲ	12 000			12 000		
Ⅳ	32 000			12 000	20 000	
Ⅴ	此后取得的可供分配的资产			30%	50%	20%

据此计划，企业取得现金 40 000 元（包括清算开始时的现金实有额）以内的部分，应全部用于偿债；累计在 60 000 元以内时，以其中超过 40 000 元但最多 20 000 元的部分预留清算费用；累计在 72 000 元以内时，以其中超过 60 000 元但最多 12 000 元的部分全部给予合伙人甲；累计在 104 000 元以内时，以其中超过 72 000 元但最多 32 000 元的部分按约定比例分配给合伙人甲和乙；累计现金超过 104 000 元时，其超过部分按约定损益分配比例分配给所有合伙人。

【例 11-20】接【例 11-19】，假定该企业实际的资产变现和分配如表 11-13 所示。

表 11-13　企业实际的资产变现和分配　　　　　　　　　单位：元

日期	金额	用途
8 月 20 日	40 000	偿债
9 月 2 日	10 000	向合伙人付款
9 月 12 日	16 000	支付清算费用
9 月 25 日	18 000	向合伙人付款
10 月 5 日	60 000	向合伙人付款

按现金分配计划表进行如下分配（见表 11-14）。

表 11-14 按现金分配计划表进行分配 单位：元

日期	金额	偿债	支付清算费用	合伙人甲	合伙人乙	合伙人丙	和【表 11-12】相对应的分配层次
8 月 20 日	40 000	40 000					I
9 月 2 日	10 000			10 000			III
9 月 12 日	16 000		16 000				II
9 月 25 日	18 000			2 000			III
				6 000	10 000		IV
10 月 5 日	60 000			6 000	10 000		IV
				13 200	22 000	8 800	V
	144 000	40 000	16 000	37 200	42 000	8 800	

需要说明的是：首先，在实际分配资产时，向合伙人的付款在实际清算费用前进行，这点没有问题，因为在制订现金分配计划时，已预留了清算费用 20 000 元。其次，在按表 11-11 进行资产分配时，必须在满足上一层次的分配后才能进行下一层次的分配。

【例 11-21】接【例 11-20】，编制现金分配计划付款计算表（见表 11-15）。

表 11-15 现金分配计划付款计算表 单位：元

序号	项目	合伙人甲	合伙人乙	合伙人丙
（1）	清算前的资本余额	66 000	90 000	28 000
（2）	损益分配比	3	5	2
（3）	每单位损益资本额 [（1）÷（2）]	22 000	18 000	14 000
（4）	减少甲的每单位损益资本额 4 000 元，使之与乙的相等，由于甲有 3 个单位的损益，因此甲的资本余额应减少 12 000 元（4 000×3），即应优先发给甲 12 000 元	（4 000）	———	———
（5）	付给甲 12 000 元以后的每单位损益资本额	18 000	18 000	14 000
（6）	减少乙和甲每单位损益资本额 4 000 元，使之与丙的相等，由于甲有 3 个单位的损益，因此甲的资本余额应减少 12 000 元（4 000×3），而乙有 5 个单位的损益，所以乙的资本余额应减少 20 000 元（4 000×5），即应优先发给甲和乙的金额共 32 000 元	（4 000）	（4 000）	———
（7）	付给甲和乙 32 000 元以后的每单位损益资本额	14 000	14 000	14 000

表 11-15 中每单位损益资本额的计算是很关键的一步，按每单位损益资本额的大小排序决定余额分配的先后次序，每单位损益资本额最大的合伙人甲最早分得现金，其次是乙，最后是丙。此举类似于前面所讲的计算承担损失能力的方法。

经过表 11-15 第（4）步和第（6）步的减少合伙人每单位损益资本额及随后的资产付现后，甲、乙、丙三个合伙人的每单位损益资本额相同，此时合伙人的资本余额比等于损益分配比例，如表 11-16 所示。

表 11-16　资产付现后的情况　　　　　　　　　　　　　　单位：元

项目	甲	乙	丙
清算前的资本余额	66 000	90 000	28 000
第一次付给甲 12 000 元	（12 000）		
第二次付给甲和乙共 32 000 元	（12 000）	（20 000）	
资本账户余额	42 000	70 000	28 000
资本账户余额比	3	5	2

本章小结

```
                                          ┌─ 独资企业概述
                                          │
                                          ├─ 独资企业的会计核算
                        ┌─ 独资企业会计 ──┤
                        │                 ├─ 独资企业的财务报告
                        │                 │
                        │                 └─ 独资企业的解散与清算
  独资与合伙企业会计 ──┤
                        │                 ┌─ 合伙企业概述
                        │                 │
                        │                 ├─ 合伙企业的设立与经营
                        └─ 合伙企业会计 ──┤
                                          ├─ 合伙权益的变动
                                          │
                                          └─ 合伙企业的解散与清算
```

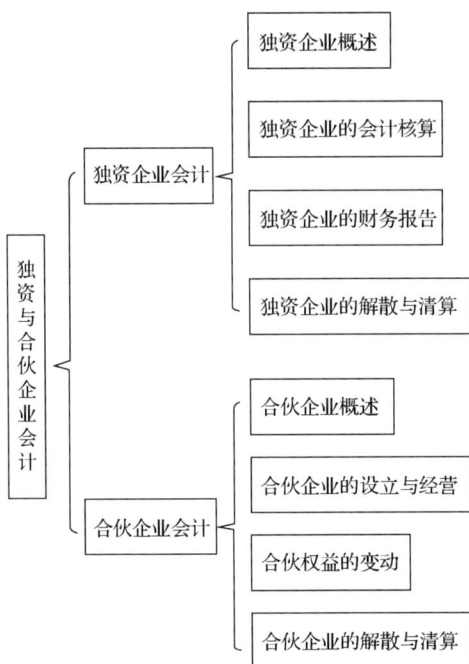

本章关键术语

独资企业；业主资本；业主提款；合伙企业；合伙人资本；合伙人往来；损益汇总；红利法；商誉法

本章思考题

1. 独资企业会计核算的特点是什么？

2. 合伙企业有什么特点？简述合伙企业与一般公司组织形式的企业的区别。

3. 简述合伙企业清算应遵循的基本原则。

本章练习题

习题一

资料：李女士经批准开设一家个人独资商店，雇工三人。2019 年发生的部分经济业务如下。

（1）1 月 10 日，投入资金 50 000 元。

（2）2 月 19 日，收到朋友归还现金 15 000 元，暂存入商店收款箱内。

（3）5 月 15 日，因家庭急需用钱，李女士从商店取款 3 500 元。

（4）5 月 28 日，用经营所得收入款 3 200 元购买一个货架。

（5）7 月 12 日，以现金支付三位雇工上半年工资共计 18 000 元。

（6）10 月 6 日，由于李女士个人所欠债务到期，动用商店销货款 2 000 元予以偿还。

（7）年末，经核算，本年度商店总营业收入 200 000 元。

（8）以现金支付三位雇工下半年工资共计 18 000 元。

要求：根据上述业务编制各项会计分录。

习题二

甲、乙、丙三人创立的合伙企业于 2020 年 1 月 1 日决定进行清算。2020 年 1 月 1 日，合伙企业的资本情况如表 11-17 所示。

表 11-17　2020 年 1 月 1 日合伙企业的资本情况　　　　　　　　　　　　　单位：元

项目	合伙人甲	合伙人乙	合伙人丙
损益分配比例	20%	30%	50%
资本余额	53 000	64 500	97 500

2020 年 1 月 1 日，以 500 000 元偿付给债权人和合伙人，保留 150 000 元用以支付清算费用。该企业实际的资产变现和分配如表 11-18 所示。

表 11-18　企业实际的资产变现和分配　　　　　　　　　　　　　　　　　单位：元

日期	金额	用途
5 月 1 日	50 000	偿债
5 月 15 日	2 000	向合伙人付款
5 月 23 日	10 000	支付清算费用
5 月 28 日	20 000	向合伙人付款
6 月 3 日	80 000	向合伙人付款

要求：

（1）为该合伙企业编制现金分配计划付款计算表与 1 月 1 日的现金分配计划表，以确定向合伙人分配适当的现金。

（2）为该合伙企业编制资产付现后的情况表。

参考文献

[1] 中华人民共和国财政部制定；企业会计准则编审委员会编. 企业会计准则 2017 年版[M]. 上海：立信会计出版社. 2017.

[2] 企业会计准则编审委员会编. 企业会计准则培训指定用书 企业会计准则应用指南（含企业会计准则及会计科目 2017 年版）[M]. 上海：立信会计出版社. 2017.

[3] 郭一恒. 国际财务会计研究[M]. 北京：北京工业大学出版社. 2020.

[4] 刘永泽，傅荣. 高级财务会计[M]. 6 版. 沈阳：东北财经大学出版社. 2018.

[5] 比姆斯. 高级会计学[M]. 储一昀，译. 北京：中国人民大学出版社，2011.

[6] 理查德·贝克. 高级财务会计[M]. 赵小鹿，译. 七版. 北京：人民邮电出版社，2011.

[7] 乔·B.霍伊尔乔. 高级会计学[M]. 9 版. 北京大学出版社. 2012.

[8] 澳大利亚公共会计师协会. 国际财务报告准则[M]. 北京：中国财政经济出版社. 2020.

[9] 汤震宇. 新租赁准则解读[M]. 上海：上海财经大学出版社. 2019.

[10] 张宏亮. 高级财务会计[M]. 北京：清华大学出版社. 2020.

[11] 荣莉. 高级财务会计[M]. 北京：中国财政经济出版社. 2020.

[12] 胡北忠，王京苏. 管理应用型财会专业人才培养系列教材 中国科学院规划教材 高级财务会计[M]. 北京：科学出版社. 2020.

[13] 梁爽. 高级财务会计[M]. 北京：人民邮电出版社. 2020.

[14] 张倩. 高级财务会计[M]. 上海：上海财经大学出版社. 2020.

[15] 巴雅尔，刘胜天. 高级财务会计[M]. 成都：成都西南财大出版社. 2020.

[16] 龙月娥. 立体化数字教材 高级财务会计[M]. 北京：中国人民大学出版社. 2020.

[17] 姚瑶，王运启，王丽娟，等. 普通高等教育十三五规划教材 高级财务会计[M]. 上海：上海财经大学出版社. 2020.

[18] 弗洛伊德·比姆斯，约瑟夫·安东尼. 会计与财务系列 高级会计学[M]. 13 版. 北京：中国人民大学出版社. 2020.

[19] 杨利红. 高级财务会计[M]. 西安：西北工业大学出版社. 2020.

[20] 陈庆保. 高级财务会计[M]. 北京：中国财政经济出版社. 2020.

[21] 罗勇. 高级财务会计[M]. 上海：立信会计出版社. 2020.

[22] 罗伟峰. 高级财务会计教学案例[M]. 广州：华南理工大学出版社. 2020.

[23] 施先旺，马荣贵. 高级财务会计[M]. 沈阳：东北财经大学出版社. 2020.

[24] 张礼虎. 高级会计师实务[M]. 成都：西南财经大学出版社. 2020.

[25] 财政部中财传媒全国会. 高级会计实务精讲与指南[M]. 北京：经济科学出版社. 2020.